U0067166

素養教育解碼學

元素構築・知識遷移・知能創價

鄭崇趁　著

目次

作者簡介……iii
序……v
導讀：「教育解碼學」大義……1

第一篇 元素構築篇 19

第一章 真〔致用知識〕：人、事、時、地、物、空……21
第二章 善〔經營技術〕：感、知、覺、識、悟、達……35
第三章 美〔實踐能力〕：德、智、體、群、美、新……51
第四章 慧〔共好價值〕：仁、義、禮、法、品、格……67
第五章 力〔行動意願〕：實、用、巧、妙、化、生……81
第六章 行〔德行作品〕：意、願、動、脈、道、德……95
第七章 教〔創新知能〕：構、築、遞、移、創、價……109
第八章 育〔進升素養〕：知、識、能、量、素、養……125

第二篇 知識遞移篇 141

第九章 「身心素質與自我精進」素養的教育……143
第十章 「系統思考與解決問題」素養的教育……159
第十一章 「規劃執行與創新應變」素養的教育……175
第十二章 「符號運用與溝通表達」素養的教育……191
第十三章 「科技資訊與媒體素養」素養的教育……207
第十四章 「藝術涵養與美感素養」素養的教育……221
第十五章 「道德實踐與公民意識」素養的教育……237
第十六章 「人際關係與團隊合作」素養的教育……253
第十七章 「多元文化與國際理解」素養的教育……267

第三篇 知能創價篇 281

第十八章 進升領導 ……283
第十九章 論「教育4.0」的「新師資培育」政策……305
第二十章 校長領導新境界：三軸．三鑰 ……327
第二十一章 學習者知能素養的進升系統與學習焦點 ……353
第二十二章 教育者知能素養的進升系統與教育主軸 ……369
第二十三章 領導者角色責任的任務指標及創新進升 ……385
第二十四章 新五倫．新四維．新教育．新臺灣 ……401

參考文獻 …… 421

作者簡介

鄭崇趁　1953 年生　臺灣省雲林縣人

- 學歷

國立政治大學教育學博士（1999）

國立高雄師範大學教育學碩士（1989）

國立臺灣師範大學教育學學士（1986）

省立臺北師範專科學校畢業（1974）

- 經歷

國民小學教師五年（1976～1981）

教育部行政職務十九年（1982～2000），

經任幹事、秘書、組主任、專門委員

國立臺北教育大學專任教師（2000～），經任主任秘書、教育政策與管理研究所所長、教育經營與管理學系系主任、研發長

國立臺北教育大學教育經營與管理學系教授（2006～）

- 榮譽

高等考試教育行政人員（1981）

教育部 1991 年及 2000 年優秀公務員

教育部木鐸獎（2019 年．111 教育發展協進會推薦）

- 專長

教育經營學、校長學、教師學、教育計畫、教育評鑑、家長教育學

知識教育學、智慧創客教育、KTAV 教學模式、教育 4.0、新五倫教育學、進升領導、素養教育解碼學、新育、新教育、知識遞移、知能創價、築梯論、動能論、順性揚才觀、全人發展說

• 著作

素養教育解碼學：元素構築・知識遮移・知能創價（2020）

教育 4.0：新五倫・智慧創客學校（2018）

知識教育學：智慧人・做創客（2017）

教育經營學個論：創新、創客、創意（2016）

家長教育學：「順性揚才」一路發（2015）

教師學：鐸聲五曲（2014）

校長學：成人旺校九論（2013）

教育經營學：六說、七略、八要（2012）

教育經營學導論：理念、策略、實踐（2011）

教育的著力點（2006）

國民中小學校務評鑑指標及實施方式研究（2006）

教育計畫與評鑑（增訂本）（1998）

教育與輔導的軌跡（增訂本）（1998）

教育與輔導的發展取向（1991）

序

知識的生命史及其對人類的貢獻
元素構築・知識遮移・知能創價

這本書終於完成了，它是筆者的心願，也是「知識」生命史的探討，更是「知識」進出筆者身體、對筆者產生的動能貢獻。筆者用自己吸收到的知識元素，「內構」然後「外築」，寫成了本書，也是筆者這兩年「知識遮移」以及「知能創價」的具體作品，命名為《素養教育解碼學》。事實上，它發現了「知識」本身是有生命的，本書運作了「素養教育」的三個核心技術（元素構築・知識遮移・知能創價）來撰寫「知識生命」的完整歷史，這三個核心技術本身也是「新知識」，它卻能演繹知識生命的發展脈絡，解開「素養教育」的密碼，讓讀者真實地了解到「教育」、「人類」與「知識」三者之間的本然關係。

這本書是《知識教育學：智慧人・做創客》及《教育 4.0：新五倫・智慧創客學校》兩本書的「進升」，也是這兩本書出版後，作為博士班教材，經過二至三年「知識流動（遮移）」，對筆者產生的「知能創價」。本書原本的撰寫目的有三：(1)揭示「素養」的定義：筆者主張素養是修養的元素，修養的元素來自知識的生命及教育的元素；(2)素養可以直接教：筆者認為新課綱的九項素養，能運用「KTAV 教學模式」及「KTAV 學習食譜」，找出素養的教育元素：「新知識（真）」＋「含技術（善）」＋「組能力（美）」＋「展價值（慧）」四位一體，故「九項素養」都可以直接教；(3)核心素養的「元素」與「零組件」有必要演繹給教育人員理解：前述兩本書已揭示核心素養的元素有六：「真、善、美、慧、力、行」；核心素養的零組件（理論、理念）有三：「新知能模組說」、「知識遮移說」、「知能創價說」。三個零組件及其「元素」的流動與系統結構有必要再運用「教育解碼學」的方法，解開它們的密碼。

本書的知能創價發現了八個教育「創新進升」的焦點：(1)元素構築、知識遮移、知能創價的三個教育新名詞，能夠有效解碼素養教育；(2)素養者，修養的元素也，素養的教育元素有 8 ＋ 48 ＝ 56 個，它們先由外而內，內構新知能模組，然後再由內而外，外築新任務價值行為；(3)「知識遮移」是指「教師與教材」的知識能夠有效「遞送轉移」到學習者身上，成為學習者「帶得走、會運用」的素養能力，是教師用知識創新學生知識的歷程，其核心技術包括「知識解碼」→「知識螺旋」→「知識重組」→然後「知識創新」；(4)「知能創價」是指師生的「知識＋能力」，創新「生命＋教育」的價值，其核心技術為「知識學習」→「知能融合」→「知能創價」→然後「智慧創客」。「知識遞移說」及「知能創價說」發現了教育新目標：「智慧人・做創客」；(5)「知識遞移說」開展了「KTAV 教學模式」及「KTAV 單元學習食譜」，運作「知識生命」的小循環，校準了「新五倫價值教育」、「智慧教育」、「創客教育」及九項素養教育的實踐版本；(6)「知能創價說」開展了「知能創價（KCCV）模式」及「KCCV 創新進升食譜」，運作「知識生命」的大循環，全面更新了「能力化」進升為「素養化」的教育名詞；(7)本書發現了「教育・新教育」的存有，它即將帶動「新育・新六育」的定位與實踐研究；(8)教育 4.0（素養化）的世代，其教育的核心議題集中在「素養教育怎麼教？」，新五倫、新四維德育、知識價值教育、智慧創客教育、創新進升領導、空間領導等，都將成為教育的新顯學，期待新教育能夠帶來新臺灣〔由自由民主新臺灣（3.0）進升為智慧創客新臺灣（4.0）〕。

本書共計三篇二十四章，筆者增寫了「導讀」，用「教育解碼學」的原理與「知識生命學」的「認識論」，導引讀者如何品讀本書。本書在每一張的首頁增寫了「導論」，將各章的核心知識及其「知識、能量」如何「內構→外築」→「知識遞移」→「知識創價」做介紹。本書另附九張「核心素養」的「KTAV 學習食譜」及七張「知識創價」模式的「KCCV 創新進升食譜」，作為「模式運作」的範例。

若有不足之處，敬請方家指導斧正。

鄭崇趁　寫於崇玉園

2020 年 10 月 6 日

導讀：

「教育解碼學」大義

壹、緒言：「解碼」有學問

「達文西密碼」與「維基解密」是當前流行的「議題」與「話題」，它們代表發現「真象」、發現「本質」；「解碼」則指解開「知識」的密碼，解開「教育」的密碼，解開「人」如何「學習知識」的密碼，已成為具有系統結構的知識，是以本書稱之為「教育解碼學」。筆者原本會有撰寫「解碼學」的動念，是來自出版五本書後「知能模組」的進升：2014 年出版《教師學：鐸聲五曲》一書，發現了「知識遞移」學理的重要性；2015 年出版《家長教育學：「順性揚才」一路發》一書，發現「知識遞移」可以與「知識→技術→能力」三位一體有效整合；2016 年出版《教育經營學個論：創新、創客、創意》一書，發現「知識遞移」芻型，並結合「知識→技術→能力」三位一體的運作，能夠詮釋「校長創新領導」、「教師創客教學」以及「學校創意經營」。

2017 年出版《知識教育學：智慧人・做創客》一書，終於明確界定了「知識遞移說」、「知識智慧說」以及「知識創客說」。「知識遞移說」有四大核心技術「知識解碼→知識螺旋→知識重組→知識創新」；「知識智慧說」也有四大核心元素「知識→技術→能力→價值」四位一體成智慧；「知識創客說」也有四創一體的整合：「研發有創意學習食譜→教導能創造操作學習→建構再創新知能模組→完成做創客實物作品」。更統整了「KTAV 教育模式及 KTAV 單元學習食譜」（教學工具）可以提供教師教學備課使用。K 指知識（Knowledge），T 指技術（Technique），A 指能力（Ability），V 指價值（Value）。KTAV 單元學習食譜的特點在「食譜的下方」附有「知識遞移理論」引導，「知識」欄位下陳列了「知識解碼要領」的十二個「核心技術」。

2018年出版《教育4.0：新五倫・智慧創客學校》一書，發現了「知能創價說」，發現了「進升領導」，發現了「素養取向教育的新境界：三軸三鑰」。三條軸線是：「知識價值教育」，「智慧創客教育」以及「創新進升教育」；三把鑰匙是：「新五倫價值教育」、「KTAV教學模式及KTAV單元學習食譜」以及「主題式教育計畫」。三軸三鑰的教育得以經營2.0的學校進升3.0的學校（特色品牌學校），也得以進升學校成為4.0的學校（新五倫・智慧創客學校）。更發現了繼續撰寫「教育解碼學」及「知識生命學」的必要。

貳、「知識生命學」及「教育解碼學」的構念

「知識生命學」探討知識本身的「存有」、「被知」、「遞移」及「創新」，其構念的來源，在於筆者教授或導讀《知識教育學：智慧人・做創客》一書時，主張「知識是有生命的」，知識經由教育或學習進入人的身體之後，它就會隨著人的生命而有生命，進入身體的知識只要「著床」成功，它就是這個人的「致用知識（K・真）」，然後致用知識會持續生長，「知識含技術（T・善）」，「知識組能力（A・美）」，「知識展價值（V・慧）」，「知識能遞移」、「知識成智慧」、「知識達創客」、「知識行道德」、「知識通素養」，這就是知識的生命史。知識依附著「人的生命」而有自己的生命，知識也因為人類的「知能融合」及「知能創價」而創新了很多新知識。然而博碩士學生及教師（含校長）對此都不易理解，似懂非懂，課後撰寫的「KTAV單元學習食譜」精準度有待加強（引自鄭崇趁，2018c，頁367）。

「知識生命學」可以補強敘述「知識」主體的生命歷程開展，而不一定要依附「教育」及「人類」。「知識教育學」主要在闡明「知識」、「教育」與「人」三者的關係，並非知識主體的生命學；哲學上的「知識論」（含認識論）在探究人如何得到知識，也不是知識本身的生命。知識本身的「存有→被知→

遞移→創新」才是「知識主體」的生命史。知識主體的生命史，可以幫助學習者突破學習「認識論」及「知識教育學」的瓶頸，深入理解「知識遞移說」及「知能創價說」的運作原理。

「教育解碼學」是「知識遞移說」的進升思維，筆者受到「智慧型手機」推陳出新的啟示，手機可以從「元素」及「零組件」持續優化、活化、深化、創化其「智慧功能」。教育學（教育機制）也似乎可以從「元素」、「組件」、「系統」、「模式」予以「創新、進升」。只要找出教育的「核心元素」、「重要組件」，依當前教育實務需求，適度加入新元素，重組新組件，就會有新的教育功能。教育的書籍也可以像「智慧型手機」一樣，有智慧地引導教育經營者「辦好他想要的教育」，這樣的書，也可以直接取名為「教育解碼學」。

建構中的《教育解碼學》一書，相對於「知識遞移說（理論）」具有四大進升力點：(1)聚焦教育知識：「知識遞移說」的知識對象是廣義的知識，浩瀚無垠，「教育解碼學」則聚焦在「教育知識」，教會學生「素養能力」的知識；(2)解碼教育實體：用「元素、組件、系統、模式」解碼教育知識的實體，方便教學者及經營者掌握操作；(3)註解知能結構：教育的「元素、組件、系統、模式」都是人「知能融合」之後的新「創價」系統結構，是人類教育智慧的結晶；(4)優化深層力點：「教育解碼學」揭示教育知識的深層「元素、組件、系統、模式」，進升了原先「解碼→螺旋→重組→創新」知識的「遞移效能」（引自鄭崇趁，2018c，頁 366）。

「知識生命學」觀照「知識」的增生幻滅與傳承創新；「教育解碼學」觀照「教育知能」（知識及能力素養）的融合創價，兩門「學問」關係緊密，相互依存，並且共同依賴「教育」的實踐，共同培育「人之所以為人」為主要目的。它們的理論來源都來自「核心素養」的教育元素及三大零組件（鄭崇趁，2018c，頁 21-41），核心素養的教育有六大元素是「真、善、美、慧、力、行」；三大零組件是：「新知能模組說」、「知識遞移說」及「知能創價說」。是以筆者觀照兩者的共同需求，撰寫成本書《素養教育解碼學：元素構築・知識遞移・知能創價》。這是國內第一本「教育解碼學」書籍，希望它能拋磚引玉，引來更多教育研究者及學者專家的認同與加持，有更多、更精緻的「教育解碼學」流傳人間，讓教育工作者能夠快速掌握「辦好教育」的「知識、技術、能力、價值」。

參、「素養教育解碼學」開展三大「知能模組」

本書共有三篇二十四章，第一篇為「元素構築篇」，內含八章，依「素養的核心元素」命名：第一章「真・致用知識」；第二章「善・經營技術」；第三章「美・實踐能力」；第四章「慧・共好價值」；第五章「力・行動意願」；第六章「行・德行作品」；第七章「教・創新知能」；第八章「育・進升素養」。每一章再依循其次級系統的「六個元素」撰述其教育意涵，是以「素養的教育元素」狹義的有 8 個（真、善、美、慧、力、行、教、育），廣義的有 48 個，最廣義的則有 56 個（8 ＋ 48 ＝ 56）。人經由「教育及學習」知識，內構「知能模組」及外築「任務指標」都是由這些「教育元素」構築而成的，這些元素的命名，依稀可以看到「知識」本身的「生命史」。

第二篇為「知識遞移篇」，內含九章（第九章至第十七章），依「九大核心素養」的名稱直接為章名：第九章「身心素質與自我精進」素養的教育；第十章「系統思考與解決問題」素養的教育；第十一章「規劃執行與創新應變」素養的教育；第十二章「符號運用與溝通表達」素養的教育；第十三章「科技資訊與媒體素養」素養的教育；第十四章「藝術涵養與美感素養」素養的教育；第十五章「道德實踐與公民意識」素養的教育；第十六章「人際關係與團隊合作」素養的教育；第十七章「多元文化與國際理解」素養的教育。每一章的核心內涵，都直接使用「知識遞移說」建構的「KTAV 教學模式及 KTAV 單元學習食譜」為工具，先行撰寫每一「素養」的「致用知識（K・真）」、「經營技術（T・善）」、「實踐能力（A・美）」及「共好價值（V・慧）」，即「KTAV、真善美慧」學習食譜，導引教師的單元教學，能夠充分掌握「知識、技術、能力、價值」四位一體的教育，增進師生有效的「知識遞移」，學生學會這一素養所需的「知識（K）、技術（T）、能力（A）、價值（V）」。

第三篇為「知能創價篇」，共有七章（第十八章至第二十四章）全數為筆者研究「素養取向教育」之「知能創價」成果：第十八章「進升領導」，係撰寫《教育 4.0：新五倫‧智慧創客學校》一書後，最為直接而深層的「知能創價」；第十九章「論教育4.0的新師資培育政策」，係受邀撰寫「邁向教育4.0：智慧學校的想像與建構」國際學術研討會專文時的「知能創價」；第二十章「校長領導新境界：三軸‧三鑰」，係筆者長期研究「校長學」，每年受邀在「東亞校長學學術研討會發表專題論文」的「知能創價」；第二十一章「學習者知能素養的進升系統與學習焦點」，係筆者界定「3.0學習者」進升「4.0學習者」的「知能創價」；第二十二章「教育者知能素養的進升系統與培育力點」，係筆者界定「3.0 教師」進升「4.0 教師」的「知能創價」；第二十三章「領導者角色責任的任務指標及創新進升」，係筆者長期研究「校長領導」及「教師領導」累積的「知能創價」；第二十四章「新五倫‧新四維‧新教育‧新臺灣」，為本書的結論，係筆者長期關注「素養教育」的「知能創價」。本篇建構了「知能創價教育模式」（(1)內構「新知能」元素模組→(2)外築「新任務」指標系統→(3)遞移「新事理」技術要領→(4)創價「新價值」德行作品），並有效詮釋知識生命的大循環系統（真→善→美→慧→力→行→教→育）。這七章「作品」即為「知能創價」的範例。

一、元素構築篇的知能模組

素養者，修養的元素也，修養的核心元素有八：包括真（致用知識）、善（經營技術）、美（實踐能力）、慧（共好價值）、力（行動意願）、行（德行作品）、教（創新知能）、育（進升素養）。每一個核心元素都含有 6 個次級系統元素，48 個次級系統元素詳如圖導-1 所示。

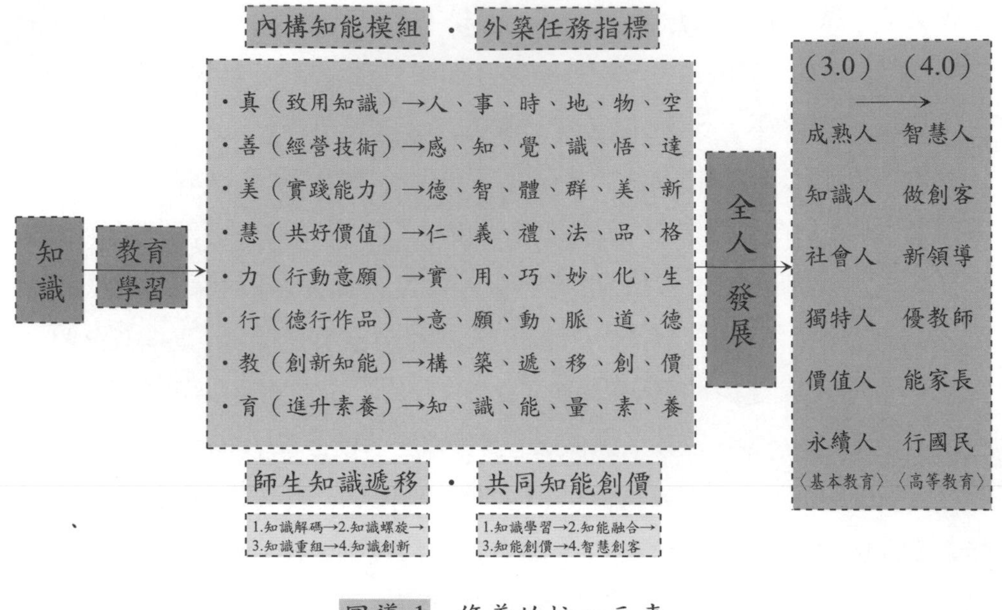

圖導-1 修養的核心元素

知識經由「教育」及「學習」進入人的身體，廣義的知識指已經被人類發現，存在宇宙間的知識，它浩瀚無垠，通常分成五大類：物理現象的知識、事理要領的知識、生命系統的知識、人倫綱常的知識，以及時空律則的知識，教育的本質之一，就是啟動「生命系統的知識」來學習這五大類知識，是一種「知識學習知識」的歷程。狹義的知識指：教學中每一學習單元中所呈現的知識，這些知識所含的元素，就是提供「內構新知能模組」及「外築新任務指標」的元素。

原本素養的八大元素都個別含有其次級系統的六個元素：真（致用知識）有六個次級系統元素：人、事、時、地、物、空；善（經營技術）有六個次級系統元素：感、知、覺、識、悟、達；美（實踐能力）有六個次級系統元素：德、智、體、群、美、新；慧（共好價值）有六個次級系統元素：仁、義、禮、法、品、格；力（行動意願）有六個次級系統元素：實、用、巧、妙、化、生；

行（德行作品）有六個次級系統元素：意、願、動、脈、道、德；教（創新知能）有六個次級系統元素：構、築、遞、移、創、價；育（進升素養）也有六個次級系統元素：知、識、能、量、素、養。這48個次級系統元素可以無限開展，凡是文字及語言可以表達的「單字」，都是知識的元素。有的元素被用得多，有的元素被用得少，被用得多的就稱之為「核心元素」或「關鍵元素」。

「內構知能模組」指外顯知識內部化，身外的「知識（含技術）」進入身體之內與身體內本來就有「知、能」進行「對話交流」、「螺旋重組」，讓習得的「知與能」成為具有「系統結構（模組化）」的「新知能模組」，這些「新知能模組」就是「外築任務指標（德行、作品）」的內在動能。素養取向的教育首要特質是：有效的學習須先「內構知能模組」，然後再「外築任務指標」，先「內構知能模組」的方法是「引起學習動機」加上「KTAV模式」的教學，實施「知識（真）→技術（善）→能力（美）→價值（慧）」四位一體的教學。也就是「智慧教育」及「創客教育」的「整合教學」，整體的教學模式成為：「用智慧（KTAV）」→「做中學」→「有作品（做創客）」→「論價值（價值評量）」的「教與學」。

「外築任務指標」有狹義及廣義，狹義指單元教學的「教學目標」，也就是學生在單元學習之後所應學到的素養能力，這些學到的素養能力通常用具體的「德行」及「作品」表現。廣義的「外築任務指標」則指所有的「教育活動（含課程教學）」的任務指標在「全人發展」，全人發展的任務指標分兩階段：基本教育階段（小學到高中）須達成六個角色責任：成熟人、知識人、社會人、獨特人、價值人、永續人。高等教育階段再增加六大角色責任：智慧人、做創客、新領導、優教師、能家長、行國民。其中，「智慧人、做創客」是《知識教育學：智慧人．做創客》（鄭崇趁，2017）一書新發現的核心「角色責任」，結合「智慧教育」及「創客教育」的實施就得以培育「智慧人、做創客」，得以從小學教起，用「智慧人、做創客」當作各級學校教育「外築任務指標」的共同「教育指標」，教育在教人成為「智慧人、做創客」。

二、知識遞移篇的知能模組

「知識遞移」係指教師身上及教材上的知識，能夠有效「遞送、轉移」到學生身上，學生學會這些「知識、技術」，成為帶走的「能力」，並開展新的「德行、作品」創新學生知識。師生互動能否產生「知識遞移」，決定在下列四個「技術要領」：(1)知識解碼→(2)知識螺旋→(3)知識重組→(4)知識創新。「知識遞移說」理論結合「智慧教育」、「創客教育」及「新五倫價值教育」，筆者研發了「KTAV 教育（教學）模式」，如圖導-2 所示，以及「KTAV 單元學習食譜」，如圖導-3 所示。

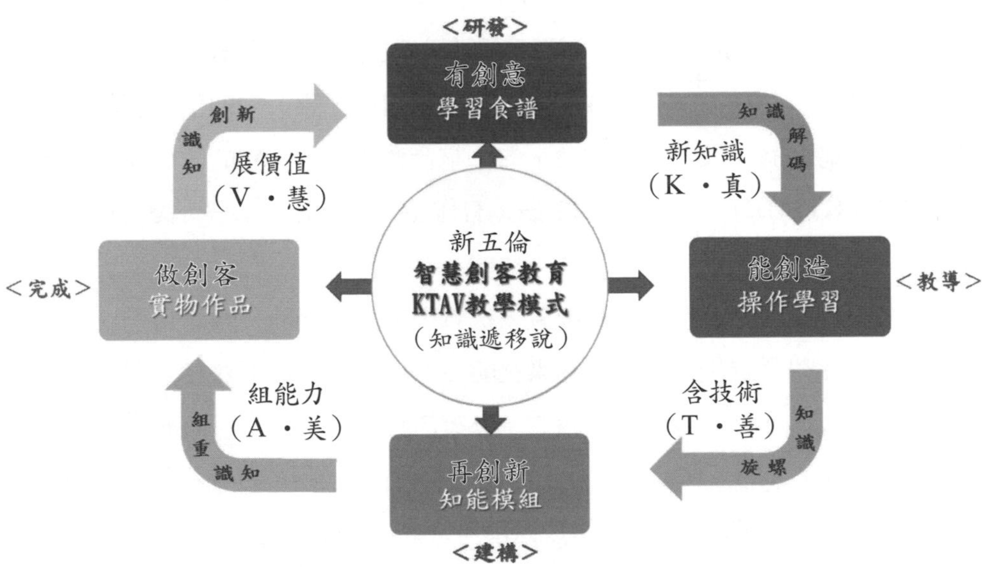

圖導-2　知識遞移（KTAV）教學模式

資料來源：進升自鄭崇趁（2017，頁 74）

單元名稱：		設計者：	
Knowledge 新知識・真 ⇨ 致用主題知識	Technique 含技術・善 ⇨ 能操作學習技術	Ability 組能力・美 ⇨ 實踐行為能力	Value 展價值・慧 人類群己教育價值
知識名稱及意涵	教學活動（學習步驟）	師生實物作品	成果價值詮釋
知識解碼要領	知識螺旋焦點	知識重組系統	知識創新價值
□編序□鷹架□步驟□流程 □原型□元素□成因□脈絡 □次級□系統□次要□變項	□內化□外化□交流□對話 □新化□活化□深化□優化 □同化□調適□融入□存有	□真（致用知識）□善（經營技術） □美（實踐能力）□慧（共好價值） □力（行動意願）□行（德行作品）	□真實□體驗□生新□創價 □均等□適性□民主□永續 □傳承□創新□精緻□卓越

圖導-3　KTAV 單元學習食譜

資料來源：進升自鄭崇趁（2017，頁 124）

為配合本書三篇「篇名」的需要，本書將KTAV教學模式，重新定名為「知識遞移（KTAV）教學模式」，同時強調「知識（K）→技術（T）→能力（A）→價值（V）」四位一體的「智慧教育」與「知識遞移」歷程「解碼→螺旋→重組→創新」的四位一體同等重要。這一個模式（知能模組）蘊含了四套「新教育」的「知識系統」：(1)智慧教育：「新知識（K・真）」→「含技術（T・善）」→「組能力（A・美）」→「展價值（V・慧）」四位一體的教學，稱為智慧教育。在圖的四個角落像似四根柱子；(2)創客教育：「研發有創意學習食譜」→「教導能創造操作學習」→「建構再創新知能模組」→「完成做創客實物作品」，稱之為四創一體的創客教育。在圖的四個邊位置，代表「做中學」、「有作品」的重要性；(3)「知識遞移」理論：「知識解碼」→「知識螺旋」→「知識重組」→「知識創新」是知識能否有效遞移的「要領技術」，原稱「知識遞移說」，是一種近似理論的原理學說。在圖的四個轉彎處，代表它們真的能轉動「知識」的「遞移」，創新學習者的知識，創新學習者的「知能模組」；(4)價值評量的實踐：本模式以「價值」收尾，就教學活動而言，「教學評量」是收尾的核心事務，是以本模式強調「價值評量」，評量教學活動的具體價值實踐（價值教育）（註：「價值教育」的具體作為包括「價值論述」、「價值回饋」、「價值評量」及「價值實踐」，前兩者以教師為主體，後兩者則以學生為主體）。

KTAV 單元學習食譜，也重新正名為「知識遞移（KTAV）學習食譜」，此一正名的意涵有四：(1)KTAV 是知識生命的循環史：任何「知識」都含有可操作的「技術」，任何知識及技術與身體的本能融合都可以「組新能力」；任何知識成為人的「知能」之後都可以「展價值」，創新人生命的知識，創新人生命的價值，KTAV 學習食譜是引導學生直接學習「知識生命的循環史」；(2)KTAV 是知識生命的遞移史：師生的知識要有效「遞移」，必須經由「解碼→螺旋→重組→創新」的歷程，這一「要領技術」的命名，就是知識的「遞移史」；(3) KTAV 用「遞移技術（要領）」解碼「知識」、「技術」、「能力」、「價值」的滋生與存有：「解碼」、「螺旋」、「重組」、「創新」四者都是廣義「解碼學」的核心技術（要領）；它們「發現」不同層次的知識；(4)KTAV 詮釋了「人」與「知識」、「教育」三者的縝密關係：「新知識→含技術→組能力→展價值」四位一體的學習，才能確保「知識遞移」成功，「知識遞移」成功之後，師生方能進一步共同「知能創價」。「人之所以為人」者必須接受教育，接受教育主要在學習知識；習得知識的方法要領在「內構知能模組」→「外築任務指標」→師生「知識遞移」→共同「知能創價」。創新人的生命價值，創新教育的新價值，人人都是「智慧人、做創客」，人人都有適配幸福人生。如圖導-4 所示。

教育新方法　KTAV 新教育

KTAV　統整　新課程設計

KTAV　聚焦　新單元教學

KTAV　引領　新智慧創客

KTAV　實踐　新價值評量

開展　新五倫　智慧創客學校

圖導-4　KTAV 新教育

資料來源：引自鄭崇趁（2018c，頁 111）

為了解碼九大「核心素養」的「新知識」、「含技術」、「組能力」、「展價值」，筆者示範運用「知識遞移（KTAV）學習食譜」，直接解析十二年國民基本教育課程總綱所提列的九個素養，作為本書第九章至十七章的主要內容。旨趣有四：(1)「素養」可直接教：找到它的KTAV（新知識→含技術→組能力→展價值）就可以直接教；(2)「素養」來自「知識」的生命滋長：師生教學活動在誘發學習者對「新知識」生命的滋長；(3)「素養」要有師生「知識遞移」效應：師生永續知識遞移，天天累增「真（致用知識）」、「善（經營技術）」、「美（實踐能力）」、「慧（共好價值）」得以厚實每位學生九大素養；(4)「素養」需要「值價評量」的實踐：慧能（共好價值）是素養的最核心元素，教育（教學）活動以「值價評量」作總結檢核，最能夠孕育學生「慧能」，用「德行、作品」展現共好價值行為。

三、知能創價篇的知能模組

「知能創價」及「智慧創客」成為正式教育名詞，被學校教育活動實際運作使用，來自臺北市優質學校認證的「資源統整」向度 4.0 版「項目指標」（臺北市政府教育局，2017）。資源統整 4.0 版的四個項目為：「親師合力」→「資源系統」→「知能創價」→「智慧創客」。「知能創價」的意涵指學校師生的「知識資源＋能力資源」創新師生的生命價值暨創新教育的價值。「知能創價」的歷程也有四大要領技術：(1)知識學習→(2)知能融合→(3)知能創價→(4)智慧創客，其進出人之身體位置，幾乎與「知識遮移」位置相當，如圖導-5 所示。

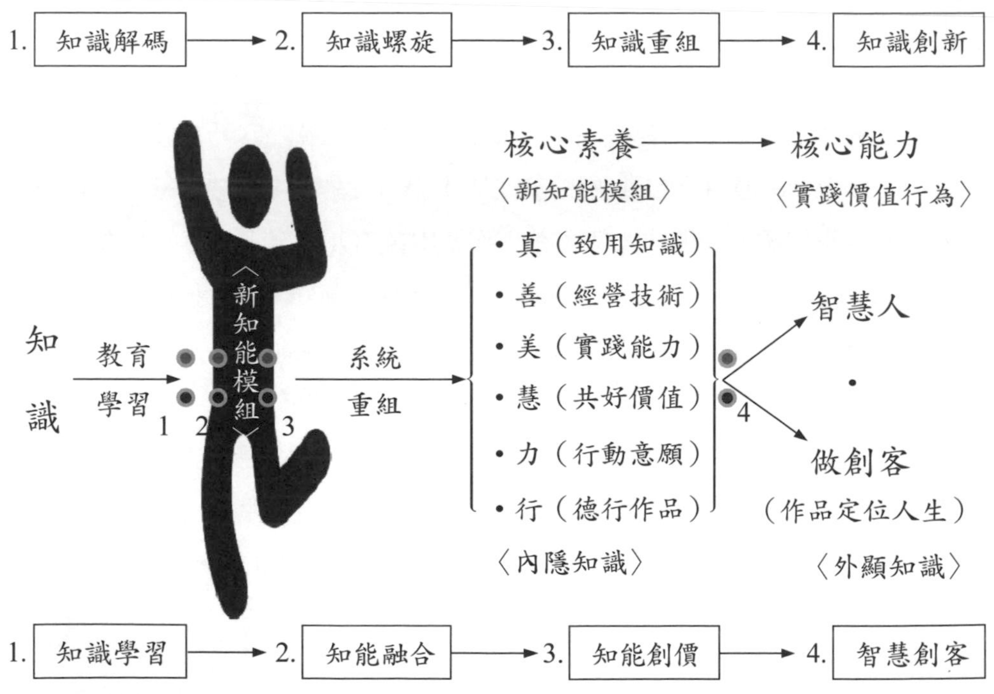

圖導-5　新知能模組說、知識遮移說、知能創價說（三說）之系統結構

資料來源：引自鄭崇趁（2018c，頁 36）

知識遞移的四個位置與知能創價的四個位置，都很接近。第一個步驟「知識解碼」暨「知識學習」都在知識要進入身體之前就發生了。第二個步驟「知識螺旋」暨「知能融合」都在一進入身體之後立即開始，外顯進來的新知識開始與本來的內隱知識螺旋；新知識也開始與人本來已經具備的「能量」融合。第三個步驟「知識重組」暨「知能創價」也在要外出身體之前就完成了，知識與能量「螺旋重組」成「新知能模組」，創新了學習者自己的生命價值。第四個步驟則在真正出了身體之後「表現出來」的「新任務價值行為」，「創新知識」指創新學習者的知識，用「德行、作品」表達創新的知識。「智慧創客」指「知能創價」用「智慧人（德行）」及「做創客（作品）」表達，兩者都是「智慧教育」、「創客教育」、「價值教育」的共同成果，這三大教育的共同模式是「用智慧（KTAV）」→「做中學（體驗學習）」→「有作品（做創客）」→「論價值」；是「知識遞移模式」同時也是「知能創價模型」。

在撰寫本書各章節內容的歷程中（2020 年新冠肺炎防疫期間），對於「知識遞移模式」及「知能創價模式」兩者的「進升」，有了「新覺識」：「知識遞移說」係指知識生命的「小循環」；適合結合「新四維 4.0 版：真、善、美、慧」標示使用，致用知識是「真」，經營技術是「善」，實踐能力是「美」，共好價值是「慧」；是以第二篇的「知識遞移（KTAV）模式」及 KTAV 學習食譜都標示了（K・真）、（T・善）、（A・美）、（V・慧）。2020 年 2 月 29 日清晨（二二八紀念日的隔天），完成了「知能創價（KCCV）模式」手稿，然後再商請呂紹弘先生（指導中的博士生）用電腦製作完成，如圖導-6 所示。

素養教育的「知能創價模式」是知識生命的大循環系統，彰顯在圖形的四個轉彎處，從右上角的轉彎開始順時中循環，它們是「真→善→美→慧→力→行→教→育」；從內構「知能模組」來看它，是「真（新知識）」→「善（含技術）」→「美（組能力）」→「慧（展價值）」→「力（成智慧）」→「行（達創客）」→「教（行道德）」→「育（通素養）」。從外築「任務指標」來看它，是「真（致用知識）」→「善（經營技術）」→「美（實踐能力）」→

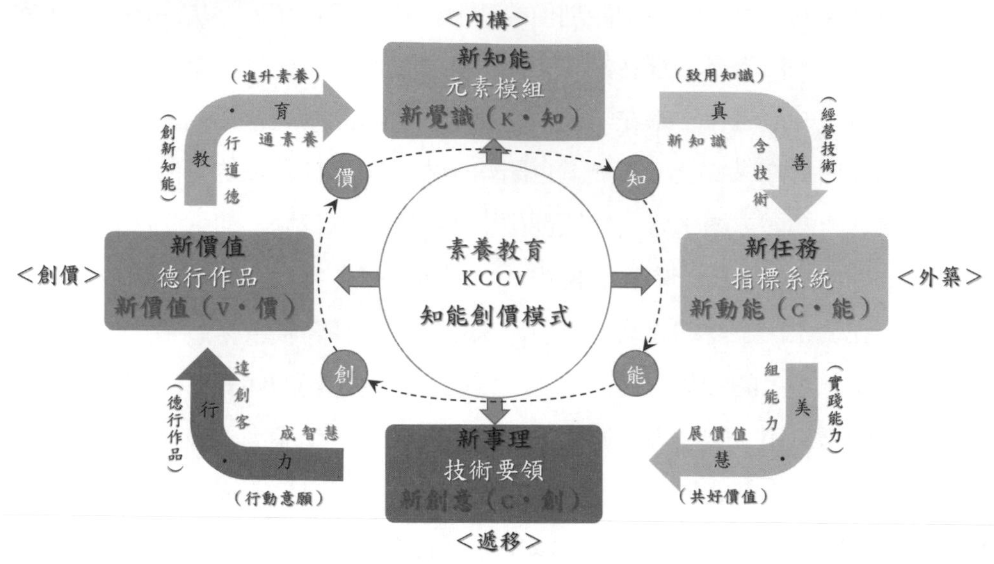

圖導-6　素養教育的知能創價（KCCV）模式

資料來源：作者依學理繪製

「慧（共好價值）」→「力（行動意願）」→「行（德行作品）」→「教（創新知能）」→「育（進升素養）」，是「知識→技術→能力→價值→意願→作品→知能→素養」八大教育元素的大循環，前四者「知識（K）→技術（T）→能力（A）→價值（V）」則是知識生命系統的「小循環」，是「知識創新知識」的生命史。「知能創價」模式的意涵是：人用學到的「知識、技術」結合更新的「能力、素養」，先創新自己的生命價值（知能模組的創新進升），再創新教育的價值（德行、作品、任務、完事）。實際的「教與學」意涵就成為「內構新知能元素模組」（新覺識、K）→「外築新任務指標系統」（新動能、C）→「遞移新事理技術要領」（新創意、C）→「進升新價值德行作品」（新價值、V）的「知能創價（KCCV）」模式。「知（新覺識、K）」在右上角→「能（新動能、C）」在右下角→「創（新創意、C）」在左下角→「價（新價值、V）」在左上角→「知→能→創→價」永續循環，人類一生的生活學習、為人處世、執行任務（做事）及研發創新（知識、產品），都是依循「知能創價模式」——知識生命大循環模式。永續循環，永續創新進升，永續彩繪人生。

是以，「知能創價模式」是「知識遞移（KTAV）模式」的進升，「知能創價模式」有四個進升力點：

一是，小循環進升大循環：兩者都是「知識生命的滋長」與「進升」「循環」，「知識遞移（KTAV）模式」是知識生命的小循環，從「真（新知識）」→「善（含技術）」→「美（組能力）」→「慧（展價值）」，永續循環，是知識本身生命的小循環。接續加上「力（成智慧）」→「行（達創客）」→「教（行道德）」→「育（通素養）」進升為「知能創價模式」，則是知識生命的大循環。大循環來自小循環的進升，兩者也具有相屬位移關係，彼此交互支持。

二是，「知識本身」的「遞移創新」進升為「知與能」的「融合創價」：KTAV模式焦點在師生知識「能遞移」，能「解碼→螺旋→重組→創新」學生主體的知識。「知能創價模式」焦點則進升為師生的「知識」如何與「能量」，「融合」→「進升」→「創價」，創新人的生命價值，創新教育價值，創新知識新價值。

三是，知識單向遞移進升為師生共同知能創價：KTAV 模式重在「教師身上」及「教材知識」如何能「遞送、轉移」到學生身上，「知能創價模式」則再進升為「師生的知能」如何共同「創價」。

四是，詮釋「知識」、「教育」的「單一本質」進升為能詮釋「知識」、「教育」、「人」三者「共構的本質」：「知識能遞移」（KTAV）模式，已經明確詮釋「知識創新知識」本質，教育的目的在增進師生「知識遞移」流量，知識遞移是「教育」及「知識」的本質之一。「知能創價模式」則進升為能詮釋「知識」、「教育」、「人」三者合一共構就是為了「知能創價」永續循環。

知識生命的有效循環，也是人生活、學習、為人處世、經營事業、施展抱負、實現理想的重要「本質」（它們都需要人的「知能創價」）。

肆、「教育解碼學」定位臺灣「新教育」的意涵

「教育解碼學」可以解析教育知識的廣度、深度、高度及標準，例如：本書第一篇的「元素構築篇」各章及第二篇的「知識遞移篇」各章，把素養的教育元素分三至四個層次解析，把九大素養的教育內容依「知識遞移（KTAV）模式」「新知識（真）→含技術（善）→組能力（美）→展價值（慧）」四位一體呈現，都是解析教育深度；又如：《知識教育學：智慧人・做創客》一書，也是解析知識與教育的深度；《教育 4.0：新五倫・智慧創客學校》一書，則解析教育知識的高度及標準（3.0 是特色品牌學校，4.0 是新五倫・智慧創客學校）。是以，教育的知識不再是平面的（只有「廣度」），「高度、深度、標準」加上去以後，教育的知識有了長、寬、高及「定位」；教育機制就是「立體的知識模組」。

依據此一知識模組來定位臺灣的「新教育」，臺灣的新教育應有廣狹二義：狹義的新教育指「素養取向的教育」；廣義的新教育則指「邁向教育 4.0：新五倫・智慧創客學校」的教育。本書書名《素養教育解碼學：元素構築・知識遞移・知能創價》針對「狹義的新教育」作解析與定位。第三篇「知能創價篇」各章則兼及「廣義的新教育」作「解析」與「創價」，並以「新五倫・新四維・新教育・新臺灣」為總結，示範「知能創價」所能呈現「知識」的「立體模組」。

伍、結語：邁向「德、智、體、群、美、新」的新六育教育

知識與教育（學習）都在創新「人的生命」價值，創新教育的教材，創新教育（學習）的作品，教材是新的，作品也是新的，教育在教人之所以為人，教人成為「智慧人」，教人達成「做創客」，智慧人是含有新「知識→技術→能力→價值」元素的人，做創客也是含有作品生新的人，是以本書在傳統五育之後，加上了「新育」為第六育，圓滿了「知識」及「教育」兩者對「人」的實質「績效價值」，臺灣的「新教育」從此有了「新育」，開啟「德育、智育、體育、美育、新育」六育「統整齊發」的「素養取向教育」。

第一篇

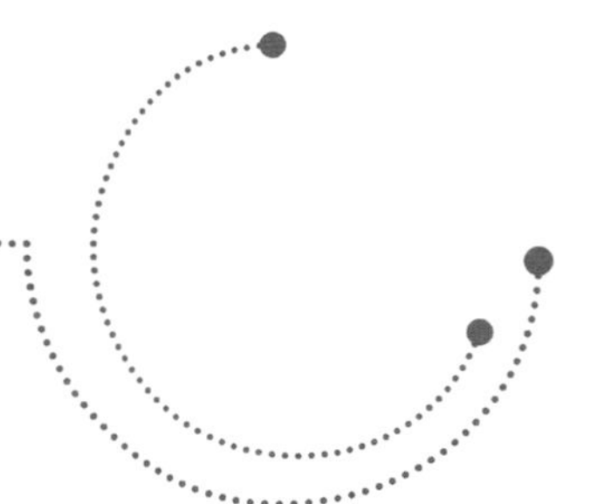

元素構築篇

知識的生命與素養的教育元素圖解

知識 → 教育學習 →

內構知能模組 · 外築任務指標

- 真（致用知識）→人、事、時、地、物、空
- 善（經營技術）→感、知、覺、識、悟、達
- 美（實踐能力）→德、智、體、群、美、新
- 慧（共好價值）→仁、義、禮、法、品、格
- 力（行動意願）→實、用、巧、妙、化、生
- 行（德行作品）→意、願、動、脈、道、德
- 教（創新知能）→構、築、遞、移、創、價
- 育（進升素養）→知、識、能、量、素、養

師生知識遞移 · 共同知能創價

1.知識解碼→2.知識螺旋→3.知識重組→4.知識創新

1.知識學習→2.知能融合→3.知能創價→4.智慧創客

→ 全人發展 →

（3.0）	（4.0）
成熟人	智慧人
知識人	做創客
社會人	新領導
獨特人	優教師
價值人	能家長
永續人	行國民
〈基本教育〉	〈高等教育〉

素養者，修養的元素也，修養（知能素養）來自知識的生命及教育的元素

知識本來在人的身體之外，經由教育及學習進入了人的身體，知識進入之後，如果「著床」成功，就是人的「新知識（致用知識・真）」，這些「新的真知識」因為與人類「與生俱來」的「本能」相融合成長，知識本身也就開始有了生命。這一段知識生命的歷程正好是教育的八大元素及其次級系統的48個教育元素所建構而成，這些「知識生命」的命名是：「新知識（真）」→「含技術（善）」→「組能力（美）」→「展價值（慧）」→「成智慧（力）」→「達創客（行）」→「行道德（教）」→「通素養（育）」。「真、善、美、慧、力、行、教、育」八大教育元素，是知識尚在人身體之內「內構新知能模組」的命名，如果這些「知識」與人的既有「能量」融合後產生「新能量」再「外築價值行為」，則它們的命名是：「真（致用知識）」→「善（經營技術）」→「美（實踐能力）」→「慧（共好價值）」→「力（行動意願）」→「行（德行作品）」→「教（創新知能）」→「育（進升素養）」。

是以，「知識」會隨附著人的生命而有生命，人之德、人之智、人之體、人之群、人之美、人之新的「六育知能素養」都是知識的生命滋長而成的。素養取向教育的核心歷程，可以從圖的周圍看得很清楚，教師要教導學生先「內構知能元素模組」，再「外築任務價值行為」；師生要先「知識遞移」，然後共同「知能創價」。「內構・外築・遞移・創價」的教育，在成就學習者的全人發展，教育3.0的全人發展是：成熟人、知識人、社會人、獨特人、價值人、永續人（六大角色責任發展到位）；教育4.0則再進升為智慧人、做創客、新領導、優教師、能家長、行國民（十二個角色責任全部發展到位）。

第一章　真〔致用知識〕：

人、事、時、地、物、空

導論

本章是全書的第一章，是前所未有的《素養教育解碼學》的第一章，象徵「石破天驚」的開始，代表「教育」是可以解開其密碼的，尤其是「素養教育」該怎麼教。本章一開始，啟用了「知識解碼」的要領技術，逐章解析「素養教育」的「元素構築」→「知識遞移」→「知能創價」，期待能夠真正解開「素養取向教育」的密碼，帶領教育人員，實踐「準確版本」的素養教育，暢旺臺灣「新育、新教育」的榮景。

本書將「素養」界定為：修養的元素。認為新課綱中的九項「核心素養」都是「知識的生命」及「教育的元素」所共同搭建而成的。核心素養的教育元素有八個核心元素：「真」、「善」、「美」、「慧」、「力」、「行」、「教」、「育」，每一個核心元素又可以「解碼」為六個次級系統元素，是以核心素養的教育元素至少有 8 ＋ 48 ＝ 56（個）。本章解碼第一個核心元素「真（致用知識）」及其次級系統元素：「人、事、時、地、物、空」之間的教育意涵與「知識生命」的性質。

本章有五項「新知識」的發現，這五項「新知識」都是素養教育重要的「新教育版本」：(1)「空」是真實的「致用知識」：「空間」也是「知識」的一種，它是提供「人、事、時、地、物」存有的運作空間，沒有它，人、事、時、地、物都無法存有；(2)佛學的「三空」具有教育的意涵與價值：「空如來藏」、「不空如來藏」、「空與不空如來藏」是佛學的「三空」，人的一生就是「三空」的循環，未出生之前是「空」，出生以後活了精彩的一生是「不空」；人往生以後則是「空與不空」，身體又不見了是「空」，人生前留下的三不朽，「立德、立功、立言」則是「不空」。是以人活著的時候要接受教育，努力學習，用新知能「智慧人、做創客」留下「立德、立功、立言」的各種實物作品，讓自己的「空與不空」同時「傳承創新」；(3)「新六何（How）」是每個人真實知識的主要源頭：「人、事、時、地、物、空」都是真實知識的教育元素，每個人學得之後的「系統重組」成為自己的「新知識」與「新能量」；(4)「學會了」且「會用」的知識才是自己的真知識；是以客觀存在的知識浩瀚無涯，自己學會並用得出來的知識總是有限的。學到「夠用的知識」是生命的新指標；(5)素養教育呈現新的系統教育模式：「內構→外築→遞移→創價」：「內構新知能元素模組」→「外築新任務指標行為」→「師生知識遞移」→「共同知能創價」。

壹、緒言：素養來自知識的生命及教育的元素

素養者，修養的元素也，修養是人經由教育學來的知識，知識與人的「本能」融合，然後內構新知能模組：「新知識（真）」→「含技術（善）」→「組能力（美）」→「展價值（慧）」→「成智慧（力）」→「達創客（行）」→「行道德（教）」→「通素養（育）」，「真、善、美、慧、力、行、教、育」都是「知識」進入人身體之後，隨著人的生命「知能融合」、「遞移創價」而滋長的「知識生命」，這些「知識生命」都是含有教育意涵的元素，所以「素養」也是教育的元素建構而成的。真為「致用知識（K）」，善為「經營技術（T）」，美為「實踐能力（A）」，慧為「共好價值（V）」，力乃「行動意願（M）」，行乃「德行作品（P）」，教指「創新知能（E）」，育指「進升素養（D）」。

本章探討「核心素養」的第一個元素「真」，「真的知識」，浩瀚無垠，它大致分成五大類：物理現象的知識、事理要領的知識、生命系統的知識、人

倫綱常的知識、時空律則的知識，這五大類知識無限寬廣，存在宇宙與人的理性之中，等待著人類去發現，擷取、運用、傳承、創新，「教育」即在啟動「生命系統的知識」學習這五大類知識，是以教育的本質是用「知識學知識」，用知識內構「知能模組」，用知識外築「任務指標」，用知識遞移師生知識，用知識註解知能創價，用知識實踐「智慧人、做創客」。狹義的「真知識」係指「學習到」並且「學會」的「致用知識」，人一生「學到的」且「學會」的「致用知識（真）」都十分有限，「能用」、「夠用」就好，也不必學習太多而過於龐雜的知識，很多擁有「高深知識」的人一輩子都從來沒用過它，也等同於「不是真知識」，因為自己生活上從未驗證過的知識，是真是假？已經不重要，它在別人身上常被拿來用，那它才是真的知識；在自己身上還沒用過，它雖存有，總還不算「真實」（似假非真）。

是以本章界定「素養」的第一個主要元素：「真」，「真知識」指真正的知識，真正的知識有廣狹二義，廣義的真知識指五大類知識，它浩瀚無垠，且永續地增生，創新與進升。狹義的知識則指，「教育」過程中我們所能學習到的「致用知識」，「致用的真知識」也廣博深奧，小學→國中→高中→大學→碩士博士所學的知識都是期待我們能學會的「致用知識」，真的成為自己能致用的「真知識」。要了解「真（致用知識）」可以再從它的「次級系統」、「元素」來「解碼分析」，然後「了解」它「真實」的「存有」，本章選用「人、事、時、地、物、空」六個次級系統元素，來說明「真」這「知識元素」的「存有」。

貳、教育事業中，真「人」的元素

「真」這一元素（致用知識），生長在「教育事業」的「知識系統」中，可再用與「教育」攸關的「人、事、時、地、物、空」（六種次級系統元素）為座標，來解析建構「教育事業（組織）」的元素。教育的對象是「人」，主要的人包括「師」與「生」，教師與學生就是「教育人」的兩大對象，也是兩大元素，「師（教師）」、「生（學生）」都是人身分的名詞，萬物之名曰「知識」，有教育的存有，就會有真實的教師及學生，他們在從事「教」與「學」的互動，大家都看得到，是以這兩個名詞都是「真」的「致用知識」。人有「生命」、「生活」、「生態」、「生源」；「生命」的元素包括：「生、命、能、動、理、性」；「生活」的元素主要在「食、衣、住、行、育、樂」；「生態」的元素有「人、事、時、地、物、空」；生源的元素則有：「金、木、水、火、土、風、電、油、知、能」。這 28 種「元素」建構人的一生，「人的教育」包括「生命教育」、「生活教育」、「生態教育」，以及「生源教育」，主要的教育內容就是「教人」如何與這 28 種元素相處、融合、交互共好、共榮共享，過著適配幸福人生。

參、教育機制中，真「事」的元素

教育是國家經營的事業，整個教育機制中，真「事」的元素包括：「教、學、養、育、課、程」，教指教師的「教學」、「教導」、「訓導」、「輔導」、「示範」、「提供楷模」、「闡述說明」及「要領分析」，「教會學生」，促進成功的「知識遞移」、「知能創價」是教師「教」的主要責任。學指學生的「學習」、「學會」、「學業」、「學程」、「學分」、「學會知識」、「學會技術」、「學會能力」、「學會價值」、「學成智慧人」、「學成做創客」。人類經由學習與教育，促成「全人發展」是學習者的主要目的。養指「養育」、「養成」、「養分」、「培養」、「教養」、「修養」、「素養」，尤其是基本教育階段學生，因為身心尚未完全成熟，學校教育機制及所有教師對學生，必須邊「教」邊「養」；「教育」與「養育」併進。配合學生身心成熟度「教學養育」使其術德兼備，培育「智慧人、做創客」，成為表現適配「素養能力」的責任公民。

育指「育人成人」，「教育」、「養育」、「生育」、「五育」、「培育」、「孕育」、「育人育才」，「育人之所以為人」。「教」與「育」合稱「教育」，「教」重前端，重在輸入「教材知識」，「育」重後端，重在輸出「人之所以為人」。課指「課程」、「課業」、「課表」、「課本」，也就是教給學生的「教材知識範本」，係真實的教育內容。「程」則指學校為學生安排的「固定學習歷程」，包括「學制學程」、「學校學程」、「年級學程」、「班級學程」、「領域（學科）學程」、「學年學期學程」、「日課學程」、「課間學程」、「社團學程」、「校本學程」、「師本學程」、「生本學程」、「學位學程」、「學分學程」、「非學分學程」，各種「學程規劃」在提供個殊需求的學生，能夠完成其「修業目標」，核給「修業證明」。「教」、「學」、「養」、「育」、「課」、「程」六大元素的搭配組合，建構了當前每一國家完備的教育機制，「元素」合成「組件」，「組件」發展為「系統」，「系統」運作找到最佳「模式」，元素→組件→系統→模式的「結構運作」，彩繪了今日教育「事」的文明與文化。

肆、教育歷程中，真「時」的元素

教育要考量學習者的「生命成長時機」，針對學生的「認知發展」與「身心成熟度」施予「適時」的教育，教育「時」的元素主要為：「秒、分、時、刻、日、週、月、季、年」。秒為時間的最基本單位，六十秒為一分鐘，六十分鐘為一小時，每天（日）有二十四小時，一週七日，月分大月小月，小月三十日，大月三十一日（二月有二十八日或二十九日是每年特例），三個月為一季，一年十二個月（365 天，潤年 366 天），週而復始地循環，學校教育機制的規劃實施都要配合「時間循環」元素而規劃，例如：「臺灣的學制」是小學六年、國中三年、高中三年、大學四年，稱六三三四學制，學校教育採學年學期制，上學期八月至一月；下學期二月至七月。中小學每學期排課二十週，大學每學期排課至少十八週，其餘為寒暑假。各級學校以週為單位（週休二日），排定每週授課課表（學科、領域、正式教育活動），小學每節四十分鐘，中間休息十分鐘；中學及大學每節五十分鐘，中間休息十分鐘；各級學校課表都以每天八節課為原則，彈性課表由各校自主決定，惟每週領域（學科）節數，要符合「課程綱要」的規定。至於學生每週要學習什麼教材，政府在「課程綱要」中規範學習單元「主題」，審編多元「教科書」，由教師「專業自主」決定教材。大學教育則由學校系所制定必修選修課程及學分數，修畢各種「學程」之課程學分暨符合學校門檻規定者（至少 128 學分）可以畢業，取學士學位。

「時中其機」的教育愈來愈講究，開始時，學校教育都依照皮亞傑（Jean Piaget）認知發展理論，規定小學、國中、高中、大學學生開始學習的年齡，如六歲入小學、十二歲入國中、十五歲進高中、十八歲上大學。後來資優生可以經鑑定後准予跳級升學，接著學校教師逐漸重視「學習關鍵期」及每節課中的「專注學習」時段，「即時補救教學」等，「適時」提高教育品質與「師生」本身的教育價值（教師在時間內教會學生，學生習得知識、技術、能力、價值）的核心元素。

伍、教育經營中，真「地」的元素

教育在教人學習「知識」，而學校是「知識」的集散地，學校蓋在土地上，政府設學校、聘教師、招學生、訂課程、給設備、編預算，才能辦教育。教育「地」的元素係單一而完整的元素，地則土也，稱為土地，土地就是單一元素，不必再找土地內再建構的元素，「地」被開發使用之後價值更大，教育的核心單位「學校」，都蓋在一大塊一大塊的土地之上，土地被開發運用，蓋成學校之後，才會有教育需求的「組件」、「系統」、「模式」、「結構」在這塊土地上存有，流動、產生「知識遷移」，「知能創價」傳承創新知識，永續培育國家社會有用的「人力資源」。從「地」的表象上看學校教育，「學校建築」、

「樓地板面積」、「空間美學」、「校園規劃」、「人車步道」、「學習步道」、「圖書館」、「校園植栽」、「體育館」、「學生活動中心」、「教職員宿舍」、「學生宿舍」、專科教室、音樂館各種硬體、軟體教學活動設施，都是學校教育在這「地」上的次級系統元素，要搭配其他元素（尤其是物、事）才能形成。「地」這一元素也是教育最大最基礎的「資源」。

廣義的「地」，指「山河大地」，概指整個地球，「山河大地」所有的資源是人類「共存、共有」的資源，地上的及地底的豐富資源，都是人類賴以生存的「原物料」，人類可以開採運用，就像「知識」一般，五大類知識存在「宇宙」與「人性」之中，等待著人類「發現它」、「知它」、「用它」。大地內蘊藏的資源（如金、木、水、火、土、油各種能源）及大地上已經存有的建設（如多元文化及尖端文明），都是知識的一種，都可以提供教育使用，大地知識編成教材教給學生，師生就可以「知識遞移」，共同「知能創價」。是以，大地是人類及萬物生靈共同的棲息地，共同的母親。

陸、教育事務中，真「物」的元素

人的一生，除了睡覺以外，都活在不同的時空中，並且「拿物做事」，教育是國家經營的事業體，它是偉大而神聖的事，教師要拿「好物」教學生學習；學生要跟著「好人物（教師）」拿著「課本（好物）」進行「做中學（操作物）」並完成作品（德行、作品），德行是價值行為實踐，作品指「立體實物作品」、「平面圖表作品」、「動能展演作品」及「價值對話作品」，都是廣義的「物」，是以萬物之名曰「知識」，教育在教知識，教育在傳承創新知識，知識是「萬物」連結「萬事」，依其「物理、事理」編撰成系統結構的教材，然後經由師生「教、學」活動「知識遞移」到學習者身上的「實體」，是以知識是萬物之名的統稱，「知識」本身也是廣義的「物」，它用語言、文字、圖像、記號及實物表達，是以智慧教育結合創客教育及新五倫價值教育，強調「用智慧」→「做中學」→「有作品」→「論價值」的教育歷程，就是深化「做中學」教育理念，「拿物操作」→「學物KTAV（知識、技術、能力、價值）」，「重構新物（完成作品）」→「創新知識（新物的KTAV）」。教育關照「以物學物」、「以物造物」、「物」的元素與「知識（K）、技術（T）、能力（A）、價值（V）」融合連結，促進實物生新，知能創價，更能彰顯教育本質、更能進升教育的績效價值。

在學校的教育情境中，教育之「物」也有廣狹二義；狹義的物指「教學設備及工具軟體」，包括課本、教具、電腦、音響、媒體、銀幕、投影機、白板、彩筆、實驗室的機器、器材、化學原料、運用程式、軟體、影印機、雷射印表機、彩色印表機、3D 列印機、智慧教育媒材、創客教育基本配備，都是教育（教與學）需用的「物」。廣義的物則指學校的「校舍建築及館舍規劃」，有教學大樓、行政大樓、圖書館、音樂館、藝術館、學生活動中心、大禮堂、體育館、運動場、學生宿舍、教職員工宿舍等硬體設施，也都稱為學校教育之物。目前各級學校均有「設備基準」規定，學校的軟硬體設備，要符合「設備基準」才准予「辦學」，確保學校教育品質。

柒、教育產業中，真「空」的元素

「空」是指「空間」，以前多與「時間」並稱，稱之為「時空律則」的知識（鄭崇趁，2017，頁48-52）。但容易關注「時」而淡化了「空」，是以「人、事、時、地、物」併稱為「五何」（五W），以「教育」為例，五何少了「空」（空間）就不能真的辦教育，是以本書增加第六個核心元素為「空」。地球的「地」與「天」連結的「空間」就叫「空」，「地表」上的空間，是萬物生長的基地，尤其是人類帶領著各種「生物」在這地表上的空間「生存下來」，並且「地盡其利」，結合「時」、「空」元素、「一雨普滋，千山秀色」、「一場戰爭，生靈塗碳」，循環不已。為了辦教育，蓋大樓，進行「學校建築」與

「校園規劃」，讓師生在具有「空間美學」、「角落美學」、「處處可學習」、「時時可學習」，都是在增加最適化，升級的教育「空間」，沒有「空間」的供給就沒有「真實」的教育。

佛學上有三空：「空」、「不空」、「空與不空」，這「三空」對教育的啟示是：「知識未被發現」是「空」，「知識被發現」存在宇宙中是「不空」；知識雖在宇宙中，有時被知被用，傳承創新，有時卻只典藏在大宇宙之中，不一定有人再發現使用它，就是「空與不空」。所以「被知即存在」，浩瀚無垠的知識〔含其生命元素 K（真）、T（善）、A（美）、V（慧）〕是等著人類「感、知、覺、識」的（知它、用它、重組它、創新它）。這「三空」對教育人（師生）的啟示是：教師要留下「教」的作品，（自編教材、教學著作、學生習作樣本），學生要留下「學」的作品。人尚未來到世間時是「空」（沒有我這個人），有生命以後活了一輩子，有精彩的「事功」是「不空」，生命結束後（死亡），世上又看不到這個人，又恢復「空」；唯有留下作品的人是「空與不空」。師生的作品記錄著「知識（K）、技術（T）、能力（A）、價值（V）」，後代人類隨時可以傳承創新，「空與不空」同時流傳。

捌、致用知識（真）的「內構外築」軌跡

本書稱《素養教育解碼學》，用三篇的篇名，當作解碼「素養教育」的主軸，第一篇為「元素構築篇」，第二篇為「知識遞移篇」，第三篇為「知能創價篇」，三篇的篇名都是實際解碼教育的「核心知識與技術」，並且是筆者「知識遞移」及「知能創價」之新「構築」的「教育新專有名詞」，是以都把它當作書的「副標題」。第一篇「元素構築篇」，解碼的焦點有四：(1)找到素養教育的核心元素及其次級系統的可能元素；(2)分析核心元素及次級系統元素的意涵與教育上的運用；(3)探究這些元素對內構新知能模組的脈絡軌跡；(4)解析這些元素對外築新任務指標的實踐軌跡。

解碼的四個焦點中，本章前文已完成「真（致用知識）」核心元素及其次級系統之知識前兩個焦點的說明論述，接續完成「內構外築軌跡」的解碼分析。

一、內構新知能模組的脈絡軌跡

內構的「新知能元素模組」原本很抽象，學習型組織理論稱之為「改變心智模式」，皮亞傑稱之為「基模」（Schema）在筆者「經營教育之學」及「知識教育學」系列書籍中，均稱之為「知識基模系統重組」，從本書開始稱為「內構新知能元素模式」，強調其四大性質，(1)內構的內隱知識，外表看不到；(2)是「知」與「能」元素的重組，以前沒有談到「能」的元素；(3)是一種「模組」，內構的知能元素具有系統結構，像立體模型，不只是平面的；(4)新知能元素模組是外築任務指標系統的基礎：有內構的模組，才會有外顯的「德性、作品」，才能「智慧人、做創客」。

新知能元素模組的形成，一定要有「新知識（真）」進到身體之內，是以本章論述的「真（致用知識）」是新知能模組最核心的元素，任何進到身體內的新知識，都是其次級系統元素的連結成品，例如：「真人」、「真事」、「真時」、「真地」、「真物」、「真空」，人類的日常行為中，每天「拿物做事」，「食、衣、住、行、育、樂」，接受教育，學習知能，經營事業，彩繪人生，沒有一刻能跳脫這些真實「知與能」元素的支持與建構。人的生命得到新知識之後，還會用自己的「知能」與知識融合，灌溉滋養「知能模組」的滋長，讓它「新知識」→「含技術」→「組能力」→「展價值」→「成智慧」→「達創客」→「行道德」→「通素養」。前半段是「知識生命的小循環」稱為「知識遞移（KTAV）模式」，整個歷程是「知識生命的大循環」，稱為「素養教育知能創價（KCCV）模式」。

二、外築「新任務指標系統」的實踐軌跡

教育是「知識創新知識」的歷程，「知識創新知識」有四義：(1)教師的知

識創新學生的知識；(2)教材的知識創新學生的知識；(3)教師及教材上的知識「遞送、轉移」到學生身上，創新學生知識；(4)學生自學教材及數位資訊，統整創新自己的知識。學生所創新的知識還藏在身體裡面，看不到的部分，就稱為「新知能模組」，「新知能模組」也常被稱之為內在的「道德、品格」或「素養、能量」，甚至於與「心」、「性」、「理性」非常接近，所以思想比較可以與儒家整合的佛學大師：「玄奘」主張「萬事唯心，萬法唯識」，「慧能」（禪宗六祖）則認為「徹悟」就是「明心見性」。「心識之學」與「明心見性」可以輔助理解「素養」的真實意涵。

內構「新知能模組」只是教育的「開端」，教師在引起學生學習動機，對要學的「知識、技術、能力、價值」產生興趣，對可能的「德行、作品」（智慧人、做創客）產生「行動意願」，開始在教師指導之下「操作體驗」學習，接著才能完成教育（教學）的後半段「外築任務指標系統」，「外築」是誘發「內在新知能模組」外顯化為「有價值行為」之意，人的有價值行為通常是「拿物做事」，「拿好物做好事」，也就是「行為任務」，這些任務行為要有價值，行為任務對人有價值者就是「能夠共好」的「德行」，對物有價值者就是完成「新作品」，對事有價值者就是完成「任務」，所以本書就把外顯化有價值行為，直接稱之為「外築新任務指標」。

在教育（教學）的歷程中，外築新任務指標通常出現在備課的教案中，當前的教案，有四處就是「外築新任務指標」：(1)教學目標：單元教學設定的「認知、情意、技能」所要學會的單元學習行為目標；(2)智慧學習內容：單元教材要學生學會的核心知識及技術〔單元學習食譜中的 K（新知識）及 T（含技術）〕；(3)創客學習表現：單元教材要學生學會的實踐能力及共好價值〔單元學習食譜中的 A（組能力）及 V（展價值）〕；(4)價值評量：評量教師教學歷程中的「價值論述」及「價值回饋」，更評量學生完成的「德行、作品」的價值，評量學生整個學習歷程的價值實踐。

玖、結語：內構外築的素養化教育

「KTAV教學模式」是「內構新知能模組」及「外築新任務指標」的核心思維模式，要先「內構」才能「外築」，內構是「新知識（真）」→「含技術（善）」→「組能力（美）」→「展價值（慧）」，「真、善、美、慧」四大教育核心元素及其次級系統元素的共構；外築是「致用知識（K）」→「經營技術（T）」→「實踐能力（A）」→「共好價值（V）」，是知識生命系統的小循環（知識創新知識的精緻循環）「KTAV教學模式」的「原始創發構想」在如何整合實踐「智慧教育」、「創客教育」及「新五倫價值教育」，是以從圖（見第135頁）的模式圖形中，四個方位：「新知識（真）」→「含技術（善）」→「組能力（美）」→「展價值（慧）」四位一體，稱為「智慧教育」，是指「智慧內構」的歷程，「真、善、美、慧」四大元素直接教學，直接「內構」（螺旋重組）之意，期待它能真的留在身體裡面，成為有新生命的「新知能模組」。這樣的教育就稱為「智慧教育」，教育目標在培育「智慧人」。「智慧學習內容」在學習單元的核心知識（K）及技術（T），「創客學習表現」在實踐具體的能力（A）及有價值行為（V）（德行、作品）。兩者就是「外築任務指標」的外顯化「價值行為」，是「智慧人」連結「做創客」的歷程表現，整體「教與學」的核心節奏，可以成為：(1)用智慧（KTAV）→(2)做中學（體驗學習）→(3)有作品（做創客）→(4)論價值（價值評量與實踐）。單獨看「創客教育」的實施，則顯示在四個邊：(1)研發「有創意」學習食譜→(2)教導「能創造」操作學習→(3)建構「再創新」知能模組→(4)完成「做創客」實物作品。創客教育的內構模組的「有創意→能創造→再創新→做創客」四創一體的「新知能模組」，外築任務則是「學習食譜」→「操作學習」→「新知能模組」→「實物作品、助人德行」。「內構（智慧為主）」、「外築（創客為主）」兩者融合，稱之為「智慧創客教育」，這樣的學校就是「新五倫・智慧創客學校」，這樣的學校教育也就是邁向「教育4.0」，「素養化」的教育。

是以，《素養教育解碼學》一書有三篇：「元素構築篇」、「知識遞移篇」及「知能創價篇」：「元素構築篇」探討修養的八大核心元素「真、善、美、慧、力、行、教、育」及其次級系統元素（共 48 個）之間的「內構、外築」，內構「新知能模組」、外築「新任務指標」，新五倫價值教育、智慧教育、創客教育，暨「KTAV 教學模式及KTAV 學習食譜」的實踐，得以有效詮釋「新知識→含技術→組能力→展價值」的內構「生命歷程」，以及「致用知識（真）→經營技術（善）→實踐能力（美）→共好價值（慧）」的外築「知識創新知識」（知識遞移）歷程。

第二章　善〔經營技術〕：

感、知、覺、識、悟、達

導論

本章解碼素養的第二個核心元素：「善」。本書將「善」的知識性質界定為「經營技術」，並且主張「知識含技術」，只要真實的知識本身，都含有「可操作的技術」，也就是「知識」都可以再解碼為「次級系統」的技術。以「系統思考」這一「知識名詞」為例，它的「經營技術」就可以解碼為「觀照全面」→「掌握關鍵」→「形優輔弱」→「實踐目標」四個「善技術」。

本章選用「認識論」（epistemology）及「教授學」（pedagogy）的教育元素「感、知、覺、識、悟、達」作為「善、經營技術」的次級系統元素，解碼人（學習者）如何「認識知識」、「得到知識」、「運用知識」及「創新知識」。運作六個「善技術（管道）」得到知識：「感覺而來的知識（感）」、「知覺而成的知識（知）」、「概念建構的知識（覺）」、「現象詮釋的知識（識）」、「領悟進升的知識（悟）」、以及「通達物我的知識（達）」，也指出認識論的三個「零組件」：「感知」→「覺識」→「悟達」很像王國維的「人生三境界」。

本章的特質是運用「進升型語詞（1.0～4.0）」來解碼「感、知、覺、識、悟、達」的「教授、認識」意涵，例如：「善感」的技術是「眼（視覺）→耳（聽覺）→鼻（嗅覺）→舌（味覺）→身（觸覺）→意（理覺）」；「善知」的技術是：「有感→覺察→辨識→知道」；「善覺」的技術是「感覺→知覺→覺識→覺悟」；「善識」的技術是：「辨識→覺識→見識→通識」；「善悟」的技術是：「頓悟→達悟→深悟→徹悟」；「善達」的技術是：「達成→達標→

達道→達新」。

本章發現了四則教育「新知識」，這四則「善技術」對於「素養取向教育」具有進升性的啟示，它們是：(1)認識論本身就是教育的「善技術」：教育的主體是知識，教育的本質在「知識的傳承與創新」，認識論屬於「方法學」的知識，本身就是教育知識中的善技術；(2)「感→知→覺→識→悟→達」是認識（得到）知識的重要途徑，同時也是教育的主要目的之一，教育人員要強化認識論教學，更有助於素養教育的實踐；(3)素養與能量都來自知識：是以要避免「重德反智」的論述，遵循「知識遞移」→「知能創價」的正軌前進；(4)進升型與築梯式教材的編製與教學，能有效創新學生知能，進升學生素養，或將成為素養取向教育的主流趨勢。

壹、緒言：任何「知識」都含有可操作的「技術」

「次級系統」的「知識」可稱為「技術」，「技術」有「好」與「不夠好」，夠好且具有「系統結構」的「可以操作」的知識謂之「技術」，佛家稱教人「善知識」者為師父，「善知識」就是「修行傳道」的「技術、要領」，在教育學術中，偏重「基礎理論」學術的大學，稱為「研究型大學」；偏重「實用技術」學術的大學，稱為教學型大學或應用科技大學。在臺灣教育的發展脈絡中，原本「學術教育」與「技職教育」從高中階段起分流，科技大學興起後，科技大學也設了研究所，有碩士班及博士般，「學、技」的知識價值日漸整合，難分高下。一個人學到的「知識」再好再多，如果他都無法用「可操作的技術」表達出來，做出應有的德行及作品，那麼這個人「據德而無為」，那麼，用現代的價值觀評論這個人，他就不是「善人」，他擁有的「知識」就不是「善知識」，善知識（含技術）是用來經國淑世，服務大眾、完成任務，拿物做事的。

「善知識（教師）」能夠將知識「解碼」為可操作的「技術」，帶領學生「操作中學習」，用完成「新作品」來學會單元主題的「知識及技術」，例如：

筆者將「知識遞移說（理論）」解碼為「知識解碼」→「知識螺旋」→「知識重組」→「知識創新」四大步驟，它們就是「知識次級系統」的「操作技術」與「實踐要領」，它們是「善的」「經營技術」。本書將「教育」解碼為「元素」、「組件」、「系統」、「模式」、「結構」並強調「進升領導」也是「善的」、「經營技術」。「善」是「好的」，具有「系統結構」，「可操作的技術」都是「善知識」與「善的經營技術」。

學記詮釋教育：教者上施下效，育者養子使作善也。杜威（Dewey）詮釋教育：教育即生活，促進人類經驗持續的改造。筆者詮釋教育：教育即素養，經由知識遞移，傳承創新知識（鄭崇趁，2018c）。促進知能融合創價，培育智慧人・做創客。「教育」這一名詞已經發展成「專業深度」頗高的「系統知識」，所以有「教育學」、「校長學」、「教師學」、「教育經營學」等新典範學門的出現，可以看到不同世代的「學者」，對於「教育」本質的詮釋不同，它們具有「進升註解」的意涵，它們具有「時代價值」的反映。鄭崇趁（2018c）對於教育的詮釋乃鑑於「邁向教育 4.0」，「教育 4.0」的核心教育（主軸）係：新五倫教育、價值教育、智慧教育、創客教育；辦理經營教育 4.0 的學校是：新五倫・智慧創客學校，是以有了上述的「教育詮釋」。這些「善知識」都是「教育」的「次級系統知識」，都是用以操作「教育意涵」的「經營技術」。

素養取向教育的第二大元素是「善」，善的教育操作意涵是「好的經營技術」，筆者選用「認識論」（epistemology）及「教學學」（pedagogy）（溫明麗，2018；筆者使用「教授學」）的核心元素，來作為「善、經營技術」的教育次級系統元素，包括：「感」、「知」、「覺」、「識」、「悟」、「達」六大元素，也可以組合成認識論的三大零組件：「感知」→「覺識」→「悟達」。逐一闡明如下。

貳、教育的善「感」技術

教育的「知識」分成五大類：物理現象的知識、事理要領的知識、生命系統的知識、人倫綱常的知識，以及時空律則的知識。教育在啟動人類「生命系統的知識」來學習這五大類知識，教育也是人類「用知識學知識」的歷程。人類習得知識的途徑主要有四：「感覺而來的知識」、「知覺而成的知識」、「概念建構的知識」及「現象詮釋的知識」，簡稱「感、知、覺、識」（鄭崇趁，2017）。本書增加兩個途徑「領悟進升的知識」以及「通達物我的知識」，簡稱「悟」、「達」。

「感」到知識的「存有」，是人習得完整知識的第一道「關卡」，也是善知識及善技術的第一個「元素」。人的感覺器官有「眼、耳、鼻、舌、身、意」，眼司「視覺」，看到的「光、色、形、體、動、能」，由眼睛「有感」而後「覺察」，然後知道這個世界的五彩繽紛，空與不空，有無相生。耳司「聽覺」，聽到「音、響、大、小、樂、律、節、奏」，由耳朵「感受」而後「覺察」各種萬物聲音的存有，人聲、物聲、做事聲、自然聲（風、雨、雷、電聲）音樂、語言、天籟之聲、吵雜聲、爆破聲、救命聲、萬賴俱寂聲及聽不到任何聲。鼻司「嗅覺」、聞到「香、臭、氣、息、體、味」，由鼻子「吸入」而後有感有覺，知道人間各種氣味的存有，例如：人香、花香、體香、香水香，萬物之香、萬物之臭，萬物的息氣、味道、文化（氣氛）。

舌司「味覺」，感受「酸、甜、苦、辣、醬、醋、酒、水、油」之味，舌與鼻合作，「覺識」了人間百味，以及自己人生的「酸甜苦辣」，身司「觸覺」，由身體的「肌膚」與自然萬物「接觸」而「有感」分為「被動」的觸感」（被別人或它物碰觸而有感受），及「主動」的「觸感」（自己意念主動去觸摸他人或他物），觸覺而來的知識感受最深，例如：「痛」→「流血」，「愛」→「情意」，「打」→「暴力」，「擠」→「擁塞」、「壓」→「窒息」，「摸」→「騷擾」，「冷」→「天涼」，「熱」→「出汗」等等。「意」司「理覺」，是「眼、耳、鼻、舌、身」五覺的「統合」與「發展」，稱「意想」或「理覺」，是人「生、命、能、動、理、性」的「理」，也是與身俱來人類最珍貴的身體「元素」之一，有時也稱「心念」，「心靈」或「心」，可以滋長為「知覺→識覺→心覺→靈覺」，如玄奘大師的名言：「萬事唯心，萬法唯識」。「意」是對前五覺有感之後的價值判斷及理性思考，是得到「感覺而來」知識後「放在心上」的價值行為基礎，是知識滋長人的「能力」及「素養」的根。是以「感」的元素，需要六大感覺器官「眼、耳、鼻、舌、身、意」獲取訊息，先「有感」而「得覺」，眼有感稱視覺，耳有感稱聽覺，鼻有感稱臭覺，舌有感稱味覺，身有感稱觸覺，意有感稱「理覺」或「心覺」，六感六覺得到的知識都屬於「感覺而來的知識」，教育要優先教會學生這些善「感」的技術（元素功能），善用好的聽覺、視覺、臭覺、味覺、觸覺及理覺（心覺）。

參、教育的善「知」技術

「有感→覺察→辨識→知道」是感覺到知覺的主歷程，也可以精簡化為「感→覺→知識」，第一個感是「有感」，第二個覺是「覺察」到「覺知」，第三個知是「辨識」到「知道」，第四個識是「知道」到「知識」，也就是知道真實的「知識」與「善的」技術之存有。「有感」是「覺知」的基石，「覺知」則是「有感」的發揮與統整，例如：眼睛「有感」到「光」，「覺知」是「日光」，覺知是「月光」，覺知是「彩霞」；耳朵「有感」到「聲音」，覺知是「風」，覺知是「樂」，覺知是「雨」。覺知是「覺察」與「辨識」後的「知道」。

人的「知覺器官」有「腦」、「心」、「理」、「性」，但都看不到，很難具體指陳描述，用常識判斷，「腦」在「大腦」之中，「心」在「心藏」之內，「理」在「腦心」之間，「性」則是遺傳之根。四者的存有是「人類」最珍貴的智慧元素，共同專司「知覺」的統整作用，讓人「知道」了知識，「認識」了知道，知道並認識了「知識本身的生命」。知識進入人的身體之後，就會附隨著人的生命而有「知識自己」的生命，知識與人本來的「知」「能」融合，螺旋重組之後會建構「新知能模組（素養、內才）」然後再表現有價值行為「德行、作品（能力、外才）」；知識進升轉化為人生命一部分的「真、善、美、慧、力、行」，這些核心元素，共同創新了人的生命價值，也共同創新了「教育、學習」的績效價值。是以「覺知」知識的存有，「知道、認識」了各類「人必備」的知識，是人這一生有「價值、意義」的起點，教育與學習都在幫助人「知識遞移」，將教材上的知識及老師身上的知識，遞送轉移到學習者身上，稱為知識遞移。讓學生「有感」、「覺知」知識的「存有」與「性質」是「遞移知識」的起步。

「腦、心、理、性」是同一種「元素」或「各自獨立的元素」？眾說紛云，莫衷一是，科學研究僅證實大腦的「部分區塊」細胞活動及神經系統與「記憶」、「理解」、「語言」、「眼、耳、鼻、舌、身」五覺攸關，尚無法說明其如何「統整」而有此「覺知」。佛學談及「心」、「性」，強調「明心見性」可以成佛，心、性都是「覺知」知識存有的重要「途徑」與「器官」，但這兩種器官就像「無形的組件」一樣，藏在人的身體中，大家都知道它本身的「存有」，但就是不容易找到，似有還無，有人一輩子都不清楚自己的「心、性」是什麼，但也幸福地活了一輩子，並且也兒孫滿堂，「傳承創新」地活下去，接續彩繪著這個世界的新文明與文化。玄奘大師「萬事唯心，萬法唯識」的主張，就為「心」的覺知，找到了「識」的出口，就像主張「心是素養；識為善知識」，識是「萬法（策略、技術）」的善知識。

中國宋明「理學」曾昌盛一時，「心即理，理即心」或「理性」一元論、「理性」二元論。理學就是「心識之學」，就是在探討人的「知識」與「能力」整合，成為人類的「理性之學」，或者顛倒回來，「理性」如何統整人的「知識」、「技術」、「能力」，成為「有價值」的「素養（內才）能量」，及行為表現（外才，也可稱能力）。「性善說」、「性惡說」及「性善惡混說」都有「名人」主張，通常性善說者（性為純善）會認同「理性」一元論。性有「惡」成分者（性惡說及性善惡混說）會認同「理、性」二元論，性是人類遺傳的根，「人性」的複雜度遠比目前「哲學家」、「心理學家」、「生理學家」、「社會學家」、「人類學家」所發現的還複雜，筆者也沒把握說得精準，在教育的使用上，「腦、心、理、性」四大個別元素，把它當「單一」的「整合元素」最好，並且認同它的功能使命就是扮演「覺知」的器官（元素），是統整「感覺」到「知覺」的「認識論」核心組件，才能在「學理」上有「邏輯」、「銜接」的「支點」與「脈絡」。

肆、教育的善「覺」技術

「感覺而來的知識」稱教育的善「感」技術；「知覺而成的知識」則稱為善「知」的技術；「概念建構的知識」可稱為善「覺」的技術；「現象詮釋的知識」稱之為善「識」的技術。「覺」與「識」都是「腦、心、理、性」的「進升」作用（功能）的發揮。「覺」的本身也有四大層次「感覺」→「知覺」→「覺識」→「覺悟」。「感覺」與「知覺」的「認識」作用，前文已約略介紹，接續詮釋「覺識」與「覺悟」的善知識（好的認識知識之技術）。「覺識」是指有「感知」到「知道」及「知識」的「覺識」，這裡的「覺」是「知道」的意思；「識」則是指「知識」，「覺識」是知道各類別及層次知識的存有，它已經是「腦、心、理、性」高層次統合作用的發揮，它可以覺識到感覺而來的善知識（技術），覺識到知覺而成的善知識（技術），也可以覺識到「概念建構」的善知識（含技術）〔註：「概念建構的知識」在《知識教育學：智慧人・做創客》（鄭崇趁，2017）一書中，係指教育先輩已經發現的「理論、理念、原理、學說、主義」等具有「系統結構（或模型）」的知識，它們都是傳承創新知識的「有用零組件」〕。「覺識」更可以「覺識」到「現象詮釋」的知識，對於人類生活事功的各種表現行為（現象），賦予深淺不一的「價值」詮釋，例如：王國維（1982）在《人間詞話》一書中，對「成大事業、大學問者」，有人生三境界的「覺識」：第一境界：昨夜西風凋碧樹，獨上高樓，望盡天涯路（盼）；第二境界：衣帶漸寬終不悔，為伊消得人憔悴（深）；第三境界：眾裡尋她千百度，驀然回首，那人卻在燈火闌珊處（悟）。此一「覺識」是「現象詮釋的知識」運用得登峰造極之作，是以流傳千古，不同時代的人都會拿出來當「教材」，持續討論王國維「為何有些覺識？」「三境界的意涵價值是什麼？」「只是回家抱老婆嗎？」（註：臺灣最近的元宵節燈迷有一道題：「眾裡尋她千百度、驀然回首，那人卻在燈火闌珊處，猜一人」，答案是「老婆」）。王國維的「三境界」，較好的詮釋是「盼、深、悟、得知音（被實踐）」。

「覺悟」的「覺」層次更高，「覺識」是有覺有識，也就是「覺得有自己的看法觀點（見識）」，是「覺而見識」的化約名詞。「覺悟」則「由覺而悟道」，或悟出進一步的「系統結構關係」，是以「覺悟」有大覺悟及小覺悟，悟道也有「大悟」及「小悟」，佛學的「小乘佛教」（初期的修行）被歸類為「小覺悟」，所悟的道近似「小悟道」，「大乘佛教」（後期的修行）則被歸類為「大覺悟」，所悟的道有如「恍然大悟」，佛教徒歸依三寶，發願修行，實踐各種戒律是「小覺悟」，六祖慧能禪師誦讀《金鋼經》至「應無所住而生其心」，一時大悟澈悟，繼續講經傳道，終成一代大師。在實證科學的研究上，只有心理學的「頓悟說」，談到「覺悟」的悟；心理學的「頓悟說」用的是「猴子的實驗」，有一隻猴子看見籠子裡有「香蕉」，猴子想吃香蕉，但被籠子阻隔，用了很多方法（嘗試錯誤）都拿不到，最後終於「看到」、「想到」、「悟到」用旁邊的棍子，順利拿到香蕉，然後飽餐一頓，歡欣幸福地離開。心理學上的「頓悟說」是建立在「需求（猴子想吃）」及「嘗試錯誤」之後才有的「頓悟（突然發現好方法，可以滿足需求）」，與本書所主張的「覺悟」之基點不太一樣，本書的「覺」帶有「主動」、「善的」、「天然」的覺，它是由「感、知」而來的「統覺」，所以可以詮釋到佛學「小覺悟（修行）」及「大覺悟（悟道）」，我們可以這般詮釋，我們從小學讀到大學，都在追求知識（真實的修行），都在經營「知識遞移」與「知能創價」，促進知識的傳承與創新，為人類帶來更大的「適配幸福（創新生命價值）」，是以大學之道在「明明德，在新民，在止於至善」。「明明德」是指明白「人與人互動」的「道德軌道」也就是人倫綱常的知識，例如：「新五倫及其核心價值」；「在新民」是指「學到的知識」在創新每一個人的「生命價值」並且展現「慧能」，追求共好；「在止於至善」指人與人，人與物，人與事，人與宇宙生態都止於至善，世界和平生生不息，沒有戰爭，沒有貿易大戰，也沒有黨派對立。只要正規的教育辦得好，善知識的「覺識」加「覺悟」的人比例增加了，人就不會用「學到的知識及技術」來「非理性」的比較、競爭及爭鬥、打敗對手。那麼佛家的「極樂世界」就可以在當下的「人間」出現，不必等到「死後才能往生極樂世界」，也不宜再傳播「放下屠刀，也可以立地成佛」的言教（教育及學習才可以幫助人真正覺悟）。

伍、教育的善「識」技術

現象詮釋的知識都屬於教育的善「識」技術。只要用在教育現象詮釋的知識，都可稱之為教育的善「識」技術，它們是由「識」而來的「詮釋性」知識，並且都是在詮釋「教育」歷程中，得到這些知識的「好方法」，「識」是接續「感、知、覺」三大元素路逕的第四大「好方法」、「好管道」、「好技術」，所以稱為教育的善「識」技術。「識」也有四層次的意涵：「辨識」→「覺識」→「見識」→「通識」。

辨識的「識」系指「感覺的知識」辨識為「知覺的知道」，「有感」辨識成「覺知」的歷程。具有「分辨、辨別」而「知道」之意，例如：為了撰寫《知識教育學：智慧人・做創客》，筆者將知識「辨識」為五大類；物理現象的知識，事理要領的知識，生命系統的知識，人倫綱常的知識及時空律則的知識。

教育的事實就是在啟動「知識學習知識」的歷程，啟動「生命系統的知識」學習這五大類知識。覺識的「識」係指進一步「覺察」得到的知識，包括「感覺」與「知覺」的連結及各種感觀覺識所得到的綜合「知識」，例如：今日「惠風和暢，水波不興」、「我見明月多美麗」、「教師的聲音，像木鐸金聲」，都是一種珍貴的「覺識」。

見識的「識」再高一層級，係指個人「獨立思考」及「綜合判斷」結果的「系統知識」，或指具「系統結構的自主知識」這些知識之所以稱為「見識」，是因為它具有「深層」或「獨到」的見解，用了之後可以「解決問題」或帶領「進升發展」的效用，有別於一般日常性的言語對話，有「見識」的知識是創新知識的前奏，例如：筆者對「創新」的詮釋是指「賦予存在（to being）」的歷程，是以「創新的教育意涵有五：(1)創新是發現新的知識產品；(2)創新是發現新的因果關係；(3)創新是發現新的深層結構；(4)創新是發現新的方法策略；(5)創新是發現新的意義價值（鄭崇趁，2013，頁 161-167）。無論各行各業的本業性質為何，只要關注自己本業的「實→用→巧→妙→化」，每一個人都能夠「創新自己本業上的知識」。此一種「教育創新師生生命知識（知能、價值）」的見解，可稱之為「見識」。

通識的「識」更為鉅觀，指五大類知識之間的「通達見識」，例如：筆者主張「教育若水，順性揚才」，「順性揚才」原本專指「師生之間」的「教育與學習」要交互「順性揚才」，「人與人」的「順性揚才」，是生命系統的教育知識（鄭崇趁，2009）。2017 年間的某日早晨，筆者夫妻共進早餐時，筆者要撕開一顆鳳梨酥時，手不夠靈巧，抓不到要領，多次撕不開，妻見狀接手過去，很快地就撕開，然後說了一句：「整天在教人家『順性揚才』，東西（物）還不是一樣，順著它的性（包裝齒鉅），著力正確，就可以揚它的才。」這是「人性知識」與「物性知識」「通識」的真實範例。

陸、教育的善「悟」技術

明「白」了，想「通」了，得「道」了，進「升」了，都是教育上的「悟」，明白了是「頓悟」，想通了是「達悟」，得道了是「深悟」，進升了則是「澈悟」。「白、通、道、升」都是「悟」的行為表現，它們都具有「價值」意涵，唯「悟」的層次稍有區隔：由「頓悟」→「達悟」→「深悟」→「澈悟」般的進升。

心理學上的「頓悟說」（前文猴子的實驗），「猴子終於明白了」拿「棍子」可以取得香蕉，可以飽餐一頓，多次「嘗試錯誤的拿物做事」之後，終於做對了，明白了，學會了「創新的行為表現，解決了當下的需求問題」，也終於知「道」了這一「知識」的原理——「拿棍子取籠內香蕉」，這就是「頓悟」的悟。教育上教會很多孩子「拿物做事」的好習慣，好方法，好品德，好風格，都是「頓悟」（明白了，做對事、好表現）的累積。

達悟的「悟」是「想通了」之意，我們從小學讀到大學，想通了很多「道理」，想通了「物理現象的知識」，想通了「事理要領的 SOP（標準作業程序）」，想通了「政治人物競選時發的政見大部分都會做不到」，想通了人的一生「健康、工作、快樂、幸福」四者最重要，都是一種「達悟」，是人學了各種知識之後，知識與知識之間，建立了新關係「通達之悟」。「達悟」是「頓悟」的累增與進升。

深悟的「悟」是「得道了」之意，「道」可道，非常道，道是道德的道，「知識」發展成道德（道德也是知識的一種）。「知識行道德」的道。道是軌道，道是明確的行為規範，道是大家可以共同遵守且盼望達到的「社會新秩序」，例如：老子的「道德經」上的「自然無為之道」、孔子的「仁義治國之道」、近代的馬克斯「資本論」倡導的「共產社會之道」、杜威主張的「民主與教育之道」、國父孫中山先生的「五權憲法之道」。深悟的人才能「得道」，得道是發現最深層的知識結構關係；這一深層的知識結構關係，可以滿足人類生活上的共同需求，可以系統重組建構人類社會新秩序。教育上的「深悟」及「得道」可以定義得寬廣些，例如：得「諾貝爾獎」及「唐人獎」的人都可以說是「得道」之人；得到各行各業國家級獎項的人（都有其專利以上的作品）都可以說是具有「深悟」的人，距「得道」不遠。

澈悟的「悟」是最高層次的悟，澈悟指「明心見性」的悟（宗教學），「適配幸福」的悟（教育學），「自我實現」的悟（心理學）及「智慧資本」的悟（社會學）。宗教學的澈悟最為深層，要完全了解人的生命與萬物生態共榮共享的價值關係，掌握本然與應然的生命（價值）哲學及實踐行為表現才叫「澈悟」（清澈見底之悟），所以六祖慧能大師主張「明心見性」的悟。教育學的澈悟最積極，教育在教人成人，在帶好每一位學生，成就每一個孩子，成就每一個人都有「適配幸福」人生。是以「幸福教育的實踐」要一個都不少，「價值教育」、「智慧教育」、「創客教育」及「適配教育」的實施也要一個都不少，師生都是「智慧人、做創客」的世代，才能人人都有「適配幸福」人生。

心理學的澈悟最個人化，強調「自我實現之悟」，自我實現的悟是「活出自己的悟」，也就是個人的「理想抱負」與「現實成就」吻合適配，自己的「生命願力」都能「圓滿實踐」活出自己的人。社會學的澈悟最關注「族群」與「群組」，強調對組織有具體貢獻的「智慧資本之悟」，「個人智慧」對組織都產生「動能貢獻」就是「集體智慧」，能產生具體動能貢獻者即為組織的「有效智慧資本」，社會學的「智慧資本之悟」強調：「有能力」→「願意做」→「勤實踐」→「論價值」，人人都是國家社會的有效智慧資本。

柒、教育的善「達」技術

「感→知→覺→識→悟→達」都是「認識知識」的核心歷程元素，「識」指「辨識→覺識→見識及通識」四個層次的識。「悟」指「頓悟（明白了）→達悟（想通了）→深悟（得道了）→澈悟（進升了）」四個進階層次的悟。

「達」的善技術也有四個層級的達：「達成→達標→達道→達新」。達有「到了」、「完成」、「通暢」、「高峰經驗」之意，是以筆者將「達」元素列為認識論的最後一個元素，並且排在「覺→識→悟」之後，具有「收尾」的意思，也意謂著「覺→識→悟→達」四者本身都有四個不同的層級（境界），每一個人追求知識一輩子，由於秉性遺傳、教育學習因緣的差異，「停留」與「通達」階段與階層都不會一樣，運用「教育 4.0」的「進升技術」來詮釋這些「認識論」的艱深元素（名詞），或許真的可以幫助教育人員（教師及學生），打通「教育專業」的任督二脈，共同辦好（經營）教育事業。

「達成」指運用知識與知識之間的連結「拿物做事」完成了一件事，一項任務，或一種活動，一份工作，包括看書寫作，用知識探索知識的工作。所以「達成」是人類各種生活「善」的經營技術。「達標」在教育上用得最貼切，達成目標之謂，每一個單元的「教與學」，師生都藉由「知識與知識」的互動，「做中學」→「有作品」然後「論價值」，達成單元教學目標，學生學會其應備的素養能力。達標的對象包括達成教育目標，達成工作目標，達成人際經營目標，達成價值成長目標，達成健康目標，達成心願目標，所謂「虛空有盡，我願無窮」，「願力達標」是填滿人生每一階段虛空的「慧能」，所以「達標」是高階「善」的經營技術。

「達道」的達則再上一層，人知識的通達已成為看得見的軌道，大都在這「軌道」上行走運作，在這軌道上創新生命的價值，創新組織任務的價值，例如：當代啤酒自動產製系統，所有的原物料及工具都在同一軌道上融合螺旋，系統重組，然後產出一罐一罐的好喝啤酒，每一個工廠年產值上億元，我們就可以說，「啤酒產製達道（有軌道可生產）」更直白的說法，就是「啤酒達道」。物的達道是在軌道上運轉，宇宙星球的「達道」則在「天空」中的軌道循環不已，人的「達道」也有四個層次：達「簡約生活好習慣」之道，達「專注學習有要領」之道，達「人倫綱常新五倫」之道，達「適配幸福多創客」之道。人的「達道」是個人「得道」的進升，具有「個人智慧得道」促使「集體智慧達道」之意。

「達新」是指「達到創新」之意，達到創新產品，達到創新組織結構，達到創新運作模式，達到創新個人知識及組織知識（產品核心技術），達到創新人人自我實現，達到創新人人智慧資本，創新組織社群集體智慧，達到創新人類的文明文化。達到知識創新人的生命價值，也達到知識創新人的教育價值，更達到知識創新知識的價值，人創新人的價值（生人、育人）。達有四達：達成→達標→達道→達新，四者之間一脈相承，都具有進升的意涵，能夠四者合一者就稱為「達人」。

捌、經營技術（善）的「內構外築」軌跡

任何知識都含有可操作的技術，是以知識本身，其次級系統的知識就稱為「技術」，原本的知識是「真」的，這一次級系統的「技術」就是「善」的，所以，凡是「真知識」，都會含有「善技術」。善技術的次級系統元素，我們選用了「認識論」的「感→知→覺→識→悟→達」六個元素，這六個元素可分成前後兩群，「感→知→覺」是知識進入身體，「著床」成為學習者「真的新知識」的整合元素；「識→悟→達」則是「知」與「能」融合創價的整合元素。是以「知識遞移」要成功，比較依賴「感→知→覺」的作用；「知能創價」要發揮，則較依賴「識→悟→達」的效應。元素之間的「內構」與「外築」同時進行，內構的「新知能模組」，重在「新覺識」的形成，外築的「新任務指標」，則強調「新方法」的實踐（做事目標設定與標準程序定位）。

內構的「新覺識」，包括「新知」與「新能」的整合覺識，學會新知識及其技術的縝密關係，洞察新知能的理論理念（新知能的系統結構），並覺察它所能創新的「生命價值」及「教育價值」，覺識了自己的「行動意願」，趨使自己「當下學會」，並承諾「實踐力行」。內構「新知能模組」隨著「新覺識」的進程逐步建構「系統模組」，知能模組「系統化」到「能量」足夠，就會接

著「外築」價值行為（新任務指標）。外築的「新方法」，則包含新行為，新目標、新流程、新配料、新元素、新組件、新系統、新產品、新標準。是以外築的新價值行為，才會以「新任務指標」來稱呼它，外築的「新任務指標」，也可以用「智慧人、做創客」來統稱它，因為「智慧人、做創客」最具人的價值，我們「學習知識」→「知識遞移」→「知能創價」都期待師生都是「智慧人、做創客」。他們都是這些教育元素「內構→外築」真實成果，也是「認識論」的最大價值。

第三章　美〔實踐能力〕：

德、智、體、群、美、新

導論

本章解碼素養的第三大教育元素「美」，本書對於「美」的界定是，美是「知識」進入身體後，與人的「能」相遇交織，所組成的「新能量」，這種新能量隨著「教育及學習」的累增，逐漸結構化、系統化及模組化，達到足以實踐新任務「能量」，就被稱為「實踐能力」。具備了能夠實踐表達（外顯化）價值行為能力者，都是「能力實踐之美」。美就是「能夠實踐」的「能量」與「能力」。

本章選用「新六育」：「德、智、體、群、美、新」來作「美」的次級系統元素，解碼分析「德育」的能力實踐之美，「智育」的能力實踐之美，「體育」的能力實踐之美，「群育」的能力實踐之美，「美育」的能力實踐之美，以及「新育」的能力實踐之美。「六育」都有「內構、外築」美的軌跡，以德育之美為例，就「內構知能模組」而言，美在「勇健力、知識力、藝能力、品格力、境教力、身教力、言教力及群教力」。就「外築價值行為」而言，德育的實踐能力之美，美在尊重生命之德，敬業創價之德，自我實現之德，人倫綱常之德，友善校園之德，楷模示範之德，價值實踐之德以及教新五倫、新四維之德。

本章發現了四則教育的「新知識」，也都是素養教育新的「美能量」，它們是：(1)「新育」的發現：教育原本僅有五育：德、智、體、群、美五育，本章因為「解碼」的深層探究，發現了第六育──「新育」，「五育說」成為「新六育說」，「六育」更能周延詮釋教育的功能價值。教育在成就「人之德」→

「人之智」→「人之體」→「人之群」→「人之美」，以及「人之新」；(2)「能量」與「能力」都是美的源頭：內構的「新知能模組」是美能，外築「新價值行為」是美力，「能量」的結構化、模組化、系統化才能產出「能力」，先美能再美力，能量、能力都是美的源頭；(3)六育都可以開展教育的「實踐美學」：六育都讓人具有「實踐能力之美」，這些「能力實踐之美，彩繪人一生的「生命、生活」美學，並且共同營造「美的世界」供人類共享；(4)「新教育」之美指日可待：素養教育的「正確版本」實踐，邁向教育4.0的「新五倫・新四維・新教育・新臺灣」、「新育・新教育」的定位與實踐。臺灣的「新教育之美」已指日可待。

壹、緒言：教育（素養）之美，來自六育的能力實踐之美

「知識」經由教育與學習進入人的身心之後，它就會附隨著人的生命而有了自己的生命，它先「著床」為「致用知識」，然後「含技術」→「組能力」→「展價值」→「能遞移」→「成智慧」→「達創客」→「行道德」→「通素養」。本書是《素養教育解碼學》，是以「教育」為本位，解碼素養教育所用知識的「密碼」，教育是「人教人」的教育事業，教育的「人」及「組織」都要具有「實踐能力」，教育才能進升成「教育之美」，《知識教育學》著力在「知識組人的能力」部分，《素養教育解碼學》則著力在「知識如何建構教育組織之美」〈教育實踐績效作為、功能品質之美〉。本章採「德、智、體、群、美、新」六育說，來詮釋教育的第三大元素「美・實踐能力」。「培育德、智、體、群、美五育均衡發展的健全國民」為國民教育法所訂頒的「國家教育目標」，稱為五育說，由於「知識經濟時代」的核心價值是「創新」，是以筆者加了一育：「新育」，並且主張培育「智慧人、做創客」就是「新育」。

教育 3.0 世代是「能力取向」教育的世代，教育目的強調，「教給學生帶得走的基本能力」，所以「德育」、「智育」、「體育」、「群育」、「美育」五育的本質都視同為「能力」的一種，五育的本身就具有「能力實踐」之美。進入教育 4.0 世代，教育目的強調「培育學生全人發展的素養」，素養是能力的進升，素養含能力，素養之美則重在「能力實踐」之後的「價值之美」，是以「五育教育（3.0 世代）」，比較關注「素養教育」的前段「知識遞移」所建構「組能力」之美，「六育教育（4.0 世代）」則兼重「素養教育」後段「知能創價」之美。

「能力」兩字分開，能指「能量」，指能夠使力的「能源數量」，力則指後續要闡明的「行動意願」，在教育 3.0 的世代，「能」與「力」二者合一，稱為「能力取向」的教育，在教育 4.0 的世代；「能」與「力」先合後分，先合起來把「能力」解釋為「能源數量（能量）」，再分開解釋「力」為「行動意願」，就可了解「知識」的生命史是：「新知識」→「含技術」→「組能力（量）」→「展價值」→「成智慧」→「達創客」→「行道德」→「通素養」。這一「知識」在內「內構」的生命史，對照為「素養的教育元素」，它們就是「真→善→美→慧→力→行→教→育」八大核心元素，〔美・實踐能力〕；〔慧・共好價值〕；〔力・行動意願〕；〔行・德行作品〕，「真、善、美、慧」四位一體「成智慧」、「能遞移」、「達創客」，美是「實踐能力」與「實踐能量」之美，都是「能」表現出來的「價值行為」之美。

貳、德育的「能力實踐」之美

有價值的行為能力表達，都是，「能」與「力」的系統結構組合，具有系統結構的「能力」實踐，都會是「美能」與「美力」的共同展現。教育上的德育包括「人」的德育及學校（組織）的德育，「人及組織」的德育，其能力實踐，更須符合美的訴求，德育的「知識→技術→能力→價值」也要四位一體，

「知、能、力、行」要成為美的模組（結構通透、質感精緻）。在個人的德育上，要展現「尊重生命」之德（勇健力），「敬業創價」之德（知識力），「自我實現」之德（藝能力），「人倫綱常」之德（品格力）。

・勇健力展現健康之美，成長之美、成熟之美、體態之美。

・知識力展現專業之美，敬業之美、揚才之美、創價之美。

・藝能力展現專長之美，優勢之美、靈性之美、高峰之美。

・品格力展現共好之美，福慧之美、適配之美、幸福之美。

為了教給學生前述的四德四力，經營德育之美，學校（組織）的德育作為，也要有四德：「友善校園」之德（境教力）、「楷模示範」之德（身教力）、「價值實踐」之德（言教力），以及「教新五倫」之德（群教力）。友善校園的「境教力」指學校的校舍與師生教育活動空間，能夠整體規劃，是友善的人性的；師生互動、教與學也是友善的、和諧的、學校組織文化更是友善的、積極的、充滿活力。境教力展現空間之美、整體之美、和諧之美與教育之美。它是第一個經營教育之德：「友善校園」的營造，伸展境教力之德。楷模示範的「身教力」係指教師要專業示範有德行為給學生模仿學習，以德啟德，老師本身要「孝敬父母」、「熱心助人」、「學不懨、教不倦」，弘揚教育之愛，不放棄任何孩子，帶好每位學生。教師的身教力展現「以人教人」之美、「以人成人」之美、「示範專業」之美、「成就功德」之美。是以它是第二個經營教育之德，「楷模示範」的教師，開展身教力之德。

「價值實踐」之德（言教力），係指教師在教學歷程中會針對學習單元之知識主題，帶領學生進行「價值論述」，給予學生「價值回饋」，並酌予「價值評量」，用知識開展學生的「核心價值」，因為正確的「價值觀」是萬德之母，德者人人共好也，人類共好的生活品質日價值，學生在學習每一單元知識或運用任何知識的教育活動，都要掌握了解知識及活動之教育價值，有意義價值的學習，才是真教育，真教育就是教師的言教力，就是教師用教學語言帶著學生「價值實踐」的言教力。是以它是第三個經營教育之德，「價值實踐」的師生實踐言教力之德。

「教新五倫」之德（群教力），係指學校推動新五倫的品德教育，用新五倫的新五大倫理群族（第一倫家人關係，第二倫同儕關係，第三倫師生關係，第四倫主雇關係，第五倫群己關係）。暨所研發的「核心價值」作為學校品德教育的中心德目（例如：觀照、支持、認同、合作、責任、創新、傳承、創價、包容、博愛等），並據以發展年級學生「行為規準」（通常每一德目三條行為規準），然後請班代將當週之「德目」及「行為規準」張貼在教室布告欄，由任課教師及級任教師適時融入教學，師生共同實踐品德行為規準，論述其核心價值。新五倫及其核心價值教育是一種「進階式」品德教育，由「五倫之教」（父子有親、君臣有義、夫婦有別、長幼有序、朋友有信）進升「教新五倫價值」，是「知識展價值」、「知識行道德」暨「知識通素養」的教育。這也是一種新「人類群族」「人倫綱常的知識」進階價值化：「人群互動之德」的新教育形態，是教「大家共好」的「群族教育」，故亦名之「群教力」。

德育的能力實踐之美，就個人來說是：「尊重生命」之德（勇健力）、「敬業創價」之德（知識力）、「自我實現」之德（藝能力）、「人倫綱常」之德（品格力）。就組織（學校）來說是：「友善校園」之德（境教力）、「楷模示範」之德（身教力）、「價值實踐」之德（言教力）、「教新五倫」之德（群教力）。

參、智育的「能力實踐」之美

教育上的「智育」是最原始的教育，原稱「知識教育」，有一段時間稱「智力教育」（如智商），又有一段時間稱「智能教育」（如多元智能理論），在教育 3.0 世代，又與「能力教育」混稱，主張教育在「教知識，培育帶得走的能力」（我國九年一貫課程綱要），當代智育則進升為「智慧教育」。是以「智育」是當代學校教育的主流，學校教育「人力、物力、預算經費」百分之八十以上的投資，都用在「人力資源」的投資，都用在「知識」的傳承與創新。進入教育 4.0 世代，則稱之為「智慧教育」，強調「知識、技術、能力、價值」四位一體的教育（鄭崇趁，2017）。

智育的能力實踐之美，可以從「智慧教育」的「經營策略」觀察，個人的智育「能力實踐」之美，則可以「智慧教育」對師生產生的「績效價值」觀察。鄭崇趁（2018c，頁 129）認為「智慧教育」的五大經營策略為：(1)探討智慧「元素結構」策略：智慧由「真（致用知識・K）」、「善（經營技術・T）」、「美（實踐能力・A）」及「慧（共好價值・V）」四大元素建構而成；(2)分析智慧「運作實踐」策略；採用 KTAV 教學模式，導引知識成智慧；(3)開展智慧「知能創價」策略：從知能融合進而創新生命價值及創新教育價值；(4)實施智慧「創客作品」策略：實踐「用智慧」→「做中學」→「有作品」→「論價值」的教學歷程，優化創客作品品質價值；(5)管理智慧「績效價值」策略：用智慧管理作品，用智慧管理教材，用智慧管理 KTAV 的績效價值。

在個人的智育層面上，「能力實踐」之美，展現在學校實施上述五大經營策略之後，對師生產生的具體績效價值有五：(1)師生了解「智慧的意涵」（元素及零組件），喜歡追求「智慧」的教與學（智慧教育）；(2)師生喜歡「知識遞移說」及「知能創價說」，善用 KTAV 教學模式及 KTAV 單元學習食譜，實踐「用智慧」→「做中學」→「有作品」→「論價值」的教學歷程，增加知識遞移流量及知能創價績效；(3)師生均有豐沛的價值行為實踐（德行）及智慧創客產品（包括立體實物作品、動能展演作品、平面圖表作品及價值對話作品）；(4)學校建置系統智慧管理平臺，智慧統整師生智慧教育之績效價值並由核心幹部（主任、組長及領域學科召集人），按月輪流分享處室及領域學科智慧教育的績效價值；(5)師生都是「智慧人、做創客」；教育人員都是「新領導、優教師」；將來的公民都是「能家長、行國民」；學校教育則是「活教育、創價值」。這些都是智育上的「能力實踐」之美。

肆、體育的「能力實踐」之美

身體的教育稱體育，體育的主要目的在「體能」與「健康」，藉由各種「運動」來增加身體的能量，促進人（身體）的健康，現代的人用「體適能」來詮釋身體的健康程度。身高、體重及體適能在同年齡層人的平均數「加減一個標準差」以內的人，都稱為「健康的人」，或者說是「符合常態標準」的人。

小學到大學都有「體育」課程，內容包括遊戲（結合音樂及舞蹈），趣味競賽、墊上運動、跑、跳、擲、田徑、游泳、跳水、滑冰、滑雪、跆拳道、空手道、籃球、羽球、網球、桌球、巧固球、各種球類運動，體操、射箭、拔河及個人或團體的接力競賽等等，每四年一次的奧林比克運動會及冬季奧運會是體育教育的最大嘉年華會，不但檢驗各國的體育教育成果，也象徵國力的興衰。

體育為五育的第三育，排在最中間具有「體能」是五育「核心基石」之象徵意涵，教育家洛克曾說「健全的心靈寓於健全的身體」，身體能量的優先「獲得」→「儲備」→「重組」→「開展」實為五育之母，足量的健康體能，才得以開展「德育」→「智育」→「體育」→「群育」→及「美育」，是以身體的教育為體育，體育的主要目的在維護人生命的身心健康，儲備充沛的能量，邁向全人發展的智慧人、做創客。

體育的「能力實踐」之美在四大層面顯現：「身體動能」之美、「技藝成就」之美、「高峰經驗」之美、「傳承創新」之美。「身體動能」之美，指體育直接藉由身體的運動「大肌肉帶動小肌肉，動能循環促進生理血液循環，再由呼吸系統，讓含氧量高的血液更新生命內涵」，運動中的身體就在展現身體動能之美。「技藝成就」之美指體育課學習成就圓滿的學生習得各種運動技藝，能夠優美表現各種運動的核心技術，例如：籃球的「跑步運球上籃（得分）」、羽球的（高空跳躍殺球（得分））都是技藝成就之美。「高峰經驗」之美，例如：部分的球類、田徑、體操、滑冰比賽獲得校運、縣運、國家運動會、亞運、世運、奧運獎牌都是人的高峰經驗之美，就休閒體育方面，帶著學生攀岩、垂降、高空彈跳、溯溪、登玉山、自行車環島、參加鐵人三項（自行車、路跑、游泳）競賽，泳渡日月潭或半馬、全馬馬拉松路跑，只要完成體驗就是人自己的高峰經驗，高峰經驗之美在於「登頂」之美，在於證明「自己做得到」之美，在於實現「體能目標」之美。「傳承創新」之美，指體育運動每天都在傳承創新人生命的身體機能（能量），用全新的體能支持每天生活及工作任務的需求，傳承創新自己的生命價值及事功價值；昨天傳承給今天，今天創新了昨天，今天又傳承給明天，明天又創新了今天。人的生命及事功每天都有「傳承創新」之美。

伍、群育的「能力實踐」之美

人是群體生活的「動物」，人也傳承著一般動物的群性，例如：要有「配偶」，要有群居的「地盤」及「空間（領空）」，要爭奪「食物（生活物資）」，要保有「財產」及防衛武器。人類超越一般動物的地方在人類擁有較明顯的「理性」（大腦較發達或心智性能較高）。會設學校，長期教育人類的後代，而且設有「群育」課程，教人如何經營「人際關係」，大家能夠「共存」→「共好」→「共榮」→「共享」的人類新文明文化。

人類的群組生命系統從出生到老死，從小孩到成人，都活在不同層次的群組生活之中，人一出生一定有個家，家中有父母親，有時也有兄弟姊妹，「家人」或「家族」是人的第一個群族（組），就學後就有「同學」、「同班」、「同課」、「同社團」、「師生」的群組，然後有「同校」、「同鄉」、「同縣市」、「同國家」、「同亞洲」、「同世界」、「同地球」、「同宇宙」的屬「地、空」群組（族）。長大就業之後更有「同事」、「同業」、「同盟」、「同專業」、「同專長」、「同工作」、「同產品」、「同任務」的事業目的群組，同種族的人更稱為「族群」，同姓的人稱「同宗」，同宗教信仰的人稱「教友」，政治上共同黨派的人稱「同黨」，黨內又有不同派系，稱「同派」，人類的興旺與危機，都在「群組（族）」共同價值的經營與「黨同伐異」，所以儒家有「五教之目（五倫的教育目標）」以及「仁義治國」主張，法家有「法律規範人性（含個性及群性）」以及「立法保障人民的自由與民主」，這些都是先輩先賢留給當代人最珍貴的「群育」資產。現代化的國家，都以儒家及法家思想作為學校「群育」教育的基調主軸。

群育的方法，在學校中提供各種「群組學習」方式，例如：「班級」、「能力分組」學習、「分科目（領域）」、「年級」、「社團」、「任務小組」、「多軌課程」、「慶典儀式」、「賽會活動」、「作品展覽」、「分組作業」、「分組主題設計」、「主題研究計畫」等，都是有 SOP（標準作業程序）的群組學習機制。學術倡導的群組學習方法有：「團體動力學」、「學習共同體」、「人際關係（德育原理）」、「小團體輔導」及「KTAV 教學模式」。「團體動力學」探討「團體的集體智慧表現」如何大於「個別的能力產能的總和」，「學習共同體」從師生的共同備課、議課、觀課及分組共學來提升知識遞移品質與流量，臺灣教育界近五年十分流行。「小團體輔導」則用在「適應困難」學生身上，藉由異質同儕的「自我坦露」→「交流共鳴」→「助長作用」→然後「自我成長」的諮商輔導歷程（也是團體動力的運用），幫助學生的個性與群性融合（順性適應）。「KTAV 教學模式」則是不同知識性質的群組（知識→技術→能力（作品）→價值）四位一體的主題知識群組的同時學習，誘發「知識群組動能」的生命滋長力，幫助學習者容易學會主題知識，並且立即發揮「知能創價」（智慧人、做創客），驗證真實的「知識遞移」及「知識創新」。創新學習者生命價值及有價值（共好）行為實踐。

群育的「能力實踐」之美，先要成就實踐個人教育價值之美，才能成就實踐組織（群體）教育價值之美。個人接受教育之后，會成就「適配教育」價值之美，「專長優勢」價值之美，「人盡其才」價值之美，「自我實現」價值之美，以及「智慧資本」價值之美（參考鄭崇趁，2017，頁 140）。適配教育價值之美，在於順性揚才開潛能，優勢智能明朗化。專長優勢價值之美，在於工作性質合性向，專門專業又專長。人盡其才價值之美，在於職位適配多發揮，個個展能有貢獻。自我實現價值之美，在於理想抱負可實現，活出自己享幸福。智慧資本價值之美，在於力惡其不出於身，不必為己（天下為公）。教育成就「個人」五大績效價值之美後，再經由人人都是「智慧人、做創客」，為國家社會（組織）成就「集體智慧」價值之美、「創新產品」價值之美、「倡旺群組」價值之美、「民富國強」價值之美，以及「適配幸福」價值之美。

・集體智慧價值之美，在於團隊動能展智慧，任務圓滿高價值。

・創新產品價值之美，在於技術傳承續躍升，顧客歡喜增產能。

・倡旺群組價值之美，在於群組事功能量旺，績效價值樂共享。

・民富國強價值之美，在於百姓能安居樂業，國家具尊嚴價值。

・適配幸福價值之美，在於人人能自我實現，個個都智慧資本。

陸、美育的「能力實踐」之美

美育有廣義及狹義的美育，狹義的美育指學校「藝術與人文領域」課程所教給學生的美育。廣義的美育則指本書第一章中（教育的第一種元素：真、致用知識）所採用的次級系統元素「人、事、時、地、物、空」六大元素及其整體之美的教育。本書以廣義的美育為論述重點，談「真實致用知識」教育六大元素及其整體「教育實踐」之美。

「人」本身是美的，我們要教育孩子欣賞自己的「生命之美」、「身體之美」、「器官之美」、「系統之美」，具有生命結構功能的組件（生的能力實踐）都是美的。「生命之美」，美在人是「活著的動物」，並且「具有理性」、「會思考」、「會解決問題」，會「經營自己」絢爛多彩的人生，過適配幸福的一生。

「身體之美」在於「胴體之美」，在於「身體動能之美」，在於用身體展現的「藝能」最美，在於身體表達的「語言、聲音、文字」最美，不管世界多美，有人在的地方，才能見到「真正的美」。「器官之美」，美在個別「感知覺」的器官及其整體結構是美的，眼、耳、鼻、舌、身、意個別看它都是美的，它們都具有「奇妙功能」的美，整體看它更美，它們合起來更神奇，是人類取得知識「感、知、覺、識、悟、達」的總源頭。「系統之美」指人身體上的「呼吸系統」、「飲食系統」、「消化系統」、「排泄系統」、「神經系統」、「骨骼系統」、「肌肉系統」、「血液系統」、「思考系統」、「免疫系統」、「循環系統」等各個系統本身都是美的，整合起來更美，它們「交互作用，整合發展」，讓人的「生命活著」，然後傳承創新當前人類的新文明文化。

教育的「事」也是美的，筆者曾用「鐸聲五曲」來歌頌教師一輩子從事「教育工作」的美，教師像「鐘鳴大地」，是人師；教師像「朝陽東昇」，具使命；教師像「春風化雨」，有動能；教師像「明月長空」，講品質；教師像「繁星增輝」，現風格。教師的聲音是木鐸金聲、鐸聲五曲傳承世世代代，教育事業創新千年萬年。教育的「時」更是美的，「時中其機」的教育最美，學生會雀躍的歡呼「我學會了」，「適時適量」的教育也很美，它讓教育順性揚才，帶好每位學生，一個都不少。「專注學習時段」的掌握也是美的，它讓教育的績效價值最大化。掌握每天「關鍵一至二小時」時段的「持續學習」更是美的，它是成大事、大學問家共有的「時空律則」的知識。

教育的「地」當然是美的，最初的教育是「父傳子、母傳女」的生活（求生存）教育，這些經驗傳承及創新都在「大地」上實施，整個地球是美的，人生活的自然生態都是美的。有了學校以後，教育的活動主要課程在校內，學校有校園，整體規劃、空間美學，師生的教育、環境設施能夠「地盡其利」展現大地之美。附加價值課程及潛在課程則已走出學校，邁向社區及整個地球為資源施教，例如：校本課程、特色課程、國際教育、體驗學習課程等，運作「戶外教育」、「大自然教育」、「永續學習教育」，大地上的各種資源只要能為教育所用都是美的，教育的「物」也美不勝收，「課程」、「教材」、「教室」、「教具」、「教學設備」、「實驗機具」、「做中學材料」、「粉筆」、

「黑板」、「電腦」、「數位科技」、「影音資料」都是教育的「物」，教育的「物」愈來愈美，教育「物」之美，美在「精緻」之美，美在「科技（高階）」之美，美在「人文（便利）」之美，美在「價值（效果）」之美。

教育的「空（空間）」本來是美的，因為人類受到個別經濟（如家庭收入）限制，未能關照個人「教育」及「學習」空間之美。是以近代國家都不斷拓增「公共教育（學校）」的普及化及基本教育年限，用公共教育的「學校空間美學」來提升整體人類教育的「空（空間）」與「不空（有學校）」之美，例如：社區圖書館、社教文化機構、營造處處可學習，時時可學習的環境（空間）。教育的整體「空間」愈來愈美。

柒、新育的「能力實踐」之美

「德、智、體、群、美」五育之後，為何要加「新」育，主要的理由在於「知識經濟時代」的核心價值是創新，也就是創新知識，從教育的立場看，「知識」是教育的「實體」，教育當然要創新「知識」本身，也要創新「人」的知識，更要創新「教育」的知識，包括教育思想、教育原理、教育理論、課程教材、教學方法、教學模式、教學工具的新知識，是以人接受教育之後，除了五育之外，有必要加「新育」。新育包括生理的新育及內在知能的新育，人生理的新育由每天的「食物」、「空氣」及「水分」來供給人的需求，內在知能的新育，主要來源即學校教育所以供給人學習的「新知識」，以及人平時生活及事業職場上與他人互動或客觀環境讓人學到的「新知識」，所謂「新知識」也包括六大元素：真（致用知識・K）、善（經營技術・T）、美（實踐能力・A）、慧（共好價值・V）、力（行動意願・M）及行（德行作品・P）。

新育的「能力實踐」之美，展現在四個層面之美；「新生命之美」、「新生活之美」、「新生態之美」及「新價值之美」。新生命之美指只要人處在「受教育」及「主動學習」的生活中，人的生命都是新的，人察覺到自己的生命是新的就充滿欣喜、活力、積極、希望，新生命充滿新動能之美。「新生活之美」指新育引導師生每天「智慧人、做創客」，每天都有新生活之美。「新生態之美」指「新育」連結人與物、事、生態的「生生不息」教育，師生及一般人民每天都在享受「新生態之美」；「新價值之美」指「新育」帶給「人」新價值之美、帶給「知識」新價值之美、帶給「教育」新價值之美、帶給「萬物生靈」新價值之美。「新育」教會人類了解「新」的價值意涵，用「新」彩繪人的新生命之美，彩繪人的新生活之美，彩繪世界的新生態之美，彩繪世界文明文化的新價值之美。

捌、實踐能力（美）的「內構外築」軌跡

德育之美，就內構的知能模組而言，美在「勇健力」、「知識力」、「藝能力」、「品格力」、「境教力」、「身教力」、「言教力」、「群教力」；就外築的任務指標而言，德育的實踐能力美在：尊重生命之德、敬業創價之德、自我實現之德、人倫綱常之德、友善校園之德、楷模示範之德、價值實踐之德、教新五倫之德。

智育之美，就內構的知能模組而言，美在對「知識」→「能力」→「價值」→「智慧」→「道德」→「素養」六類知識性質的辨識、理解與運用，知識進到人身之後，要「著床」成「真」的新知識（致用知識），然後「含技術（善）」→「組能力（美）」→「展價值（慧）」→「成智慧（力）」→達創客（行）」→「行道德（教）」→「通素養（育）」，所以「知識」的核心元素是「真」，「技術」的核心元素是「善」，「能力」的核心元素是「美」，「價值」的核心元素是「慧」，「智慧」的核心元素是「力」，而且強調「真、善、美、慧」四位一體，「道德」的核心元素是「教」，素養的核心元素是「育」，六大名詞性質仍有層級累進之美。

智育的外築任務指標之美，則在「知識」持續滋長後，所呈現「新能量」

表象的「知能」名稱：「致用知識（真）」→「經營技術（善）」→「實踐能力（美）」→「共好價值（慧）」→「行動意願（力）」→「德行作品（行）」→「創新知能（教）」→「進升素養（育）」，是以「智慧」與「德行」都來自知識，智育與德育合稱「術德兼修」，其教育的「內構、外築」元素頗為雷同，只是人類在使用它們時，命名上有些不同，這些命名的不同，更顯得教育「實踐能力」多彩多姿的美，教育之美，美在其有豐厚意涵，美在其本質元素具有系統結構之美，美在於「同大於異」，美在於「本是同根生」，而每個人卻有個殊精彩的人生。

體育的內構知能之美在於「體能」的「健康」豐足，「體適能」平衡身心，讓人的體能足以支撐日常的食衣住行育樂，足以實踐學習、事業、人際、休閒的任務指標。每天的「拿物做事」都能「達成→達標」，且顯得「猶有餘裕」。體育的外築任務之美，在於「身體動能」之美，在於「技藝成就」之美，在於「高峰經驗」之美，在於「傳承創新」之美。

群育的內構知能之美，在於「個人」的教育價值，例如：「適配教育」→「專長優勢」→「人盡其才」→「自我實現」→「智慧資本」；群育的外築任務之美，在於組織的教育價值，例如：「集體智慧」價值之美，「創新產品」價值之美，「倡旺群組」價值之美，「民富國強」價值之美，以及「適配幸福」價值之美。群育之美的極至，等同於教育之美：人人都是智慧人、做創客、新領導、優教師、能家人、行國民、人人都是全人發展的「美人」。

美育的內構知能之美在於人本身覺察到「人、事、時、地、物、空」之美，讓生命與人身之美融合在自己當下所處「人、事、時、地、物、空」的「創新進升」美學。外築任務之美則表達在「生命系統」美學，「物理現象」美學、「事理要領」美學、「時空律則」美學，以及「人倫綱常」美學，五大類美學是五大類「知識」名稱的「價值化」。

新育的內構知能之美，在於「新知識」與「本能」「互動、螺旋、對話、重組」之後滋生的「新能量」之美，新知識會滋生「技術能（含技術）」、「能力能」組能力）」、「價值能（展價值）」、「智慧能（成智慧）」、「創客能（達創客）」、「道德能（行道德）」、「素養能（通素養）」，這些能都是美的能量，都是素養的教育元素（原物料），也是知識的生命「能源」，內構新知能模組的「美善能源」。新育的外築任務之美，也就是人的新「致用知識（真）」之美，新「經營技術（善）」之美，新「實踐能力（美）」之美，新「共好價值（慧）」之美，新「行動意願（力）」之美，新「德行作品（行）」之美，新「創新知能（教）」之美，新「進升素養（育）」之美，也就是知識生命在人身上的大循環之美。

第四章　慧〔共好價值〕：

仁、義、禮、法、品、格

導論

本章解碼素養的第四個教育元素：慧。在本書中「慧」是「共好價值」，是一種「慧能」。人類共好的生活品質曰價值，共好價值的「慧能」是人類最珍貴的資產，「慧能」是引導各種「知識生命」與「教育元素」對人產生「共好價值」的「關鍵元素」，具有類似「藥引」的作用，是「正向能量」滋生的源頭。有了「慧」的能量牽引，「真知識」才能「含技術（善）」，進而「組能力（美）」→「展價值（慧）」→「成智慧（力）」→「達創客（行）」→「行道德（教）」→「通素養（育）」，形成知識生命的小循環（知識遞移）以及知識生命的大循環（知能創價）。

本章選用「仁、義、禮、法、品、格」六個元素為「慧能」的次級系統元素，解析每一元素「1.0 至 4.0」的教育詞彙，例如：我國儒家主張「仁者愛人，親而仁民，仁民而愛物」，本書就解碼為「愛的 1.0 到愛的 4.0」暨「新五倫及其核心價值」。愛的 1.0 是「親愛」（愛親人；家人到親朋），愛的 2.0 是「仁愛」（愛師生，同儕到社區）。愛的 3.0 是「博愛」（愛大眾；群己到事物）。愛的 4.0 是「大愛」（愛生命；生態到天地）。「新五倫」則重新界定人類族群五大倫常關係：「家人關係」、「同儕關係」、「師生關係」、「主雇關係」及「群己關係」，並為他們研發了二十個核心價值（每一倫四個）。

本章發現了四則素養教育的「新知識」：(1)新五倫及新四維的德育版本：新五倫概如前述，新四維 2.0 版是「仁、義、禮、法」，新四維 3.0 版是「知能創價」，新四維 4.0 版是「真、善、美、慧」；(2)慧能與價值教育版本：共好價值的慧能，可由「價值教育」澆灌滋長，目前的價值教育版本是：①價值論述、②價值回饋、③價值評量、④價值實踐。前兩者以教師為主、學生為輔，後兩者則以學生為主、教師引導陪伴；(3)品味風格教育需要「適配論」與「典範論」新版本：教育在教「人之所以為人」，「仁、義、禮、法、品、格」應該均衡發展，本章發現「品味風格」之德者少，人道教育需要「適配論」引導，師道教育需要「典範論」引導；(4)法慧教育新版本：「法」慧價值的教育包括：「法理研究的教育」→「政策分析的教育」→「計畫實踐的教育」→「策略價值的教育」。尤其「策略價值的教育」是「法律慧能」能否普渡眾生的「新力點」。

壹、緒言：「慧能」是人類本性最為珍貴的資產

教育的核心元素包括：真、善、美、慧、力、行、教、育。本章談「慧」（第四大元素）。這八大元素都是教育給人「知識」，用知識來啟動人的核心「能量」。「慧」是「共好價值」的能量。人的生命本身、器官與器官之間要「共好」才對人有價值，「系統」與「系統」之間更要「協作共好」，人才會活得「人之所以為人」，人一生的精彩絢爛，尊嚴價值首先需要自己身心的「共好」，展現身心共好的生命價值，健康少病，慧能飽足。人是群組生活的動物，人與他人更要共好，家人要有「親密、依存」的共好價值，同儕要有「認同、共榮」的共好價值，師生更要有「責任、智慧」的共好價值，主雇之間則需要「專業、創價」的共好價值，群己之間也要有「包容、博愛」的共好價值，這都是人際「慧能」的展現，稱之為人倫綱常的知識。它是人類本性最為珍貴的資產。

「慧・共好價值」的元素也有生命，「人與自己」共好之後，能夠滋長「人與他人」共好的人倫價值，然後再擴展到人與自己擁有的「物、事」也能具有共好價值，「物我合一」、「事我合一」才能真正展現生命生活的價值品味。

人能與他人及身邊的「事、物」共好，就能創發一生的豐功偉業，充分展現生命慧能的績效價值。然後會「進升」地想要與「大自然、生態、宇宙」共好，將自己的「慧能」與「時空律則」、「萬物生靈」同步共好，智慧得道、成佛、成仙、成聖、成「教主」、成「達人」。

人類的慧能（慧‧共好價值元素）被發展成宗教上的「修道持戒」，以及「共產主義」的發跡，筆者認為這是「認識論（epistemology）」迷思與不足，有了「知識教育學」的補充以後，就能直接從正規的教育機制上「傳承創新」「慧、共好價值」的知識。智慧得道的「智慧」是可以經由教育而直接教給學生的，「真、善、美、慧」四位一體稱為智慧，智慧教育採用「KTAV」教學模式，就是主張教師的單元教學要學生「知識→技術→能力（作品）→價值」四位一體的學習，可以適時協助學生「慧能」的滋長。因此，本節採用「慧能」的六大次級系統元素「仁、義、禮、法、品、格」為主軸，闡述「慧、共好價值」的教育。

貳、教育的「仁」慧價值

這個標題有點拗口，但相信多唸幾次之後就順了，就會更清楚「仁」與「慧」的教育價值意涵。「仁義」是儒家的「核心智慧」資產，中國歷代英明皇帝，強調尊崇儒術者，都強調「仁義治國」，是以「仁義禮智信」稱為五常，是儒家品德教育的精華。本節談「慧能」的教育，前三者都是孔孟學說的主張，本書期待能賦予這些「慧能」的當代教育意涵。

「仁」者人也，兩人之間的關係為「仁」，儒家主張「五倫」之教：「父子有親」、「君臣有義」、「夫婦有別」、「長幼有序」，以及「朋友有信」，用「親、義、別、序、信」來規範人與人的共好價值，大儒朱熹將之列為「白鹿洞書院學規」之首，稱五教之目，當作白鹿洞書院教育的總目標。當代社會的「人際關係」實境，已超越了「五倫」的類別，是以筆者建議用「新五倫及其核心價值」來實踐「仁」慧的價值，例如：家人有親相依存，同儕認同能共榮，師生盡責傳智慧，主雇專業多創價，群己包容展博愛。

仁者二人共好也，凡是彼此能共好者均為「仁」，仁是慧能，也是人類本能之一，知識的累進可以誘發人的慧能，然知識生命本身要「滋長遞移」及「知能融合創價」才得以「成致用知識（K・真）」→「含技術（T・善）」→「組能力（A・美）」→「展價值（V・慧）」。共好的慧能在人與人互動中滋長，教育的師生互動（教學），如能「真、善、美、慧」四位一體，效果更大，能夠為「共好價值」的仁慧找到「知識、技術、能力」的源頭。就不再是盲目的仁慧。

「仁」慧價值的教育，可以分四個層次來「經營實踐」：「共好習慣」的教育、「共好要領」的教育、「共好教材」的教育、「共好價值」的教育。「共好習慣的教育」指中小學強調的愛整潔、守秩序、有禮貌、多運動、服務助人共好習慣，滋長自己生命共好與基礎人際共好的「共好習慣」仁慧價值。「共好要領」的教育指「學習要領」及「事業要領」的共好價值，從學習、做事、造物的核心技術掌握、經營仁慧共好價值的進升。「共好教材」的教育指每一領域（學科）的教材都能結合「智慧教育」及「創客教育」，直接使用 KTAV 教學模式，師生「用智慧」→「做中學」→「有作品」→「論價值」。師生都成為「智慧人、做創客」的仁慧價值。「共好價值」的教育則強調「全人發展」的仁慧價值，基本教育在促進「成熟人、知識人、社會人、獨特人、價值人、永續人」的全人發展，高等教育則再進升為「智慧人、做創客、新領導、優教師、能家人、行國民」十二大角色責任的全人發展，這是「仁」慧價值教育目標（願景）的實踐。

參、教育的「義」慧價值

義者宜也，彼此公平對待曰義，「有情有義」的人就是社會上的好人，也就是儒家所謂的「正人君子」，所以「禮、義、廉、恥」四維，曾經是國民政府在臺灣經營教育的「共同校訓」，「忠、孝、仁、愛、信、義、和、平」八德，更是當年學校「品德教育」的軸心。義是「慧能」的一種，也具有「共好價值」的意涵，「仁」者善待他人及萬物，「義」者彼此等值互惠。義之慧能也含有公平正義之意，期待人人平等而有公義，也期待生靈萬物平等而正義（天義）。我國的小說《水滸傳》中的 108 位好漢英雄，他們標榜的「替天行道」就是在追求社會公義，他們都是有情有義的人，他們不但對自己家人有義，他們對親戚朋友有義，他們「對抗貪官污吏」、「劫富濟貧」，為被欺壓的苦難眾生，找回些許的「公平正義」。《三國演義》中的「關公」更是「義博雲天」的代表，「關聖帝君」的廟宇傳承在民間，受到歷代人民的敬仰與尊崇。

「義」慧價值的教育，就是「一個都不少」（帶好每位學生）的教育，臺北市教育局自 2008 年起實施「教育 111 標竿學校」認證，「教育 111」的三個 1 是「一校一特色、一生一專長、一個都不少」，其中「一個都不少」用三生六零（生命、生活、生態教育及零霸凌、零污染、零歧視、零拒絕、零中輟、零體罰）教育每一位學生，期待學生全民就學，順性揚才，普遍卓越，並且「一個都不少」帶好每位學生，成就每位孩子，貫徹實踐教育上的「公平正義」。是最經典的「義」慧能而有價值的教育。

「教育 111」認證指標在 2018 年進升修訂 2.0 版，筆者主持「一個都不少」進升指標的訂定，曾對 2.0 版的「一個都不少」有四大層次的詮釋，適可當「義」慧價值教育實踐的參照。這四大層次的詮釋是：(1)「三生六零」都不少到「支持系統」都不少；(2)「特色參與」都不少到「專長亮點」都不少；(3)「知能創價」都不少到「智慧創客」都不少；(4)「適配教育」都不少到「幸福教育」都不少。筆者期待「義」慧能的開展，都能教育出適配幸福的國民，每個人都能自我實現，同時也是國家有用的智慧資本，大家都能知能創價，人人都是「智慧人、做創客」（鄭崇趁，2019a）。

肆、教育的「禮」慧價值

「禮」者敬也，「尊敬」他人的標準行為表現曰禮，待人以禮、克己復禮，強調人與他人相處，要尊敬對方，用公認的禮儀標準來對待對方，例如：對父母要孝順，要尊兄敬長，要有「等差之愛」，用「禮儀」規範實踐人與人互動的標準行為模式。禮儀規範也會發展成「做事、慶典」的 SOP（標準作業程序），例如：「開學典禮」、「畢業典禮」的固定程序。臺灣的「大甲媽祖繞境」百萬民眾參與，幾個宗教聖城，每年都有千百萬信徒朝聖，也是禮儀，屬信仰文化的「潛意識型態」的禮儀，人的一生要有禮有節，要認同國家社會的禮儀規範，投入參與、實踐篤行，才能過適配幸福人生，但也受到「禮教吃人」的威脅，很困難地「活出自己」。

「禮」的元素也是「慧」能，具有「共好」的價值，因為人與人相處，彼此真正的「需求」與「想法」個別差異大，要先由前輩依人的「經驗」、「智慧」、「判斷」、「歸納」、「制定」出「禮儀」來，提供給大家「一起尊循」，它們形成的「起心動念」是一種「慧能」（共好價值）的追求與發展。

「禮」慧價值的教育，應從「敬禮」教育的五個層次來加以實踐：「尊敬生命」，感恩惜福的教育；「敬愛親人」，支持依存的教育；「敬禮師長」，創新智慧的教育；「禮敬典儀」，實踐禮節的教育；「禮敬律則」，共享共榮的教育。「尊敬生命」指珍愛自己的生命，也尊敬他人的生命，尊敬自然生態的生靈萬物，大家共同締造了今日的繁榮與多彩，實施感恩惜福的教育。「敬愛親人」指實踐「等差之愛」，親人最親，親疏有別之禮，人的「慧能」也是有限，不濫用誤用，才是真正的禮儀，家人及親人是我們優先支持依存的對象。「敬禮師長」指對長上及授課教師的「厚禮」實踐，「束脩」之禮與「敬禮」互動真心誠敬，禮節周到。「禮敬典儀」指參與學校、職場、民間的各類教育文化慶典及禮儀活動，要教育學生熱心參與之外，對於慶典禮儀的「源頭」與「價值」要清楚明白，是有「意義價值」的參與，並非盲目的「拿香跟拜」（臺語）。「禮敬律則」指遵循大自然「時空律則的知識」，如「循環、節奏、旋律、模式」（鄭崇趁，2017，頁 48-52），規劃自己的生活、學習、事業、人際，以及深耕生命志業的自我實現或智慧資本，得以禮敬「自然慧能」，拓增其「績效價值（成為自己的慧能）」。是一種生命與自然共享共榮的教育。

伍、教育的「法」慧價值

法者律也，人類彼此互動共同的行為「律則」規範也，「法律」創造了人類最豐沛的「慧能」價值，當代所有的國家，幾乎都設立了「立法部門」，選舉「立法委員」為國家主掌「立法」、「修法」、「廢法」事宜，廣義的法律包括「法律、命令、辦法、要點」更廣義的法律則泛指政府（公部門）所頒布的「政策」、「計畫」、「配套措施」及「注意事項」，因為它們都是用政府的「預算（人民的稅收）」經由「立法」及「執法」公務人員「慧能」（為大家共好）所決定的「公務」，帶領人民一體遵行的工作事項。

「法」慧價值的教育，從大到小也可劃分成四個層次：「法理研究的教育」、「政策分析的教育」、「計畫實踐的教育」以及「策略價值的教育」。「法理研究的教育」指探討國家法令的核心內涵暨其背後的理論、理念及所要帶給人民的核心價值，是大學以上法律系所師生的教育。「政策分析的教育」指分析探討法律的政策意涵，執行事項、政策計畫的整合實踐，政策形成與政策評估、政策價值省思。「計畫實踐的教育」指政府及學校為了實踐「法令」與「政策」，策訂了各種「中長程計畫」及「主題式教育計畫」，用「計畫」來把「法令」及「政策」的核心事項「完整而周延」地實踐。「策略價值的教育」指循繹法令、政策、計畫的「經營策略」或「核心技術」，並進行「價值分析」與「價值評估」，回饋提供法令、政策、計畫的修訂與進升，也可作為「品質保證」的參照。

就「仁、義、禮、法」四大慧能作比較：仁者人也，指「人性本然」的共好慧能；義者宜也，指人性「彼此對等」的共好慧能；禮者敬也，指人性「等差之愛」的「禮儀規範」；法者律也，指人性共處的「公共律則」。「禮、法」兩大元素都有待人性集體的「共好慧能」凝聚。

陸、教育的「品」慧價值

品者雅也，有品的人指具有優雅身影的人，品的元素很難單獨詮釋，語詞連結比較容易理解，「品性」、「品行」、「品味」、「品格」都是教育學及心理學上常用的名詞，品性指人類遺傳上的「性格品味」，心理學上的「性格心理學」所詮釋的「品性」並沒有「價值取向」，它是「價值中立」的名詞，例如：「血型」、「星座」、「紫微斗數」，都是人類智慧對「品性」的「系統價值詮釋」。「品行」則是「教育學」的名詞，本身具有「價值取向」，「品行優雅」帶給週遭的人「心曠神怡」、「共好共享」，也是一種「德慧」之能。「品味」則指一個人的生活行事具有明顯的「氣氛」趨勢，近似「味道」，這個人一出現在團體中，團體就會嗅到這個「氣氛、味道」叫做有品味的人，「品味」是進升型「慧能」的散發。「品格」則指人表現出來具有「形型」的「品行風格」。是個人「慧能」進升的極緻，也是人類歌頌「共好的楷模」（風格）。

「品」慧價值的教育是品德教育的進升，約近半數的人類看不到此一「慧能」的伸展，所以「品味生活」人人嚮往，但人類社會實況是「萬眾川流，紅塵一夢」，「品味風格」存在「人心」裡頭，少數的「知識菁英」，才有能量表現此一「慧能」，讓大家看得見，進而學習模仿。「品」慧價值的誘發，仍然可以經由「教育」加以「導引、匯聚」（表達共好的慧能）。筆者主張，要從「簡約生活教育」、「處世要領（技術）教育」、「教新五倫價值教育」及「智慧創客教育」著力經營，唯有簡約生活，極簡化的生活模式，才能有優習慣、好品味的氣氛。唯有做事要領的掌握，才能用最妥適的核心技術完成每件工作任務，創造有品質品味的事功。唯有新五倫核心價值在自己的人倫綱常中被實踐，週遭的人才會「感受」、「知道」您這個人的「品味、價值」。也唯有「智慧教育」、「創客教育」跨界整合，雙管齊下，人才能「用智慧→做中學→有作品→論價值」，智慧彩繪生命，創客作品定位人生，「智慧人、做創客」就成為人人可欲（實現）的品味風格。

柒、教育的「格」慧價值

格者型也，具有「典型」、「標竿」、「模範」、「模式」之意，「人格者」是人對人最「崇敬」的「讚譽」，指這個人做事方正圓融，有「格調」，格調是一種「美的旋律」，它有「節奏」、「旋律」、「循環」、「模式」之美，大家喜歡，大家期待它的展現。是共好的「美」也是「慧能」的一種，「人格者」的慧能是匯集前述「仁、義、禮、法、品」五大慧能的綜合體，形成個人獨有的共好慧能風格。因此，「典型、標竿、模範、模式」（品行風格）都是慧能外顯化的行為表現，為大眾所公認的好人格。在教育領域中，人格教育與品德教育、道德教育、情意教育、價值教育攸關，而且互為流用，有時很難釐清，也沒有必要釐清，通常心理學的「人格教育」稱性格心理學，持「價值中立」的觀點（性格不同、沒有好壞），社會學的人格教育重在「社會化人格」及「集體潛意識人格」探討，也持「價值中立」觀點，哲學上的「人性論」及「價值論」把「人性價值」當作人特有的「知識」，知識是客觀的，隨著人的取得，知能統整而再表現，而創新不同的價值。唯獨教育學，強調「善知識」的學習及符合「人性價值」知能的展現，這種「能」就是「慧能」，慧能的核心元素主要者有「仁、義、禮、法、品、格」，格的慧能最高階，它外顯化就是「人之所以為人」的典型、標竿、模範、模式，我們美稱為「品」行風「格」。

「格」慧價值的教育是「品」慧價值教育的進升，筆者主張要從「教育領導」的「全人發展」著力，要關注「知識價值領導」、要關注「智慧創客領導」、要關注「創新進升領導」，要領導所有教師喜歡善用 KTAV 教學模式及 KTAV 單元學習食譜，教育幹部及所有教師都有能力策訂「3.0」進升「4.0」的主題式（教學、班級經營、處室活動）教育計畫。教育領導的全人發展如圖 4-1 所示，如此的教育，培育「智慧人、做創客、新領導、優教師、能家長及行國民」為目標，期待人人都具有「品行風格」的人，展現人類「慧能」價值。

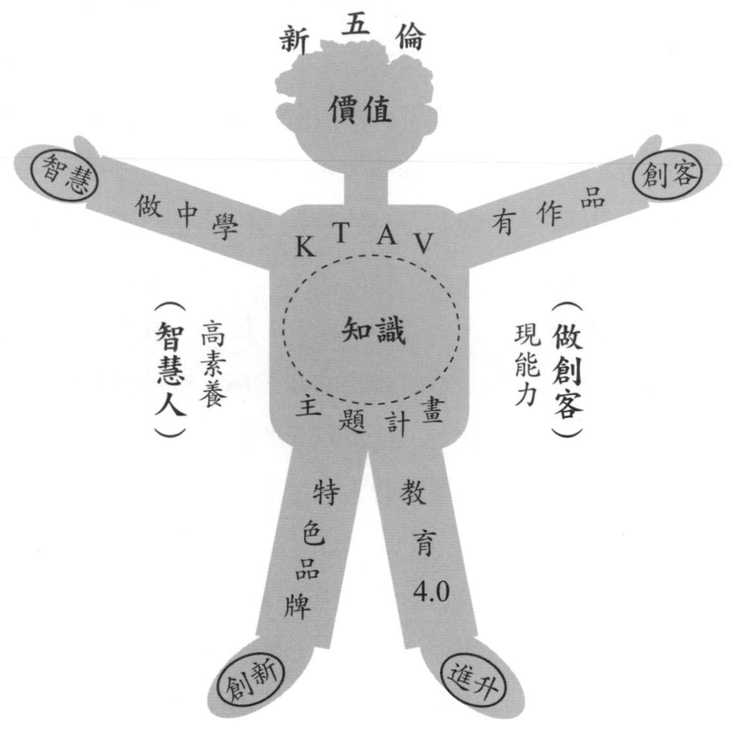

圖 4-1 教育領導的全人發展

資料來源：鄭崇趁（2019a）

捌、共好價值（慧）的「內構外築」軌跡

慧（共好價值）的「慧能」是人類最珍貴的資產，「共好」的對象範圍最廣，它是「價值」、「品德」、「道德」、「智慧」、「素養」共同的根。本書最後一章以「新五倫・新四維・新教育・新臺灣」作為本書的結論，其中「新五倫及其核心價值」，「新四維 1.0 版至 4.0 版」也都是「共好價值（慧能）」「內構外築」的軌跡，本章以「新四維」（版本選用）為例，說明共好價值（慧能）的範圍，及其操作運用的要領。

「禮、義、廉、恥」，國之四維，四維不張，國乃滅亡。這是孔子讚譽管子的貢獻，也是當年先總統蔣中正，將「禮義廉恥」頒為全國學校共同校訓的主要理由。當時教科書教的「禮義廉恥」，其意涵是：「禮」：規規矩矩的態度；「義」：正正當當的行為；「廉」：清清白白的辨別；「恥」：徹徹底底的覺悟。現在有幾個縣市重新在學校掛回的「禮、義、廉、恥」，也是延用此一詮釋，可稱為國之四維 1.0 版。教育的版本需要適時創新進升。新四維 2.0 版為：「仁、義、禮、法」，其核心意涵是：「仁」愛人惜物；「義」公平正義；「禮」秩序謙卑；「法」克責尊嚴。新四維 3.0 版為：「知、能、創、價」，其核心意涵是：「知」知識技術；「能」素養能力：「創」：創新作品（含德行）；「價」價值永續（共好價值）。新四維 4.0 版為：「真、善、美、慧」，其核心意涵是：真（致用知識・K）、善（經營技術・T）、美（實踐能力・A）、慧（共好價值・V）。新四維 2.0 版來自「慧能」的次級系統元素「仁、義、禮、法、品、格」中的前四大核心元素；新四維 3.0 版來自素養教育的四大核心技術：(1)內構知能模組→(2)外築任務指標→(3)師生知識遞移→(4)共同「知能創價」的第四個操作技術「知能創價」；新四維 4.0 版來自「素養」的八大教育元素「真、善、美、慧、力、行、教、育」中的前四個「真、善、美、慧」。

國之四維 1.0 版是個人修養的核心價值（元素），都屬「私德」的反省與規範；新四維 2.0 版已進升到「公德兼私德」共同價值實踐；新四維 3.0 版再進升

到「師生群己」共同「知能創價」創新生命價值，創新教育價值、創新學校組織價值、創新學校物我合一價值。新四維 4.0 版則更進升到「真、善、美、慧」（KTAV）四位一體，蓄積「成智慧」→「達創客」→「行道德」→「通素養」的能量，創新知識生命「小循環」再創新知識生命「大循環」，創新人的「知能」融合創價、創新「教育知能」，進升「教育與人」的素養，進升整體教育「績效價值」，讓從事「教育事業」中的師生「人人自我實現（活出自己）」，「個個都是有效智慧資本（產出動能貢獻）」，大家都在「適配幸福」中生活著，健康、積極、正向、樂活地成長。

「新五倫」及「新四維」的版本是提供「品德教育」及「情意教學」，內構「核心價值（知能模組）」的引導與建構；「新教育」及「新臺灣」則是「外築」任務指標系統描繪，用具體的「新教育」作為，來營造邁向「可欲的」、「理想的」新臺灣。「新教育」是指「素養取向的教育」以及邁向教育 4.0 的教育。「素養取向的教育」，具體的實踐作為是：本書「素養教育解碼學」的三個篇名：「元素構築篇」、「知識遞移篇」以及「知能創價篇」，如若要更詳細的作為則指三大篇內的「二十四章」章名主題，本書用「篇名」及「章名」來「外築」本書的「任務指標系統」。用這些「外築、明確」作為力點來促進讀者「知識遞移」及「知能創價」，用筆者撰寫「知識教育學」的「新覺識→新方法→新動能→新價值」來解碼「素養教育」，寫成本書，作為教育人員（尤其是教師）實踐素養教育的有效執行範例：「內構→外築→遞移→創價」都可直接在每一個單元教學中「操作」。

「新教育」的邁向教育 4.0 部分，其「外築」任務指標版本及實踐作為，也已撰寫在《教育 4.0：新五倫・智慧創客學校》（鄭崇趁，2018c）一書中，進升「教育 3.0」的任務標準是「能力化」的「特色品牌學校」；進升「教育 4.0」的任務標準是「素養化」的「新五倫・智慧創客學校」。具體作為也用「新覺識」→「新方法」→「新動能」→「新價值」四個篇名及內含的「十八章」章名主題來「明確設定」，「引導操作」。「新覺識」指出四項重點：(1)素養及能力都來自知識：素養是內隱的知能模組（是內才），能力是外顯的價值行為（屬外才），素養含能力；(2)素養含能力就像「知識含可操作的技術」一般；(3)核心素養由八大元素「真、善、美、慧、力、行、教、育」建構而來，可用三大理論（零組件）詮釋：「新知能模組說」、「知識遞移說」及「知能創價說」；(4)「4.0 教師」、「4.0 校長」及「4.0 的師資培育機制」都是可以創新進升的。「新方法」也指明「KTAV 教學模式」及「KTAV 單元學習食譜」可以統整實踐「智慧教育」、「創客教育」、「新五倫價值教育」，直接帶領師生「用智慧（KTAV）」→「做中學」→「有作品（做創客）」→「論價值（價值評量與實踐）」，培育「智慧人、做創客」的學生。「新動能」則示範擬訂了「學校」及「縣市」層級得以直接使用的六個有關「新五倫價值教育」、「智慧創客教育」、「學生百大作品」及「畢業生展出十件智慧客代表作品」實施計畫，只要學校或縣市有「行動意願（力）」放上學校名稱或縣市名稱即可使用，產出新動能，邁向教育 4.0：新五倫・智慧創客學校。

「新價值」則將「教育 4.0」有關的二十則「新教育專有名詞」逐一統整其「概念型定義」及「操作型定義」，並闡明其在「新教育世代」的價值意涵，總結如下：

教育新價值　價值新教育

新覺識　探究　教育 4.0 新知識價值

新方法　發現　KTAV 新技術價值

新動能　運作　主題計畫新能力價值

新價值　註解　智慧創客新人生價值

進升　知識新價值　邁向教育 4.0

～引自鄭崇趁（2018c，頁 323）

第五章　力〔行動意願〕：

實、用、巧、妙、化、生

導論

本章解碼素養的第五個教育元素「力」，本書將「力」定義為；力者，意願也，行動也，「行動意願」就是力量的源泉，人類的「行為力量」源自「創新的「意願」。「創新」是「賦予存在（to being）」的歷程，創新的歷程有六種意願之力（能量）。「實→用→巧→妙→化→生」也可直接稱為：「實力→用力→巧力→妙力→化力→生力」。實：當下、務實之力；用：運用、精熟之力；巧：妥適、靈巧之力；妙：高絕、美妙之力；化：融合、統整之力；生：重組、生新之力。

本章依據「知識先天論」暨「百業皆可創新」兩大理念來解碼「力（行動意願）」的次級系統元素，是以選用了「實→用→巧→妙→化→生」六個教育元素來解析其「創新意願（力）」的行動意涵。「知識先天論」主張「知識的創新都是有中生有，不是無中生有」，「創新的知識本來就存在，現在才被人類發現，現在發現的任何新知識產品，它本來就已存在自然宇宙之中」。是以人類「百業分工」共同傳承創新文明文化，百業經營只要用對力量，經營「實力→用力→巧力→妙力→化力→生力」，百業都可創新，創新產品，創新績效價值，成為專門行業達人。

本章的解碼文本（核心內容）對於素養教育有四項重要啟示，這四項啟示如果被讀者認同，也可視同為教育的「新知識」：(1)「意願動能」才是「力量」的源泉：意願是一種內在「動能」，是以素養教育要先「內構新知能模組」才有足夠的動能，才能「外築新任務價值行為」，師生的「知識遞移」和「知能創價」也都需要這「意願動能」，才有「力量」真正的「力行實踐」；(2)「深耕本業」都能創新專業產品：各行各業只要深耕本業的「深度」與「高度」，本業的知識就可以永續創新，「創新知識」是可欲的，任何人只要「使力正確」都可以創新自己的知識，創新組織的知識與產品；(3)「實→用→巧→妙→化→生」是「知識生命創新」的有效循環模式：創新是賦予知識新生命的存在，「實力→用力→巧力→妙力→化力→生力」是人類教育人類「創新知識及作品」的有效使力循環模式，它已經被本書發現，它可以增生「創造力」文明的新生；(4)學歷是「實力」的基礎，但並不全部等值；用「博士 1.0 至 4.0」為例說明：「博士 1.0」是拿到博士學位；「博士 2.0」是博士論文可出版或寫成文章發表；「博士 3.0」是除了論文可出版外，還有系列的文章著作發表；「博士 4.0」是對學術理論或工具模式有新的發明，都是博士，然而「實力」並不等值。

壹、緒言：力量源自創新的意願

力者，意願也，行動也，「行動意願」就是力量的源泉，「素養」的核心「元素」包括：真・致用知識，善・經營技術，美・實踐能力，慧・共好價值，力・行動意願，行・德行作品，教・創新知能，育・進升素養。本章專論「力・行動意願」。人類的「行為力量」，源自創新的意願。教育元素創新人的生命價值、個人價值及組織價值，如圖 5-1 所示。

教育元素進入人的身體後，其位置的分布，約略如圖 5-1 的人形圖，「真・致用知識」及「善、經營技術」在雙手，代表用雙手操作體驗學習。「美・實踐能力」在身體的核心部位驅幹，驅幹是身心能量的儲備所，「慧・共好價值」在頭部，是思辨判斷決策的總指揮，「力・行動意願」及「行・德行作品」則在雙腳，代表用雙腳力行實踐，走出人的「全人發展」。

這樣的「真、善、美、慧、力、行」教育，在教育政策及經營計畫的帶動下，每天創新人的生命價值（受教育中的學生，每天的心理生命都是新的，因

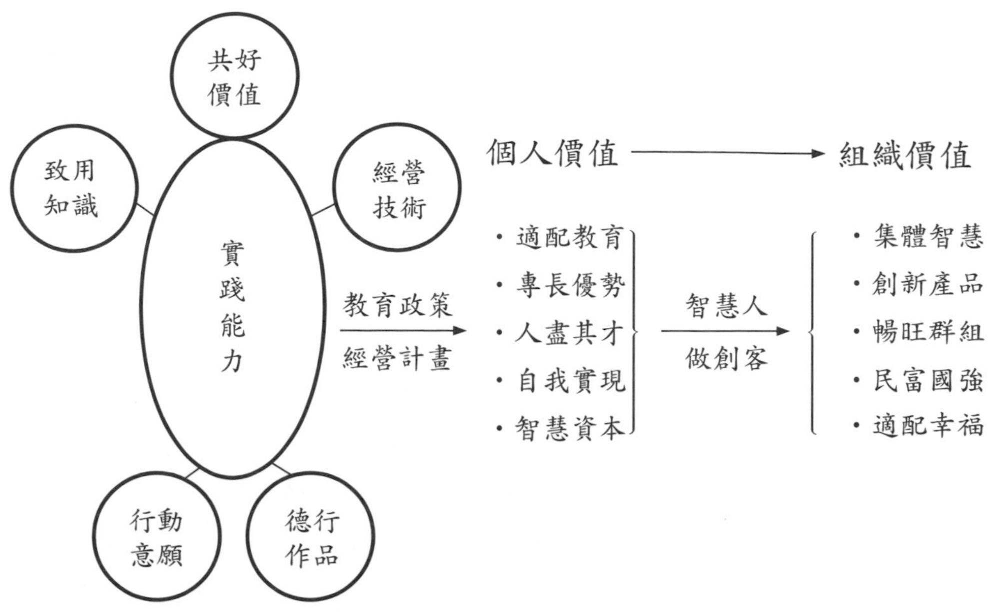

圖 5-1　教育元素創新價值

資料來源：進升自鄭崇趁（2017，頁 140）

為每天都能創新知能，進升素養）。走完學制學程後，教育就能夠創新個人的價值，這些價值彰顯在：適配教育、專長優勢、人盡其才、自我實現、智慧資本。完成學制學程教育的人，人人都是「智慧人、做創客」，然後匯聚成「組織價值」，這些教育價值會逐漸呈現在：集體智慧、創新產品、暢旺群組、民富國強、適配幸福。

是以「元素構築」→「知識遞移」→「知能創價」都是教育的深層結構，它們都可以反應「教育的本質」，「知識」和「本能（能量）」的匯聚、融合、螺旋、重組，會創新新的「能量」，這些能量就是力的源頭，所以又稱力量，因此筆者將力詮釋為「行動意願」，並且主張：力量源自於創新的意願。「創新」是人類的本能之一，它本身也是知識的命名，本章選用「創新」的歷程：「實→用→巧→妙→化→生」來作為「力（行動意願）」的次級系統元素，說明這些元素的教育意涵，及其「內構外築」軌跡。

貳、教育「實力」的行動意願

鄭崇趁（2013，頁 162-167）曾主張「創新」的核心意涵為「賦予存在（to being）」，賦予存在的創新歷程有五大元素：實→用→巧→妙→化。實為「當下」、「務實」；用為「運用」、「精熟」；巧為「妥適」、「靈巧」；妙為「高絕」、「美妙」。化為「統整」、「生新」。是以創新的教育意涵有五：(1)創新是發現新的知識產品，(2)創新是發現新的因果關係，(3)創新是發現新的深層結構，(4)創新是發現新的方法策略；(5)創新是發現新的意義價值。本書進升主張增加第六個元素「生」，及第六個教育意涵：(6)創新是發現新的行為模式，「賦予存在（to being）」的創新歷程圖像（如圖 5-2 所示）。

是以，教育「實」力的行動意願有四個層次意涵：(1)把「當下」的事，「使力」做好；(2)「務實」地「使力」在本分本業工作之上；(3)表現自己能做到的「實力」；(4)自己「實力」的潛在「能量」（素養）。「實力」的行動意願就

實：當下、務實
用：運用、精熟
巧：妥適、靈巧
妙：高絕、美妙
化：融合、統整
生：重組、生新

圖 5-2　賦予存在（to being）的創新歷程圖像

資料來源：進升自鄭崇趁（2013，頁 163）

是當下務實的行為表現，恰如其分的能量實力展示。

力是能量準備外顯化，準備表達出來的行動意願，禮運大同篇曾有「力惡其不出於身也，不必為己」。顯示「動能」籍由「意願」表達「行動」，本身是無私的。人的動能意願就是使力來源。人在生命的時空中，對個別的「人、事、時、地、物、空」使力，對自己的生命而言，都是「創新」的，即使重複循環老掉牙的行為模式，總是在不同的「人、事、時、地、物、空」上發生，就像「吃」的行為和內容一樣，每天有「創新」，但傳承「過往」的使力模式多於創新。「實力」是創新的行動意願之始，是厚實的「能量」，這些準備行動的「能量」，已經成為可以表達出來的「實力」，所以「務實」地使力在「當下」的本分本業工作上，就可以累增再「創新進升」的能量。

參、教育「用力」的行動意願

實力概指自己「真實」的「能力」，「用力」則指「專注」、「集中」、「運用」、「做到」的力，是實力的進升，有實力而未用，則「虛度生命」，有實力且正確用力，才能「彩繪生命」。「用力」含有「正確」、「努力」、「經營」、「深耕」之意，正是教育經營的著力點。教育「用」力的著力點，第一個層次在教給學生「正確」的「用力」，例如：學習新單元的知識，要先「正確」了解單元主題之「知識（K）」、「技術（T）」、「能力（A）」及「價值」（V）」，然後正確跟著教師及同學「用智慧」→「做中學」→「有作品」→「論價值」，學習「用力」正確，才能習得新知能（知識遞移成功），擁有新素養能「力」。「努力」是「用力」的第二個層次教育意涵，努力學習、努力練習、努力完成作品、努力精熟新學習的知能，努力運用新知能的力在日常生活事物之上，「用力」創新自己的學習生活，「用力」創新自己的志業工作，也「用力」創新自己的生命意涵，「努力」是「用力」最普遍的意涵。

「經營」是「用力」第三個層次的教育意涵，有要領的努力稱「經營」，有「系統思考」的用力才是「經營」，有「適配使力」的平衡運作才叫「經營」。教育未來的國家公民，不但要「有能有力」，有「素養能力」，更要教他們「能量心力」永遠有限，要「正確用力」，要「努力勤學致用」，更要「經營使力」彩繪自己的生命志業，經營人生的適配幸福。「深耕」則是「用力」第四個層次的教育意涵，「用力深耕」自己的專長亮點是「人之所以為人」的最大福報，「專門的行業」、「專業的事業」、「專長的工作」、「專利的作品」，是人「福慧展能」的極至，值得每一個「找到的人」用力深耕，深耕這些專門專業職能，並為國家社會作更大貢獻，深耕這些專長專利作品，為自己的自我實現耕深一層結構。

肆、教育「巧力」的行動意願

「巧婦難為無米之炊」，道盡了人類的辛苦，也說明了「巧力」的珍貴，「巧力」要有原始的「資源」支持，才有發揮的空間，「巧力」是「實力」及「用力」的進升，實力指「當下」能夠「務實」表現的行為能力，意指「做得到」的力，用力指能夠「運用」、「精熟」的力，意指「努力經營」的力。巧力則為「妥適」的力、「靈巧」的力、「精緻」的力及「關鍵」的力，「巧」亦含有「適配」、「不浪費」、「精簡高明」之意。「巧力」是創新行為的第三個元素，它的行動意願，是「實力」與「用力」進升而來的。

教育「巧」力的行動意願，可以從下列四大層次著力：「精巧」之力、「時巧」之力、「事巧」之力，以及「力巧」之力。「精巧之力」是巧力的第一個層次（基本意涵），我們要教給學生「精緻、靈巧」的生活，「精緻、靈巧」的學習，「精緻、靈巧」的人際處理與休閒活動，用出來的「力」要具有「素養」地精巧，精巧之力的表現行為就是人類優雅身影的起點。

「時巧」之力的教育，在教給學生「掌握關鍵時空律則」，例如：掌握學生每節課最「專注時段（約十五分鐘）」教給他單元的核心知識與技術。掌握每天最精華的時段（約一至二小時），做最重要的工作，例如：閱讀、寫作、擬訂方案計畫、完成專案報告。掌握每週（每月）有可能的「零碎時間」，累積完成「一篇論文」或「專案任務」。「時巧」之力在教育上的最大意涵是「時中其機」的教育，課程教材的「難度」要配合學生的「認知發展」，掌握學生的「心智成熟」關鍵期，才不會造成「揠苗助長」或「時過然後學，勤苦而難成」的困境。

「事巧」之力指做事 SOP（標準作業程序）的精準運用，不浪費些許「多餘力氣」，都能用巧力完成最具效能效率的事務，所謂「要務不煩」。學校的領導人，帶著幹部及教師一起倡旺學校，大家都很高興地發揮「事巧之力」，不會忙成一團，辛苦疲累。「力巧」之力則指最高層次，我們要教給學生「力」的本身要由「實」、「用」進升到「巧」，力巧，才能用得「剛剛好」（避免用力過猛、暴力傷身），「力巧」之力經營人生才會邁向真實的適配幸福人生。

「力巧」之力的「巧力」，具有「統整」、「系統」、「最佳結構」、「最具價值」之意。「巧力」是自然統整「拿物做事」所需的「各種能與力」，動用最經濟的「能量」與「力道」，巧妙地完成任務之謂，「能量」與「力道」成為一精緻系統，具有「最佳結構」以及最有價值的「德行、作品」。巧力得來不易，通常會發生在「智慧人、做創客」者的身上，也就是「有智慧的人」或「多作品的人」才容易發現他能「巧力」經營人生，如果從各專門專業行業來說，「新領導」及「優師傅」才能向他們的員工，「專業示範」如何運作「巧力」完成其產業「作品」。「巧力」及「妙力」都是人類珍貴的資源，「智慧」、「意願」與「行動」之源。

伍、教育「妙力」的行動意願

「妙力」是「慧能」的展現，也是「巧力」的進升，「巧妙」之力是一種大家都覺得「共好」的高雅技術行為表現，所謂「巧妙絕倫」，也是一種能量美感的散發，美聲、美技、美味、美覺、美感的「妙力」，本書以前的詮釋是美妙、高絕。教育「妙」力的行動意願也可以從四個層次著力：「妙語如珠」教育、「妙音傳送」教育、「妙覺五感」教育以及「妙識智慧」教育。大要說明如下。

「妙語如珠」教育，是一般語文教學最常用的方法，例如：「成語接龍」、「妙詞接龍」，電視節目「一字千金」、「妙語如珠」競賽，都可以藉由遊戲，增益學習者（參賽人）「妙語彙」的學習與運用，「妙字」、「妙詞」、「妙語」、「妙句」都是「語文」、「國學」、「典故」、「典範」教育的「妙方法」。「妙音傳送」教育，適時提供「優雅美妙」的音樂或人的聲音，藉由「妙音」傳送，陶冶人的心境，提振人心士氣，由美的生活感受，再往前進升希望與夢想，例如：筆者出版《教師學：鐸聲五曲》（鄭崇趁，2014）一書，用「木鐸金聲」五部曲歌頌教師：首部曲：鐘鳴大地、人師；二部曲：朝陽東昇、使命；三部曲：春風化雨：動能；四部曲：明月長空、品質；五部曲：繁星爭輝、風格。是一種「妙音傳送」教育的具體範例。

「妙覺五感」教育指教師能夠優化學生的「眼、耳、鼻、舌、身」五大感覺器官的「有感」→「有覺」→「妙覺」的教育，例如：：五月桐花盛開，像飄雪紛飛，有「五月雪」的美稱，五月相思樹亦花開鼎盛，金黃遍野，當桐花與相思樹交雜的山林，「金黃與雪白」交錯，蔚為奇觀，是以筆者曾撰寫了「金黃與雪白的教育對話」（鄭崇趁，2006，頁 269-270），可以當作妙覺五感教育的範例。「妙識智慧」教育層次最高，例如：為了寫《教育 4.0：新五倫・智慧創客學校》（鄭崇趁，2018c）一書，筆者在序中分析了「進升教育 4.0 的元素」：覺識、方法、動能及價值。是以全書分四篇十八章撰述，四篇的篇名是：第一篇：「理念素養篇・新覺識」；第二篇：「進升策略篇：新方法」；第三篇「實踐計畫篇・新動能」；第四篇：「新詞釋義篇：新價值」。篇名及副標直接帶領讀者體認教育 4.0 的境界，可當「妙識智慧」教育的範例。

陸、教育「化力」的行動意願

筆者當年在撰寫《校長學：成人旺校九論》（鄭崇趁，2013）一書時，創新五力使用「實→用→巧→妙→化」，並且將「化」詮釋為「統整、生新」。本書則將「化」力與「生」力分開，「化」力專指前段的「融合」及「統整」尚未「新生」；「生」力才指後段「重組、生新」。「羽化而登仙」是文學上的名句，「化」力有「融合」、「螺旋」、「統整」、「重組」之意，指新學習的「知」、「能」與本來既有的「知」、「能」、「力」產生融合、螺旋、統整、重組作用。是以教育「化」力的行動意願，可以從下列四個層次著力：「知能融合」之力→「知能螺旋」之力→「知能統整」之力以及「知能重組」之力。概要說明如下。

「知能融合」之力是化力的第一層，化力原指新舊之力的「融合」「化為一體」，它的首要條件是新知識的加入及新能力的形成，是知能融合才得以化成的力量（新能），例如：學習「帶球上籃得分」的新動作能力，對新學習者而言，新「完整連貫動作」的表現是一種「化力」，教師必須「分解編序」成「跑步運球」→「跨步持球」→「上籃得分」→「連貫要領」等四大步驟，並分別示範解說其個別「知識（K）」→「技術（T）」→「能力（A）」→「價值（V）」四位一體，學習者四大步驟先個別學習再連貫表達，就是「知能融合」之力的學習。

「知能螺旋」之力係指「知識螺旋（knowledge spiral）」的進升，「知識融合能力的交互螺旋」，然後形成新的一體「化力」，例如：筆者在撰寫《校長學：成人旺校九論》（鄭崇趁，2013）一書時，曾深究中外「校長色色責任的分析」，進行「知能螺旋」，最後將校長學的知識分類成兩大系統「成就人（立己達人篇）」及「旺學校（暢旺校務篇）」，並將校長的角色責任界定為六大角色責任：(1)教育理論的實踐家；(2)行政效能的經理人；(3)課程教學的規劃師；(4)輔導學生的示範者；(5)資源統整的工程師；(6)專業風格的領航人。可當

「知能螺旋」之力的範例：「教育理論、行政效能、課程教學、學生輔導、資源統整、專業風格」都是「知識」；「實踐家、經理人、規劃師、示範者、工程師、領航人」則是新角色「能力」。兩兩「螺旋成化」之力。

「知能統整」之力則指「知識資源」和「能力資源」的「統整成化」之力，以臺北市優質學校「資源統整」向度為例，筆者擔任4.0版指標「進升修訂」教授，邀集三位菁英中小學校長（曾獲資源統整優質學校標竿校長），進行四人「知識資源」＋「能力資源」的統整，結果將「資源統整」4.0 版的「項目指標」訂為「親師合力（1.0）」→「資源系統（2.0）」→「知能創價（3.0）」→「智慧創客（4.0）」用優質學校的指標帶動臺北市教育邁向「教育4.0：新五倫・智慧創客學校」。其中「知能創價」就是統整「校內外多元教育資源」再經由師生的「知識資源＋能力資源」統整創新「生命價值及教育價值」之意。均有具體指標引導學校「經營實踐」。

「知能重組」之力為「化力」的第四層次，指人的內在「知能力」三者經由融合、螺旋、統整之後已逐漸「重組」，成為「模組」、「新系統結構」、「化成新力」，準備外顯化，例如：筆者自2017年出版《知識教育學：智慧人・做創客》一書之後，對於核心素養的「理論建構」主張「新知能模組說」，人的素養是由「真（致用知識・K）」、「善（經營技術・T）」、「美（實踐能力・A）」、「慧（共好價值・V）」、「力（行動意願・M）」及「行（德行作品・P）」六大元素系統重組而成的「新知能模組」，是「知能重組」化力之實例。

柒、教育「生力」的行動意願

「生」力是創新的成果，生是生出具體的「人、事、時、地、物、空」，人生人是「生」力的創新，人成事是「完備一項事務、任務」也是創新的「生」力，人掌握時效，讓固定的時間內完成應備的事務或能力素養的學習，也是「生時創新」，「生時」的生力廣義來說，包括在繁忙的每天勞務中，「調配生出」最佳時段來處理「個殊任務」，例如：閱讀、寫作，或撰寫研究報告。人找「地」來經營他理想中的學校，更是創新的「生力」，人找「物」來優化教育的環境設施，建構智慧校園，更是生新的力，拿物生新的行動意願。人找到自己的「成長空間」及「彈性時空」的「彈性作為」或「生活模式」，也是「生力」的一種，生出「空間」的力，「新空間」讓自己的「能力」有得伸展，使力生新。是以生出具體的「人、事、時、地、物、空」，都是人「生力」的行動意願，都是「生力」的創新。

教育「生」力的行動意願，可參照下列四個層次著力：「生命之力」、「生能之力」、「生慧之力」、「生物之力」。「生命之力」指用生命維護自己生命的力，人有「生」的本質、慾望、求生之力，我們應教育學生善用「生命之力」經營自己的生命、學習、人際，生生不息，暢旺自己的人生。「生能之力」指人生命精彩的「動能」源頭，它也需要經由「教育」及「學習」的誘發及孕育，「本能」加上「知能」及「意能」（想要、希望）的鍛鍊，才會有豐厚的「生能」之力。累積人本身的「生能之力」是「生力」的第二個層次，也是「生命之力」的進升。

「生慧之力」指「生智慧的力量」，是「生命力」及「生能力」的進升，「有命」、「有能」才能「生慧」，慧是「智慧」，智慧就是人類「共好生活能量」的互動，「慧能」之力是人倫綱常知識最具「共好價值」的元素。對每一個人自己來說「生慧之力」就讓自己成為「有智慧的人」，對組織群族來說就是「共好慧能」之力的流動，是「生慧之力」的行動意願。「生物之力」則指「生物創客」的行動意願，「有命」→「有能」→「有慧」的力總會促成「生」物，「做出」作品，創新「立體實物作品」，創新「平面圖表作品」、創新「動能展演作品」，創新「價值對話作品」，「做物生新」是「生物之力」的總歸宿。「生命之力」、「生能之力」、「生慧之力」及「生物之力」，都可以進升「生力」的行動意願。

捌、行動意願（力）的內構外築軌跡

行動意願（力）的次級系統元素有「實力」→「用力」→「巧力」→「妙力」→「化力」→「生力」的六力循環，這些力量都是「創新的意願」，是人類潛在的能量，人潛在能量經由「實→用→巧→妙→化→生」的經營，就可以「生物創新」，用「德行作品」來表達創新知識、創新技術、創新能力、創新價值。

創意的能量（意願）也是可以教育的，在教育的實務操作中，最常用的方法是「引起動機」及「價值論述」，引起動機的方法很多，可用「故事領導」、「作品展示」、「複習經驗」以及「案例解析」。故事領導是用備課時選用的故事情節，來喚起學生想要學習本主題知識的意願。作品展示即拿本單元學生要實際「操作學習」的實物作品，呈現在所有學生面前，向他們說明「為何要學習做此作品？」「這一作品的價值在哪裡？」，喚醒學生想學想做的行動意願。複習經驗是指老師在教新知識前，先喚醒學生前次學習的經驗，用已經學會的舊經驗，串聯接續學習新主題知能的意願。案例分析指老師為了讓學生了解此一學習新主題的重要性，將以前學習者學習同一主題的成功或失敗經驗，作成對照案例分析，幫助學生了解主題的精神意涵、啟動意願邁向成功，避開失敗。

引起動機的四個作法，都可以「內構新知能元素模組」，故事領導的引起動機，通常在內構「化、生」的兩大元素，喚醒學生學習故事主角的「意願」；作品展示的引起動機，通常在內構「巧、妙」的兩大元素，用作品的精巧美妙，喚醒學生想要學習操作的「意願」，複習經驗的引起動機，則在內構「實、用」兩大元素，喚醒學生接續學習創新的「行動意願」。案例分析的引起動機，則視案例本身情節的重點綜合內構「實→用→巧→妙→化→生」的相對元素，內構知能元素模組的實際歷程會因人而異，且個殊性很大，老師要用對方法，才能有效導引學生內構「新知能模組」，喚醒行動意願的內在能量。這些內在的能量是外築價值行為的基石。

價值論述也有廣義「引起動機」的效果，教師實際的操作，可從四個方面論述其價值：(1)知識的學理價值：此一知識的精義與解決人類食、衣、住、行、育、樂、文明或文化的貢獻；(2)技術的操作價值：任何知識都含有可操作的次級系統技術，這技術如何操作搭建完整知識的價值；(3)能力的實踐價值：德行及作品完成與實踐帶來的價值；(4)智慧人、做創客的人生價值：任何單元學習的成功，都驗證自己是智慧人、做創客，是有價值的學習，教育是有價值的。

內構「知能模組」與外築「任務指標」軌跡都是清晰明朗的。價值論述的四個面向而言，(1)知識的學理價值及(2)技術的操作價值，即用 K（新知識）及 T（含技術）來內構「智慧學習內容」，關注培育智慧人（有智慧的學習者）；(3)能力的實踐價值及(4)智慧人、做創客的人生價值兩者，可銜接 A（組能力）及 V（展價值）來外築「創客學習表現」，關注培育做創客（有具體德行、作品的學習者），整體教育學習活動而言，都是在培育「智慧人、做創客」，「智慧學習內容（內構）」及「創客學習表現（外築）」永續循環，彩繪「教育人生」的價值。

第六章　行〔德行作品〕：

意、願、動、脈、道、德

導論

本章解碼素養的第六個教育元素：「行」。行者，行動之實也，是「素養」的實際表現，是「有價值行為」的具體實踐。行是「力」的進升，是「行動意願」的力行實踐，也就是「知行合一」的教育，也是智德融合的表現，是以本章選用「德行、作品」的「實踐力行」次級系統元素（意、願、動、脈、道、德），論述其篤行之後的「創價作品」，作為「知行合一」教育意涵的解碼。

教育的「意行」作品可分四個層次：「心念意行扎記」、「耕讀要義摘要」、「主題論述文章」以及「系統知識著作」。教育的「願行」作品有四個層次：(1)潔身自愛願行（如好習慣、勤學習作品）；(2)入道有門願行（如優要領、善技術作品）；(3)布施澤民願行（如能奉獻、組能力德行）；(4)適配幸福願行（如人人「得幸福、慧價值」的生命、事業、德行、作品）。教育的「動行」作品狹義的專指「動能展演的作品」，廣義的包括四大類作品：立體實物作品、平面圖表作品、動能展演作品及價值對話作品。

教育的「脈行」作品也分成廣義及狹義，廣義的脈行作品指當前整個教育機制，例如：「六三三四學制」，例如：各級學校「課程綱要」及「設備基準」；狹義的脈行作品指師生的脈行作品，例如：教師的「新教材」及學生單元學習的「智慧創客」作品。教育的「道行」作品也可分四個層次：(1)「守秩序、優習慣」的道行作品（融合日常生活）；(2)「有理念、遵理論」的道行作品（從偉人、達人、奇人、異人的傳記作品中發現）；(3)「新系統新模式」的道行作品（如CIPP、PDCA、HTDG、KTAV模式）；(4)「創文明、生文化」的道行作品（如微軟電腦、蘋果數位、哈利波特）。教育的「德行」作品，則可依「新五倫及其核心價值」暨「新四維 1.0 至 4.0」的版本，來分析學校「品德教育」的具體實踐，這些師生品德價值教育的具體教育活動都是教育的「德行」作品。

「真、善、美」偏屬「靜能」的元素，「慧、力、行」則偏屬「動能」的元素，例如：人的「態度」主要由「共好價值（慧）」、「行動意願（力）」，以及「德行作品（行）」之慧、力、行三大教育動能元素建構而成的。本章發現了「動能知識」的四大特質：(1)知行合一的教育：「德行、作品」都是知行合一的實踐；(2)智德融合的教育：「智慧人」必然「做創客」，有作品的人也一定才德兼俱；(3)動靜平衡的教育：用動能發揮靜能，養靜能（真、善、美）儲備動能（慧、力、行）；(4)「內構外築」連貫的教育：內構新知能模組（知識遷移為主），然後「外築新任務指標（知能創價為主）」連貫永續循環，創新「人」與「教育」及「知識」三者的最大績效價值。

壹、緒言：行是知行合一的教育，是智德融合的實踐

行者，行動之實也，「行」是「素養」的第六大元素，「力行」是「素養」的實際表現，是「有價值行為」的具體實踐。前述的「力」元素，尚停留在「行動意願」階段，「有力」不一定完全表達出來，所以有時「能量豐沛」（有能有力），但不一定有「執行績效」；「有力而未用」或「有力而沒正用」就不是真實的「效能效率」。是以第五章「力・行動意願」，才會採用「創新」的六大建構元素「實力→用力→巧力→妙力→化力→生力」來闡述說明教育「六力」的要領技術。本章則專論教育「行・德行作品」的進升力點。

行是「力」的進升，是行動意願的具體實踐，也就是「知行合一」的教育，

本章依據「德行、作品」的「實踐力行」次級系統元素（意、願、動、脈、道、德）及其篤行之後的「創價作品」作為「知行合一」教育意涵的說明，包括：教育的「意行」作品，教育的「願行」作品，教育的「動行」作品，教育的「脈行」作品，教育的「道行」作品，以及教育的「德行」作品。

「行」是價值行為的具體實踐，同時也是任務指標的完成力行，「價值行為」暨「任務指標」兩者的統稱即為「德行、作品」，然一般人容易將「價值行為」偏「德行」，任務指標偏「作品」，認為「作功德價值高」，「完成任務是責任義務」，筆者主張：德行、作品都是價值行為實踐，都是智德融合的價值行為；唯有「智」與「德」兩大元素「能量」都累增到一定的程度，「知能模組」、「系統化」、「結構化」到「成型、具體」，結合第五章的「行動意願」，才能知行合一。是以「知行合一」的價值行為——「德行、作品」，都是人類內隱知能「智育元素」與「德育元素」融合建構、模組化，能量豐厚到「知能創價」的產物。是以，有智慧的人多德行；多作品的人充滿價值行為表現。智德合一，智中必然有德，德中必然含智，智德兩元素的融合才是行「德行、作品」的具體實踐。逐一闡明如下。

貳、教育的「意行」作品

「眼、耳、鼻、舌、身」是五覺的器官，也稱五感（知識）的來源。意是第六感，又稱「心覺」。人的「心」覺包括：心念、心意、意義、意志。「心念」是人類日常生活的「意向」，是「我想要怎麼做」念頭，人的生活念頭非常多，層出不窮，但都不一定真的去做、去實踐，所以心念含有很多不切實際的「妄想」、「夢想」，《楞嚴經》上的名句「念念遷謝，新新不住」是心念最經典的詮釋。「心意」是人對他人要表達「有價值」的行為意向，是一種善意的念頭，心意通常是心念的進升，可以詮釋為有價值意義的念頭，例如：「我想請教您，這個問題最好的解決處方是什麼？」「意義」則再進升一級，代表

「真實存有具意義的念頭」，例如：「您的處方確實可以解決我的問題，我回去馬上執行」，這就是有意義的念頭。「意志」則更高層，指「實踐篤行」的意志，「未達目的決不終止」的意念，我們稱為意志。

教育的「意行」作品也可分四個層次：「心念意行」扎記、「耕讀要義」摘要、「主題論述」文章，以及「系統知識」著作。也就是人的學習生活中，適時的留下「扎記、摘要、文章、著作」都是人的「意行作品」。「心念意行」扎記，是指把「心意想要怎麼做的點子（善意、新意、創意）」記錄下來，用扎記省思留下生活上、學習上、人際互動中的活點子、新點子，稱為「心念意行」扎記法，它是形成創新作品的源頭。「耕讀要義」摘要，是指人在勤學閱讀前輩文獻或相關研究時，發現有「重要、經典、創新、成果」詮釋，將其精彩智慧進行劃線標示，並製作成卡片「摘要」，方便重複閱讀「關鍵知識」，以利「知能融合」及「螺旋重組」、「遞移成功」，備以「知能創價」。「劃線標示」與「書卡製作」就是「意行實踐」的實物作品。

「主題論述」文章則為「書卡作品」的進升，指人知識遞移成功後，自己的「知能創價」，將「主題教育」已有的精彩文獻及研究成果，融入自己的心得與創新觀點，系統重組為「有新意價值」的主題論述文章。這些主題論述文章就是各種學術專業期刊 SCI、SSCI 及 TSSCI 所蒐集的文章，通常是碩士、博士論文的「核心知識與技術」，也是學術界「創新知識」的重要方法。「文章發表」是人的「意行作品」屬於高層次「價值對話」的作品。「系統知識」著作，則指一般人的「書籍」出版，是「意行作品」的最高層次實踐，所謂「著書立說」是知識分子的「理想抱負」，「立德、立功、立言」都是知識分子的「意行（理想抱負）」，但要真的留下「作品（著作）」才得以定位其一生「立德、立功、立言」的事實。是以筆者個人持續撰述「經營教育四學」（進升教育 3.0 系統知能），以及「知識教育學系列叢書」（進升教育 4.0 系統知能），都是具體的、高階（專業、專門）的「意行作品」，是價值對話作品的範例。

參、教育的「願行」作品

「意」、「願」原本為「行動意願」都是「力」的源頭，也是真正行的開始，所以「意行」作品有了「扎記」、「摘要」、「文章」、「著作」等「實物作品」，「意行」已經進升了「意願」的「篤行」，用「實物作品」來力行實踐。「願行」的意涵更是「意行」的進升，「意」是想到、想要、決定怎麼做，「願」則是「發願」、「許願」、「宏願」、「大願」，具有「理想抱負」層級的「承諾力行」之願，佛家有云：「虛空有盡，我願無窮。」「願力」及「願行」才是看到「虛空邊界」的實踐（階段目標），無窮的願行，都是彩繪虛空的實踐，所以「虛空有盡」（有天際線及人的願行線）。

教育的「願行」作品頗為抽象，我們可以從多數人能做到的「願行」來「演繹」其願行可留下的作品。一般人的「願行」可分四大層次：「潔身自愛」願行，「入門有道」願行，「布施澤民」願行，及「適配幸福」願行。「潔身自愛願行」在佛門子弟就是「守戒律」與「勤修持」，就一般人來說，就是「好習慣」與「勤學習」。所以潔身自愛願行，可用「實踐學習型組織理論」的五項修煉為例：發願「自我超越、改善心智模式，建立共同願景，團隊學習及系統思考」。其具體的作品就是這五項修煉的「好習慣」及「勤學習」在每日生活中出現。「入門有道」的願行，則是許願自己找到修行的「法門」及其中的「要領」並永續深耕，期待有具體的績效價值，得到「自我實現」目標。「入門有道」願行的作品可以部分要報考中小學「校長」們的「願行」為例，他們經過校長培訓課程之後，立願精讀《教育經營學：六說、七略、八要》及《校長學：成人旺校九論》兩本書，期待深耕六說、七略、八要、九論，真的幫助自己考上校長，這是筆者提供他們「入門有道」願行的實物作品。他們研讀時也可能留下「扎記」、「摘要」、「文章」、「著作」等「意行」及「願行」作品。「入門有道」願行作品的性質，大多是「優要領，善技術」的作品。

「布施澤民」之願行則指願意奉獻財物、食品、人力及智慧、知識，布施大眾，惠及他人，求得共好。「布施澤民」願行作品通常指明確的「德行作品」價值行為表現。布施「知識」、布施「智慧」、布施「要領」、布施「恩惠」，例如：實踐「社區清潔服務」，實踐「樂齡電話關懷」，實踐「精神陪伴志工」，實踐「非洲農耕梯隊」，實踐「戰地醫護人員」等德行作品。「布施澤民」願行作品大多為「能奉獻、組能力」的德行實踐。「適配幸福」之願行是前三大願行的進升，願自己及大眾都能有「適配幸福」人生：願人人有「適配的教育」，潛能獲得適配的開展；願人人有「適配的事業」，大眾都能經營自己優勢專長的工作；願人人有「適配的伴侶」，相知親密一輩子；願人人有「適配的職位」，大家都能自我實現，都是有效智慧資本。每一個人的人生都是適配幸福人生。適配幸福「願行」的作品包括人的「生兒育女」，學習作品，事業產品以及育樂休閒作品，這些作品性質較能夠表達「得幸福、慧價值」的深層意涵。

肆、教育的「動行」作品

「動」是一種「想要作為」能量，在教育上沒有特別說它，通常我們只講「人是動物」的一種，因為人會「動」，不是「死的」或「固定」的。「動行」是指人在「意願」表達之後，要採取「真實的行動」之意。「動能」可分多個層次：「活動」的能、「行動」的能、「生動」的能、「感動」的能、「運動」的能、「律動」的能。這六個「動能」的順序應該是「運動」→「律動」→「活動」→「行動」，然後表現「生動」讓人「感動」。在教育的領域課程中「體育課」教導學生用運動的知識與技術，來增進身體的健康，「音樂」及「藝術」課程，用藝文律動的知識與技術，來培育學生美感美育，以及身心動靜平衡的健康。學校設計各種儀典及競賽活動，如開學典禮、畢業典禮、校慶園遊會、運動會、音樂會、國語文競賽、藝文競賽、智慧創客嘉年華會、畢業生作品展等，提供學生「綜合活動」，由活動（典禮、競賽）激發潛能，優勢智能明朗化，看到學生多元展能，亮點爭輝。學校的領域（學科）正式課程，則依「課綱」規範，排定「秩序、律動」的「行動學習」，逐步學會各學科（領域）的主題「知識（K）、技術（T）、能力（A）、價值（V）」。

教育的「動行」作品，也就分成狹義的「動行作品」及廣義的「動行作品」，狹義的動行作品專指「動能展演」的作品，例如：體育系畢業的「體表會」、藝教系畢業的「畢業美展」，音教系畢業的「畢業音樂會」都是學生「動能展演」的作品。廣義的「動行作品」，則指學生接受學校教育，都可以展出完整的四大類作品：立體實物作品、平面圖表作品、動能展演作品以及價值對話作品。本書用「智慧創客作品」來統稱這四大類作品，並主張學生「小學」、「國中」、「高中」、「大學」畢業時都要展出十件「智慧創客」代表作品；每一個學校每年都要舉辦「智慧創客嘉年華會」選出師生「智慧創客」百大作品，並逐年「傳承創新」。

伍、教育的「脈行」作品

脈者，動流成脈也，在人的身上可以看到「血脈」、「動脈」、「命脈」、「人脈」，在物的身上可以看到「山脈」、「河脈」、沙漠的「沙脈」，在事的上面可以看到「事理流脈」，也就是最佳化的 SOP（標準作業程序），當前物流業發達，每天都有物流汽車、機車，及餐車外送穿梭大街小巷，成為當代都會生活的特殊場景，我們可以說它「物流成脈」。社會文明與文化的發展趨勢，我們就說它是「社會的脈動」。知識的「脈行」可以用知識的生命史直接表達，「小脈行」是 KTAV 模式的形成，是「真知識（K）→善技術（T）→美能力（A）→慧價值（V）」的循環，循環成脈，成就「脈行」。「大脈行」則是 KCCV 模式，是「真知識→含技術→組能力→展價值→成智慧→達創客→行道德→通素養」，也就是「真→善→美→慧→力→行→教→育」的八大「素養」核心元素的大循環，循環成脈，讓知識成就教育的績效價值。

教育的「脈行」作品，可以分成廣義及狹義兩個層面來闡述，廣義的「脈行」作品，指當代教育機制的建置，狹義的「脈行」作品，則指師生為了進行「教與學」，教育「新知識」作品的「脈行」，也就是師生智慧創客作品的發展趨勢。當前的教育機制就是廣義的「脈行」作品，例如：學制，臺灣的學制是「六三三四」制，指小學六年，國中三年，高中三年，大學四年，「六三三四」是學制的「脈行」作品；又如：師資規範，中小學教師必須大學畢業，修滿教育學程學分、通過教檢、完成教育實習學分、通過縣市教甄，才取得真正教師證書，大學教師則要有博士學位，通過各學系所專長需求規範與教評會評比擇優選聘者才成為大學教師，這師資條件的規範與實踐，都是教育的「脈行」，因此政府「編預算」→「設學校」→「訂課程」→「聘師資」→「收學生」→「辦教育」→「育人才」，整個教育機制，都是教育的「脈行」作品。

從狹義的觀點來看，師生的「脈行」作品，指教師的教材與學生的「學習作品」，它們包括「立體實物作品」、「平面圖表作品」、「動能展演作品」，以及「價值對話作品」，這些「脈行」作品，正結合「教育 4.0：新五倫智慧創客學校」持續發展中，較明顯的指標有五：(1)了解知識遞移理論，教師知道「知識」創新生命的歷程與技術；(2)學習撰寫「KTAV 單元學習食譜」並以此為工具，用自己授課領域學科教學，實踐智慧創客教育；(3)規劃自己授課領域學科中，適合「做中學」、「有作品」的單元主題三至五個，優先設計 KTAV 教學模式教材；(4)學校處室幹部結合專長教師針對校本特色課程，綜合教育活動設計三至五個「KTAV 單元學習食譜」，並指導學生產出三至五個智慧創客作品；(5)學校規劃定期（每季）學科（領域）教育成果（智慧創客作品）展示，以及年度師生代表作品競賽嘉年華會（每年選出百大作品）（引自鄭崇趁，2018c，頁 196）。

陸、教育的「道行」作品

道可道非常道，德可德非常德，美化深化「道德」意涵太多，變成「遙不可及」修養。如果我們把「道」與「德」分開來看，就不會那麼「深澳」、「難讀」、「難教」。道即軌道，德為秩序，人類行為符合「共好律則」價值者即為「道德」。「道」之「行」指符合「道」的「實踐行為」；道則軌道也、秩序也、邏輯也、系統也、律則也。人類有共好價值行為實踐中符合這些特質者均為「道行」。因此「道行」由淺至深概可分四個層次：「守秩序、優習慣」道行，「有理念、遵理論」道行，「新系統、新模式」道行，以及「創文明、生文化」道行。

教育的「道行」作品，多為「價值對話」類作品，且為「人生哲學」、「價值論」、「認識論」、「生命哲學」類作品。探討「人類行為」與「自然律則（道）」合一的價值實踐即為「道行」作品。「守秩序、優習慣」之「道行」最為基本，人類的食、衣、住、行、育、樂基本生活，人際關係及事業經營，都要「守秩序、優習慣」循生活之道而行，愈符合社會大眾或親人家人期待者，自己過得愈愉悅、幸福、快樂，因為會得到周圍他人的認同、尊重、不會甘涉、不給壓力，是真正自由的人，是可以「活出自己」的基本道行。這些作品最常出現在中小學教育的場景，例如：「愛整潔」、「守秩序」、「有禮貌」三項競賽，以及「好的習慣多於不好的習慣就是健康的人」等心理學的著作（柯永河，1994，1997）。

「有理念、遵理論」道行者，指能夠博古通今，將人類先輩的「智慧資本」（理念、理論、學理、原則）統整為自己的有價值生活實踐，自己的日常生活及事業經營，都有自主決定的「理論及核心價值」實踐，是一個能夠用「生命及生活」實踐人類「高端智慧」的人。「有理念、遵理論」道行者作品，在很多「偉人、達人、奇人、異人」傳記作品中可以發現。

「新系統、新模式」道行者，指在專門專業專長知識學門領域，能夠建構新「系統知識」及研發精要「知能模式」者，例如：多數的「專門著作」、「碩士博士」論文能夠出版的，都是新「系統知識」的作品，在新系統知識作品中，能夠建構新精緻模式者更為難能可貴，例如：博碩士論文的「研究架構」、史塔佛賓（D. L. Stufflebeam）的「CIPP」評鑑模式，以及戴明（William E. Deming）的「PDCA」全面品質管理模式通行全世界，是企業界及教育界運用最廣的模式，此即為「新系統、新模式」道行的作品。

「創文明、生文化」道行作品，指其發明（產品）在當時是創新的文明，是人類「新生活」的追求之一，永續發展後普遍化成為人類的新文化，「道行」最為高深，例如：世界四大宗教的「教主」：釋迦摩尼佛、耶穌、默罕墨德、上帝，以及當代新文明「達人」：比爾・蓋茲（Bill Gates）、史帝夫・賈伯斯（Steve P. Jobs）、J・K・羅琳（J. K. Rowling）等人的著作（產品）。他們的言行及作品都能「創文明、生文化」，「道行」至高，永遠受到人類尊崇與愛戴（作品、產品成為人類生活實踐需求一部分）。

柒、教育的「德行」作品

增進「人類共好秩序」之價值實踐為德，德行分為私德及公德，具備高端「知識→技術→能力→價值」，且能「潔身自愛」、「高風亮節」者為私德達人；具備高端 KTAV 知能，且能「救助大眾」、「澤被他人」者為公德楷模。我國傳統文化的五教之目（父子有親、君臣有義、夫婦有別、長幼有序、朋友有信）係以「家」及「國」為本位思考所規劃的「私德」價值行為實踐，筆者主張的「新五倫及其核心價值」（鄭崇趁，2014）方兼顧私德及公德，傳承創新實踐儒家的「等差之愛」（人群關係親疏的私德到公德）。

當前學校教育中的品德實踐教育，概有五大趨勢：(1)由私德至公德；(2)由內隱之德至外顯之德；(3)由自我實現論至智慧資本論；(4)由自由、平等、人權至民主、博愛、法治；(5)由五倫至新五倫（鄭崇趁，2014）。內隱之德屬內在的動機（念頭），外顯之德則為具體的行為實踐。自我實現論重在「活出自己」之德，智慧資本論則強調對隸屬群組產生「動能貢獻」之德；「自由、平等、人權」較重個人價值，「民主、博愛、法治」則較重團體價值，古代的五倫之教重私德，當代的「新五倫品德教育」私德到公德一起考量，並由「公德」價值規範「私德」價值。

是以教育的「德行」作品，可依「新五倫」的類別分成五大層次，第一倫「家人關係」（最基本）：指住在一起的人，家人關係的核心價值是：親密、觀照、支持、依存。是以其「德行」作品可以是「生兒育女」、「成家立業發展計畫」、「兒孫就學基金籌備計畫」、「家庭育樂生活規劃方案」、對「家人關係」有價值的行為實踐，都是德行作品。第二倫「同儕關係」：指同學、同事，或共同執行同一任務的同儕，其核心價值是：認同、互助、合作、共榮。是以其德行作品在學生階段，當以學校領域教學所完成的「學習作品」為主軸，部分群組共同完成的大型實物作品，更是德行作品的經典。畢業時能夠展出十件「智慧創客作品」，彰顯學校教育績效價值也是學生的德行作品，「智慧人→做創客」的品德實踐。在事業階段的德行作品，則以研發組織新創價產品，及幫助同仁共同為公司產生動能貢獻的產製（服務）要領。

第三倫「師生關係」：指就學階段，教師與學生的關係，其核心價值是：責任、創新、永續、智慧。其德行作品分兩大類「教師的新教材」，暨學生單元學習後的具體助人共好行為（德行、智慧人）及完成的實物作品（做創客）。第四倫「主雇關係」：指事業經營階段「老闆」與「員工」的倫理關係。老闆是發薪水的人，員工是領薪水的人。其關係的核心價值是：專業、傳承、擴能、創價。老闆與員工共同的生命願景是「旺公司」、「創新公司價值」、「大家領到更高的薪資待遇」、「大家活得更有尊嚴價值」。是以其德行作品：品質精緻、沒有瑕疵的公司產品，研發新的、具有競爭力的產品，以及員工共同合作，為公司「產製流程」及「服務品質」建置最適化的 SOP（標準作業程序）暨進升型的核心技術。

第五倫「群己關係」：指人與他人的倫常關係，其核心價值是：包容、尊重、公義、博愛。乃公德「德行作品」價值行為明確之對象，臺北市的捷運文化最能表達臺北人的德行作品——排隊秩序、電扶梯人潮聚散、主動讓座行為、護持老盲乘座，以及湧塞而優雅的氣氛，充分彰顯了「包容、尊重、公義、博愛」群己關係「價值」行為實踐。這一幅「德行作品」天天在臺北市「動能展演」，象徵整個臺灣「希望無窮」，我們是真正有教養的族群，從首都臺北啟動。「第五倫」的影像都已經明顯而具體化了，「前四倫」必定更為踏實且持續滋長。

捌、德行作品（行）的「內構外築」軌跡

本章選用了「意→願→動→脈→道→德」為「行」的次級系統元素，前三者「意→願→動」偏於內構知能模組元素，是心意→心願→心動的構築。後三者「脈→道→德」偏於「外築」價值行為的實踐，是即知即行的動脈→依循軌道的行為表現→實際的德行作品。事實上，「行」是知行合一的教育，是智德融合的實踐，元素之間的「內構外築」幾乎同步「發生」的，即知即行，「知是內構」，「行是外築」，智德融合，智育來自知識，德育也來自知識，兩者合一是「智慧人、做創客」，「意→願→動」先成就智慧人，「脈→道→德」立即成就「做創客」，智慧人，「智」是智育，慧是德育，智慧合稱是智德合一，做創客也是智德合一行為，是以「智慧人」必然「做創客」，廣義的德行包括作品，廣義的作品也包括德行，作品是德行的成果之一，德行也是一種智慧的作品。教育在教「人之所以為人」，教育在培育「智慧人」及「做創客」，「智慧人、做創客」是十二個角色責任最核心的基石，十二個角色責任是「成熟人」、「知識人」、「社會人」、「獨特人」、「價值人」、「永續人」、「智慧人」、「做創客」、「新領導」、「優教師」、「能家長」、「行國民」。

修養元素的「內構外築」在實際的運作歷程中，「知識遞移」及「知能創價」也是同時發生的，內構的同時偏重師生之間及教材與學生間的「知識遞移」，知識遞移成功，「知識創新學生新知能（KTAV）」量能夠大，學生的內構新知識才能系統化、模組化。才能支持「外築任務指標」所需的能量，才能夠「知能創價」，實現外築設定的任務指標，是以「素養教育」的可操作核心技術有四：「內構知能模組」、「外築任務指標」、「師生知識遞移」、「共同知能創價」，四大「技術要領」的交互作用，整合發展，才能有效實踐「素養取向」教育。「力（行動意願）」及「行（德行作品）」兩大元素及其次級系統元素：「力→實、用、巧、妙、化、生」及「行→意、願、動、脈、道、德」的內構外築軌跡，可以觀察到四大「技術要領」的銜接與轉折，「內構外築效應」有時含括「知識遞移」及「知能創價」，是知行合一的教育，同時也是「智德融合」的實踐，新知能模組的形成要知識遞移支持，知能創價才得以完成新任務指標。KTAV 知識生命小循環及 KCCV 知識生命大循環，也都隱藏在學生「內構外築」軌跡之中。

第七章　教〔創新知能〕：

構、築、遞、移、創、價

導論

本章解碼素養的第七個元素：教。本書將「教育」一詞，拆解成「教」與「育」，分別列為素養的第七個及第八個核心元素。並將「教」界定為「創新知能」，將「育」界定為「進升素養」，教、「創新知能」以「行道德」；育、「進升素養」能「通素養」。「教」與「育」銜接「真→善→美→慧→力→行」，讓知識的生命形成了大循環：「新知識（真）」→「含技術（善）」→「組能力（美）」→「展價值（慧）」→「成智慧（力）」→「達創客（行）」→「行道德（教）」→「通素養（育）」。如本書第三篇的「知能創價（KCCV）模式」圖示。

「教」學生學習的主要目的，在創新學生知能，它的核心技術在「元素構築」→「知識遞移」及「知能創價」。是以本章選用了「構、築、遞、移、創、價」（本書篇名的關鍵字）為「教」的次級系統元素。解碼「教與學」的「內構要領」、「外築要領」、「遞送技術」，以及「轉移技術」；解碼「知與能」的「創新技術」與「價值詮釋」。讓素養教育的教學核心技術：「內構→外築→遞移→創價」有「新而完整」的詮釋。素養取向教育是「新育、新教育」。

本章解碼「教」的次級系統元素：「構、築、遞、移、創、價」都有「新知識」的發現：(1)教與學的「內構要領」介紹七個思考：邏輯思考、系統思考、策略思考、創新思考、進升思考、模組思考，以及價值思考；(2)教與學的「外築要領」統整六個步驟（技術）：①解碼元素組件；②建立系統模組；③循繹開展脈絡；④實踐目標任務；⑤策定行動方向；⑥進升德行作品；(3)教與學的

「遞送技術」：為知識遞移理論的前兩個技術：「知識解碼」與「知識螺旋」；(4)教與學的「轉移技術」：為知識遞移理論的後兩個技術：「知識重組」與「知識創新」；(5)知與能的「創新技術」：狹義的「創新技術」指學生單元學習的「知能創新技術」，本書推薦「新五倫智慧創客（KTAV）教學模式」暨「KTAV 單元學習食譜」的運用，就是「知識遞移理論」創新學習者知能素養的「創新技術」。廣義的「創新技術」指學習者就業之後，在職能事功上的「創新創價技術」，本書推薦「新覺識（K）」→「新動能（C）」→「新創意（C）」→「新價值（V）」KCCV 模式。是「知能創價理論」創新學習者知能素養的「創新技術」；(6)知與能的「價值技術（詮釋）」：「知能創價理論」詮釋「創新知能」對人生的價值有四：「生新價值」、「適配價值」、「幸福價值」，以及「尊榮價值」。

壹、緒言：教育在永續創新人的生命知能與價值

教育在教「人之所以為人」是本書最核心的觀點，「人之所以為人」的具體概念是「全人發展觀」，用十二個角色責任來表達：成熟人、知識人、社會人、獨特人、價值人、永續人（合稱 3.0 的人），連同智慧人、做創客、新領導、優教師、能家長、行國民（進升 4.0 的人）。從學生接受各層級學制的教育事實（歷程）來看，教育在創新人的生命知能與價值，並且是永續的。是以本書第一篇在篇名的圖示上，定名為「知識的生命與素養的教育元素」，並在圖的上下邊線揭示素養教育的四大核心技術（新教育專有名詞）：(1)內構知能模組；(2)外築任務指標；(3)師生知識遞移；(4)共同知能創價。本書三大篇的篇名就訂為「元素構築篇」、「知識遞移篇」以及「知能創價篇」。

教與育的區隔，教在「輸入」端，育在「輸出」端，是以「教者上施下效，育者養子使作善」，「教」與「育」都成為素養教育的八大核心元素之一，本章（第七章）接續解碼第七個核心元素「教」，第八章則接續解碼第八個核心

元素「育」，使原本的「真→善→美→慧→力→行」再與「教→育」銜接，形成「知能創價（KCCV）模式」，呈現「知識生命的大循環」。知識的內構生命是「新知識→含技術→組能力→展價值→成智慧→達創客→行道德→通素養」；知識的外築任務是「真・致用知識」→「善・經營技術」→「美・實踐能力」→「慧・共好價值」→「力・行動意願」→「行・德行作品」→「教・創新知能」→「育・進升素養」，循環不已。

「教、創新知能」主要的行為表現，係指教師運作教育及教學活動，創新學生生命知能，讓學生具備應有的「能量（力）」行道德（表現德行、作品）。是以本章選用「構、築、遞、移、創、價」為「教」的次級系統元素，進行解碼分析。

貳「教與學」的「內構」要領

教育的核心作為是師生的「教與學」，內構「新知能模組」指新的「知能」成為具有「系統結構」的「模組」，「知能模組」的意涵與皮亞傑（Jean Piaget）的Schema（基模）十分接近，在學習型組織理論中，稱之為「改變心智模式」，如果把三個名詞一起看，想在一起，就會了解「知能模組」的意涵。「內構」則是一種「思考」，具有「整合判斷」及「價值統整」的作用，是人類最抽象的「心識功能」，本章介紹七種思考，作為「教與學」的「內構」要領，包括邏輯思考、系統思考、策略思考、創意思考、進升思考、模組思考及價值思考。概要說明其意涵及操作的要領技術。

一、邏輯思考

「知識關係的建立」稱邏輯思考，知識原本單獨存在，稱為元素，多個元素組合成「片語」、「成語」或「專有名詞」這些原本沒有關係的元素，逐漸結合成具有關係的「零組件」，在人類的語言及文字的形成上，都是一種「邏輯思考」的重要產品，是以全世界人類的語言、文字種類繁多，聲調與形狀雖然不同，但也大同小異，因為它們本身都具有「系統結構」關係，本身都是「邏輯思考」的產物，邏輯思考不明顯的語言文字就不容易流傳後代，因為邏輯關係明顯，教學者才能找到它的「系統結構」，然後有「要領」地教給後代學習者，「邏輯思考」似乎也是人類的「本能」之一，只要用心學習的人，多能具備學會多國語言，運用多國文字，作溝通與對話的表達，也多能統整五大類知識的學習，讓它們建置成具有邏輯關係的「新知能」，「邏輯思考」可以經由「教與學」來孕育強化，小學到大學都適用。

二、系統思考

「系統思考」源自「學習型組織理論」的「第五項修煉」，系統思考也具有「統整、整合、全面、系統」之思考意謂。它的概念型定義是，領導人在下決策時，能夠先行觀照全面系統的需求，為組織決定最有價值的作為。是以，鄭崇趁（2012，頁 241-254）將系統思考的操作型定義定為：「觀照全面」→「掌握關鍵」→「形優輔弱」→「實踐目標」，成為十六個字的「內構」知能模組心法，並將「系統思考」列為「教育經營學：六說、七略、八要」中，八個實踐要領中的第一「要領」，系統思考是一種態度、是一種習慣、是一種能力，同時也是一種修養，在本書中，它又是一種「內構知能模組」的素養要領。

三、策略思考

「策略思考」來自解決問題的需求，人類的「生活」、「學習」、「事業」、「人際」有一大堆的問題與議題出現，每天都要面對，每天都要「策略思考」如何來解決這些問題。教育的問題如何面對解決？《教育經營學：六說、七略、八要》（鄭崇趁，2012）一書中的「七略」就有七個經營策略：願景領導策略、組織學習策略、計畫管理策略、實踐篤行策略、創新經營策略、資源統整策略、價值行銷策略。《校長學：成人旺校九論》（鄭崇趁，2013）一書中的「九論」，包括：自我實現論、智慧資本論、角色責任論、專業風格論、計畫經營論、組織創新論、領導服務論、溝通價值論及評鑑品質論，也都是廣義的經營策略，這些經營策略的選用，可以解決大部分的教育問題，並創新經營學校，進升學校成為教育3.0的學校（特色品牌學校），甚至進升學校成為教育4.0的學校（新五倫・智慧創客學校）。選用對的、有效的經營策略，稱之為策略思考，策略思考也是內構的要領之一。

四、創意思考

如何創新「教與學」的教育知識，稱為創意思考，創意是賦予存在（to being）的歷程，筆者主張知識先天論，任何新發現的知識，它本來就存有的，所以創新的教育意涵有六：(1)發現新的教育產品；(2)發現新的因果關係；(3)發現新的深層結構；(4)發現新的方法策略；(5)發現新的意義價值；(6)發現新的行為模式。（詳本書第四章）創意思考的內構元素包括：實→用→巧→妙→化→生。六大歷程元素的螺旋重組結合實力→用力→巧力→妙力→化力→生力的能量累增，就得以創新教育、創意思考，再思考如何創新教育的產品，如何創新教育的關係，如何創新教育的系統結構，如何創新教育的方法策略，如何創新教育的意義價值，如何創新師生的行為模式。創意思考，創新教育的表像與內涵；創意思考，也創新教育的運作經營模式。

五、進升思考

「進升思考」來自「進升領導」的發現，進升領導在進升教育的「廣度、深度、高度、標準」。「進升思考」則在思考如何有效進升教育「廣度、深度、高度、標準」的版本與使力焦點，「版本的形成與設定」係思考的結果，「使力焦點」則為進升策略思考的一種，所以有時稱為「進升策略」思考。進升思考可將「教育」的整體與分項的發展，都用 1.0 至 4.0 加以界定，然後透過「KTAV 模式」教學，編製「築梯進升式教材（1.0～4.0）」，以及「進升型主題計畫」，帶動經營學校教育，由 2.0 進升 3.0（特色品牌學校），再由 3.0 進升 4.0（新五倫・智慧創客學校）。進升思考，思考進升教育「廣度、深度、高度、標準」的元素、組件、系統、模式的新「系統結構」（版本與使力焦點）。

六、模組思考

「模組思考」是本書新創的名詞，因為「知能模組」本身是抽像的存有，知與能如何才能成為一個「行為模組」它要先有「模組思考」，思考「知」與「能」的螺旋重組會在一個「立體型」的空間中進行，知與能都已經不再是平面的，它們的交互對流結果是一個「系統結構」縝密的「模組知能」，模組知能是立體的、超越了「平面教育知識」的思考，模組思考是將要建構的知能模組當作立體知識的思考，知識生命史都活在立體世界中，不是平面世界，所以「新知識」→「含技術」→「組能力」→「展價值」→「成智慧」→「達創客」→「行道德」→「通素養」。知識的生命也從人的身體之外走入人的身體之內（知識遞移），然後再由人的身體之內走出人的身體之外（知能創價）。

七、價值思考

「價值思考」來自「價值教育」的「價值論述」及「價值溝通」。人類共好的生活品質曰價值，價值的核心元素是共好的「慧」能，「慧」能的「共好」是萬德之母，是「道德」與「素養」的「起點」，更是萬德之骨，是「道德」與「素養」的「結晶」。筆者在撰寫《教育經營學》時，六個原理學說第一個就是「價值說」，認為教育的最大價值在教「人之所以為人」，一個可以「自我實現」的人，才是「價值人」。七個經營策略第七個是「價值行銷策略」；撰寫《校長學》時，「成人旺校九論」的第八論為「溝通價值論」（深化多元參與脈絡）；撰寫《教育 4.0》時，將「新五倫價值教育」作為開啟「新五倫・智慧創客學校（教育 4.0 的學校）」的第一把鑰匙。「價值思考」思考教育「KTAV」的適用價值，思考學生的作品價值，思考「教與學」的歷程價值，思考整個教育的價值，然後決定教給學生最有價值的「知識→技術→能力→價值」，進而師生共同「知能創價」。

參、「教與學」的「外築」要領

素養教育要先「內構新知能元素模組」然後再「外築新任務指標系統」，「內構」的要領技術，最像人的「統合思考」與「價值判斷」，是以本書介紹了七種思考的要領：邏輯思考、系統思考、策略思考、創意思考、進升思考、模組思考，以及價值思考。這七種思考可以統稱教育「新覺識」。「外築新任務指標系統」則係外築的「新方法」，包括新行為、新目標、新流程、新配料、新元素、新組件、新系統、新產品、新標準等（詳本書第二章）。在實際的「教與學」歷程中，這些「外築」（目標行為）的技術要領，可再統整為六項：(1)解碼元素組件；(2)建立系統模式；(3)循繹開展脈絡；(4)實踐目標任務；(5)策定行動方案；(6)進升德行作品。

一、解碼元素組件

教育是用學生已經「懂的知識」來學習「尚未知道」的知識，很多新知識的名詞（含片語、成語、理論）都要先解碼為「可操作技術」（也就是次級系統的元素組件），學生既有的「知」、「能」才得以與之「對話螺旋」，這是對「上位知識」學習的第一個「外築」任務要領，老師要帶著學生解碼知識的元素組件，解碼為學生「懂的知識」，增進有效學習。

二、建立系統模組

知識的結構概分為四個層級：「元素」→「組件」→「系統」→「模式」，「元素組件」就像「原物料」，「系統模式」就像「美食套餐」或「智慧型手機」，「元素組件」的知識是平面的知識，「系統模式」的知識已經進升為「立體的知識」，它來自元素組件知識的系統化及模組化。是以「外築任務指標系統」的第二個技術要領，可再將「解碼的元素組件知識」與「身體的知能」「對話螺旋」後，再「系統重組」建立新的「系統模組知識」，進升知識層級，進升能力素養。

三、循繹開展脈絡

教育的元素開展成教育的組件，教育的組件再開展成教育的系統，在教育的系統機制中再發現（開展）精緻的「循環模式」，讓系統的運作是活的、可以永續循環，經營不滅。教育的系統模式在不同的時空中運作，由於「人、事、時、地、物、空」的更迭，必須順勢調整其「開展脈絡」，或「超前布署」，這「開展脈絡」或「超前布署」是可以預期的、可以研究的、可以計畫的，當前的碩士、博士論文，都有未來趨勢的論述，以及未來研究或實踐計畫的建議，這些都是「外築任務指標」的第三個要領：循繹開展知識及教育的脈絡。

四、實踐目標任務

任何的單元學習行為，都有「教與學」的任務目標要完成，很多教師都把學生該學會的行為目標寫成單元教學目標，傳統教案的教學目標通常依「認知」、「情意」、「技能」三大主軸撰寫，現代的教案，教學目標可參採「KTAV 教學模式」及「KTAV 單元學習食譜」，撰寫清楚學生應學會的「知識（K）」→「技術（T）」→「能力（A）」→「價值（V）」即可，或將「K、T」寫入「智慧學習內容」，將「A、V」寫入「創客學習表現」，並列有「價值評量」，即能實踐教與學的目標任務。實踐教與學的目標任務是「外築任務目標」的第四個要領。

五、策定行動方案

外築任務目標的第五個要領即「策定行動方案」，筆者職涯的前半段曾在教育部服務十九年，職務從六等薦任幹事幹到十一職等專門委員（兼副主管），期間因為業務的需求，策定六個全國性的教育計畫，例如：「教育部輔導工作六年計畫」、「青少年輔導計畫」、「性別平等教育實施方案」、「中輟生復學輔導計畫」、「建立學生輔導新體制：教學、訓導、輔導三合一整合實驗方案」，以及「誠實教育實施計畫」等，都是廣義的「策訂行動方案」，係屬高階教育行政人員「外築任務指標」的要領，要會策訂國家事務的行動方案，並且是國家需要的優良計畫。

六、進升德行作品

「外築任務指標」第六個要領是「進升德行作品」，也指所有的教育目標都在進升人的有價值行為表現，這些有價值的行為表現，也就是共好的助人行為（德行），暨「學習、事業、生命」共好的作品（四大類作品：立體實物作品、平面圖表作品、動能展演作品及價值對話作品）。廣義的德行包括六育的成果：智育、德育、體育、群育、美育、新育對人類共好生活品質的價值（智慧人、做創客的社會，大家都是責任公民）。廣義的作品包含人一生的作品，生兒育女作品、學習作品、事業作品、休閒育樂作品，作品定位人生。

肆、「教與學」的「遞送」技術

「知識遞移」係指教師身上的知識或教材上的知識能夠有效「遞送、轉移」到學生身上，成為學習者自己的「知識→技術→能力→價值」四位一體的知識。這一簡單定義有三大核心意涵：(1)遞送知識的主體有二，一為教師（教學時），另一為教材（學生自主學習時），也有兩者同時的，例如：教師使用教材教學時；(2)轉移知識主體是學生，學生在學習「外來的」知識，要轉移成自己身上擁有的知識，自己身上帶得走（了解、會用、能操作、有作品）的知識才算轉移成功；(3)轉移成功的「致用知識」包含「新知識（K）」→「含技術

（T）」→「組能力（A）」→「展價值（V）」，就「知識本位」而言，是知識創新學習者知識的生命史，是知識本身生命的小循環（KTAV 小循環）。

「教與學」的「遞送」技術主要有兩大技術（要領）：「知識解碼」與「知識螺旋」，「知識解碼」的方法，主要在將「新知識（真）」解碼為學生能夠操作學習的「含技術（善）」，解碼新知識的次級系統技術要領有：「編序」、「鷹架」、「步驟」、「流程」、「原型」、「元素」、「成因」、「脈絡」、「次級」、「系統」、「次要」、「變項」，這些解碼方法的「技術要領」請參閱《知識教育學：智慧人・做創客》（鄭崇趁，2017，頁 73-96）一書的第四章「知識遞移說」，以及《教育 4.0：新五倫・智慧創客學校》（鄭崇趁，2018c，頁 149-173）一書的第八章「KTAV 教學模式暨 KTAV 單元學習食譜設計要領」（課程教學、教材教法的進升）。

「知識螺旋」的方法，主要在「新知識含技術」如何與學習者身上已經既有的「知識能量」「交流對話、螺旋融合」，「知識螺旋」效應也指學習者「外顯知識內部化」及「內隱知識外部化」的交互作用、整合發展，它們「螺旋」的目的，都期待新舊「知能」能夠「系統重組（知識重組）」，進而「創新知識」。「知識螺旋」的次級系統技術要領有：「內化」、「外化」、「交流」、「對話」、「新化」、「活化」、「深化」、「優化」、「同化」、「調適」、「融入」、「存有」。這些螺旋的技術要領，也請參閱鄭崇趁（2017，頁 73-96；2018c，頁 149-173）兩者的介紹。

伍、「教與學」的「轉移」技術

師生「知識遞移」，前段為「遞送」，後段為「轉移」，遞送為教師主動，轉移為學生主動，先要學生「想要」，然後參與學習活動（操作體驗），原本教師身上的知識或教材上的知識，才能夠「轉移」到學生身上，成為學生帶得走的「知識（真）→技術（善）→能力（美）→價值（慧）」（致用知識）。

遞移成功的知識，係指學生學到「新知識」→「含技術」→「組能力」→「展價值」，是有「智慧的學習者（智慧人）」也是有「作品的學習者（做創客）」。

學習者在教師導引之下，要「知識遞移」成功，後段「轉移」的核心「技術要領」有二：「知識重組」及「知識創新」，也就是知識遞移理論（解碼→螺旋→重組→創新）的後兩大步驟。「知識重組」係指「新學的知識（含技術）」經與體內的既有「知能」螺旋之後的「新知能元素（真、善、美、慧、力、行、教、育）」系統重組，重組為具有系統結構的「知能模組」。「創新知識」則指知識生命的最後段人內在的「新知能模組」能量充沛之後，外顯化為具有價值意涵的「德行、作品」，「創新知識」包括創新人的「新知能模組」，新知能模組的知識是與人的生命合一的，我們可以說，這就是「創新人的生命」，因為人生命中有了「新知能元素模組」，人的生命是新的，這些新知能模組再外顯成為看得到的「德行、作品」，就是創新學習者的知識，這些新德行作品都是「新知能模組」外顯化創新的「真、善、美、慧」元素四位一體的知識。是以知識要「遞送、轉移」成功，要經由知識本身的「解碼→螺旋→重組→創新」，「解碼與螺旋」是教師教學的前段技術，「重組與創新」則是教師引導學生學習後段技術。「知識遞移理論」是「知識創新知識」的小循環，是「教師知識」創新「學生知識」的小循環，是「知識本身」的遞移效應（教師身上的知識或教材上的知識，跑到學生身上，轉移變成學生身上的知識）。

陸、「知與能」的「創新」技術

本書第二篇「知識遞移篇」，專論「知識生命」的小循環，運用 KTAV 教學模式，讓「老師的知識」遞送轉移成為「學生的知識」，創新學生的生命價值，創新教育的價值。本書第三篇「知能創價篇」，專論「知識生命」的大循環，運作KCCV教學模式，讓師生的共同「知能創價」，「創新師生生命價值，創新教育價值」的同時，也進升人類整體的「知能素養」，進升優化教育機制，進升人類集體智慧的效能，進升新人類的文明文化。是以素養取向教育的主要目的，仍然在教「人之所以為人」，然教育的核心技術已進升到「元素構築」→「知識遞移」→「知能創價」，也就是本書三大篇的篇名。

人學會的「知能素養」沒有外顯化就像「據德無為」，沒有創新價值，「知能素養」要用出來（力行實踐）才有價值，教會學生如何「知能創價」也就成為教育上的「新知識（含技術）」。本小節先論述「知與能」的「創新」技術，在接受教育階段，學生單元學習之「知與能」的「創新」，通常用「德行、作品」表達，「德行」指學校「中心德目」的「行為規準」實踐，「作品」則指各領域（學科）及處室單位教學活動，社團活動學生所完成的各類學習作品。廣義的「知能創新技術」則兼指學生學會的「知能素養」在就業之後，創新「事業產品」及創新「新事理技術要領」之「研發創新」，對「組織」產出的「動能貢獻」。是以大學教授都要有「博士學位」，大企業公司都設置了「研發部門」聘用有碩士、博士學位的高階人力，從事公司產品與產製流程、價值行銷的研發（創新進升・智慧資本論）。是以，本書一再強調的產出「德行、作品」，就是「知與能」的「創新技術」。

柒、「知與能」的「價值」技術

知能創價指「知識＋能力」創新「生命＋教育」的新價值。「創價」指創新師生個人「生命行為」＋「教育行為」所能表現的價值行為，是以「知與能」的「價值」技術，係指人類行為「價值化」的技術，也就是人類行為那些具有「價值」的成果，是由教育「新知識（含技術）」所外顯化的知能創價。「價值」技術可用人生的四大價值來描繪：「生新價值」、「適配價值」、「幸福價值」，以及「尊榮價值」。

一、生新價值

「人之所以為人」的第一個價值指標是「生新」的價值，人的生命是新的，人類是「人生人」的生生不息，人的生命每天都有生新的價值，苟日新，日日新，又日新，人每天都有「作品生新」的價值，生兒育女、學習作品、事業作品、育樂休閒作品，都是作品，作品生新。人每天都有「事功生新」的價值，不管從事哪一種行業的人，人每天經營的大事、小事、生活、食、衣、住、行、事功，也都有事功生新的價值。人每天也都過著「倫常生新」的價值，人每天睡覺起床後，一天中所碰到的人、互動過的人，時多時少，都具有「倫常生新」的價值，人際圓融，處事有度，每天都「溫暖生新」、「共好生新」、「健康快樂」、「倫常生新」，這些都是「倫常生新」的價值。生新生命、生新作品、生新事功、生新倫常，都是「人之所以為人」生新的價值。

二、適配價值

每個人的命都不太一樣，但過的生活是適配的，學習也是適配的，事功是適配的，休閒標準也是適配的，什麼都「最適合自己的」，什麼都讓自己的「能量」發揮得「剛剛好」稱之為人的「適配價值」。人的一生要有四大適配：「適配的教育」、「適配的事業」、「適配的伴侶」，以及「適配的職位」。四大適配都到位就擁有適配幸福人生，「價值」最大，「適配價值」是「人之所以為人」的第二個價值指標。

三、幸福價值

「人之所以為人」的第三個價值指標是幸福價值，「適配幸福人生」是人的最大價值，也就是人有「適配價值」之後，也同時具備了「幸福的感受」，才是真實的「幸福價值」，適配而「幸福感」不夠，不是真適配；具幸福感而不適配也不是真幸福，人的一生要用四個價值指標來檢核自己是否擁有「幸福價值」：自我實現（活出自己）、智慧資本（動能貢獻）、人盡其才（適配職位）、才盡其用（適配發揮），四者一致，才是真實的適配幸福人生，具有人之所以為人的「幸福價值」。

四、尊榮價值

「人之所以為人」的第四個價值指標是尊榮價值。尊榮價值指這個人的「人生」，受到他人的「認同」、「尊敬」、「讚賞」，並賦予「榮譽」；人是「群體」生活的動物，人的一生都在不同層次的群組中渡過，有「家」、「校」、「社區」、「國家」、「世界」、「宇宙」。人與人一起生活、學習、工作、休閒，各群組的人都「認同您的表現」、「尊敬您的為人」、「讚賞您的事功（德行、作品）」、「表揚您的榮譽」，並傳頌著您的精彩一生，作為後人的典範與生命生涯的藉鏡，此之謂尊榮的價值。「尊榮的價值」也是人類文明文化之所以「永續進升」的動能所在。

捌、創新知能（教）的內構外築軌跡

「教」的次級系統元素有六：構、築、遞、移、創、價。六個元素我們用「內構」→「外築」→「遞送」→「轉移」→「創新」→「價值」六個動名詞來「詮釋」元素的內在意涵。是以其「創新知能」的「內構→外築」軌跡（效應）前文已約略闡明，接續整理如下。

「教育」在教「人之所以為人」，「教」在前端，重「輸入」，「育」在後端，重「輸出」，輸入端重責大任在「創新學生知能」，輸出端重責大任則在「進升學生素養」，所以「教」在行道德，「育」在通素養。都是「知識生命」的滋長，經由「內構外築」→「知識遞移」→「知能創價」，然後與「教育」接軌，由「教育」機制的進升（活化、優化、創化、新化、進化），永續創新人類的知能，永續進升人類的素養。

教的六個元素「內構外築」軌跡，尚有兩大趨勢，「內構」重知識生命的小循環「新知識（真）」→「含技術（善）」→「組能力（美）」→「展價值（慧）」，亦即適合使用「KTAV 單元學習食譜」教學，讓教師的知識「遞移」到學生的身上，創新學生的知識。「外築」重知識生命的大循環，接續小循環的滋長：「成智慧（力）」→「達創客（行）」→「行道德（教）」→「通素養（育）」。適合使用「知能創價（KCCV）模式」教學，「內構新知能元素模組（新覺識・K）」→「外築新任務指標系統（新動能・C）」→「遞移新事理技術要領（新創意・C）」→「進升新價值德行作品（新價值・V）」。「知能創價」創新人的四大價值：新生價值、適配價值、幸福價值，以及尊榮價值。

第八章　育〔進升素養〕：

知、識、能、量、素、養

導論

本章解碼素養的第八個教育元素：育。育在本書中的界定是：「教育」的後端，重視成果價值的輸出，所以引用說文解字的詮釋：育者，養子使作善也。用現代化的語言表達：教・創新知能；育・進升素養。「教」在前端，輸入「新知識含技術」，導引學習者「內構新知能模組」，促進「知識遞移」成功，創新學習者知識能量。「育」在後端，輸出「全人發展：智慧人、做創客」，導引學習者「外築新任務指標」，產出「知能創價」的德行作品，進升學習者全人素養。

本章選用「知、識、能、量、素、養」六個建構「素養」的語辭（單字）為「育」的次級系統「元素」，逐一解碼它們如何「進升人的素養」之教育意涵。對應「教」的次級系統元素：「構、築、遞、移、創、價」，「知、識、能、量、素、養」就是它們「內構外築」→「螺旋遞移」→「知能創價」的「成果價值」與「產品元素」。我們也可以兩兩統整，稱它們為「新知識」、「新能量」及「新素養」。「育」就是在進升學習者的「新知識」→「新能量」→以及「新素養」。

本章發現的「新知識」→「新能量」→「新素養」，統整為下列六項：(1)「知識」來自文字「有意義」、「有價值」的連結：所以知識浩瀚無垠，「解碼學」在幫讀者找到「最有價值」及「最有意義」所連結的「新知識」，避免師生迷失在教育的的紅塵之中；(2)「見識」來自個人知識的系統化、模組化、圖形化、立體化：是以真正教育的專業知識已經進升到「立體的知識」，它是有「廣度、深度、高度、標準」的新知識。素養教育、智慧教育、創客教育、教育 4.0 進升領導、價值教育、新五倫、新四維、新育、新教育這些名詞都是有「見識」的新知識；(3)「新知能模組」能否外顯化，產出有價值行為（新德行、新作品），決定在「新能量」的足夠與否（量夠就有力），暨新能量系統化、結構化的程度；(4)「知識」與「本能」融合，產生人的「新能」，是人類「理性作用」奪天獨厚的絕妙貢獻，人類今日的文明文化，就是人類「知識遷移」、「知能創價」的「理性效應」成果；(5)「新素養」是人接受教育與學習後「內隱新知能模組」的創新與進升；(6)「新素養」的具體內涵是什麼？仍然藉由新德行及新作品來表達，是以「素養取向教育」的新教育目標即為：「智慧人、做創客」。

壹、緒言：教育在創新進升人的知能素養

教育，教在前，育在後。教在前重視「知識（含技術）」的輸入，重視輸入的知識，能夠「知識遷移」成功，順利成為學生帶得走的知識，這些學生的新知識，廣義的內容，則含括學生學到的「知識（真）→技術（善）→能力（美）→價值（慧）」，四位一體的學習，我們稱之為「智慧學習內容」，是「用智慧（KTAV）」→「做中學」→「有作品（做創客）」→「論價值」教學模式的有效運用，從教師教學的立場看它，教師在實踐「智慧創客」教育，在追求「真、善、美、慧」四位一體智慧教學。

KTAV 模式成就「知識創新知識」的遷移任務，知能創價（KCCV）模式則成就了「知識創新學生知能，知識進升學生素養」的重責大任。知能創價係指學生能夠在教師引導下學習，學習創新自己的知識，創新自己的技術，創新自己的能力，創新自己的價值，然後「知識」與「能力」融合，再共同「知能創價」，共同「進升素養」，進升素養在進升「內構知能模組」的系統結構縝密度，在進升「外築任務指標」的元素組件連結度，在進升「遷移事理要領」的

方法技術精熟度，在進升「知能創價作品」的能量素養價值度。是以「育」的次級系統元素，也有六個：知、識、能、量、素、養。兩兩結合唸它，就變成元素名稱的「動名詞」，「知識→能量→素養」，「知與識」是教育輸入階段的用語，「能與量」是學生學會新知識（含技術）後累積「能源、力量」之銜接階段，「素與養」則指學生學會知能素養的後段，以純淨的修養元素駐留在身體中的「心（理性）」裡頭，適時皆可外顯化，成為有價值的行為表現「德行、作品」，德行代表「智慧人」的價值行為，「作品」則是「做創客」的價值實踐。是以育在「知能創價」，育在「進升素養」，育在孕育「智慧人、做創客」的全人發展，「教與育」接續「真、善、美、慧、力、行」，建構了「知識的生命」暨「素養的八大核心元素」。這八大核心元素再連結了 48 個次級系統元素。人類的「知能模組」、人類的「知識遞移」、人類的「知能創價」，都是這 56 個元素「交互作用，整合發展」構築而來的，56 個元素的「內構→外築→遞移→創價」，彩繪了「教育平臺」的興旺與式微。

貳、教育進升「知」的素養

知者，知道、認識、明白、想通也。知道指認識的字、詞、成語、句子、知識，認識的語言、文字、聲音、形色，認識的人、事、時、地、物、空。認識指認得且了解、清楚之意，認得而會用的知識，包括物理現象的知識、事理要領的知識、生命系統的知識、時空律則的知識，以及人倫綱常的知識，教育在教學上，用已經認得的知識，來學習那些尚未認識但應予認識理解的知識。「明白」的知識指已經能充分掌握運用的知識，例如：各專門學能的專有名詞，在本書中，「內構知能模組」、「外築任務指標」、「師生知識遞移」、「共同知能創價」四大名詞最為重要，學習者明白了，會運用在自己的學科（領域）教學，這位教師就學會了「素養教育解碼學」的核心知識。明白了素養的教育元素，並且這些元素都是知識的生命。「想通」的知識指能夠運用自如，產出德行、作品的知識，想通的知識通常指能夠「實踐力行」、「創新意願」、「探求新知」、「發現進升」的知識。

教育的主要功能，就是在進升學生「知」的素養，知道、認識、明白、想通的知識愈多愈好，「知」得愈多，素養的資源愈豐沛，但是知識在人身上的存有及停留，不會完全以「純淨的元素」存在，它通常以關鍵字詞（形成意義的連結）才會長期留存，沒有意義、價值，或彼此關係沒有「系統結構」的語詞，雖然知道，但也很容易忘記，需要用它時，身上就找不到了，是以知道的知識，操作它、運用它，產出自己的德行、作品，是管理創新這些知識的最佳方法。

參、教育進升「識」的素養

「識」是「知」的進升，「知」是知道的知識，「識」則進升一層，指有「觀點」、「看法」、「系統」、「結構」、「見識」的知識，知道的知識通常是平面的知識，有自己觀點見識的知識則有「系統化」、「模組化」、「圖形化」及「立體化」發展的知識。以筆者出版的《教育經營學：六說、七略、八要》（鄭崇趁，2012）一書為例，六說是六個原理學說：價值說、能力說、理論說、實踐說、發展說、品質說。七略是指七個經營策略：願景領導策略、組織學習策略、計畫管理策略、實踐篤行策略、資源統整策略、創新經營策略、價值行銷策略。八要是指八個實踐要領：系統思考、本位經營、賦權增能、知識管理、順性揚才、優勢學習、績效責任、圓融有度。該書共有21章，「原理學說（六說）」尋根探源，立知識之真；「經營策略（七略）」行動舖軌，達育才之善，「實踐要領（八要）」，著力焦點，臻教育之美。「六說・立真」、「七略・達善」、「八要・臻美」，都是具有系統結構的知識，都是含有筆者「觀點」、「看法」的見識，它們已將「教育經營學」知識系統化、模組化及立體化。

肆、教育進升「能」的素養

能者，能源、能夠、能力、能量也，「能」是好的能源，想要做事、使力、完成任務、與人互動相處意願的能量源頭，是力與行的能源。「能」是可以做，能夠做、做得到量能，有「能源」累積到一定的「量能」才能夠真正的「使力」，能夠做事。「能」也是力的源頭，「能力」合稱就是人的「實踐能力（美）」，「能」是「新知識」與「人的本能」螺旋重組後進升的「新實踐能力」（新的能量累增到足以發力做事的新能力）。因此，教育活動都是用「知識」教學生，知識進入人的身體後，成為「致用知識（真）」，然後滋長為「含技術（善）」→「組能力（美）」→「展價值（慧）」。「新能量（美）」指尚留在身體之內的「能力」，「新實踐能力（美）」則指外顯的有價值行為實踐。整體而言，教育在進升「能」的素養，教育在進升人類「知能素養」。「知、識、能、量」都是建構素養的教育元素。

現代人對「能源」的詮釋是「石油」、「電力」、「綠能」、「氫能」，是足以產生「動力」的源頭，稱之為能源，好似與人的「能力」源頭無關。本書藉用它來詮釋「實踐能力（美）」也是有源頭的，可以稱之「能源」，並且是廣義的「能量的源頭」，先輩們創造語言文字供後人使用，因為文明文化的進升快速，人類的生活與學習的知識爆量，每一個人都僅學會核心「知能」，運用「核心知能」，不曾探究「知識的生命史」及其深層建構的「能源」。

伍、教育進升「量」的素養

量者，數量、度量、衡量、測量也，量也意謂著積少成多，到達一定的量，就會有能，就會有力，所以也是能量、力量之意。廣義的量還具有容量秩序、標準、無量之意，佛家的《無量壽經》主張量可以穿超時空，包括過去、現在、未來叫無量，是最為深層而廣義的量，筆者自己也期待「進升教育 3.0」的系列叢書及「進升教育4.0」的系列叢書，它們傳承創新知識的能「量」，也能穿越時空、穿越筆者有生之年的「過去→現在→未來」，像佛經一樣，永遠有人在讀它、討論它、實踐它，永續傳承創新，進升人類「量」的素養。所謂「功德無量」，指的也就是美好的「價值行為」表現，留在人類的時空中，永遠有人傳頌著，「無量」與「永遠」、「永續」的意涵接近。

「能力」與「能量」是互補詮釋的名詞，兩者合一稱為「力量」。「有能」＋「有量」＝「能量」是「能力」的前身，「能量」足夠才能形成能力，通常指內在知能模組「實踐能力（美）」的「能量」豐沛而足以有「力量」外顯化成為真實的價值行為（能力）。「有能」＋「有力」＝「能力」，「能力」是價值行為的表現，是以人的「力量」，尚留在體內時，適合稱它為「能量」，能量是前述「能源」的累增數量。能量足夠外顯化時，則適合稱它為「能力」，前者「能量」的累增情形從外表看不到，屬「內隱知識」的滋長，「能力」的行為表現結果，自己及它人看得到，屬「外顯、實相」的行為，是知識創新「能力」的事實，知識的學習（教育歷程），由外顯的「知識（含技術）」進入身體之內，要先內構「知與能」的「能量」，再外築「知與能」的「能力」，兩者整合連結，就有「力量」表現「目標價值行為」。「量」字是絕妙的語言，它是力的「源頭」（足量才有力），也是力的「盡頭」，例如：「功德無量」、「量力而為」是教育最經典的成語，也是筆者主張「順性揚才觀」及「適配生涯說」的源頭。

陸、教育進升「素」的知能（素行作品）

在本書中「知能素養」是連貫的語彙，可以分開唸「知能」與「素養」，也可以互換唸「素養」與「知能」，「知能」豐沛，並具有系統結構者稱素養，本節為了詮釋「素」字的這一「教育元素」，變換語彙的運用，來解碼修養的教育元素（素）的意涵。

素者元素也，精純之單位也，純之又純的真實實體也。臺灣的霹靂布袋戲，男主角叫「素還真」，是霹靂布袋戲進升後的真正男主角（布袋戲前段的男主角為史艷文）。「素還真」的武功修為最高，從名字的三個字，可以意謂「精素還真」、「素而養厚」，真正有能力超越群雄的人，要有「素還真的修養」，研究者對於霹靂布袋戲的精彩絕倫技藝，讚嘆為臺灣卓越文化之一，主角的命名由「史艷文」進升到「素還真」更是一絕，似乎也隱喻著教育課綱的進升，「能力取向」的課綱進升為「素養取向」的課綱，共同反映臺灣教育文化發展脈絡（布袋戲也能實踐素養取向的教育）。

「素」的元素單獨存有近似淨、潔、真、元、空、如、來。在教育的運用上不易詮釋，是以本書結合「行」元素的「德行、作品」意涵來解碼「素」這一元素的性質。教育的「行」，用「德行作品」來表達其特質，本書第六章分析了「意行」作品、「願行」作品、「動行」作品、「脈行」作品、「道行」作品，以及「德行」作品。本章繼續分析教育的「素行」作品及教育的「養行」作品。

教育的「素行」作品，除了「素還真」以外，還可以是什麼？我們仍然可以分四個層次來「進升」它的教育意涵，教會學生如何「精素還真」，如何「以素養厚」，進而成為具有類似素還真的「素行」作品。「精素還真」有兩個層次：「精緻模式」與「精要系統」；「以素養厚」再增兩個層次：「博觀約取」暨「厚積薄發」。「素行作品」的精神在「化繁為簡」、在「化妄成識」、在「化雜成一」、在「精彩還素（真）」。是以第一層次的「素行」作品，可著力發現「精緻模式」，例如：教育上的「CIPP 模式」、「PDCA 模式」、「KTAV模式」，以及「KCCV模式」，這些模式都是發現最精實的「元素」，具有「素還真」意謂的教育模式，是「精素還真」的素行作品。第二層次的「素行」作品，則可著力發現「精要系統」，例如：「學習型組織理論」整本書精要地表達五項修煉的系統知識（自我超越、改變心智模式、建立共同願景、團隊學習及系統思考），教會領導人如何帶領員工「有效學習」，就是「精素還真」素行作品的進升，目前已流行五十年，或將千古流傳。

第三層次的「素行」作品，則可著力「博觀約取」價值行為實踐，「博觀而約取，厚積而薄發」是大文豪蘇東坡流傳千古的名言，「博」是全面、概覽、普及、基本的功夫，「約」則是關鍵、重點、核心、精華的掌握，「博觀約取」用在讀書求學，做人處世都可以留下「素行」精彩作品。第四個層次的「素行」作品，則可以著力於「厚積而薄發」，厚指廣博、渾厚、深度、廣度，也是平時經營的功夫；薄為專一、單點、刀刃、題目。用在考試、競賽、表演、擬訂計畫、接受考評，都要有「厚積而薄發」的「素行作品」，才得以獲致最大的「績效價值」，例如：通過考試取得資格；贏得首獎，獲取榮譽；計畫帶動，進升創新，完成評鑑，肯定責任。

柒、教育進升「養」的知能（養行作品）

養者育也，「養子使作善」乃《說文解字》對教育本質的解釋之一（「教者，上行下效，育者，養子使作善」）。「素行」及「養行」連稱「素養之行」，指「素養」之價值行為實踐也，素行重在「精素還真」、「素以養厚」，是以教育的「素行作品」有「精緻模式」、「精要系統」、「博觀約取」，以及「厚積薄發」。養行則重在「養學望能」、「養智望慧」、「養德望行」，以及「養新望生」。「養學望能」指學習的「養行」，主要目的在獲得「素養能力」；「養智望慧」指智育的「養行」，主要目的在增長「智慧價值」；「養德望行」指德育的「養行」，主要目的在滋養「道德實踐」；「養新望生」指新育的「養行」，主要目的在孕育「做物生新」。

教育的養行作品，也可分此四大層次：「養學望能」作品，「養智望慧」作品，「養德望行」作品，及「養新望生」作品。「養學望能」作品，主要表現在「小學」至「大學」學習階段的「學能作品」，例如：各學程領域（學科）單元教學的學能作品，筆者認為每一位教師，針對其授課領域或學科，每一學分均應指導學生完成二至三件「學能作品」。「養智望慧」作品，主要實踐在「智慧教育」的實施，師生的單元教學，真實地採行「KTAV學習食譜」，真實地實踐「用智慧→做中學→有作品→論價值」，養智望慧，直接教給學習者「智慧」，用「共好價值」的「慧能」完成各種可以表達實相的「德行作品」。

「養德望行」作品，主要表現在「厚德載物」（吳道子對孔子的美稱：道貫古今，厚德載物）。厚實的德行可以與萬物同德同行，包容萬物、博愛萬物。厚德載物的物，主要仍指「人物」，儒家思想影響中華民族數千年，重德行，即孔孟先賢，留下了養德望行作品：論語、孟子、大學、中庸。「佛經」、「聖經」雖屬宗教作品，然其所以能流傳千古，每一個時代都有千萬人在研究它、實踐它，因為它們是養德望行作品。永續養德，人人可以「道貫古今，厚德載物」。「養新望生」作品主要表現在：「創新個人生命知識」就是期待「自己能夠產出、生出新的作品」，人的一生都在「養新望生」，人只要活者（有生命），每天都要四大元素養新：空氣、水、食物，以及知識。前三者養生理之新，知識則養心靈（價值）之新。望生則指，生理的排汗、排尿、排便、排出二氧化碳及生理細胞、血液內涵的更新替換（生新）。心智機制也一樣「望生」，每個人身上已有的「知、能、力、願、行」與他人的「知、能、力、願、行」互動，每天都有「新知識」進入人的身心，都產出「新知能模組」，「新知能模組」外顯化產出有價值「德行、作品」即為「做物生新」，「養新望生」更符合教育的本質，是以筆者在「德育、智育、體育、群育、美育」五育之後加了「新育」，在本章「養學望能」、「養智望慧」及「養德望行」之後加了「養新望生」。教育的「素養之行」詮釋「素養取向」的教育，在培育學生的「學能、智慧、德行、新生（做物生新）」。「學能、智慧、德行、新生」四大能量（知能）厚實的人，我們就稱之為「有素養的人」。

捌、進升素養（教、育）的內構外築軌跡

「教與育」合在一起就稱為「教育」，素養的教育元素主要者有「真→善→美→慧→力→行→教→育」，教與育兩元素都個別存有，但合起來的「教育」更貼近當前「學校教育」的實況（機制），各級學校教育都在經營「知識」的傳承與創新，都在用「知識」創新人的「知能」，都在用「知識」創新教育的「知識」，都在用「知識」進升教育的「廣度、深度、高度、標準」，都在用「知識」進升人的發展（智慧人、做創客）。以「知識」為本位來看教育，教育在促進知識生命的小循環（KTAV 模式），也同時在促進知識生命的大循環（KCCV 模式）。

一、知識生命的小循環模式（KTAV）內構軌跡

知識遞移（KTAV）教學模式（如圖 8-1 所示），從「教與學」的歷程觀察，知識生命小循環模式，它是從「智慧教育」、「創客教育」、「價值教育」及「知識遞移」理論四個層面，引導學生「內構新知能模組」，「智慧教育」導引學生「新知識（真）→含技術（善）→組能力（美）→展價值（慧）」四位一體的直接學習，期待學生「成智慧（力）」；「創客教育」導引學生四創一體的學習：研發有創意學習食譜→教導能創造操作學習→建構再創新知能模組→完成做創客實物作品。四創一體的教育，期待學生「達創客（行）」，每位學生都留下自己的學習作品，畢業典禮時都能展出智慧創客代表作品十件，並都能用手機、平板導覽。「新五倫價值教育」，教師用「價值論述」及「價值回饋」，引導學生「價值評量」及「價值實踐」，從單元教學起，實施「論價值」的核心價值觀教育。「知識遞移」理論，則導引師生經由「解碼→螺旋→重組→創新」，有效「遞送、轉移」知識，師生「知識遞移」流量大，師生都是「智慧人」、「做創客」。

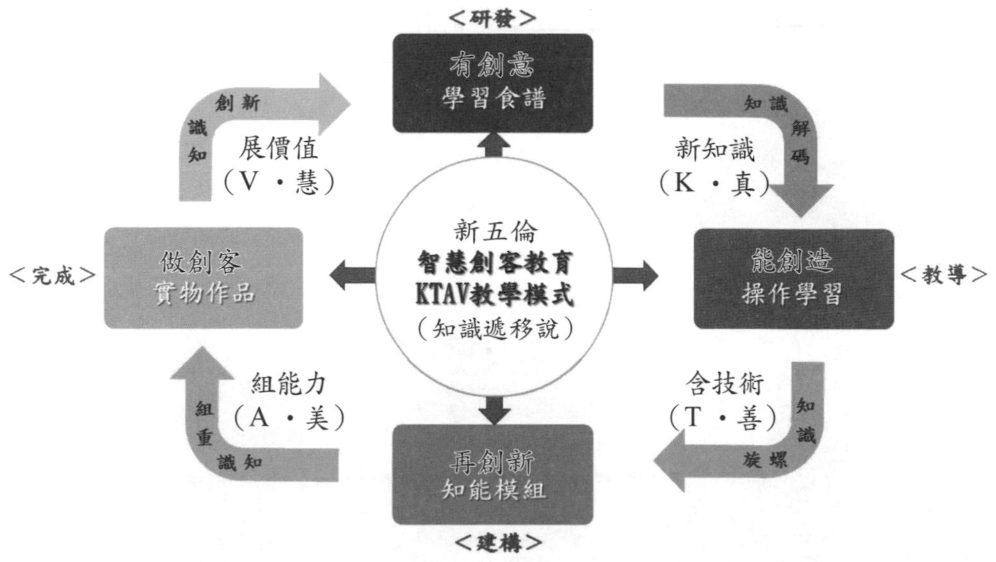

圖 8-1　知識遞移（KTAV）教學模式
資料來源：進升自鄭崇趁（2017，頁 74）

二、知識生命小循環模式（KTAV）外築軌跡

KTAV 單元學習食譜（如圖 8-2 所示），以「新知識（真）」→「含技術（善）」→「組能力（美）」→「展價值（慧）」四個欄位，導引教師備課，引領教師「系統思考」單元教學的主題教材，將本單元要教給學生的「致用知識」→「經營技術」→「實踐能力」→「共好價值」予以優先撰述陳列，然後再「用智慧（KTAV）」→「做中學（體驗操作）」→「有作品（做創客）」→「論價值」，四位一體的完整學會單元知能，創新學生生命價值，創新學生作品價值，創新師生教育價值，這是「外築任務指標系統」的有效實踐模式。KTAV 教學模式是「內構」軌跡，KTAV 學習食譜則為「外築」軌跡。「內構」是教育元素的系統化、模組化、結構化、立體化；「外築」是教育元素的解碼化、分析化、作品化、表達化及價值化。

單元名稱：		設計者：	
K新知識・真 ⇨ nowledge 致用主題知識	T含技術・善 ⇨ echnique 能操作學習技術	A組能力・美 ⇨ bility 實踐行為能力	V展價值・慧 alue 人類群己教育價值
知識名稱及意涵	教學活動（學習步驟）	師生實物作品	成果價值詮釋
知識解碼要領	知識螺旋焦點	知識重組系統	知識創新價值
□編序□鷹架□步驟□流程 □原型□元素□成因□脈絡 □次級□系統□次要□變項	□內化□外化□交流□對話 □新化□活化□深化□優化 □同化□調適□融入□存有	□真（致用知識）□善（經營技術） □美（實踐能力）□慧（共好價值） □力（行動意願）□行（德行作品）	□真實□體驗□生新□創價 □均等□適性□民主□永續 □傳承□創新□精緻□卓越

圖 8-2　KTAV 單元學習食譜

資料來源：進升自鄭崇趁（2017，頁 124）

三、知識生命大循環模式（KCCV）內構軌跡

「知能創價」模式（如圖 8-3 所示）係指「知識＋能力」創新師生「生命＋教育」的價值模式。「知」、「能」、「創」、「價」四大元素，主要意涵：「知」是「知識技術」，「能」是「能力素養」，創是「創新進升」，價是「價值永續」。知能創價的核心操作變項為：「內構新知能元素模組（新覺識・K）」→「外築新任務指標系統（新動能・C）」→「遞移新事理技術要領（新創意・C）」→「進升新價值德行作品（新價值・V）」。「內構新知能元素模組」是一種「新覺識」，「新覺識」指深層而具有系統結構（見識）的知識（knowledge）。「外築新任務指標系統」是一種「新動能」，「新動能」指能夠達成新任務指標的能量（can）。「遞移新事理技術要領」是一種「新創意」，

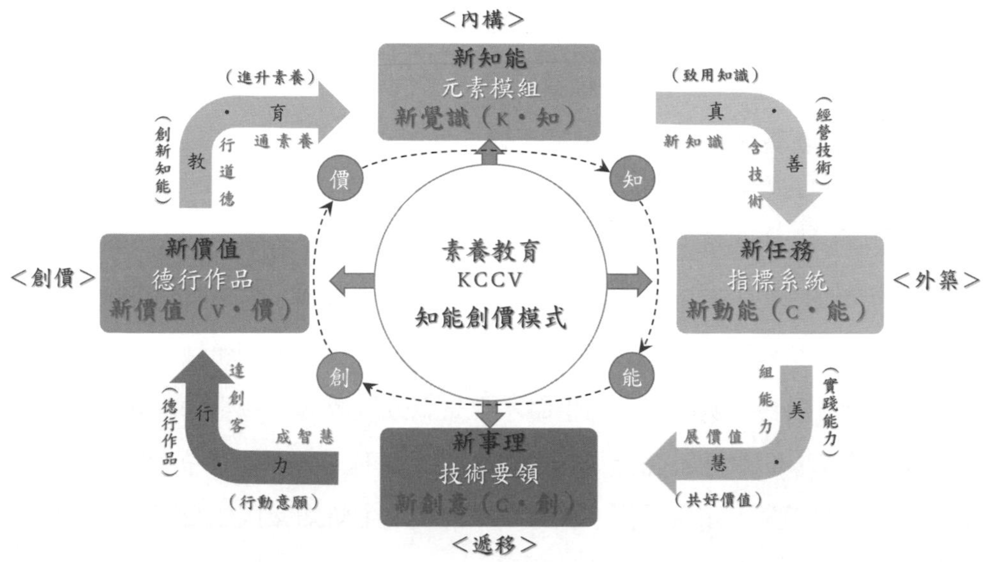

圖 8-3　知能創價（KCCV）模式

資料來源：作者依學理繪製

新創意的核心技術遞移成功、參與成員能順利操作，才有創新價值的可能，創是創意（create）。「進升新價值德行作品」是新德行作品的價值，創新的德行作品「通素養」也同時進升了人「新素養」的價值（value）。所以知能創價模式，簡稱 KCCV 模式。

知能創價（KCCV）模式，教育元素整體的內構系統，可以明確觀察到「知識生命系統」的大循環：新知識（真）→含技術（善）→組能力（美）→展價值（慧）→成智慧（力）→達創客（行）→行道德（教）→通素養（育）。「真→善→美→慧→力→行→教→育」八大素養的教育元素圍繞著「知能創價（KCCV）」模式，永續循環「創新進升」每一個人的「知能素養」。

四、知識生命大循環模式（KCCV）外築軌跡

知能創價（KCCV）的操作模式，稱為 KCCV 創新進升食譜（如圖 8-4 所示），K 是指新覺識 knowledge，第一個 C 是指新動能 can，第二個 C 是指新創意 create，V 是指新價值 value。「創新進升食譜」是「學習食譜」的進升，「學習食譜」使用在「新單元」教學時的設計，「創新進升食譜」用在「新任務」執行時的規劃設計。人每天的生活、學習、做事、休閒，都是有目的的，有目的的行為才有意義價值，人的生命才有尊嚴。尤其在「學習與做事」上「新任務」目標行為要更為明確，人的生命才會充滿效能效率，一生的事功才可以透澈表現。是以，KTAV 模式稱新單元學習食譜，又稱「知識遷移」教學模式，主要目的在促進師生「知識遷移」流量大，創新學生新知識技能及附帶的價值態

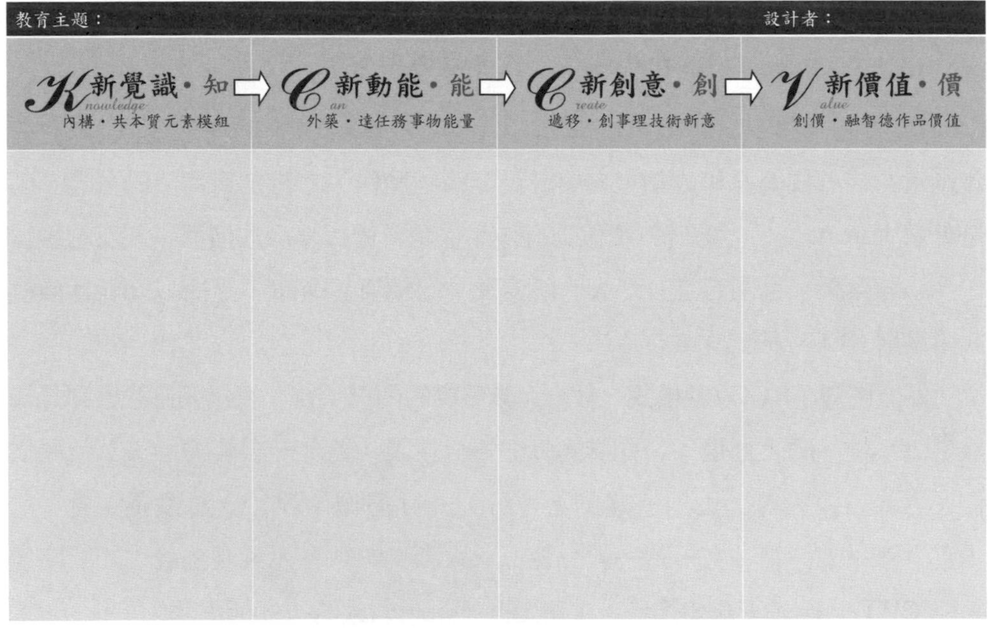

圖 8-4　知能創價（KCCV）創新進升食譜（空白樣張）

資料來源：作者依學理繪製

度。KCCV 模式則稱為新任務「創新進升食譜」，又稱為「知能創價」實踐模式，主要目的在進升師生共同「知能創價」優表現。

KTAV單元學習食譜是「知識生命小循環」的「外築軌跡」，導引學生直接學到「新知識（真）」→「含技術（善）」→「組能力（美）」→「展價值（慧）」四位一體的「智慧素養」。KCCV創新進升食譜是「知識生命大循環」的「外築軌跡」，將知識生命的八大元素發展，外築成四大階段：「新覺識（K）」→「新動能（C）」→「新創意（C）」→「新價值（V）」，「新覺識（K）」是「內構新知能元素模組」外顯成果；「新動能（C）」是「外築任務指標能量」的外顯能量；「新創意（C）」則是「遞移事理技術要領」的外顯績效；「新價值（V）」則是「進升新價值德行作品」的外顯價值。用「覺識」→「動能」→「創意」→「價值」引導各行各業的人「知→能→創→價」，實踐人生「立德」、「立功」、「立言」的價值，充分表現在「德行、作品、事功」之上。

註：本章圖 8-1、圖 8-2、圖 8-3、圖 8-4 四張電腦繪圖，以及第二篇九章的九個素養 KTAV 單元學習食譜電腦繪圖，均由博士生呂紹弘先生協助繪製初稿樣章，再由心理出版同仁繪圖製表，均經多次修改校正，特予致謝。

第二篇

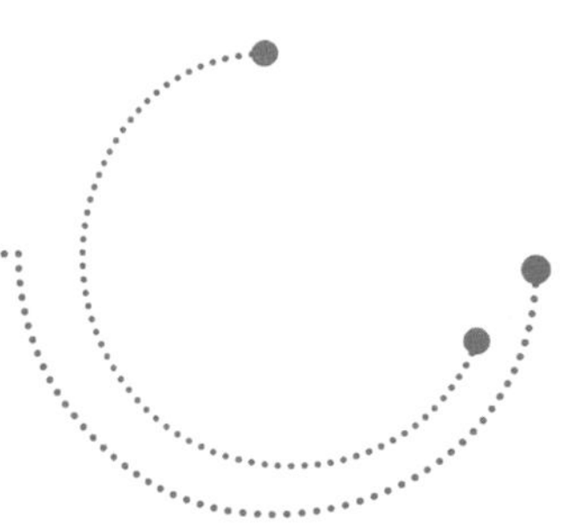

知識遞移篇

知識遞移（KTAV）教學模式

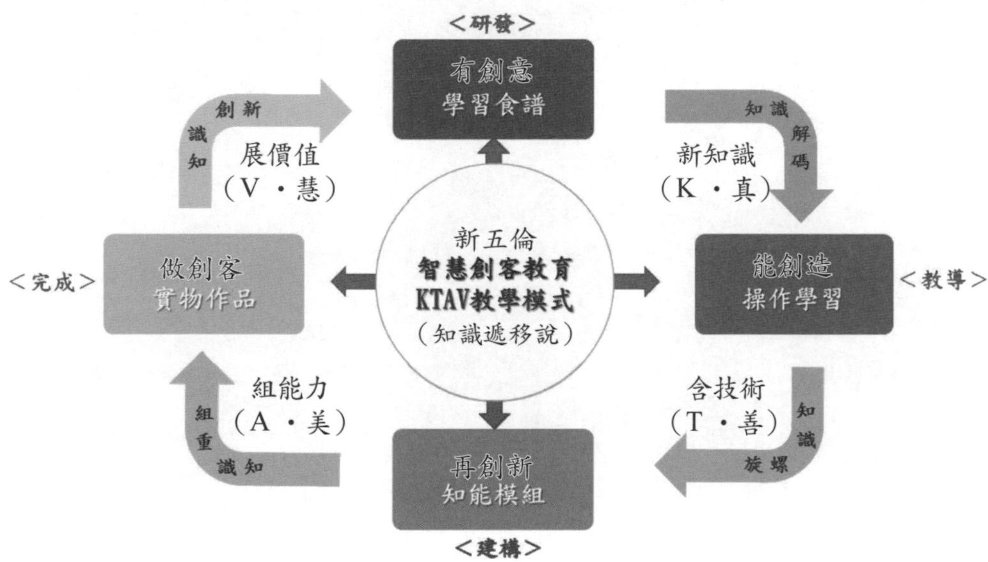

教育要成功，具有績效價值，決定在師生「知識遞移」流量大

也就是學生能夠快速的學會教師所提供的「教材知識」

這個模式稱之為「知識遞移（KTAV）教學模式」，主張教材的「新知識（K・真）」、「含技術（T・善）」、「組能力（A・美）」、「展價值（V・慧）」四者要一起教，是知識生命的小循環，運作「知識遞移」的技術（知識解碼→知識螺旋→知識重組→知識創新），能夠有效幫助「智慧教育（真善美慧四位一體）」、「創客教育（四創一體）」、「新五倫價值教育（實作價值評量）」的整合實踐，規劃一個嶄新的「教與學旋律」（口訣）：「用智慧（KTAV）」→「做中學（體驗操作）」→「有作品（做創客）」→「論價值（價值評量）」。

KTAV 單元學習食譜

單元名稱：		設計者：	
K新知識・真 nowledge 致用主題知識 →	T含技術・善 echnique 能操作學習技術 →	A組能力・美 bility 實踐行為能力 →	V展價值・慧 alue 人類群己教育價值
知識名稱及意涵	教學活動（學習步驟）	師生實物作品	成果價值詮釋
知識解碼要領	知識螺旋焦點	知識重組系統	知識創新價值
□編序□鷹架□步驟□流程 □原型□元素□成因□脈絡 □次級□系統□次要□變項	□內化□外化□交流□對話 □新化□活化□深化□優化 □同化□調適□融入□存有	□真（致用知識）□善（經營技術） □美（實踐能力）□慧（共好價值） □力（行動意願）□行（德行作品）	□真實□體驗□生新□創價 □均等□適性□民主□永續 □傳承□創新□精緻□卓越

筆者認為「素養可以直接教」，只要找到九項素養的「新知識（真）」及「含技術（善）」，再串聯其「組能力（美）」及「展價值（慧）」，「知能素養」就可以「直接教、直接學」。

第九章　「身心素質與自我精進」素養的教育

導論

本章開始使用「KTAV單元學習食譜」來設計「課綱九項素養」的教育。每一項素養，教師要教給學生的「新知識（K）」→「含技術（T）」→「組能力（A）」→「展價值（V）」的具體內容是什麼。這般作法有四個目的：(1)主張素養可以直接教：九項素養分散在課綱的「所有單元」教材裡頭，這是正確的詮釋。但我們也可以從「主題素養」單元，找出它們的「核心知識」→「核心技術」→「核心能力」，以及「核心價值」，這一個「主題素養」，教師就可以編製教材直接教給學生素養；(2)示範解碼技術及要領：「新知識（真）」→「含技術（善）」→「組能力（美）」→「展價值（慧）」，本身就是「解碼」與「遞移」的「歷程」與「技術」，也是操作「知識遞移理論」的範例；(3)證明「知識」是有生命的：任何的「新知識（K・真）」都可以「含技術（T・善）」，然後「組能力（A・美）」以及「展價值（V・慧）」；(4)「新素養」來自「知識遞移」成功：知識是能量、素養的源頭，知識遞移成功，老師才能創新學生的知識，創新學生的生命，創新學生的知能素養。

「身心素質與自我精進」素養的教育，它們的核心知識有四個「教育理念」的「專有名詞」：(1)全人發展說；(2)順性揚才說；(3)自我實現說；(4)智慧資本說。在這四個專有名詞中，「全人發展說」及「自我實現說」出現在「教育2.0」世代，「順性揚才說」及「智慧資本說」出現在「教育3.0」世代，本章解碼這四個名詞在「教育4.0」世代的價值意涵，通常能夠分析專有名詞的「知識含技術」，是「教育2.0（知識化）」世代；能夠分析「新知識含技術組能力」，是

「教育3.0（能力化）」世代；能夠分析「新知識」→「含技術」→「組能力」→「展價值」（完整知識生命歷程的小循環），是「教育4.0（素養化）」世代。

「全人發展說」在2.0世代主要的意涵在「德、智、體、群、美」五育均衡發展。在3.0世代則進升為「成熟人、知識人、社會人、獨特人、價值人、永續人」六項角色責任發展到位。在4.0世代則再進升六大角色責任「智慧人、做創客、新領導、優教師、能家長、行國民」，並統整以「智慧人、做創客」為素養取向教育的新目標。「自我實現說」在2.0世代的主要意涵是：人類有五大需求，「自我實現」是最高層次的需求，它的教育意涵是：自我的「理想抱負」與「現實情境」吻合適配，是能夠活出自己的人。在3.0世代的主要意涵則進升為「成就人、旺學校」，教育領導人要自己自我實現，也要幫助幹部自我實現，幫助教師自我實現，然後教師也要幫助學生自我實現，全校師生共同經營學校（組織）的自我實現，「人與組織」的自我實現都有方法、技術、要領的，是可欲的。教育4.0世代，教育導人的「自我實現」再進升為「創新教育、進升領導」，是以教育領導人要帶領師生實踐新「新育」教育暨「六育論」領導。「順性揚才說」及「智慧資本說」也都賦予「3.0世代」及「4.0世代」的教育意涵論述。

壹、緒言：「自主行動」素養I的「KTAV學習食譜」

教育部（2014）頒布的「核心素養架構」，包括三大面向，九項核心素養。這三大面向是「自主行動」、「溝通互動」及「社會參與」，每一面向各包含三項核心素養。三大面向素養的核心價值已被化約為「自發、互動、共好」，具有「自→動→好」的意謂，筆者給它的具體詮釋是：激發本然的教與學意願（自主行動），積極參與教育活動共學互動（溝通互動），拓展人類共好的生活品質與國際視野（社會參與）。核心素養與核心價值都是知識的一種，可以經由教育，由教師操作「知識遞移」理論技術，直接教給學生。是以本章使用「KTAV 教學模式」，設計「自主行動」素養 I「身心素質與自我精進」教育的「KTAV 學習食譜」（如表 9-1 所示），協助教師掌握本素養的「新知識（真）」→「含技術（善）」→「組能力（美）」→「展價值（慧）」，導引學生掌握本素養的「元素構築」→「知識遞移」→進而「知能創價」。

貳、「身心素質與自我精進」素養的新知識（真）

「身心素質與自我精進」素養指人的一生接受長期教育及學習，就是要讓自己的身心成熟健康、質能優越，具有厚實的知能素養，勝任各階段的學習、事功與職能需求，能夠順性揚才開潛能，優勢智能明朗化，創新生命進而全人發展的人。暨能充分自我實現（活出自己），同時也是有效智慧資本（產生動能貢獻）的人。

據此定義，「身心素質與自我精進」素養的新知識要教給學生什麼？筆者認為「新教育」的四個核心理念最重要：全人發展說，順性揚才說，自我實現說與智慧資本說，各層級學校教師均應在自己授課的課堂中，適時融入教材，教給學生，能以自己為案例「專業示範」、「楷模教學」最為理想。

一、「全人發展說」的教育意涵與十二個角色責任

「全人發展說」是「全人教育」的一種新主張。「全人教育」是到處可看到的流行教育名詞，然而它的真實意涵也多元發展，四種詮釋較常見：(1)五育說：主張德、智、體、群、美五育均衡發展的現代國民，為全人教育（《國民教育法》）；(2)多元智能說：學校課程依多元智能理論（八種智能）多元多軌設計為全人教育；(3)全人格教育說：品德教育（情意教學）時，兼顧「七情俱」情緒、「致中和」情感、「成風範」情操，孕育「全人格」性情，亦稱全人教

表 9-1　「身心素質與自我精進」素養的教育：KTAV 學習食譜

單元名稱：第 9 章　「身心素質與自我精進」素養的教育　　　設計者：鄭崇趁 2020.05.04

新知識 （K・真） 致用主題知識	含技術 （T・善） 能操作學習技術	組能力 （A・美） 實踐行為能力	展價值 （V・慧） 人類群己教育價值
知識名稱及意涵	教學活動（學習步驟）	師生實物作品	成果價值詮釋
・身心素質 1.全人發展說 2.順性揚才說 ・自我精進 3.自我實現說 4.智慧資本說	一、養教融合、全人發展 1.成熟人；2.知識人；3.社會人；4.獨特人；5.價值人；6.永續人；7.智慧人；8.做創客；9.新領導；10.優教師；11.能家長；12.行國民。 二、順性揚才開潛能、優勢智能明朗化（專長亮點） 1.學適配；2.開亮點；3.築優勢；4.育專長。 「順性」是「學」的起點，「揚才」是「教」的目的。 三、自我理想抱負與現實情境吻合適配（活出自己） 1.成熟健康度 2.任務展能度 3.德智實踐度 4.事功價值度 四、認同組織系統、產出動能貢獻 1.高素養能力（有能力） 2.能承擔責任（願意做） 3.願服務貢獻（能力行） 4.動群組效能（大貢獻）	智慧人　新領導　優教師　能家長　行國民　做創客 價值人　獨特人　全人發展　社會人　自我實現　智慧資本　人　知識人　順性揚才　成熟人　永續人 ・教育在教「人之所以為人」，基本教育階段須達成六大角色責任：成熟人、知識人、社會人、獨特人、價值人、永續人。 ・高等教育階段需再進升六大角色責任：智慧人、做創客、新領導、優教師、能家長、行國民。 ・全人發展說、順性揚才說、自我實現說、智慧資本說是關鍵的教育原理學說。	・成熟人的價值：身心健康、能量豐足 ・知識人的價值：知能合流、進升人性 ・社會人的價值：和諧共榮、共享文明 ・獨特人的價值：活出自己、自我實現 ・價值人的意涵：群己共好、慧能長新 ・永續人的價值：節能適力、生生不息 ・智慧人的價值：真善美慧、適配幸福 ・做創客的價值：作品生新、定位人生 ・新領導的價值：創新進升、智慧動能 ・優教師的價值：優勢築梯、點亮專長 ・能家長的價值：愛家旺業、成就家人 ・行國民的價值：責任公民、智慧創客
□編序□鷹架■步驟■流程 □原型□元素□成因□脈絡 ■次級■系統■次要■變項	■內化■外化□交流□對話 □新化□活化■深化■優化 ■同化■調適□融入□存有	■真（致用知識）■善（經營技術） ■美（實踐能力）■慧（共好價值） ■力（行動意願）■行（德行作品）	□真實□體驗■生新■創價 □均等□適性■民主■永續 □傳承□創新■精緻■卓越
〈知識解碼要領〉	〈知識螺旋焦點〉	〈知識重組系統〉	〈知識創新價值〉

育；(4)全人發展說：筆者出版《教育經營學：六說、七略、八要》（鄭崇趁，2012）一書，六說中的「發展說」（頁 91-108）認為人的發展與教育的關係密切，從功能層面看教育對人的影響，教育具有「成熟化」、「知識化」、「社會化」、「獨特化」、「價值化」及「永續化」六大功能，是以基本教育階段，「身心素質與自我精進」教育學習方向，就是「成熟人、知識人、社會人、獨特人、價值人、永續人」六大角色責任的發展到位，稱之為「全人發展說」。本書對「全人教育」的詮釋，主張「全人發展說」為教育的新願景目標。

筆者出版《知識教育學：智慧人・做創客》（鄭崇趁，2017）一書，對於「全人發展說」有進升式的詮釋，認為人的「身心素質與自我精進」更會隨著高等教育而進升，人接受高等教育之後，其全人發展亦進升了六大角色責任，「智慧人、做創客、新領導、優教師、能家長、行國民」。高級知識分子（大學畢業以上的人）是人類的精英，其「身心素質與自我精進」應要求自己「基本教育階段的六大角色責任」暨「高等教育階段的進升六大角色責任」都發展到位，呈現「人之所以為人」的意義、價值與尊嚴。全人發展說的系統結構圖如圖 9-1 所示。

本書鑑於人接受教育長達十六年左右，都在學習「知識的傳承與創新」，個別的成就殊異性很大，再用「教育 4.0」的意涵與學校經營的「進升」學理（鄭崇趁，2018c，頁 2-20），主張前六個角色責任是教育 3.0 階段的全人發展；後六個角色責任則是教育進升 4.0 階段全人發展的進升，十二個角色責任均能實質地發展到位，是「身心素質與自我精進」素養最終發展的目的。

二、「順性揚才說」的教育意涵

順性揚才說是「適性育才」教育理念的進升，順性揚才說的主張來自《道德經》「上善若水」的啟示。「上善若水，水可就下，因材器使，成就萬物」。它對教育的啟示是「教育若水，激發潛能，順性揚才，玉成眾生」（鄭崇趁，2012，頁 317-333）。「順性揚才開潛能，優勢智能明朗化」，成為教育「全人

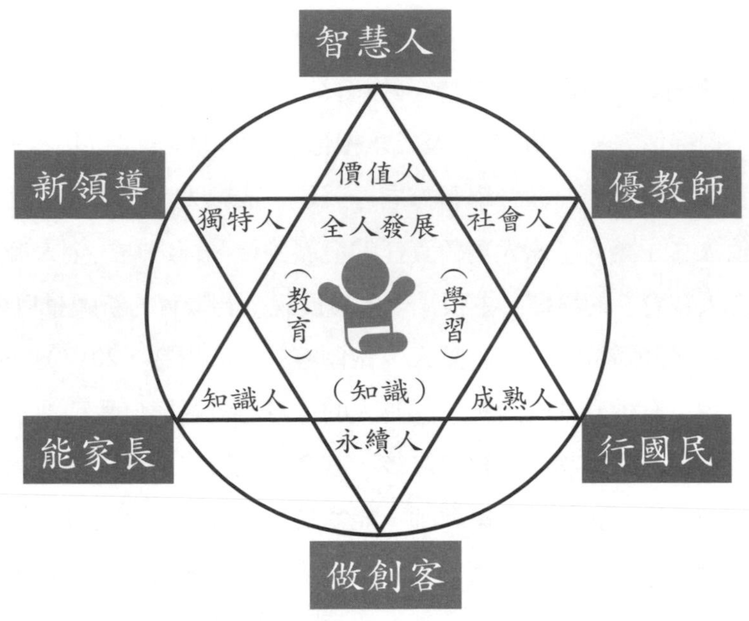

圖 9-1　全人發展說圖解

資料來源：進升自鄭崇趁（2012，頁 93）

發展」的必要前題，也是每一個人「身心素質與自我精進」教育的起點。

順性揚才說核心論點有五：(1)教育要像「水的善性」，順學生之性，揚其可揚之才；順學生的背景習性、喜好興趣、潛在性向、優勢專長及理想抱負，促其優勢智能明朗化，揚其自我實現之才；(2)教師要順學生「素養能力」之性，揚其「學習力」、「知識力」、「藝能力」、「品格力」之才；(3)學生要順「教師」之性，揚其「專業領航」之才；(4)學生要順「家長」之性，揚其「沃土、養分」之才；(5)學生要順「學校」之性，揚其「特色品牌教育」之才，揚其「新五倫‧智慧創客學校」之才（鄭崇趁，2018c，頁 369）。順性揚才說是「適性教育」的進升，由「適」進升到「順」，由順「學生」進升到「師生」、「父子」、「人與人」、「人與組織」彼此互順。更由「順性」進升到「揚才」，順性是「學」的起點，揚才是「教」的目的。「順性揚才」以學定教。

三、「自我實現說」的教育意涵

教育的功能價值，除了前述的「全人發展說」及「順性揚才說」以外，尚有「自我實現說」及「智慧資本說」；這四個教育的原理學說，都可以精進人「身心素質與自我精進」的教育。全人發展說揭示「身心素質與自我精進」的教育目標；順性揚才說用「創新生命及創新教育」來孕育「身心素質與自我精進」；自我實現說則用「活出自己，進升價值」來豐裕「身心素質與自我精進」；智慧資本說則以「動能貢獻，合作生新」來進升「身心素質與自我精進」（成為集體智慧、共榮共享）。

自我實現說來自馬斯洛（Maslow）的需求層次論，馬斯洛認為「自我實現」（self-actualization）是人五大基本需求的最高層次需求，是心理學「活出自己」的教育理論。鄭崇趁（2015b）認為，自我的「心願理想」與「現實成就」吻合適配就是自我實現，就能活出真實的自己。人能活出自己想要的生活，也是建構適配幸福人生的基礎，是個人「身心素質與自我精進」教育經營的核心歷程。自我實現是可以經由教育及教學，幫助每一位學生都能具體實踐的，自我實現能優化「身心素質與自我精進」的素養能力。

自我實現說有廣狹二義，廣義的自我實現指「人生的自我實現」，狹義的自我實現則指「素養精進的自我實現」。廣義的自我實現教育包括：(1)一次性（終身性）理想目標的達成：例如想當醫生、法官、律師、教授、教師、科學家、工程師、運動競技達人等，在現實成就上也實務地實現了；(2)階段目標任務的達成：例如當上教師後，進升為組長、主任，再進升為校長，委任官進升薦任官，薦任官進升簡任官，簡任官再進升特任官等；(3)進升素養能力的達成：例如大學畢業後學士再進升碩士，碩士再進升博士，博士再進升副教授，進升教授等；(4)生活學習任務目標的達成：每日的生活目標或學習目標圓滿達成，生活愉悅快樂，並日有所進，具有幸福感，也是生命的日常自我實現。自我實現讓人活出自己，生命有意義、價值及尊嚴，是適配幸福人生的基礎。

狹義的自我實現則專指「素養的自我實現」，指個人對自己「身心素質與自我精進」「心願理想」的設定與「現實成就」吻合適配的程度。筆者認為「素養的自我實現」也是可以教育的，教師對學生從四個指標著力，就可以增進學生「素養精進的自我實現」。這四個指標是：「成熟健康度」、「任務展能度」、「智德實踐度」及「事功價值度」。

四、「智慧資本說」的教育意涵

「智慧資本」原係管理學「人力資源管理」的理論，認為人具有「理性」及「智慧」，組織中的「人力資源」就是組織的「智慧資本」，如若組織中所有「員工」都有「能力」，且「願意」為組織奉獻心力，產生動能貢獻，就是「有效的智慧資本」，這樣的公司企業必然興旺進升，得以永續經營。鄭崇趁（2013，頁 45-70）將智慧資本的教育意涵界定如下：(1)自我實現的知識能量；(2)學校效能的人力資源；(3)社會組織的發展動能；(4)教育成就的知識系統。因此，運用在「校長學」上，校長的專業實踐，必先強化學校智慧資本的基礎（教師「核心能力」），然後轉動智慧資本的軸心（親師生對學校的「價值認同」），再暢旺智慧資本的貢獻（師生依學校進升主題計畫「實踐力行」）。

智慧資本說也可以運用在提升「學生素養」層面，增進學生本身「素養能力」的智慧資本說，指人的知能學習「知識及智慧」如何促進「身心效能（素養能力的一種）」永續地處於高品質運作機制中。讓自己的「身體」對自己的「人生」產生最大的「動能貢獻」。也就是善用自己身心的「智慧生活機制」，為自己造就一個最大價值貢獻的「適配幸福人生」。筆者認為，每一個人身心的「智慧生活機制」，可以從下列四大平衡著力經營，包括「動靜平衡」、「知行平衡」、「智德平衡」，以及「新升平衡」。

參、增進「身心素質與自我精進」素養的善技術

任何「知識」都可以解碼為可「操作的技術」，「知識含技術」，「知識」是「真的致用知識」，「技術」是真知識的「次級系統致用知識」，所以又稱為「善技術」，「身心素質與自我精進」的核心素養教育，筆者主張要從四個教育「新知識」著力：全人發展說、順性揚才說、自我實現說，以及智慧資本說。本節接續說明這四個「新知識」所含的「善技術」是什麼，如何運用這些好的「經營技術（善）」，來增進學生的「身心素質與自我精進」素養。

一、全人發展說的善技術

全人發展說指「基本教育階段」教育應促成學生發展六大角色責任：成熟人、知識人、社會人、獨特人、價值人及永續人。高等教育階段則再進升六大角色責任：智慧人、做創客、新領導、優教師、能家長及行國民。十二大角色責任都到位，就是這個「身心素質與自我精進」素養的實現，全人發展的人，就是教養完整到位的人。

全人發展說的「善技術」為何？《教育經營學：六說、七略、八要》一書（鄭崇趁，2012，頁 91-108）之第五章「發展說」，以及《知識教育學：智慧人・做創客》一書（鄭崇趁，2017）之第十三章「智慧人的教育」、第十四章「做創客的教育」、第十五章「新領導的教育」、第十六章「優教師的教育」、第十七章「能家長的教育」、十八章「行國民的教育」，已有深入的介紹，讀者可另行閱讀參考，本節僅統整摘述其重點。

基本教育階段（小學到高中），全人發展說的「善技術」在六化：成熟化、知識化、社會化、獨特化、價值化及永續化。個別而言，有五個要項：(1)掌握學習關鍵期：配合學生身心發展階段，提供最合適素材，避免時過然後學，勤苦而難成；(2)提供符合學生認知發展的教材內容與教學方法，避免揠苗助長；(3)順性揚才，日有所進：學生的智能結構與強弱分布均不相同，教與學的歷程

要順應學生的性向興趣，促進其優勢智能明朗化；(4)教師與學生的專業發展同樣重要：教師的生命願景與教育志業，獲得充分自我實現，才得以提供永續性的高品質教育；(5)學校組織的優質發展，進一步帶動教師及學生的優質發展：教育機制精緻化之後，教師及學生的發展均得以邁向優質卓越。

高等教育階段（大學以上），全人發展說的「善技術」概要如下：(1)智慧人的教育：掌握「智慧產品」的教育，推動「智慧素養」的教育，力行「智慧實踐」的教育，實踐「智慧生活」的教育；(2)做創客的教育：產出「立體實物」作品的教學，多用「平面圖表」作品的「教與學」；儲存「動能展演」作品的教育；發表「價值對話」作品的教育；(3)新領導的教育：新願景領導策略及技術，新計畫領導策略及技術，新創客領導策略及技術，新文化領導策略及技術；(4)優教師的教育：厚實教育專業的知識，熟練課程教學的技術，發揮智慧創客的能力，實踐教導新五倫的價值；(5)能家長的教育：能示範愛家的家長，能承擔責任的家長，能經營本業的家長，能支持兒女的家長；(6)行國民的教育：好習慣與樂助人的文化，開潛能與築優勢的教育，有亮點與能創價的事業，講適配與高幸福的人生。

二、順性揚才說的善技術

順性揚才是「適性育才」的進升，順性揚才也是「有教無類，因才施教」的創新，「順性揚才」的「進升點」在更以學生為本位的「順性」，「順性揚才說」的「創新點」在「教的本質」是「揚才」，揚學生可揚的優勢亮點的才。是以學校的「人、事、時、地、物、空」元素，只要順性運作，都可揚其優勢亮點的才。臺北市自 2008 年起推動「教育 111 標竿學校」認證，強調三個 1：「一校一特色，一生一專長，一個都不少」（吳清山，2008），「一校一特色」是組織（學校）優勢亮點的揚才，「一生一專長」是學生（個人）優勢亮點的揚才，「一個都不少」是教育「公平正義」的實踐，也是「弱勢優先」的揚才，三個 1 是三個「教育政策」使力焦點，是實現「順性揚才說」的善技術。

順性揚才說的「善技術」，尚可解碼為四個「要領」：(1)學適配：順遺傳天賦之性，揚身心素質之才。學習的對象（知識）要與自己的「本能」適配，並且要「想學的（適性）」、「學得來（適量）」、「能懂的（適時）」、「做得到（適力）」，四適皆與本能「登對」（臺語），學習的教材適配，才能順性揚才；(2)開亮點：順生活學習之性，揚身心素質之質。順學生生活學習的性向興趣，可以開展學生身心素質純良的本質，例如：「學會了，做好了，完成了，優化了」都是學生純良本質的進升，也是順性揚才的第二個要領（善技術）；(3)築優勢：順績效價值之性，揚自我精進的「階」。從好習慣、好方法、好效率及好系統的「優勢學習」來築進升素養的階與梯。先永續經營亮點的能量價值，匯聚自我精進優勢之「階」；(4)育專長：順卓越才德之性，揚自我精進之「梯」。才是智育，德是德育，兩者亮點都被看到，永續累積成卓越才德，就會產出「優勢智能明顯化」，成為每一個人的優勢專長，人人都能運用其優勢專長貢獻國家社會，是「順性揚才說」最崇高的目的。順性揚才說的「善技術」可化約成四大要領：「學適配」→「開亮點」→「築優勢」→「育專長」。

三、自我實現說的「善技術」

自我的「理想抱負」與「現實成就」吻合適配稱為自我實現，自我實現的人是能夠「活出自己」的人，生命具有意義、價值與尊嚴，所以「自我實現」是「身心素質及自我精進」素養教育的四大支柱之一，自我實現有廣狹二義，廣義的自我實現指人生事業功名（職能）的自我實現，狹義的自我實現則指「素養精進」的自我實現。本節接續論述「素養精進」的自我實現，論述它的「善技術」（可操作的技術要領）。

「精進素養」自我實現的「善技術」有四：(1)成熟健康度：人的身體頭心智都需要成熟，健康成熟、快樂成長最重要，身高、體重、體適能、基本學力與學習作品，是成熟健康度的判準指標；(2)任務展能度：人的身心素質及自我精進表現在生活、學習、事業、人際四大層面，這四個面向「德行、作品、事功」的達成率，就是任務展能度，任務展能度達 75%以上的人都是自我實現到位的人；(3)智德實踐度：「智慧人、做創客」兩大角色責任的實踐是「素養」最重要的表徵，德行作品的產出與品質滿意吻合情形，稱為智德實踐度；(4)事功價值度：素養教育的要領在於「元素構築」→「知識遞移」→「知能創價」，尤其是「知能創價」，要以「智慧（德行）」及「創客（作品）」來表現，有價值（共好慧能）的德行作品才是真實的教育目的，自我實現的人會用「價值評量」來檢核增進自己事功價值度。

四、智慧資本說的「善技術」

廣義的智慧資本說，在進升組織群體（成員）的智慧動能，發揮集體智慧，增進組織「知能創價」的效能效率，是以其經營運作的善技術有四：(1)提升成員核心能力：能力是智慧資本的根；(2)認同組織願景價值：成員價值認同之後，才會願意做、肯奉獻；(3)策訂主題計畫，導引實踐動能：有計畫才能專業示範、帶動力行；(4)傳承創新「智慧創客」作品：用智慧創客作品傳承創新組織優質文化，用智慧創客作品，進升組織成員素養價值。

狹義的智慧資本說，在進升個人的智慧動能，個人的智慧動能就是個人身心效能的展現，是以個人經營自己身體的「善技術」要重視下列四大「平衡」要領：(1)動靜平衡：動態及靜態行為表現的平衡調適，身心效能、心智能力才能長期處於高峯、高效能狀態；(2)知行平衡：即知即行，實踐力行，才能實踐「知能創價」；(3)智德平衡：智慧人必做創客，做創客者要用智慧（KTAV），知識生命小循環成功，是知識生命大循環（KCCV）的基石；(4)新升平衡：「創新」與「進升」得到新升平衡，身心最為舒暢，是每個人「知能創價」的「慧能」、「量能」、「力能」，是實踐「能力」（也是素養的一部分）的源頭，「新升平衡」是內構元素能量的平衡結構；「創進平衡」則指這些外築任務能力的價值表現。（創新知能→進升素養）。「新升平衡」的外顯化，等於「創進平衡」。

肆、創新「身心素質與自我精進」素養的美能力（實踐能量）

人的身體與生俱來的能力稱為「本能」，人從六歲起，正式進學校受教育，教育與學習在教給人類「知識」的傳承與創新，知識進入人身以後，要先「著床」成功，成為致用知識（真），然後新的「真知識」會與原有的「能」融合互動，「知能融合」、「知能螺旋」、「知識基模系統重組」……展開知識滋長的「小循環」與知能創價的大循環。知識生命滋長的小循環即知識遞移（KTAV）模式，「新知識（真）」→「含技術（善）」→「組能力（美）」→「展價值（慧）」，這一循環要經「知識解碼」→「知識螺旋」→「知識重組」→才能「知識創新」，稱之為「知識遞移說（理論）」，知識遞移理論指出教師用「知識」創新「學生知識」的遞移功能，教與學的「善技術」在於「解碼」→「螺旋」→「重組」→「創新」要領技術的掌握。

本章第三章「美、實踐能力」分析了「德、智、體、群、美、新」六個教育元素，認為「組能力」可以展現在「德育」、「智育」、「體育」、「群育」、「美育」及「新育」的績效價值之上，成就人之德、人之智、人之體、人之群、人之美、人之新。本章論述第一個素養「身心素質與自我精進」的教育，選用的「新知識」有四：「全人發展說」、「順性揚才說」、「自我實現說」及「智慧資本說」，是以這四個新知識（含技術）之善（好要領）均以摘要寫在「K」、「T」兩個欄位。「組能力（A）」宜以德行作品表達，筆者採「平面圖表作品」的形式，表達四個「新知識」及十二個角色責任關係，十二個角色責任的名稱即為「組能力」的表徵，如圖 9-2 所示。

圖 9-2　全人發展之「兩階段」十二大「角色責任」

資料來源：作者依學理繪圖

依圖 9-2 顯示，教育在「教人之所以為人」，基本教育階段須達成六大角色責任：成熟人、知識人、社會人、獨特人、價值人及永續人。高等教育階段須再進升六大角色責任：智慧人、做創客、新領導、優教師、能家長及行國民。十二個角色責任完整到位，稱之為「全人發展」的人生。

全人發展說、順性揚才說、自我實現說及智慧資本說是關鍵的教育原理學說，它們是進升「身心素質與自我精進」素養的新知識，他們含技術→組能力→展價值，滋長這一素養的「致用知識」、「經營技術」、「實踐能力」及「共好價值」。「真、善、美、慧」四位一體「成智慧」並「達創客」，邁向全人發展的人生。

教育事業是一門博大精深的「系統學術」，圖中的⑤⑥⑦⑧⑨⑩也都是重要的教育原理學說，⑤是「知識遞移說」，⑥是「創新生命論」，⑦是「知能創價說」，⑧是「智慧創客論」，⑨是「優勢築梯論」，⑩是「適配幸福論」，單雙兩兩配對，「六說四論」轉動「知識生命」兩大循環，教育人的「全人發展」。

伍、全人發展（十二角色責任）的教育價值（慧）

展價值（V）欄位，闡明了「人之所以為人」十二角色責任的「生命價值」與「教育價值」，撰述如下：

- 成熟人的價值：身心健康、能量豐足。
- 知識人的價值：知能合流、進升人生。
- 社會人的價值：和諧共榮、共享文明。
- 獨特人的價值：活出自己、自我實現。
- 價值人的價值：群己共好、慧能長新。
- 永續人的價值：節能適力、生生不息。
- 智慧人的價值：真善美慧、適配幸福。
- 做創客的價值：作品生新、定位人生。
- 新領導的價值：創新進升、智慧動能。
- 優教師的價值：優勢築梯、點亮專長。
- 能家長的價值：愛家旺業、成就家人。
- 行國民的價值：責任公民，智慧創客。

陸、結語：自主行動素養的「被動」到「主動」

素養取向的教育，「自主行動」素養的第一項素養「身心素質與自我精進」常被誤解為是學生自己的事，學生要「自主行動」，自己做好「身心素質與自我精進」。教育成為被動的，學生「自主學習」之後，遇到困難再請教老師解惑。筆者認為這是老師們的推詞，教育培育學生的九項素養都可以直接教學，只要教師在授課之前用「KTAV單元學習食譜」備課，撰寫好每一單元要教給學生的「新知識（真）」→「含技術（善）」→「組能力（美）」→「展價值（慧）」，就像本章表9-1的範例，就可以主動實施「身心素質與自我精進」的教育，化「被動」為「主動」。

「自主行動」→「溝通互動」→「社會參與」，核心價值化約為「自發」→「互動」→「共好」，常被解讀為學生「自動好」，教師是陪襯的角色，至屬可惜。本書將「自主行動」解碼為教師領航學生探索「元素構築」，「溝通互動」解碼為「知識遞移」，「社會參與」解碼為「知能創價」，都是教師主導「教與學」，才能觸動「知識生命」的小循環（KTAV）與大循環（KCCV）。「素養」可以自學，但「素養」也是教來的，教師的使命在「主動」教會學生的各項素養。

第十章　「系統思考與解決問題」素養的教育

導論

本章解碼第二項素養的「新知識（K）」→「含技術（T）」→「組能力（A）」→「展價值（V）」。「系統思考」的定義是人對「拿物做事」的整全性、系統性、模組性思考。它本身是「新知識（K）」，它的操作型定義是「觀照全面」→「掌握關鍵」→「形優輔弱」→「實踐目標」。這十六個字的「操作型定義」，既是「系統思考」的「新知識（K・真）」，也是它的「善技術（T）」。「解決問題」的定義是人對「拿物做事」的衍生性問題，都能在系統思考的操作下，有效解決，圓滿完成任務，實踐工作目標。它的操作型定義是「解碼問題關鍵」→「發展解決策略」→「進行價值對話」→「重構事理標準」。是以這二十四個字，既是「解決問題」的「新知識（K・真）」，同時也是它的「含技術（T・善）」。

因為「系統思考」與「解決問題」是連貫性的素養，系統思考知能好的人，解決問題的能量就強。是以本章為兩者的連貫性，開展了統整性的「善技術」：(1)構築生活好習慣系統；(2)掌握學習優方法系統；(3)進升處事美旋律系統；(4)實踐新五倫價值系統；(5)執行系統思考培力及解決問題方案。「好習慣」→「優方法」→「美旋律」→「新價值」系統也是一個「KTAV」的小循環，是「系統思考培力及解決問題方案」的主要內涵，它們都是「善技術（T）」。

「系統思考」的「組能力（A）」也是一種美的能量，展現在：(1)高目遠矚的視野；(2)系統美學的結構；(3)楷模示範的實踐；(4)進升力點的軸心。「解決問題」的「組能力（A）」展現在：(1)圓融有度的風格；(2)創新經營的巧思；

(3)知能創價的實踐；(4)永續進升的價值。這些「美的能量」，我們在「系統思考達人」或「解決問題達人」的身影上，都可以感受得到。

系統思考達人的「慧價值」有四個觀察指標：(1)自我實現的人（活出自己）；(2)智慧資本的人（產出動能貢獻）；(3)成人旺業的人（家及事業均有效能價值）；(4)克責尊嚴的人（善盡責任公民）。解決問題達人的「慧價值」也可從四個指標觀察：(1)安全穩定的價值（組織安定人心）；(2)成長發展的價值（和諧創價）；(3)優質卓越的價值（人人亮點爭輝）；(4)永續長新（大家適配幸福）。

壹、緒言：「自主行動」素養 II 的「KTAV 學習食譜」

「自主行動」素養的第二項核心素養是「系統思考與解決問題」，這一素養是「內構知能模組」連結「外築任務指標」的素養，是「處事」的素養。系統思考是前者，指處事之前要用「系統思考」來內構「新知能元素模組」，然後模組化、系統化的「知能素養」才能「外顯化」，解決「外築任務指標系統」的問題，是以本項素養的教育，可以化約成：培育學生系統思考的能量，遷移學生解決問題的技術要領。「系統思考」與「解決問題」都可以解碼為「新知識（真）」→「含技術（善）」→「組能力（美）」→「展價值（慧）」，用 KTAV 教學模式直接教學，筆者設計的「KTAV 單元學習食譜」如表 10-1 所示。

表 10-1　「系統思考與解決問題」素養的教育：KTAV 學習食譜

單元名稱：第 10 章　「系統思考與解決問題」素養的教育			設計者：鄭崇趁 2020.05.04
新知識 （K．真） 致用主題知識	**含技術** （T．善） 能操作學習技術	**組能力** （A．美） 實踐行為能力	**展價值** （V．慧） 人類群己教育價值
知識名稱及意涵	教學活動（學習步驟）	師生實物作品	成果價值詮釋
・系統思考的要領 1.觀照全面 2.掌握關鍵 3.形優輔弱 4.實踐目標 ・解決問題的要領 1.解碼問題關鍵 2.發展解決策略 3.進行價值對話 4.重構事理標準 ・增進「系統思考解決問題」素養教育計畫	一、構築生活好習慣系統 ・食衣住行好習慣系統 ・休閒育樂好習慣系統 二、掌握學習優方法系統 ・感知覺識優方法系統 ・KTAV 優方法系統 三、進升處事美旋律系統 ・標準程序美旋律系統 ・創新進升美旋律系統 四、實踐新五倫價值系統 ・家人親密相依存 ・同儕認同能共榮 ・師生盡責傳智慧 ・主雇專業共創價 ・群己包容展博愛 五、執行系統思考培力及解決問題方案 ・資源統整＆品質差異 ・單位發展＆文化不利 ・標準程序＆運作失衡 ・群組動能＆價值偏態	系統思考 生活好習慣 學習優方法 解決問題 處事美旋律 人際新價值 系統思考人生 觀照全面、掌握關鍵 形優輔弱、實踐目標 解決問題達人 解碼問題關鍵、發展解決策略 進行價值對話、重構事理標準	・系統思考人生的價值 （人在組織） 1.自我實現（活出自己） 2.智慧資本（動能貢獻） 3.成人旺業（效能價值） 4.克責尊嚴（責任公民） ・解決問題達人的價值 （組織對人） 1.安全穩定（組織安定） 2.成長發展（和諧創價） 3.優質卓越（亮點爭輝） 4.永續長新（適配幸福）
□編序□鷹架□步驟□流程 □原型□元素■成因■脈絡 ■次級■系統□次要□變項	■內化■外化□交流□對話 □新化□活化■深化■優化 □同化□調適□融入□存有	■真（致用知識）■善（經營技術） ■美（實踐能力）■慧（共好價值） ■力（行動意願）■行（德行作品）	□真實□體驗■生新■創價 □均等■適性□民主■永續 ■傳承■創新□精緻□卓越
〈知識解碼要領〉	〈知識螺旋焦點〉	〈知識重組系統〉	〈知識創新價值〉

貳、「系統思考與解決問題」素養的新知識（真）

系統思考係指人思考問題或做事的方法要領是有系統、有縝密結構與邏輯系統的。就一般處理事情而言，系統思考的操作有四個要領步驟：「觀照全面」→「掌握關鍵」→「形優輔弱」→「實踐目標」，這十六個字「四大步驟」，可稱之為系統思考的「心法」，也是教育「系統思考」的「操作型定義」（鄭崇趁，2012，頁 241-254）。

解決問題則是指人在執行任務中，因任務運作邁向目標的歷程產生「人、事、時、物、地、空」資源整合創新尚未順暢時，主事者如何調撥資源、重組處事 SOP（標準作業程序），促使任務執行回復順暢的作為。解決問題也有四個操作步驟：「解碼問題關鍵」→「發展解決策略」→「進行價值對話」→「重構事理標準」。這二十四個字成「四大步驟」，也得稱為「解決問題」的心法，也可當作教育學生「解決問題」的「操作型定義」。

一、系統思考教育的要領

教育界探討「系統思考」的核心文獻，在學習型組織理論的「第五項修煉」，係由彼得・聖吉（Peter M. Senge）所倡導，他主張五項修煉，包括：自我超越、改變心智模式、建立共同願景、團隊學習、系統思考。前兩項修煉（自我超越及改變心智模式）是個人素質的修煉及進升，對第九章「身心素質及自我精進」的素養作為有啟示作用。之後的兩項修煉（建立共同願景及團隊學習）是組織運作的修煉與進升，對「溝通互動」的三項素養作為具有指標功能。第五項修煉（系統思考）則具有「整合及進升」「個人、組織」四項修煉之意，是以鄭崇趁（2012）才界定系統思考教育的要領有四：「觀照全面」→「掌握關鍵」→「形優輔弱」→「實踐目標」。茲針對「素養取向」教育之需求，重組詮釋，註解其教育的實踐要領如下。

（一）「觀照全面」的教育實踐

「觀照全面」是系統思考的首要步驟，指領導者或做事的人，作決定之前要有整全思考（該想到的都要想到），與所謂「統觀」、「整體觀」、「巨觀」、「整合」、「統整」意思相近。其具體操作面向，包括考量「整體介面與完整歷程」、考量「工作總量與可用資源」、考量「方法作為與品質標準」、考量「風險危機與績效價值」。

以策訂計畫為例，「觀照全面」要考量「計畫目標」、「經營策略」、「執行項目」、「配套措施」的系統結構，並用完整的計畫格式表達。以參加考試答題為例，「觀照全面」的要領在有效界定題目的廣度、深度、高度，以及核心論述。以做人處事為例，「觀照全面」得要觀照「新五倫」（家人關係、同儕關係、師生關係、主雇關係、群己關係）五大人倫綱常知識，以及「等差之愛」價值行為（品德）實踐。教育學生「觀照全面」、「統合全局」。

（二）「掌握關鍵」的教育實踐

「掌握關鍵」是系統思考的第二大步驟（要領），「掌握關鍵」係指作決定的人及執行事物的人，都能針對完成這一任務的核心關鍵事項使力經營，增加工作的效能效率，其具體操作面向包括「帶動核心人物」→「從關鍵事入手」→「掌握精華時段」→「耕深一層結構」。用「80／20原則」來詮釋這四大操作面向，掌握關鍵，就是要帶動公司中核心能力（技術）最強的20%員工帶頭示範，要從公司產品中銷售最好的20%產品永續經營，要注意員工最專注的工作時段，用精神狀態最佳的時段做技術最精密的工作或產品。聘請「師傅」或「顧問」教員工「深層結構」技術與營運 SOP（標準作業程序）（鄭崇趁，2016，頁301）。

就增進「系統思考與解決問題」素養而言，知識管理的量與質十分重要，「知識管理」並非把所有學過的知識都作管理，在手機及電腦中儲存了數以萬筆的資料檔案備用。正確的知識管理也應該「掌握關鍵」，掌握關鍵中的知識，依筆者的體會合宜的知識管理，約管理「核心知識」的 20%；也就是學習知識總量 20%×20%＝ 4%（約 5%左右）的關鍵知識，並且用圖或表系統結構地進行管理，最具效果。

（三）「形優輔弱」的教育實踐

形優輔弱是系統思考的第三個步驟（要領），指要「完成事務」的要領是有順序的，先讓「優勢亮點」看得到，或者從表象上「容易下手、有把握」的點先做，也有「匯聚優勢，資源整合」（形優）之意。輔弱則指先不談弱點，或將前階段做不到的事放到計畫中後段，等優勢資源匯聚，有能力示範普及之後才做它（輔弱），邁向共好，大家都有亮點貢獻。「形優輔弱」用在教育上的具體實踐，可用「正向領導啟動賞識教育」、「特色經營激勵人才爭輝」、「發展計畫內含固本方案」，以及「標準機制提升教育品質」（鄭崇趁，2012，頁 248-251）。

形優輔弱的教育案例頗多，以臺北市學校申請「優質學校」及「教育 111 標竿學校」評審為例，學校「申請文本」的撰寫及接受複審訪評的歷程，都可以執行「形優輔弱」，推派系統思考性向較優的幹部及教師參與「向度」說明會，了解「欲申請向度」指標設計「觀照全面與掌握關鍵」；然後找出學校已經開發之校本優勢亮點，依循指標匯聚撰寫向度申請文本，必可順利通過初審，在接受複審訪評時，幹部結合親師生共同呈現學校教育活動如何形優輔弱，共同知能創價、共同智慧創客，當可獲得評審委員青睞，獲得向度「優質學校」及「教育 111 標竿學校」榮譽及獎金。

（四）「實踐目標」的教育實踐

實踐目標是系統思考的第四大步驟，意謂著系統思考的最終目的在實踐目標，實踐人活著的目標，實踐人接受教育的目標，實踐人完成事務的目標，實踐人一生的智慧創客目標，也實踐人適配幸福一生的目標。從人的起心動念開始，至完成任何任務目標，都是系統思考四步驟的循環：「觀照全面→掌握關鍵→形優輔弱→實踐目標」，「實踐目標」是事務任務的終點，同時也是另一個生活學習任務的起點。系統思考四大步驟的永續循環，造就了每一個人適配幸福人生。

實踐目標的教育要領，鄭崇趁（2012，頁 251-254）有明確地提示：「組織目標實踐生涯願景」、「階段任務彰顯績效責任」、「方法策略更新資源效益」、「品質標準詮釋尊嚴價值」。完成組織目標與生涯願景一致的任務工作，最具幸福感。完成人生的階段任務，代表身心的效能效率圓滿幸福。運用新的方法策略來統整資源，進而知能創價，實踐目標，務實地創新人生命的價值及組織教育價值。實踐目標在達成人生各階段的生活與處事標準，這些品質標準也詮釋著每一個人的生命尊嚴與價值，例如：「教書匠與教育家」（劉真先生的話），永遠帶著人類文明文化的傳承與創新，這是教育人員的尊嚴價值。

二、解決問題教育的要領

「解決問題」本身即是一種「素養能力」，人從「經驗」及「教育」學會了解決生活問題能力，學會了解決學習問題能力，學會了規劃生涯問題素養，學會了進升創新問題素養。問題有大有小，小問題用能力解決，大問題則用素養解決，或者「表面的問題」用看得見的能力解決，「深層與高度的問題」用「內隱的素養（知能模組）」解決。人類問題可以無限多，人類解決問題的素養（含能力）也持續地進升，絕大多數的問題都獲得解決，從全世界人口愈來愈多及文明文化進升程度的層面觀察，人類解決問題的素養能力是萬物生靈中最高的，所以這個世界由人類主宰。但人類文明發展潛藏著的問題更為挑戰，有可能超越整體人類的素養能力，滅絕了地球上所有的萬物生靈，包括人類。

「解決問題」與「系統思考」有連貫性，具有系統思考素養能力的人，「解決問題」的素養能力也跟著提高，甚至於從「解決問題」的價值行為表現，可以回推「系統思考」的層次與程度，也可以說系統思考才能解決複雜而有深度的問題，是以核心素養的設定，才會將「系統思考與解決問題」列為同一項素養。

（一）解碼問題關鍵

人的一生（一輩子）充滿著大大小小的問題，自己的問題要自己解決，人類的困擾是一輩子都被大大小小的問題纏繞，每天「拿物做事」花時間在處理生活問題、學習問題、人際問題、生理問題及心理問題，如果長期受困於瑣事雜事的糾纏，很多人就一輩子做不了大事，所以人要有「系統思考與解決問題」素養，運作卓越的系統思考，解決人生的超級大問題，愈超級抽象的問題獲得解決，人生就愈有價值與尊嚴。

解碼問題關鍵的具體作為，可從下列四項著力：(1)生理問題要用「運動」與「看病」解決：小的生理問題運動就能恢復平衡，大的生理問題就要看醫生吃藥解決；(2)心理問題要用「對話」與「進升（共鳴）」解決：心理問題是自己的情緒困擾，來源可能「被誤解」，也可能來自自己的「知能恐慌」，需要有人可以「坦露、對話」，確定自己的困擾源頭，然後被知（共鳴），知所進升而解決；(3)人際問題要用「價值」與「實踐」解決：例如新五倫及其核心價值的實踐，可以進升解決諸多人際問題；(4)事理問題要用「秩序」與「標準」解決：秩序指做事的 SOP（標準作業程序）及克責明確，標準指達成事務目標的品質程度。

（二）發展解決策略

「解決問題」素養的第一個步驟為「解碼問題關鍵」；「解決問題」素養的第二個步驟為「發展解決策略」，問題需要「發展策略」來解決，通常指無法「立即解決」的「重要問題」或「影響程度很大問題」，以及「必須調撥資源才能平衡解決的問題」，或是「必須改變長期習慣方法才能解決問題」，也可以只用「重要問題」來統稱它。人生的「重要問題」很多，例如：「如何獲致適配幸福人生？」「如何獲得全人發展的教育？」「如何選填大學入學考試的志願？」等，都需要「發展策略」來加以解決。

發展解決問題策略，仍然要經由「系統思考」的運作，經由「觀照全面→掌握關鍵→形優輔弱→實踐目標」的系統思考，然後擬定解決策略（發展解決策略），以前述三大教育問題為例，「大學選填志願問題」，最佳的發展策略是：(1)了解自己分數能進的所有校系所（觀照全面）；(2)掌握自己意願落點最佳的 20%系所（掌握關鍵）；(3)選系優先於選校（形優輔弱）；(4)儘量填能進入的機率逾 50%的學校系所（實踐目標，避免高分落榜）。解決「全人發展」的教育策略，則需「順性揚才教育」→「自我實現教育」→「智慧資本教育」→「全人發展教育」的教育實踐統合（參考本書第九章）。這四大教育理念及核心技術就是解決（造就）全人發展的具體策略。解決「適配幸福人生」的大問題，則要實施「四大適配的教育」，包括「適配的教育」→「適配的事業」→「適配的伴侶」→「適配的職位」，四大適配都到位，人就可獲致適配幸福人生（參考鄭崇趁，2015b，封底）。

（三）進行價值對話

解決人際問題及事理問題，都需要「價值對話」，價值對話係對不同的「發展策略（方案）」或主張進行「價值澄清」及「價值比較」，然後期待能夠「價值整合」，形成大家都可以接受的「共同價值」或滿足不同立場人員的可接受「底線價值」。因此「進行價值對話」是解決問題的第三大步驟，「價值對話」是找到「解決問題策略（方案）」的最大價值（共好慧能），與「形優輔弱」的知能創價稍有不同，形優輔弱是最具價值者先做，而價值對話是找到可以平衡的價值。

價值對話素養的教育實踐，可以實施明確的「價值教育」，價值教育可以包含四大具體著力點：(1)價值論述：論述學習本單元知識技能的核心價值及其運用範圍；(2)價值回饋：例如學生單元學習中，優先找到操作要領或完成作品零組件者，給予價值激勵讚賞，為其他同學（學習者）提供楷模或示範；(3)價值評量：單元學習結束前，師生進行價值評量，可以用對話（問題）式價值評量，也可用實物價值評量，或紙筆（作業單）價值評量，展演式（德育助人）價值評量；(4)價值實踐：在各種教育機制（活動）中，引領師生的教與學，都能「揭示價值」→「體認價值」→「實踐價值」→「創新價值」，稱之為價值實踐（鄭崇趁，2018c，頁 123-127）。「進行價值對話」是溝通素養的核心內涵，也是可以教育及教學的。

（四）重構事理標準

解決問題的最後一個步驟是「重構事理標準」，也就是重新決定大家（衝突雙方）可以接受的「最佳限度」，例如：「事理的問題」，就是重構最佳SOP（標準作業程序），貿易的問題，就是重構通關稅率的幅度標準。人倫的問題就是找到「新五倫」最適用（雙方可接受）的共同「核心價值」，時空虛擲（沒效能效率）的問題，則重構「新習慣」及「新節奏與新旋律」，又如：當前「中美貿易大戰問題」也要兩國最後談判協商結果，正式簽訂新「貿易協定」（重構各項新商品稅率標準），才能真正解決問題。「重構事理標準」是解決問題的初心與目的；就像「實踐目標」是系統思考的「初心」與「目的」一樣。唯「系統思考」素養本身就是「解決問題」素養的「基石」與「運作」；系統思考素養能力愈佳者，愈能解決人生面對的大大小小問題。

重構事理標準的教育實踐，可用「圓融有度」的經營要義及操作指標（鄭崇趁，2012，頁 353-368），圓融有度的經營要義在：(1)包容對立意見；(2)積極價值溝通；(3)尋覓共同原則；(4)實踐基本規範。「圓融」的操作指標在：(1)找到共原則；(2)找到平衡點；(3)找到接受度；(4)找到新途徑；(5)找到舊軌跡。「有度」的操作指標則在：(1)有深度（底層共同結構）；(2)有廣度（更寬廣的知識融合）；(3)有高度（如進升 3.0 或 4.0 提升共同品質）；(4)有角度：深度是深層結構，廣度是多元融通，高度是前瞻視野，角度則是原則典範，如司法判例；(5)有限度：最低標準。

參、「系統思考與解決問題」的善技術

任何知識均含有「可操作」的「善技術」，就「系統思考與解決問題」素養而言，本章前節已針對「系統思考」及「解決問題」分別指出它們的次級系統操作變項，這次級系統的操作變項就是「善技術」的一種，因此「系統思考」的善技術是「觀照全面→掌握關鍵→形優輔弱→實踐目標」；解決問題的善技術是「解碼問題關鍵→發展解決策略→進行價值對話→重構事理標準」。

本節接續論述系統思考與解決問題兩者合一的善技術，包括五項持續性的技術要領：(1)構築生活好習慣系統；(2)掌握學習優方法系統；(3)進升處世美旋律系統；(4)實踐新五倫價值系統；(5)執行系統思考培力及解決問題方案。

一、構築生活好習慣系統

「好的習慣多於不好的習慣就是健康的人」（柯永河教授的名言），生活的好習慣是構築生理與心理健康的最核心基石，並且生理的健康影響心理的健康，心理的健康也會影響身體的健康，兩者交互依存，「系統思考與解決問題素養」最需「健康的身心」奠基，最需要構築生活好習慣系統，例如：食衣住行好習慣系統，例如：休閒育樂好習慣系統，用「生活好習慣」累增「系統思考量能」及「解決問題要領」。

二、掌握學習優方法系統

「經驗→知識→能力→素養」都是學習來的，也都是「知識」進入人身體之後的滋長生命歷程，「系統思考與解決問題」素養本身也是「知識」的一種，我們也要透過「優方法」的學習系統才能有效認識它的「新知識（真）→含技術（善）→組能力（美）→展價值（慧）」，本書第二章「善・經營技術」介紹的「感→知→覺→識→悟→達」認識論「教育元素」及本篇九個 KTAV 單元學習食譜範例，都是「掌握學習優方法系統」案例。

三、進升處世美旋律系統

人生有四大志業：學業、家業、事業、共業。學業與家業偏於「私德」的善技術（經營要領），事業與共業的經營則要「公德」的善技術。經營事業與共業（與他人共同執行團隊任務都是共業）稱為「處世的美旋律」，例如：「優化、活化、創化、新化」SOP（標準作業程序）系統，例如：定期創新進升事業核心產品系統，都是「進升處世美旋律系統」。

四、實踐新五倫價值系統

「人倫綱常的知識」屬於「德育」及「群育」，是「共好價值」的行為表現。此一「知能素養」的主要對象乃「新五倫」的類別：「家人」、「同儕」、「師生」、「主雇」、「群己」，是「系統思考」當前人類族群「人與人」互動的「核心分類」，實踐新五倫「價值系統指標」，例如：「親密、觀照、支持、依存（家人關係）」、「認同、互助、合作、共榮（同儕關係）」、「責任、創新、永續、智慧（師生關係）」、「專業、傳承、擴能、創價（主雇關係）」、「包容、尊重、公義、博愛（群己關係）」，運作人際的價值實踐，解決「人、事、時、地、物、空」所產生的大小問題。

五、執行系統思考培力及解決問題方案

增進「系統思考與解決問題」素養之培力計畫，計畫的形態與內容要具有「系統結構」，「目標」、「策略」、「項目」三者之間要呈現如表 10-2 的型態，計畫內涵要能系統思考「資源統整」、解決「品質差異」問題；要能系統思考「單位發展」、解決「文化不利」問題；要能系統思考「標準程序」、解決「運作失衡」問題；要能系統思考「群組動能」、解決「價值偏態」問題。

表 10-2　「目標」、「策略」、「項目」三者的呈現方式

目標	策略	執行項目
小策略①，小策略②， 小目的①； 小策略③，小策略④， 小目的②。	一、__因__，__果__ 〈銜接小策略①〉	1.
		2.
	二、__因__，__果__ 〈銜接小策略②〉	3.
		4.
	三、__因__，__果__ 〈銜接小策略③〉	5.
		6.
	四、__因__，__果__ 〈銜接小策略④〉	7.
		8.

資料來源：作者依學理繪製

肆、「系統思考與解決問題」素養的美能力

系統思考素養卓越的人，我們稱之為「系統思考達人」，他們在團體中會展現超越一般人的「共好價值」行為表現，我們稱之美的能量（能力）。系統思考達人的組能力，可以從四個指標觀察：(1)高瞻遠矚的視野：在團體中具有領航價值、解惑價值、自在價值及效率價值；(2)系統美學的結構：系統美學素養達人可為團體運作帶來結構價值、系統價值、循環價值及回饋價值；(3)楷模示範的實踐：帶領做對事情或優先產製精緻作品的人，為組織帶來「智慧之光」、「創新之機」、「創客之源」、「進升之梯」；(4)進升力點的軸心：系統思考達人是組織「創新進升」的軸心，會為組織的運作找到「進升著力的焦點」，例如：優質文化之「人際關係」；精緻環境之「智慧管理」、校本課程之「創新實驗」，專業素養之「亮點爭輝」，特色品牌之「優勢學習」以及作品展示之「賽會規劃」都是創新教育事業的進升力點（鄭崇趁，2018c，頁201-220）。

解決問題素養卓越的人，我們也稱之為「解決問題達人」。解決問題達人

對他個人及其所隸屬組織（團隊）可能產生的「價值貢獻」，我們稱之為「組能力」——美慧的價值能量。這些「美的能量」可從四個指標觀察：(1)圓融有度的風格（素養）：產出和諧樂力的價值、產出沒有輸家的價值、產出淡化問題的價值、產出凝聚慧能（共好）的價值；(2)創新經營的巧思（素養）：能夠「掌握新時代脈絡」、「經營新組織文化」、「倡導新方法技術」、「實現新教育境界」（鄭崇趁，2012，頁 209-222），能夠「實→用→巧→妙→化→生」的「賦予存在（to being）」（本書第二章）；(3)知能創價的實踐（素養）：創新自己的知識及技術、創新自己的生命及師承的教材、創新組織的技術及產品的價值、創新教育的意涵及知識的價值（運作知能創價，解決個人及組織創新進升的問題）；(4)永續進升的價值（素養）：人的生命永續進升、人的學業永續進升、人的事業永續進升、人的社會階層永續進升，並且具有智德平衡價值、知行平衡價值、適配幸福價值、循環永續價值。

伍、「系統思考與解決問題」素養的慧價值

系統思考達人的「慧價值」，是指「組能力」生命價值的進升與滋長，系統思考達人的「慧價值」可以從下列四個指標觀察：(1)自我實現（活出自己）：自我生理與心理共好，「理想抱負」與「現實情境」共好適配、活出自己，充分自我實現；(2)智慧資本（動能貢獻）：人人與同儕（同學、同事）共好，共同解決組織問題，共同完成任務競相為組織開發新產品，競相為組織產生動能貢獻，創新進升組織效能效率，進升組織品牌競爭力，人人都是有效智慧資本；(3)成人旺業（效能價值）：以學校教育人員為例：校長及教師都能「成就人、旺學校」，成就「師生」共好，倡旺「學校教育」共好，進升學校成為「具有特色品牌學校（3.0）」，進升學校成為「新五倫・智慧創客學校（4.0）」，學校經營的「效能價值」大家看得見；(4)克責尊嚴（責任公民）：以社會大眾人員為例，大家都是「能家長、行國民」，都能成就「家人與家業」共好，「群

己與共業」共好，實踐公民責任，進升國家文明文化，進升「民族」與「人」的尊嚴。

解決問題達人的「慧價值」指「組織系統穩定」，「得以永續經營」後，對組織成員所產生的「慧能」（共好價值），也是組織的「大小問題」獲致解決（美能的貢獻）後，知識生命的「共好價值」滋長，是「組織」也沒問題後，回饋給所屬成員「共好價值」的慧能。可從下列四個價值指標觀察：(1)安全穩定（組織安人）：人人都需要安全穩定的工作，有固定而能「創價平衡」的工作，「沒有問題」的組織單位，才能永續經營，組織與員工共好，組織具有安人的價值（慧能）；(2)成長發展（和諧創價）：沒有問題公司，產品與服務品質能夠成長發展，創新進升，主雇關係和諧創價，員工薪資待遇穩定提升，人與組織共好，都有品質尊嚴；(3)優質卓越（亮點爭輝）：組織的大小問題能夠及時解決，來自所有員工的「系統思考」優質卓越表現，唯有所有員工人人亮點爭輝，個人的優勢亮點表現都有助於組織的共好（創新產品與服務品質），組織效能才得以優質卓越進升發展；(4)永續長新（適配幸福）：組織的優質卓越，公司營運的永續長新，在確保每一位員工的「適配幸福」，活得很有意義、價值、尊嚴。

陸、結語：自主行動素養的「內容」與「品質」

自主行動素養包括三個「核心素養」：「身心素質與自我精進」、「系統思考與解決問題」以及「規劃執行與創新應變」。就三個次級系統素養而言，第一個素養是個人身心健康與生命力動能的素養；第二個素養則是「心理邏輯」統整資源，解決「學習事功」問題的素養；第三個素養則為「實踐力行，創新進升」的素養。

第一個素養（身心素質與自我精進）的教育應化被動為主動，教師主動運作「順性揚才說」、「自我實現說」、「智慧資本說」，帶著學生力行實踐「全人發展說」。第二個素養（系統思考與解決問題）的教育，是個人心智「思考邏輯」系統化、結構化、模組化的培育，以達到能夠順利解決「學業、事業、家業、共業」的大小問題，是自主行動素養的「核心內容」與「行為實踐」的「品質價值」。第三個素養（規劃執行與創新應變）應策訂「進升型主題教育計畫」，帶動「人與組織」精緻發展，創新進升學校教育成為「教育 3.0：特色品牌學校」，然後再進升為「教育 4.0：新五倫・智慧創客學校」。

第十一章 「規劃執行與創新應變」素養的教育

導論

本章用「知識遞移理論（KTAV 模式）」解碼「課綱第三個核心素養」的教育元素，本書將「規劃執行與創新應變素養」分解成前後兩個素養：「規劃創新教育模式」及「執行應變作為」。「規劃創新教育模式」介紹五個規劃執行攸關的創新教育模式：(1)CIPP 評鑑模式；(2)PDCA 計畫模式；(3)HTDG 文本模式；(4)KTAV 遞移模式；(5)KCCV 創價模式。這五個模式的中文名稱具有「理論、理念」的性質，就是本素養的「新知識（K・真）」。模式的英文字都用四個字的字母串聯，這些模式的「操作變項」就是本素養的「善技術」，可以清楚地理解「新知識（K・真）」都「含技術（T・善）」。

「執行應變作為」的善技術，本章舉了因應「新冠肺炎方案」的善技術，例如：「口罩實名制」、「搭乘公共運輸工具全程配帶口罩」、「社交距離室內 1.5 公尺，室外 1 公尺」、「無法保持社交距離一律配帶口罩」、「疫區往返隔離 14 天」、「勤洗手、帶口罩、講公衛、自主健康管理」等，都是防疫應變的「善技術」。

本書認為學習者的「組能力」就是學習之「美能量」的匯聚與表達，通常會用四大類作品來表達：立體實物作品、平面圖表作品、動能展演作品，以及價值對話作品。廣義的作品還包括德行，所以本書對第五個核心素養元素「力」，才會詮釋為「行動意願」，第六個核心素養元素「行」，才會界定為「德行、作品」，廣義的德行含括作品，廣義的作品也含括德行。是以本章選用了「KTAV 教學模式」及防疫應變主題計畫格式（兩者都是平面圖表作品），來表達這一「素養教育」可以滋生學生的組能力（量）之所在。

「KTAV 教學模式」整合了四套「新教育」的知識系統，它能誘發的組能力（量）就是這四套新價值的新能量，它們的新教育能量是「智慧教育」（真、善、美、慧四位一體），「創客教育」（有創意、能創造、再創新、做創客四創一體），「價值教育」（價值論述、回饋、評量、實踐），以及「知識遷移」（解碼、螺旋、重組、創新）。「防疫應變主題計畫」也展現了四大組能力（能量）：(1)結構之美（目標、策略、項目之間的系統結構之美）；(2)系統之美（計畫目標、經營策略、執行項目都有個別系統之美及整體系統「銜接」之美）；(3)節奏之美（文本用語節奏、旋律之美）；(4)品質之美（實施之後能夠進升教育品質之美）。

壹、緒言：「自主行動」素養 III 的「KTAV 學習食譜」

自主行動素養的第三個核心素養是「規劃執行與創新應變」素養，這一個素養的核心內涵，在自主行動的實踐，能將生活、學習、事業、人際的價值行為表現，規劃為具體的主題式實施計畫，設定「目標」、「策略」及「執行項目」，創新進升自己的生活，創新進升自己的學習，創新進升自己的事業，創新進升自己的人際關係與價值。是以「規劃執行與創新應變」素養的教育，主軸在「規劃創新教育模式」及「執行應變教育作為」兩大知識技術系統，筆者據以設計「KTAV 學習食譜」，如表 11-1 所示。

表 11-1 「規劃執行與創新應變」素養的教育：KTAV 學習食譜

單元名稱：第 11 章 「規劃執行與創新應變」素養的教育			設計者：鄭崇趁 2020.05.04
新知識 （K・真） 致用主題知識	**含技術** （T・善） 能操作學習技術	**組能力** （A・美） 實踐行為能力	**展價值** （V・慧） 人類群己教育價值
知識名稱及意涵	教學活動（學習步驟）	師生實物作品	成果價值詮釋
一、規劃創新教育模式 ・CIPP（評鑑模式） ・PDCA（計畫模式） ・HTDG（文本模式） ・KTAV（教學模式） 二、執行應變教育作為 ・主題教育計畫 ・SWOT 分析 ・政策規劃脈絡 ・應變危機方案	・規劃模式的發展（優質學校為例） 1.0 特色經營教育・CIPP 模式 2.0 精緻品牌教育・PDCA 模式 3.0 創新統整教育・HTDG 模式 4.0 智慧創客教育・KTAV 模式 一、主題計畫核心技術 〔目標・策略・項目〕或系統結構 二、優質 SWOT 分析 〔優勢・劣勢〕內部・存在已有 〔機會・威脅〕外部・新近發生 三、政策規劃脈絡 〔現況分析→問題探討→發展策略→行動方案〕 四、應變危機方案〔範例〕	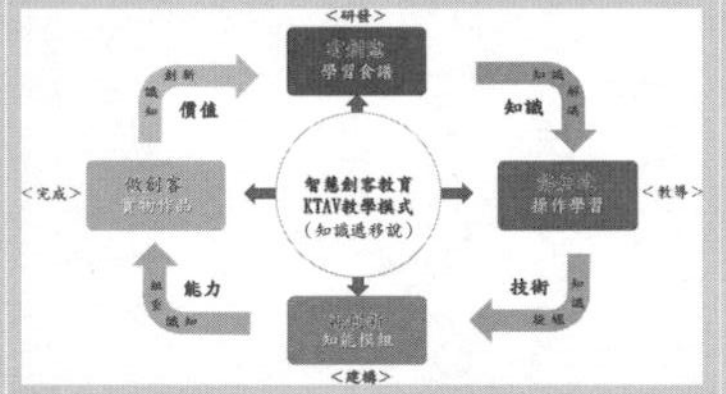 智慧創客教育 KTAV教學模式（知識遞移說） 應變危機方案〔範例〕（見下表）	・規劃創新模式的價值 ・找到元素組件、創新知能結構；精緻規劃模式、創新教育價值（臺北市優質學校為例） 1.0 本位經營具特色 2.0 教育品質精緻化 3.0 學生創意新統整 4.0 創新特色智慧化 ・執行應變作為的價值 ・師生認同實踐、貫徹方案達標；建立應變機制、進升風險管理 計畫 1.0 已存有（真） 計畫 2.0 現好樣（善） 計畫 3.0 展優質（美） 計畫 4.0 具價值（慧）
□編序□鷹架■步驟■流程 □原型□元素■成因■脈絡 ■次級■系統□次要□變項	■內化■外化□交流□對話 □新化□活化■深化■優化 ■同化□調適□融入□存有	■真（致用知識）■善（經營技術） ■美（實踐能力）■慧（共好價值） ■力（行動意願）■行（德行作品）	□真實□體驗■生新■創價 □均等■適性□民主■永續 □傳承■創新□精緻■卓越
〈知識解碼要領〉	〈知識螺旋焦點〉	〈知識重組系統〉	〈知識創新價值〉

應變危機方案〔範例〕

目標	策略	項目
___，___； ___，___。	一、___，___	(1) (2) (3)
	二、___，___	(4) (5) (6)
	三、___，___	(7) (8) (9)
	四、___，___	(10) (11) (12)

貳、「規劃執行與創新應變」素養的新知識（真）

「規劃執行與創新應變」是「自主行動」的第三個核心素養，這一核心素養的「新知識」，可以從「規劃創新教育模式」及「執行應變教育作為」兩個層面知識，解碼分析其技術要領後教給學習者，學習者「知識遞移」成功，學會了這些「新知識（真）」→「含技術（善）」，就能夠在「生活→學習→學業→人際」上實踐運用「組能力（美）」→「展價值（慧）」，進而知能創價：「成智慧（力）」→「達創客（行）」→「行道德（教）」→「通素養（育）」。促成知識生命本身的小循環「知識創新知識（KTAV模式）」，暨知識生命的大循環「師生都能知能創價（KCCV 模式）」，師生都具備「規劃執行與創新應變」素養，每天用「新知能」創新生命的價值、創新教育的價值、創新作品的價值、創新德行的價值、創新「人之所以為人」的價值，由於這一素養能量的實踐，人人都能「自主行動」，過著「智慧人、做創客」的適配幸福人生。

一、規劃創新教育模式

古今中外知名的教學模式，主導了當時教師「教與學」的規劃以及實際運作，例如：葛雷瑟（Glaser, 1962）所提出的「教學模式」（A「分析教學目標」→B「診斷起點行為」→C「設計教學流程」→D「評量教學成果」）、布魯姆（Benjamin S. Bloom）的「認知、情意、技能」三大教學目標，以及Skinner的「編序教學法」，主導了二十世紀中葉以後所有教師「教材教法」的編撰與使用。輔導諮商學門開發的「團體動力學」及佐藤學教授的「學習共同體」教育模式，也影響當代教師「備課」、「議課」、「觀課」，以及實際教材教法之「分組運作」（共同學習）的流行與暢旺（鄭崇趁，2018c，頁 153）。在臺灣，近年流行「心智圖」及「學思達」教學模式，有諸多研究（含行動研究）都已證明它們有顯著教育效果。這些廣義的教育模式，都是教育前輩們的珍貴

「教育作品」，它們扮演了「傳承創新」教育及促進「知識遞移」的角色功能與績效價值。

本章針對「規劃執行與創新應變」素養的教育，介紹五個教育規劃模式，這五個規劃執行模式都可直接應用在「教學」及「班級經營」上，我們統稱為「教學實踐模式」或「方案執行模式」，這五個模式包括 CIPP 模式、PDCA 模式、HTDG 模式、KTAV 模式，以及 KCCV 模式，簡述其意涵及教學上的應用。

（一）CIPP 模式（評鑑模式）

史塔佛賓（Stufflebeam, 1983）提出「背景、輸入、過程及成果模式」（Context、Input、Process and Product Evaluation Model），簡稱 CIPP 評鑑模式。背景評鑑旨在提供確定目標的依據，以促進方案計畫的發展；輸入評鑑在確定如何運用資源以達成目標，作為方案選擇的依據；過程評鑑旨在提供定期回饋給予負責實施計畫和實施程序的人，做促進方案實踐的決定；成果評鑑旨在了解教育方案產生的結果，增益定期檢討方案的決策（鄭崇趁，1999）。

教育評鑑的特質（基本原理）有六：(1)統整的觀察：評鑑就是要了解全貌，統整的意涵除了「全面」與「整體」之外，更具有「統合」與「交互作用」之意；(2)化約的指標：指標數量與內容依據學校核心事務及主要層面規劃設定，能夠反映學校重要工作；(3)系統的結構：指標與指標之間要有系統結構，例如：「層面系統」、「品質（價值）系統」、「操作系統」、「詮釋系統」、「運作系統」等都要有系統結構的樣貌；(4)客觀的歷程：訪評的歷程都要遵守 SOP（標準作業程序），以確保四大歷程（工作點）的客觀：程序客觀、樣本客觀、內容客觀及方法客觀；(5)評價的比較：教育評鑑在協助做決定，在提供客觀的價值判斷與評價，認可制評鑑要求與「品質標準（KPI）」比較，完全符合者，授予品質保證標準。競賽式評鑑，以參賽者相互比較，依規定擇優獎勵，並授予榮典；(6)理念的實踐：運用教育理念程度的檢核，提高學校教育品質，創發學校教育新價值，幫助師生自我實現，並且成為有效智慧資本（鄭崇趁，

2013）。

CIPP模式及前述教育評鑑基本原理已廣泛使用在：(1)「受教者」的品質評鑑：如成績考察與多元評量、形成性評量與補救教學、核心能力與品質保證、品德風格與服務助人、目標管理與全人發展；(2)「施教者」的品質評鑑：如施教者的生涯定位、施教者的自我品質管理、教師評鑑、校長評鑑；(3)「教育組織」的品質評鑑：如校務評鑑、課程發展評鑑、師資教學評鑑、計畫方案評鑑等。

（二）PDCA 模式（計畫模式）

「Plan（計畫）→Do（執行）→Check（檢核）→Action（行動）」模式，簡稱 PDCA 模式，是管理學大師戴明（William E. Deming）配合「全面品質管理理論」（Total Quality Management, TQM）的重要主張，「P（計畫）→D（執行）→C（檢核）→A（行動）」的永續循環得以持續改善產品品質及服務品質，讓產製歷程的「組裝點」及「零組件」都得到「全面」品管，確保企業組織能夠提供「良率 100%」的產品品質，暨顧客「完全滿意」的服務性作為，稱為「全面品質管理理論」。在企業界的使用範例，以二十一世紀初期，日本製汽車為了與歐美汽車競爭市場，紛紛推出「零故障」與「免費拖吊維修」服務，是汽車業達「全面品質管理」的具體表現。

全面品質管理理論有六大特質：以客為尊、策略規劃、團隊合作、教育訓練、事前預防與持續改善，尤其是這六大特質的整合與持續改善（創新進升），就得使用 PDCA 模式，永續「計畫→執行→檢核（調整作為）→行動」計畫式循環，是從「方案端（計畫的進升）」可以達到全面品質管理的目的，所以學界將 PDCA 模式，稱之為計畫模式。

PDCA 模式與全面品質管理理論對教育經營的啟示有六：(1)定期召開行政會議，及時檢核重要校務服務品質，回饋學生、教師、家長的訴求。（以客為尊）；(2)推動學校五至十項核心教育主題計畫（方案），帶動學校精緻、創新、進升發展，全面提升教育品質；(3)重視教學上的形成性評量及價值評量，在學生學習歷程中確保其學習品質；(4)發展核心教育事務及計畫方案的 SOP（標準作業程序），並適時進升其內容品質；(5)將領域（學科）及教育處（室）的教育成果展進升為「智慧創客」作品展，推動畢業生展出「智慧創客」十件代表作品，以及每年舉辦「智慧創客嘉年華」，選出學校師生百大「智慧創客」作品；(6)布建學校組織運作的自我評鑑及持續改善品質保證機制。

（三）HTDG 模式（文本模式）

臺北市優質學校（2012～2016）實施 3.0 版指標系統，林天祐教授為協助計畫申請學校「撰寫文本內容」，發表 HTDG 文本模式，H 是 have（有什麼），T 是 think（想什麼），D 是 do（做什麼），G 是 get（得什麼），HTDG 是指「有什麼」→「想什麼」→「做什麼」→「得什麼」的核心教育事務之「有效（價值）」循環，為臺北市有意申請認可「優質學校」的學校文本「撰寫幹部」，有第三種模式選擇：第一代（1.0）優質學校文本採 CIPP 模式；第二代（2.0）優質學校文本採 PDCA 模式；第三代（3.0）優質學校則採 HTDG 模式，亦可用 CIPP 或 PDCA 模式。

HTDG 文本模式具有四大特質：(1)盤點校務經營的優勢亮點：本模式從「有什麼」起頭，幫助學校領導盤點學校既有的優勢亮點，以獨特的優勢亮點結合優質學校的八大向度中的最適配向度，撰文申請，相對容易爭取肯定獲獎；(2)運作優勢亮點的系統結構：H→T→D→G 本身即為「系統思考」模式之一，依此模式撰寫文本內容，等同於運作學校優勢亮點「資源及作為」系統結構表達，具系統結構的文本，蘊含著「真、善、美、慧」四大元素的價值；(3)導引學校師生的知能創價：優質學校（3.0 版）八大向度都要求主題教育的作為創新了那些教育價值，師生的「知能創價」得到實質進升的效果；(4)獲得優質學校的尊榮肯定：HTDG 模式的文本設計，協助更多學校通過「初審」及「複審」，得到「優質學校」的尊榮與肯定（得到獎金及特色品牌學校價值）。

（四）KTAV 模式（教學模式）

鄭崇趁（2017）出版《知識教育學：智慧人・做創客》一書，發現「知識是有生命的」，知識進入人的身體之後，「著床」成功者即成為人的「新知識」，然後「知能融合，螺旋重組」，開始滋長其生命→「含技術」→「組能力」→「展價值」→「成智慧」→「達創客」→「行道德」→「通素養」。「新知識」的教育元素是「真」，「含技術」是「善」，「組能力」是「美」，「展價值」是「慧」，「成智慧」是「力」，「達創客」是「行」，「行道德」是「教」，「通素養」是「育」。「新知識（Knowledge）」→「含技術（Technique）」→「組能力（Ability）」→「展價值（Value）」是「知識生命的小循環」（教師及教材的知識創新學習者的知識，又稱知識遞移模式），四個名詞英文第一個字母合稱「KTAV」教學模式（請見本書第 141 頁）。

此一教學模式原為「智慧教育」、「創客教育」及「新五倫價值教育」融合的教學模式，原始名稱十分冗長：新五倫智慧創客教育（KTAV 教學）模式，並開展新五倫、智慧創客教育「KTAV 單元學習食譜」，如圖 11-1 所示。

運用「KTAV 單元學習食譜」進行教學，具有五大特質：(1)實施「智慧教育」：「新知識（真）→含技術（善）→組能力（美）→展價值（慧）」四位一體的教育稱為智慧教育；(2)實踐創客教育：創客教育的定義是：「研發有創意的學習食譜→教導能創造的操作學習→建構再創新的知能模組→完成做創客的實物作品」，四個欄位（K、T、A、V）就是有創意學習食譜，第二個欄位引導做中學（操作學習知識裡的技術），第三個欄位呈現實物作品的樣貌；(3)強化「價值教育」：學習食譜以「展價值」收尾，導引師生在單元結束前進行「價值評量」，實踐「價值論述→價值回饋→價值評量→價值實踐」的價值教育；(4)提供學生完整的「知識教育」：完整的知識教育在於「知識生命」的小循環及大循環，KTAV 學習食譜是知識生命的小循環，新知識（真）→含技術（善）→組能力（美）→展價值（慧）是用「知識創新學習者知識」的循環；

單元名稱：		設計者：	
Knowledge 新知識・真 致用主題知識	Technique 含技術・善 能操作學習技術	Ability 組能力・美 實踐行為能力	Value 展價值・慧 人類群己教育價值
知識名稱及意涵	教學活動（學習步驟）	師生實物作品	成果價值詮釋
知識解碼要領	知識螺旋焦點	知識重組系統	知識創新價值
□編序□鷹架□步驟□流程 □原型□元素□成因□脈絡 □次級□系統□次要□變項	□內化□外化□交流□對話 □新化□活化□深化□優化 □同化□調適□融入□存有	□真（致用知識）□善（經營技術） □美（實踐能力）□慧（共好價值） □力（行動意願）□行（德行作品）	□真實□體驗□生新□創價 □均等□適性□民主□永續 □傳承□創新□精緻□卓越

圖 11-1　新五倫、智慧創客教育「KTAV 單元學習食譜」

資料來源：進升自鄭崇趁（2017，頁 74）

(5)有理論支持的學習食譜：KTAV 單元學習食譜的下方，呈現了「知識遞移說」理論引導，陳列出「解碼」→「螺旋」→「重組」→「創新」知識的核心技術，導引教師正確使用編撰 KTAV 四大欄位的內容（鄭崇趁，2017，頁 159）。

（五）KCCV 模式（創價模式）

本書第三篇為「知能創價篇」，是知識生命的大循環模式，從四個轉角邊界看，是「真→善→美→慧→力→行→教→育」八大教育核心元素的生命循環，從人的內在知能模組看，是「新知識」→「含技術」→「組能力」→「展價值」→「成智慧」→「達創客」→「行道德」→「通素養」的知識生命「大循環」。從人學習到的外顯知能表相看，是「致用知識」→「經營技術」→「實踐能力」→「共好價值」→「行動意願」→「德行作品」→「創新知能」→「進升素養」，也是知識生命的「大循環」。

知識生命的小循環（KTAV模式），完成「知識遷移」，知識創新學習者的「新知識」，在圖的右半邊（前半段），學習者學到的「新知識（真）」也要「含技術（善）」→「組能力（美）」→「展價值（慧）」，能夠用行為表達出有價值的德行作品，才算是「完整的知識學習」，成為學生帶得走的能量（能力）。知識生命的大循環（KCCV 模式）強調「知能創價」，「知」指學習到「新知識含技術」（內構新知能元素模組）所產生的「新覺識（knowledge）」；「能」指能夠完成「新行為目標」的能量，也就是「外築新任務指標系統」的「新動能（can）」；「創」指「遷移新事理技術要領」的「新創意（create）」；「價」則指「創價新價值德行作品」的「新價值（value）」。「new knowledge→new can→new create→new value」簡稱 KCCV 模式（KCCV 創價模式，請見本書第 281 頁），是知識生命的整體大循環，它是「知識」與人的「能量」融合（螺旋重組）後的「知能創價」，用新學會「知識＋能力」，創新「事功價值」，不只創新生命價值，還創新教育價值，更創新「學業、事業、家業、共業」的事功價值。人只要活著，每天都在「知識遷移」（KTAV）模式運作，也都同時在「知能創價」（KCCV）模式運作，表現「人之所以為人」的「績效價值」。「知能創價（KCCV）創新進升食譜」，如圖 11-2 所示。

知能創價（KCCV）創新進升食譜具有四大特質：(1)覺識創價事功（含作品德行）深層的知能元素模組：新覺識指已經發現的深層知能元素與其結構系統，如新教育專有名詞、成語、片語、理論、理念、原理、學說及各種事理技術要領；(2)強調新任務能量的形塑：「知能創價」要有新任務能量的具體規劃，知道外築的價值行為指標能量，有明確的方向指標能量，才得以努力經營實踐；(3)關注新事理技術要領「知識遷移」的規劃：有價值的事功、作品、德性都建立在學會新事理、技術、要領，這些新知能要學習者也能「遷移」成功，才能操作新創意力點；(4)引導知能「創價」的規劃：學習者要先「知識遷移」成功，他的新知能才能接著創價，KCCV 模式最大的特質是引導「創價」的規劃，是

教育主題：		設計者：	
Knowledge 新覺識・知 內構・共本質元素模組	Can 新動能・能 外築・達任務事物能量	Create 新創意・創 遞移・創事理技術新意	Value 新價值・價 創價・融智德作品價值

圖 11-2　知能創價（KCCV）創新進升食譜（空白樣張）

資料來源：作者依學理繪製

要創新「德行、作品」價值的規劃。是以，KCCV 模式先內構「新覺識（K・知）」→再外築「新動能（C・能）」→再遞移「新創意（C・創）」，→然後進升「新價值（V・價）」。

二、執行應變教育作為

規劃方案後需要「執行實踐」，創新方案內容後，也要貫徹力行，讓創新的成果，與預期的「價值」吻合，在執行實踐歷程中有助力或波折困難，就須「應變」，調整檢核運作機制，實踐原訂計畫目標。執行與應變的教育作為從積極面來思考，都與「規劃方案」攸關，例如：(1)主題教育計畫：人對組織的最大貢獻，在能為組織擬訂「主題教育計畫」，用「主題方案」創新進升組織運作的效能效率，創新個人及組織的價值。主題計畫具有系統結構、「目標」、「策略」、「項目」能有縝密關係，才是優質的「方案計畫」，用「優質的方案計畫」取代以前的作為，也是執行應變的策略之；(2)SWOT 分析：SWOT 分析原係方案計畫的一部分，SWOT 分析四大層面「優勢」、「劣勢」、「機會」、「威脅」，優劣勢多為「內部」因素，因為它們都是存在已久的「形勢」；機會威脅多為「外部」因素，因為它們大多新近發生的，SWOT 分析要領在於「精準」，能為計畫（方案）找到妥適的「策略」及「使力焦點（執行項目）」；(3)政策規劃脈絡：如中央部會層級單位，都在四至六年間，就頒布一次「政策白皮書」，政策白皮書中，通常包含四大部分「現況分析」→「問題探討」→「發展策略」→「行動方案」。也就是用具體的「行動方案」來創新應變政策發展脈絡；(4)應變危機方案：如目前的「新冠狀病毒」疫情，每一個學校都要有應變危機方案，要因應全國疫情嚴重層級，超前部署師生應變作為，以實踐「最佳防疫」效果，保護自己，護衛家園。

參、「規劃執行與創新應變」素養的善技術

新知識含有可操作的善技術，以前述五大規劃創新教育模式為例，整體的「模式名稱」都是新知識，CIPP 模式、PDCA 模式、HTDG 模式、KTAV 模式及 KCCV 模式，都是「新知識」，它已在大學的教育殿堂裡被「傳承並創新」地使用中。個別來看模式本身的操作變項，每一個模式都有四個明確的「善技術」，CIPP 的善技術是「背景（C）→輸入（I）→過程（P）→成果（P）」。PDCA 的善技術是「計畫（P）→執行（D）→檢核（C）→行動（A）」。HTDG 的善技術是「有什麼（H）→想什麼（T）→做什麼（D）→得什麼（G）」。KTAV 的善技術是「新知識（K‧真）→含技術（T‧善）→組能力（A‧美）→展價值（V‧慧）」。KCCV 的善技術是「新覺識（K ‧知）→新動能（C ‧能）→新創意（C ‧創）→新價值（V ‧價）」。

再以「執行應變教育作為」的四項「新知識」為例，說明它們含有的「善技術」如下：(1)主題教育計畫的「善技術」為：「目標」、「策略」、「執行項目」及「配套措施」四者的「撰寫要領」，以及四者之間的「系統結構」技術；(2)優質 SWOT 分析的「善技術」為：「優勢、劣勢」內部、存在已久；「機會、威脅」外部、新近發生。每一欄位不逾三點，每點敘述不逾三句；(3)優質政策白皮書的「善技術」為：「現況分析→問題探討→發展策略→行動方案」；(4)應變危機方案的「善技術」為：與「主題教育計畫」近似，並要求配合疫情嚴重程度「1.0→2.0→3.0→4.0」的需求，「超前部署」明確應變作為，例如：「口罩實名制」、「搭乘公共運輸全程配帶口罩」、「社交距離室內 1.5 公尺，室外 1 公尺」、「無法保持社交距離一律配帶口罩」。「勤洗手、帶口罩、講公衛、自主健康管理」，都是應變新冠狀病毒危機方案的「善技術」。

肆、「規劃執行與創新應變」素養的美能力

「新知識（真）→含技術（善）→組能力（美）→展價值（慧）」。在「知識」生命發展中的「組能力」，它已經進入第三個「進升點」，是「知識＋技術」與學習者既有的「知能」進行「螺旋、重組」後的「新能量」，我們用「組能力（美）」來表達，也就是指學習者經由新知能的操作學習之後，系統重組的「內在能量」已組成「新能力」，準備外顯化做出有價值的「德行、作品」，是以這些組能力，我們就直接以師生完成的「實物作品」來表達，實物作品的範圍至少有四大類：「立體實物作品」、「平面圖表作品」、「動能展演作品」、「價值對話作品」（鄭崇趁，2017，頁 275-292）。本章用兩張「平面圖表的作品」來表達「規劃執行與創新應變」素養的組能力。KTAV 教學模式可參考圖 11-1，應變危機方案的範例（空白系統結構表）請見表 10-2（第 171 頁）。

KTAV 教學模式有效整合了四套「新教育」知識系統：(1)智慧教育系統（知識、技術、能力、價值四位一體）；(2)創客教育系統（四創一體）；(3)價值教

育系統（價值評量）；(4)知識遷移說（理論）系統（解碼→螺旋→重組→創新）。精緻模式是主題教育系統知識的「整合化約」，也是知識生命的「系統結構」創新（發現）。

表 10-2 具有四大組能力（能量）：(1)結構之美：目標、策略、項目三者間具有系統結構之美，有系統結構之美的計畫，是「真實」可以「執行」的計畫；(2)系統之美：個別看「計畫目標」、「經營策略」及「執行項目」，三者均各自自成系統，個別系統之美又能與另兩大系統「緊密」銜接，也具整體系統之美；(3)節奏之美：「目標→策略→項目」三者有節奏之美，「目標撰寫技術」、「策略因果關係」、「項目選擇設定」，均有個別文本節奏，優計畫具有「整體及個殊」節奏之美；(4)品質之美：優計畫的實踐須找到「創新、進升」核心事項的著力點，方案計畫實施之後，能夠進升教育品質價值，具有品質之美。精緻範例彰顯計畫的：結構之美、系統之美、節奏之美及品質之美。

伍、「規劃執行與創新應變」素養的慧價值

規劃創新教育模式的價值有四：(1)找到元素組件：能用模式計畫執行事項，最直接的價值，是找到這些事務的源頭：元素或零組件，優化、活化這些元素及零組件，萬事萬物品質都可進升，水到渠成；(2)創新知能結構：運作優質教育模式，能夠日日創新每人內在知能模組，展現新生命、新活力、新動能，期待外顯化為德行作品；(3)精緻規劃模式：規劃創新素養豐沛之人，有多元精緻模式選用，生活、學習、事業、人際之間都能有精緻模式節奏與旋律，生命就像一首優揚的交響曲；(4)創新教育價值：教育是人習得知識的主要橋樑，教育模式與教育主題計畫，永續創新人與教育組織的教育價值，並歸屬人類共享，持續進升人類的文明與文化。

執行應變作為的價值有四：(1)師生認同實踐：任何的危機應變與執行實踐作為，都要全校師生認同，才能真實實踐；(2)貫徹方案達標：以防疫應變計畫

為例，要完成「守護家園，大家健康」為目標，唯為貫徹方案達標，才是成功的應變計畫；(3)建立應變機制：很多危機應變機制都需要經驗的累積，例如：臺灣於 2020 年新冠狀病毒防疫應變機制的成功，與 2004 年 SARS 病毒入侵的應變經驗攸關，防疫團隊能夠珍視舊經驗，針對新病毒特性，建置超前部署應變機制，有效守護國人健康，創新臺灣新亮點，「防疫應變機制」成為全世界各個國家仿效學習的典範，防疫也能創新價值，成為世界美談的「正能量」；(4)進升風險管理：「專業團隊」→「精準因應」→「超前部署」→「每日說明（資訊公開）」是臺灣 2020 年防疫成功的四大關鍵因素，這四大因素的績效價值，也將成為今後「進升風險管理」的藉鏡。

陸、結語：自主行動的素養需要「規劃→創新→執行→應變」的實踐

自主行動的第三個核心素養是「規劃執行與創新應變」，本章的敘寫模式稍作調整。採用「規劃→創新→執行→應變」程序，筆者認為，規劃素養內含創新的元素，而執行的素養有應變的元素。列舉精緻教育模式，優質主題教育計畫，應變危機方案的實例，「用智慧（KTAV）」→「做中學（體驗學習）」→「有作品（做創客）」→「論價值（價值評量）」，才能真正實施「規劃執行與創新應變」素養的教育。

第十二章　「符號運用與溝通表達」素養的教育

導論

本章用「KTAV學習食譜」來解碼第四個「核心素養」的直接教育，用「新知識（K・真）」→「含技術（T・善）」→「組能力（A・美）」→「展價值（V・慧）」來分解這一個素養的「教育內容」應該是什麼。本項素養的「新知識（K・真）」包括兩項素養：「符號學習與運用」及「溝通對話與表達」。

「符號學習與運用」含括四大學習：(1)語言學習；(2)文字學習；(3)符碼學習；(4)標題學習。「溝通對話與表達」的新知識範圍也包括四大溝通：(1)認知溝通；(2)專業溝通；(3)同理溝通；(4)價值溝通。

本素養的教育攸關「語言知識的學習」，係屬國家重要教育政策，是以筆者建議：(1)普及教育及脫盲計畫：尤其是老人文盲與弱勢學生的國際語言教育；(2)國語的知識優先於國際語言知識；(3)關切「母語」與「程式語言」的重要性與標準：母語應指屬地主義的母語；(4)國家應頒訂國語、國際語言、臺語及程式語言教育實施計畫暨國小、國中、高中「語言知識」及「語言知能」標準，實施四語共進的國家。

本章用「兩張圖示」表達這一素養教育的「美能量」，一張是由「知識生命與素養的教育元素」（56 個元素表）為核心，改裝為「語文符號知識教育的功能」；另一張是「教育 1.0 至教育 4.0 的進升任務指標」。第一張圖呈現三大意涵：(1)「語言符號知識的學習」幾乎與「整體教育」同義，是教育最關鍵、最核心的「基礎」與「力點」；(2)「符號學習與運用（語文符碼）」近似教育的「內構、外築」功能與地位；「溝通對話與表達（認同價值）」也近似「知識遞移、知能創價」的教育功能與目的；(3)教育的目的「3.0 全人發展到 4.0 全人發展」也與「百業興隆、適配幸福」（語文知識學習）幾近同義。第二章圖呈現教育 1.0 至教育 4.0 的版本設計「學校發展」、「教育取向」、「教育目的」也可與「語文教育目標」同步結合。

語言文字的「共好價值（慧能）」展現在人的一輩子，主要有四：(1)生活互動的工具；(2)知識遞移的媒介；(3)知能創價的源頭；(4)成人旺業的紀錄。溝通表達的「共好價值（慧能）」則展現在人類群組關係的精進，主要有四：(1)認識彼此；(2)有效對話；(3)激勵共學；(4)助長動能。

壹、緒言：「溝通互動」素養 I 的「KTAV 學習食譜」

溝通互動素養有三個核心素養：「符號運用與溝通表達」、「科技資訊與媒體素養」，以及「藝術涵與美感素養」。第一個素養是「語言文字」修鍊而來的素養；第二個素養是「數位媒材」修鍊而來的素養；第三個素養則是「藝術美育」修鍊而來的素養。語言文字的溝通表達是「知識與知識互動的基石」，人要藉由文字及語言的表達才能互動，才能共同生活。數位媒材科技，是人類共同運用的溝通神兵利器，有它當工具，溝通互動的效果可以增進人類生活品質，提升文明文化。藝術美育的素養則是人生「知能」、「量能」系統結構之美的整合，孕育「德美→智美→體美→群美→美美→新美」六育之美的人生。

第一個素養「符號運用與溝通表達」的 KTAV 學習食譜，如表 12-1 所示。

表 12-1　「符號運用與溝通表達」素養教育的 KTAV 學習食譜

單元名稱：第 12 章　「符號運用與溝通表達」素養的教育			設計者：鄭崇趁 2020.05.04
新知識 （K・真） 致用主題知識	⇨ 含技術 （T・善） 能操作學習技術	⇨ 組能力 （A・美） 實踐行為能力	⇨ 展價值 （V・慧） 人類群己教育價值
知識名稱及意涵	教學活動（學習步驟）	師生實物作品	成果價值詮釋
・符號學習與運用 1.語言學習 2.文字學習 3.符碼學習 4.標題學習 ・溝通對話與表達 1.0 認知溝通 2.0 專業溝通 3.0 同理溝通 4.0 價值溝通	一、語言文字學習法 1.聽說讀寫法 2.造詞造句法 3.朗讀背誦法 4.詩歌作文法 二、符碼標題系統法 1.百業符碼系統 2.文明標章系統 3.卓越命名系統 4.經典標語系統 三、認知溝通的表達 1.呈現教材→2.說明意涵→ 3.串聯結構→4.功能運用 四、專業溝通的表達 1.確立溝通目標→2.陳述專業學理→ 3.對話平衡機制→4.達成新制標準 五、同理溝通的表達 1.自我坦露→2.共鳴支持→ 3.釐清覺識→4.自我成長	語文 知識 符號 教育 學習 〈溝通〉 〈表達〉 符號學習與運用（語文符碼） ・真（致用知識）→人、事、時、地、物、空 ・善（經營技術）→感、知、覺、識、悟、達 ・美（實踐能力）→德、智、體、群、美、新 ・慧（共好價值）→仁、義、禮、法、品、格 ・力（行動意願）→實、用、巧、妙、化、生 ・行（德行作品）→意、願、動、脈、道、德 ・教（創新知能）→構、築、遞、移、創、價 ・育（進升素養）→知、識、能、量、素、養 百業興隆・適配幸福 溝通對話與表達（價值認同） 教育 1.0→4.0 進升任務指標 教育 1.0 私塾、書院時期 經驗化〈脫文盲、求功名〉 教育 2.0 學校教育普及化公共化時期 知識化〈知識人、社會人〉 教育 3.0 特色品牌學校時期 能力化〈獨特人、永續人〉 教育 4.0 新五倫・智慧創客學校 素養化〈智慧人、做創客〉	・語言文字的價值 1.生活互動的工具 2.知識遞移的媒介 3.知能創價的源頭 4.成人旺業的紀錄 ・符碼標題的價值 1.經驗化 2.知識化 3.能力化 4.素養化 ・溝通表達的價值 1.認識彼此 2.有效對話 3.激勵共學 4.助長動能
■編序□鷹架■步驟□流程 □原型■元素□成因■脈絡 □次級■系統□次要■變項	■內化■外化□交流□對話 □新化■活化■深化□優化 ■同化■調適□融入□存有	■真（致用知識）■善（經營技術） ■美（實踐能力）■慧（共好價值） ■力（行動意願）■行（德行作品）	□真實□體驗■生新■創價 ■均等■適性□民主□永續 ■傳承■創新□精緻□卓越
〈知識解碼要領〉	〈知識螺旋焦點〉	〈知識重組系統〉	〈知識創新價值〉

貳、「符號運用與溝通表達」素養的新知識（真）

人類用語言的「聲音」和文字的「意涵」作為溝通交流的主要工具，除了語言文字為最重要符號以外，「符碼」、「標題」、「圖形」、「器物」也是廣義的符號。是以形成「符號運用與溝通互動」素養的新知識，主要在「符號學習與運用」暨「溝通對話與表達」兩大類新知識及其技術的學習。符號學習與運用的新知識範圍包括四大學習：(1)語言學習；(2)文字學習；(3)符碼學習；(4)標題學習。溝通對話與表達的新知識範圍也包括四大溝通：(1)認知溝通；(2)專業溝通；(3)同理溝通；(4)價值溝通。

一、符號學習與運用

「符號」也是知識的一種，就人類使用過的符號觀察，最主要的符號是「語言」與「文字」，稱為「語言的知識」及「文字的知識」，次要的符號，則有「形色的知識」，例如：形狀、顏色、聲音、光線、明暗、虛實、晨昏、冷熱、厚薄、有無、生滅、新舊、死活等，以及「意象的知識」，例如：「意識型態」的表達、「不同觀點」的表達、「理論理念與實務工作」結合實踐的表達，各專門行業個殊專有名詞的運用及表達都屬於「意象的知識」，意象的知識乃「心向的符號」，用在人與人的溝通互動，都屬高階「概念建構的知識」以及「現象詮釋的知識」。

「語言知識」的學習是國家重要政策，筆者建議國家應布建下列教育機制：(1)普及教育及脫盲計畫：國民基本教育已延長十二年，為了教育上的「公平正義」，「老人文盲」、「弱勢學生」與「弱勢族群學生」的脫盲及是否具備國際語言「溝通能力」猶為重要；(2)國語的知識優先於國際語言知識：國語知識要精熟鍊達，國際語言知識「溝通無礙」即可；(3)關切「母語」與「程式語言」的重要性與標準：在臺灣所生的孩子，他（她）們的母語就是「臺語」（屬地主義），非其母親原藉的語言，「程式語言」也是新興而必須學習的語言；(4)

國家應頒訂國語、國際語言、臺語及程式語言教育實施計畫，以及國小、國中、高中「語言知識」及「語言知能」標準，實施四語共進的國家。

「文字知識」的學習重點與「語言知識」有所不同，語言學習是「聲音變化」的符號，文字的學習則是「形狀變化」和「字串展延意涵」的符號。「文字知識的學習」也是國家重要政策，筆者建議，教育局應重視各級學校語言文字共同教材的編纂，尤其下列四類共同教材確有需要：(1)國小、國中、高中「文字學」基本教材：提供學校師生，掌握學程「文字」的形、音、義，厚實國文基本能力與素養；(2)編輯「國學」、「文學」、「素養（修身）」經典教材：輔以影音美讀與詩詞吟唱，提供師生融入課堂教學及自主數位學習；(3)編輯「小學、中學、大學」三階段進升版「國語辭典」及英漢辭典：提供師生最佳化的輔助學習教材與標準數位資料庫；(4)錄影轉播歷屆國語文競賽現場，暨後製主要績效成果：並商請評審專家，製作案例教材（影音媒材），建置網站，提供各級學校教師，融入教學資料。

「形色知識」的學習要領，得將形色知識分成四大類，然後統整至各領域（學科）核心單元中學習：(1)自然的形色知識：如山河大地、動物系統、植物系統、自然生態；(2)人文的形色知識：如生活文化、百業分工、秩序習慣、價值意識；(3)科學的形色知識：如數位文明、工業文明、教育機制、制度創新（新顏色、新機制、新結構、新系統）；(4)生命的形色知識：如身體膚色、高矮胖瘦，及其使用的語言、文字、符號、動作符碼。

「意象知識」的學習要領，教師要教導學習者掌握四大重點：(1)掌握專有名詞的學習：每一學門的專有名詞就是學門的核心知識與技術，學會核心知識及技術，才能準確表達專業的意象；(2)結合「核心價值」的學習與表達：人的學習行為與任務實踐，除了事務本身的「理論（專有名詞）」外，要考量做出事務（生命任務）的核心價值及教育價值，才能更符人性與事務共好的價值意涵；(3)介紹世界各國國旗意象的教學：國旗代表一個國家文化的總體意象，是學生應優先了解與掌握的基本意象知識；(4)介紹各專門行業標章（slogan）：如在電視臺中，臺視（ ）、民視（ 民視）的意象最為明顯耀眼；在汽車中，賓士（ ）、BMW（ ）、Toyota（ TOYOTA）的意象極為突出超群，各行各業的重要圖騰、標章，也是意象知識的主流脈動。

二、溝通對話與表達

溝通互動是語言、文字、符號的表達行動，它是一種「對話」的形式，稱之為溝通對話與表達，狹義的「對話」是指「對話」的內容與方法、品質。廣義的「對話」則指學校教育中師生間互動的對話，可以擴及到所有「教育活動」及「自主學習活動」間的互動、對話及溝通。溝通表達的主要目的，在於人與人之間彼此「知道、了解」、「認同、共事」、「合作、互動」、「創價、進升」、「共榮、共享」。就溝通對話的知識性質而言，又可分類為「認知溝通」的知識、「專業溝通」的知識、「同理溝通」的知識，以及「價值溝通」的知識。

認知溝通的知識，指溝通互動雙方能用雙方都「知道、了解」的「語言、文字、符號」互動對話，讓彼此知道表達的意涵，知道對話的目的、主體與作為或不作為，適用於第一層次及第二層次的「溝通表達」目的：「知道、了解」與「認同、共事」。適用於家人的生活，同儕的學習生活，以及群己關係社會流動的生活。教育機制中的語言文字學習，符碼標題學習，都在厚實「認知溝通」的知識，增益認知的對話表達技術、能力、素養。認知溝通的「基礎知識（真）」一樣，會滋長為「含技術」→「組能力」→「展價值」。

「專業溝通」的知識，指溝通互動群族能用溝通目的「事理」的專業「語言、文字、符號」作深層原理的對話，探討「尋根、築梯」的有效作為，適用於「行政、立法、司法」的幹部會議，計畫策定，法律審查，司法判決，中小企業的幹部會議，公司經營方向的決策，產品的研發與行銷策略的選擇，師生之間專門專業學科的「專業對話」都屬於「專業溝通」的知識。

「同理溝通」的知識指支持性、共鳴性、介入性、緩解性的溝通「知能素養」，是學校教育機制中「教育→輔導→諮商→心理治療」需求脈絡所發展出來的「新知識（真）→含技術（善）→組能力（美）→展價值（慧）」，概指教育人員（教師）應具備的「輔導基本態度（知識）」及「諮商初階技術」，基本態度如：溫暖、真誠、接納、尊重、支持等；諮商初階技術如同理心、回饋、引導、自我表露、問題解決等。更廣義的「同理溝通知識」，則包括「教育愛」、「關照能」、「支持網」，及「責任心」。這些「愛→能→網→心」的知識能量運用在互動溝通上，就可以對當事人產生「支持→共鳴→介入→緩解」的情意效果，都屬於同理溝通的知識與技術。

價值溝通的知識，指親師生、政府教育官員與學校經營幹部的溝通，以「價值」為核心元素，所進行的對話表達。筆者曾在《校長學：成人旺校九論》（鄭崇趁，2013）一書的第八章，撰寫「溝通價值論」（頁 217-244）。該章文本的「節目」，可以概要敘述「價值溝通的知識」：(1)價值的教育意涵有五：①價值引導溝通的方向；②價值賦予溝通的內涵；③價值釐清溝通的輕重；④價值開展溝通的脈絡；⑤價值實現溝通的目標；(2)教育溝通的特質有五：①知識傳遞的溝通；②智慧價值的溝通；③情意共鳴的溝通；④專業示範的溝通；⑤經營本位的溝通；(3)政策理念的價值溝通要領：①實現教育目標的價值；②實踐教育理論的價值；③達成階段任務的價值；④突破學校發展瓶頸的價值；⑤創新學校特色的價值；(4)課程教學的價值溝通要領：①課程統整（2000 年「新課程綱要」）的教育價值；②學校本位課程的教育價值；③自編教材的教育價值；④教育產品的教育價值；⑤核心知識（能力）的教育價值；(5)策略技術的價值溝通要領：①組織學習活絡知識螺旋的價值；②實踐篤行創發專業示範的價值；③知識管理傳承核心技術的價值；④順性揚才回歸學生主體的價值；⑤圓融有度彰顯價值溝通的價值。

參、「符號運用與溝通表達」素養的善技術

「新知識」都含有可操作學習的「次級系統」技術，這些好的次級系統技術（原本也是知識的一種），我們稱之為「善技術」，「符號學習運用」的新知識包括「語言學習的知識」、「文字學習的知識」、「符號學習的知識」以及「標題學習的知識」，它們的「善技術」適合兩類整合來「系統重組」，重構為「語言文字學習法」及「符碼標題系統法」。「溝通對話與表達」的新知識包括「認知溝通的知識」、「專業溝通的知識」、「同理溝通的知識」及「價值溝通的知識」，因為它們對學習者而言，都是「溝通表達」的「新知識」，這些「新溝通表達知識」的分類較為明確，適合個別分析其「內含」的善技術。是以本章將其定名為「認知溝通的表達技術」、「專業溝通的表達技術」、「同理溝通的表達技術」，以及「價值溝通的表達技術」。

一、語言文字學習法

「國語」的課程，從小學的「注音符號教學」，中學與大學的「國文」課程，都在教本國的「語言文字」，國家的（自己的）語言文字是國人溝通互動的主要工具，可說是國人基本生活的「媒介」，也是國家文明文化表現的基石。中華民族有五千年歷史，留存的經、史、子、集浩瀚無涯，足夠當代人據以「傳承創新」暨「進升開展」，具有渾厚豐碩「語言文字」基底是國人的福報。

語言文字學習法通常使用下列「善技術」：(1)聽說讀寫法：語言的表達要「字正腔圓」，文字的表達要「正確典雅」，所以小學到大學，本國語文字的「教與學」，強調口到、眼到、手到、耳到，並且要心到，教學法上，就名之為聽、說、讀、寫法；(2)造詞造句法：單字的學習用「聽說讀寫」法，片語與句子的學習，則用「造詞」、「造句」法，讓學生在各種遊戲活動、歌唱中練習使用「造詞、造句」，增加學習者的詞彙；(3)朗讀背誦法：先輩留下來的精美詩、詞、歌、賦、文選都是智慧的結晶，這些智慧結晶，運用本國語言文字

的「經典」，都要人朗讀背誦，長期留存，適時運用，並與現實生活連結表達。能夠朗讀背誦的經典素材愈多，人就能夠「道貫古今，德配天地」（吳道子對孔子的評價）；(4)詩歌作文法：語言文字的表達要「精緻典雅，言簡意賅」不是很容易，教師可以從「詩歌、作文」的仿作開始，激勵學生寫詩、寫歌、作曲、作文，並且參加各種語文競賽，留下詩歌作文習作、創作作品，提升學生語言文字「運用表達」素養。

二、符碼標題系統法

「注音符號」、「九九乘法表」、「羅馬拼音系統」都是「語言」、「數字」、「文字」系統的符號，這些符號都能以「簡明的形狀系統」，表達不同聲、形、意、涵，然後串聯成豐富多彩有價值的生活情境及學習、事理、人際互動「個殊意涵」，提供人類互動時，表達溝通，彼此了解，能夠互動、合作，一起過群居生活，一起學習知識，一起傳承創新人類的文明文化，是以「符號」也是知識的一種，人類最重要的符號是語言文字，語言文字也要靠「注音符號」、「數字符號」、「羅馬拼音法」簡易的形狀系統符號來標示其「聲母」、「韻母」。超越「語言」、「文字」的符號系統還很多，等待著人來學習辨識，知道認識百業符號系統的人，生活事功就能結合使用這些符號，更能豐厚素養能量，生命必然「智慧超群」、「精彩萬分」。

從學習者的需求來看「符號」的學習，筆者倡導「符碼標題系統法」，「符碼標題系統法」指學校配合教育環境整備及教材編製，為學生蒐集、編製四大系統符號：(1)百業符碼系統：如人類食、衣、住、行、育、樂、事業、生活百業分工，各行各業發展其事業主體或產品的符號標示系統，例如：交通安全符號、電視臺臺徽、學校的校徽、品牌標章識別系統、公司產品（slogan）標幟系統等；(2)文明標章系統：世界之最的文明文化標章系統，「文明符號」標章讓人了解人類生命生活「發展趨向」，「文化符碼」標章讓人了解人類真實的生活如何「傳承而創新」；(3)卓越命名系統：人名、物名、事名，都有卓越命名範例，這些卓越命名也是「符號」經典的運用，對人、對物、對事都有「功業」、「價值」的效益，值得適時系統整理，直接教給學生；(4)經典標語系統：如學校的「校訓」（臺北教育大學在師專時期使用「良師興國」，改制教育學院及教育大學後使用「敦愛篤行」，北京師範大學使用「學為人師、行為世範」等）、學校的願景圖象（臺大八十，世界百大）、企業經營標語（福特四輪，轉動全球）等。這些優質成功，積極正向的標語都能振奮員工，帶領生員凝聚意識，朝理想目標努力，標語系統也是廣義的符號，值得教育人員系統整理，教給學習者自主體會、運用。

三、認知溝通的表達要領

認知溝通的「善技術」是「表達」的技術要領，主要目的在讓彼此「知道、了解」、「認同、共事」，是以「溝通表達」的要領有四個連續步驟：(1)呈現教材：以「教學」為例（教學是教育活動最典型的認知溝通，它的目的在教會學生「知道、學會」教材知識及技術）。就要呈現課本的章節，或者直接呈現「單元學習食譜」，揭示給學習者看到要學習教材的「新知識→含技術→組能力→展價值」。（揭示要學習知識生命的小循環）。也等同於教師告訴學生，老師要用「知識」創新學生的「新知識」是什麼？(2)說明意涵：逐一說明「正要學習中教材」的知能意涵價值，激勵學生想要了解它、知道它、學會它、運用它的意願、操作、力行、運用、完成作品；(3)串聯結構：操作、力行、運用、完成德行作品要學會「新知能」彼此之間的系統結構，成為模組化的存有，才能外築精緻的德行作品；(4)功能運用：對於本單元「新知識（K・真）」→「含技術（T・善）」→「組能力（A・美）」→「展價值（V・慧）」整體功能運用，就是單元學習的「價值論述」與「價值評量」，符合學生認知價值（學得會的知能），才有學習的價值，師生之間才有「溝通表達」的必要。

四、專業溝通的表達技術

專門學能的教學暨危機處理的溝通最需要專業溝通，教授必須使用高階的「善技術要領」才能教會學生（學會使用專門學能），以此次新冠肺炎防疫的危機處理為例，防疫指揮官及團隊成員對民眾的溝通，要將防疫專業素養的「知能、技術、措施」明確化、精緻化、淺顯化、系統化、版本化，適時揭示給民眾，並說明它的學理、需求、價值，並「超前部署」，讓人民發揮「集體智慧」，守護個人及家園，共同渡過危機，保有基本的「動能貢獻」。

專業溝通的表達技術通常有四大步驟：(1)確立溝通目標：如防疫的主要目標在守護國人健康，例如：立法的主要目標在確立組織任務的運作機制，專業溝通的主要目標在確保決策的品質符合專業學理的標準；(2)陳述專業學理：萬事萬物均有其專業類別歸屬，專業屬性愈為濃烈的事物，愈要有專業學理的支撐，才得以圓滿完成任務，才得以據此論述其績效價值；(3)對話平衡機制：溝通時，彼此引用的學理不同，就會產生不同價值選擇，對話作用，即在平衡這些不同價值的融合，與彼此可接受程度的「價值平衡」；(4)達成新制標準：專業溝通指互動的歷程要專業導向，溝通的內容與結果品質要符合專業的訴求，而更為重要者要達成新制的標準，這一標準有時是原來標準的進升，也有可能是原來標準的下調，例如：美國聯準會在決定利率水準時，有時加碼（提升），有時減碼（調降），就是專業溝通後，達成的新制標準。

五、同理溝通的表達技術

「同理心」是輔導諮商的專有名詞，其主要意涵為「共鳴性的了解」，能站在對方立場，設身處地了解、支持、認同、共鳴對方所表達的意見稱之為同理溝通。同理溝通的表達技術約有下列四大步驟：(1)自我坦露：毫無保留將自己想說、真實處境、意見條件完全表白，坦露自我觀點與之所以如此的背景緣由；(2)共鳴支持：兩造雙方都自我坦露之後，彼此交互支持共鳴的表白，就是不同立場與價值觀造成的對立、困難融合的意見，也要給予尊重，尊重其表達坦露的權利；(3)釐清覺識：同理溝通「坦露、表達」「激盪、共鳴」的主要作用在「參照他人共鳴支持的殊異性」，釐清自我覺識，覺察到自己深層的主張、見識與「知能的系統結構」（覺察本性）；(4)自我成長：每個人只要能釐清自我意見主張的深層緣由與成因，就會自我成長，成長到與大家一致的觀點、主張與可以接受的事理價值，繼續與同一群族的人共存、共好、共融、共享。

六、價值溝通的表達技術

價值教育實施的主要方法有（鄭崇趁，2018c，頁 123-126）：(1)價值論述：領導人或教師講話時常用「價值論述」論述事務的價值，論述學習單元的價值，讓同仁知道任務的意義與價值，凝聚認同與實踐動能；(2)價值回饋：老師在學生學習歷程中，有妥適的行為表現，常給學生實質意義與價值回饋，激勵其正向價值的確認與進升，永續創新動能，永續進升能量素養；(3)價值評量：單元教學結束前，教師常用「價值評量」評量學生的作品價值，評量學生的教育教學歷程的價值，評量教材方法的績效價值，價值評量是素養取向教育最具實效的評量方法；(4)價值實踐：實踐新五倫的核心價值，實踐新四維版本價值，實踐素養取向教育的價值意涵，實踐教育 4.0 的指標價值，都是「新教育」的價值實踐，用「價值」為教育的新核心，實踐「智慧教育」、「創客教育」、「新五倫、新四維」品德教育，「新價值教育」，都是具體的價值實踐。因此，價值論述、價值回饋、價值評量、價值實踐四者，也可當作價值溝通的表達技術。

肆、「符號運用與溝通表達」素養的美能力

本章藉用兩張經典的圖示來表達「符號運用與溝通表達」素養的美能力，第一張圖是「知識的生命與素養的教育元素」進升詮釋為「符號學習與運用（語文符號）」暨「溝通對話與表達（價值認同）」關係圖示（如圖 12-1 所示）。第二張圖是「教育 1.0→教育 4.0 進升任務指標」（如圖 12-2 所示），這兩張圖都能夠有效詮釋「符號運用與溝通表達」實踐能力的「系統結構」之美。

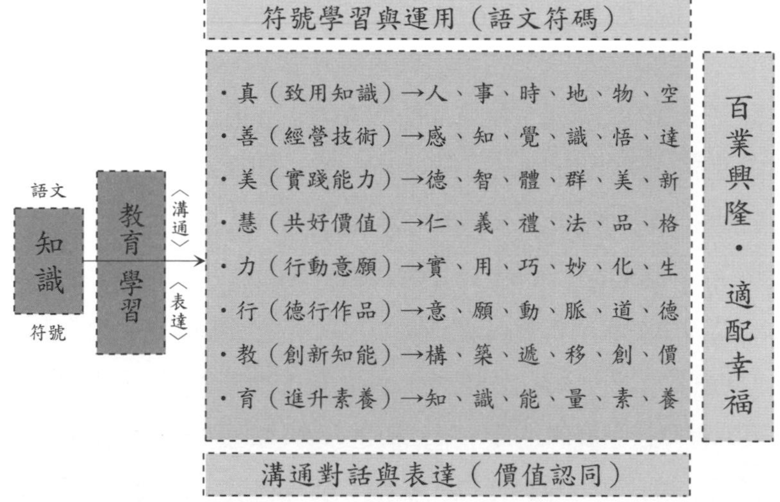

圖 12-1　「符號學習與運用（語文符碼）」暨「溝通對話與表達（價值認同）」關係圖

資料來源：作者依學理繪製

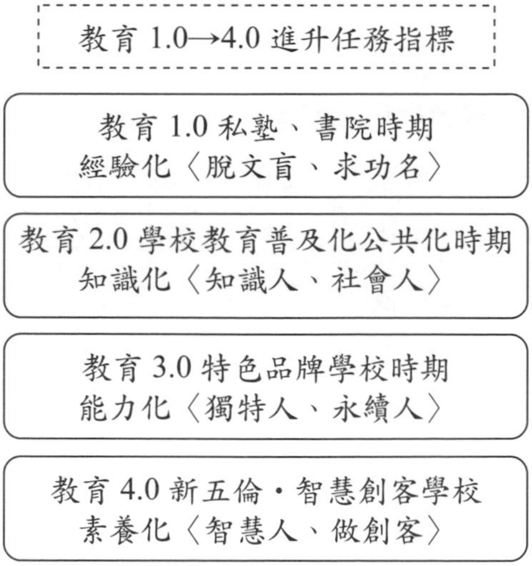

教育 1.0→4.0 進升任務指標

教育 1.0 私塾、書院時期
經驗化〈脫文盲、求功名〉

教育 2.0 學校教育普及化公共化時期
知識化〈知識人、社會人〉

教育 3.0 特色品牌學校時期
能力化〈獨特人、永續人〉

教育 4.0 新五倫・智慧創客學校
素養化〈智慧人、做創客〉

圖 12-2　教育 1.0→教育 4.0 進升任務指標

資料來源：進升自鄭崇趁（2018c，頁 2）

語言文字及符號符碼都是知識的一種，這些知識也都要經由「教育」與「學習」才能進入人身體（圖中的大方形就象徵人身）。教育的主軸是「師生間的溝通」，學生學習的主軸是「學生知能的表達」，溝通表達的內容，就是這些「知識生命進程」暨「教育元素」與人本有的「知能元素」（已經學會的舊經驗）螺旋對話、融合遞移、系統重組、知能創價。內構的新知能模組再外築為具價值任務指標（德行、作品），學會經營百業分工所需的素養能力，才能人盡其才、才盡其用，國家社會百業興隆，人人過著適配的幸福人生。

教育 1.0 至教育 4.0 代表三種教育任務系統的進升：第一種是「知識實體」的進升（第二種學校發展的進升，第三種是教育目的進升）：教育 1.0 的世代停留在用「經驗」辦教育的年代，以「私塾」及「書院」為代表，它們是「學校教育」的濫觴。教育之目的在「脫文盲、求功名」。教育 2.0 是學校教育普及化、公共化的年代，是用「知識」辦正規學校教育，教育目的在培育「有知識的人」及「社會化」成功的人。教育 3.0 是「能力化」時期的教育，臺灣自 2000 年頒行「九年一貫課程綱要」起，強調教給學生「帶得走」的十項基本能力，學校發展校本課程及特色教育，是特色品牌學校時期的教育，教育目的進升為「獨特人、永續人」。教育 4.0 是「素養化」時期的教育，教育的知識主軸，進升為新五倫價值教育、智慧教育、創客教育，是新五倫・智慧創客學校時期的教育，教育目的也進升至「智慧人、做創客」的培育。

教育 1.0 至教育 4.0 的進升任務版本，也用語言文字（符號）表達，辦教育的人（領導及教師），都要有版本內容的素養能力，才能帶領教師使用「KTAV 學習食譜」來實踐新五倫價值教育、智慧教育及創客教育，促進師生「知識遞移」流量豐沛，師生進而能「知能創價」，展現永續的「智慧創客」作品。師生都實踐 4.0 的教育，教育就能夠用「知識」進升人的「智慧人、做創客」、「新領導、優教師」、「能家長、行國民」，教育中的知識是有生命的，我們稱之為「活教育、創價值」。

伍、「符號運用與溝通表達」素養的慧價值

語言文字的「價值」（共好慧能）展現在人的一輩子，主要有四：(1)生活互動的工具：人是群居的動物，人與人互動的工具，主要依賴語言及文字；(2)知識遞移的媒介：小學到大學的教育，都在「知識的傳承與創新」，教師能將教材的知識「遞送、轉移」到學生身上，創新學生知識，稱知識遞移，知識遞移的媒介也靠語言文字及符號；(3)知能創價的源頭：語言文字承載著知識進入人身，滋長新知識能量，然後能夠「知能創價」，創新生命價值及創新教育價值。語言文字是知能創價的源頭；(4)成人旺業的紀錄：語言文字記錄著人類立德、立功、立言的史實，傳承創新人類文明文化的新價值。

符號標題的「價值」（共好慧能）則展現在個殊文化之上，主要有四：(1)經驗化的價值：如原住民族的各種圖騰符號；(2)知識化的價值：如注音符號系統、羅馬拼音系統，都是符號系統「知識化」的經典，這些符號的串聯，就具有「知識化」及「價值化」的價值；(3)能力化的價值：以「手機」的進化史來看「單功能手機」（僅有電話功能），進升到「多功能手機」（有錄音、留言、照相功能）再進升到「智慧型手機」則有導航、閱讀、AI 電腦功能，都是標的物（物名也是符號的一種），功能化、能力化的價值；(4)素養化的價值：語文、文字及符碼所承載的「知識」，它們進入人的身體之後，就會隨著人的生命而滋長其生命，「新知識（真）」→「含技術（善）」→「組能力（美）」→「展價值（慧）」→「成智慧（力）」→「達創客（行）」→「行道德（教）」→「通素養（育）」。中華文化的「經史子集」、「詩詞歌賦」都是語言、文字「素養化價值」的印記。

溝通表達的「價值」展現在人類群組關係的精進，主要有四：(1)認識彼此：人類總人口數已超過七十億人，每個人彼此認識而有互動過的人都屈指可數，家人、社區、同胞、同業、同學、同事都是有限的，溝通表達的主要價值在「認識彼此，拓展視野」；(2)有效對話：人與人相遇，有互動溝通者必有生活或事

務任務需求，溝通表達要能「有效對話」，「完成任務」才有價值；(3)激勵共學：人與人的溝通對話，除了要共同完成任務之外，仍有「激勵共學」的價值，先學會最好的合作方法要領，然後完成任務，最具價值；(4)助長動能：溝通表達的最大價值在「彼此激勵，助長動能」，由個人的「自我實現」助長大家的「集體智慧」動能，產生組織「創新進升」價值最大化。

陸、結語：語言文字符碼是人類溝通互動的神兵利器

人類發明了語言、文字及符號，語言聲音還與生俱來，它們都是人類知識的一種，它們也形成「人教育人」的主要工具，語言、文字及符號，可以說是人類互動溝通的神兵利器。世界上的語言文字千百萬種，它們各自地傳承創新自己的族人文明文化，當代的人經由教育，要學習好四種語言文字及符號：國語、母語、國際語言及程式語言，國語及母語傳承創新國家文明文化，國際語言及程式語言讓自己能與世界主流文明同步發展，了解世界，移動溝通無礙，順應地球村的挑戰，承擔起國際公民責任。

第十三章　「科技資訊與媒體素養」素養的教育

導論

本章用 KTAV 解碼「科技素養」及「媒體素養」的教育，這兩個看似相異的素養，其實有四大共同趨勢：(1)數位化；(2)雲端化；(3)虛擬化；(4)系統化。尤其是數位化及系統化的趨勢下產生了「程式語言」，成為當代人類必須學習的四種語言之一。對於人類文明文化進程的影響十分深遠。是以本章揭示了四門教育課程來當作「科技資訊與媒體素養」的「新知識（K・真）」。這四門課程是：(1)數位教育學；(2)智慧創客教育；(3)傳播教育學；(4)傳播百業新價值。

「數位教育學」的「新知識（K・真）」主要有五個「章節」：(1)認識數位工具；(2)掌握雲端系統；(3)數位生活要領；(4)數位學習技術；(5)數位創客作品。「新知識（K・真）」的章名都可以「含技術（T・善）」節名。各節名再統整為「教學的善技術」，是以「數位教育學」的善技術概指「學資訊」→「用數位」→「寫程式」→「做創客」。「智慧創客教育」的善技術則指「用智慧（KTAV）」→「做中學（體驗學習）」→「有作品（做創客）」→「論價值（價值評量）」。「傳播教育學」的「善技術」主軸在傳播百業的KTAV（真、善、美、慧）：(1)傳播真的訊息（知識）；(2)傳播善的方法（技術）；(3)傳播美的實踐（能量）；(4)傳播慧的共好價值（慧能）。至於第四門課「傳播百業新價值」的善技術，則指運作「科技及媒體」的傳播「能量」，營造「新五倫」→「新百業」→「新價值」→「新臺灣」的作為，我們就稱為善技術。

「科技資訊與媒體素」的美能量（力），本書用「智慧機器人」來展現其「藝術智慧之美」，筆者認為，它具有四大實踐「新知識含技術」的美能量：(1)「新覺識（K）」（知識進升為覺識、見識）；(2)「新動能（C）」（完成新事務的動能can）；(3)「新創意（C）」（遞移新事理技術要領create）；(4)「新價值（V）」（進升新知能素養價值 value）。此「軌跡能量」孕育了素養教育的新 KCCV 知能創價模式。是以「科技資訊與媒體素」的教育，如能依循《知識教育學：智慧人・做創客》一書的方法（KTAV）及本書《素養教育解碼學》的主要方法（內構、外築、遞移、創價）加以實踐。它的「慧價值」則可以培育全民的全人發展。每個人都是：智慧人、做創客、新領導、優教師、能家長及行國民。我們的臺灣，也將由「自由民主的新臺灣 3.0」進升為「智慧創客新臺灣 4.0」。

壹、緒言：「溝通互動」素養 II 的「KTAV 學習食譜」

溝通互動的三個核心素養，第一個是「符號素養」（語言文字的運用），第二個是「科技素養」（資訊媒體的運用），第三個是「藝術素養」（美感藝能的運用），本章論述「科技素養」的教育。「科技資訊與媒體素養」的教育有四大趨勢：(1)數位化：資訊科技成為精緻的數位媒材，傳播媒體也成為數位傳播，數位化是兩者共同的特質趨勢；(2)雲端化：資訊科技發展一日千里，其所蒐集統整的大數據，或半結構化的訊息，都用雲端儲存，增加人類互動溝通的便利性，媒體材料與節目資料儲存運用，也靠雲端平臺服務；(3)虛擬化：知識的呈現、傳承與創新都虛擬化，不容易看到真正的實體，因為看不到實體，影音數位傳播的功能愈形重要；(4)系統化：具有系統結構的知識才是「真知識」，數位化、雲端化、虛擬化的同時，知識版本化、結構化、系統化更為重要，到處都可看見影音資料系統在播報圖表知識的系統結構。

本章用 KTAV 學習食譜，統整「科技資訊與媒體素養」應教給學生「致用知識（K）」、「經營技術（T）」、「實踐能力（A）」及「共好價值（V）」，如表 13-1 所示。

表 13-1　「科技資訊與媒體素養」教育的 KTAV 單元學習食譜

單元名稱：第 13 章　「科技資訊與媒體素養」素養的教育			設計者：鄭崇趁 2020.05.04
新知識 （K・真） 致用主題知識	**含技術** （T・善） 能操作學習技術	**組能力** （A・美） 實踐行為能力	**展價值** （V・慧） 人類群己教育價值
知識名稱及意涵	教學活動（學習步驟）	師生實物作品	成果價值詮釋
・科技資訊 1.數位教育學 2.智慧創客教育 ・媒體素養 3.傳播教育學 4.傳播百業價值	一、數位教育學 1.學資訊→2.用數位→ 3.寫程式→4.做創客 二、智慧創客教育 1.用智慧（KTAV）→2.做中學→ 3.有作品（做創客）→4.論價值 三、傳播教育學 1.學媒體→2.用傳播→ 3.傳價值→4.新素養 四、傳播百業新價值 1.新五倫→2.新百業→ 3.新價值→4.新臺灣	新五倫・新百業 新價值・新臺灣	・科技資訊價值 1.智慧人 2.做創客 3.能家長 4.行國民 ・媒體素養價值 〈啟動百業新價值〉 1.新五倫 2.新百業 3.新價值 4.新臺灣
■編序□鷹架□步驟■流程 □原型■元素■成因□脈絡 □次級■系統□次要■變項	■內化■外化□交流□對話 □新化□活化■深化■優化 ■同化□調適□融入□存有	■真（致用知識）■善（經營技術） ■美（實踐能力）■慧（共好價值） ■力（行動意願）■行（德行作品）	■真實□體驗■生新□創價 □均等■適性■民主□永續 □傳承■創新■精緻□卓越
〈知識解碼要領〉	〈知識螺旋焦點〉	〈知識重組系統〉	〈知識創新價值〉

貳、「科技資訊與媒體素養」的真（新）知識

「科技資訊與媒體素養」的教育得劃分為「科技資訊教育」及「媒體素養教育」，科技資訊教育得分成兩門學科來教學：「數位教育學」及「智慧創客教育」。媒體素養教育亦得分成兩門學科來教學：「傳播教育學」及「傳播百業價值」。這四門課都是「科技資訊與媒體素養」的新知識，真的新致用知識，扼要說明其教育內涵，如下。

一、數位教育學

「數位教育學」來自「資訊教育概論」的進升，資訊科技教育的主要趨勢在：「數位化」、「雲端化」、「虛擬化」以及「系統化」，從教育與學術的本質來看，筆者認為，採用「數位教育學」比較具有「前瞻本質」的學術學門意涵。「數位教育學」的核心知識與技術，尚有賴「資訊科技學門專家」與「教育學者」共同研發定位。筆者曾多次與博士班校長們談論，初步成果概要如下。「數位教育學」的核心知識應包括五個章節，章名可訂為：(1)認識數位工具；(2)掌握雲端系統；(3)數位生活要領；(4)數位學習技術；(5)數位創客作品。然後依據目前資訊科技發展的進程與「階段學層」整合，分別規劃這五章的教材內容，編撰成「國民小學」、「國民中學」以及「高級中學」之數位教育學。

國民小學的教材，主要內容有：(1)作業系統、文書應用、電腦元件等各式數位軟硬體及工具的認識及操作使用；(2)常見網路服務工具及雲端服務平臺的學習與使用；(3)學會正確及合理使用現代數位科技產品，並養成好的生活習慣及優質學習技術；(4)AR、VR、AI、IOT 等新興議題的學習應用；(5)學會操作運用 3D 列印、雷射切割等工具，並完成學習作品；(6)運用單機或雲端軟體服務，完成文書、簡報、繪圖及簡要程式設計。國民中學及高級中學的教材，除了統整小學教材為基礎外，再酌增下列教材：(1)數位工具（電腦、手機）結合雲端平臺的整合運用；(2)了解媒體識讀，遵守網路禮儀規範；(3)學會程式設計

語言及整合運用；(4)增加智慧創客作品品質與數量；(5)學習「智慧管理」智慧創客學習作品。（註：本段文字多由博士生蔡明貴校長提供，特予致謝）

二、智慧創客教育

智慧創客教育是智慧教育、創客教育及價值教育三者的合稱。智慧教育指「知識（真）＋技術（善）＋能力（美）＋價值（慧）」四合一的教育，也指直接用「KTAV 學習食譜」的教育。創客教育指實施四創一體的教育，在本書中創客教育有明確的四個教學步驟：「研發有創意學習食譜」→「教導能創造操作學習」→「建構再創新知能模組」→「完成做創客實物作品」。價值教育指單元教學用價值評量收尾，引導師生實踐「價值論述」→「價值回饋」→「價值評量」→「價值實踐」的價值教育。

智慧創客教育及價值教育都可結合「知識遞移」理論，共同使用「KTAV 教學模式」及「KTAV 單元學習食譜」進行實際教學，產出「用智慧（KTAV）」→「做中學（體驗學習）」→「有作品（做創客）」→「論價值（價值評量）」的新穎教育模式。智慧教育是「資訊教育及行動學習」的進升，強調「教學生會使用智慧型工具學習知識者」為資訊知識（行動學習）層次，運用這些工具直接教給學生「智慧」者，才是真實的智慧教育。創客教育也來自「自造者教育」的進升，自造者教育強調運用 3D 列印等數位產品的教育，創客教育則普及化到各領域（學科）教學暨處室教育活動，教師均有激勵學生，留下「學習作品」（做創客），人生的作品定位人一生的價值。是以「智慧創客教育」的教育目標在培育「智慧人、做創客」，是「知識」教育的終極目的，也是「新育、新教育」的焦點。

智慧創客教育的「績效價值」可以從兩個指標來表達：(1)各級學校每年畢業生展出十件「智慧創客」代表作品；小學十件，國中十件，高中十件，大學十件，碩博士再十件，加上事業作品及晚年休閒育樂作品。這些作品的總和，就可以定位人一生的價值；(2)各級學校每年舉辦「智慧創客嘉年華會」，鼓勵全校師生每次選送自己的作品一至三件參賽，每年選出百大作品，展示一週，並進行智慧管理優勝作品導覽。作為次年度師生作品「傳承創新」的參照。

三、傳播教育學

本章將「媒體素養」的核心知識，整併為「傳播教育學」及「傳播百業新價值」。乃立基於「媒體」扮演「傳播」價值的「功能價值」，媒體之力量，主要在透過「新聞」、「戲劇」、「節目製作」、「影音效果」、「記者會」、「實況轉播」、「政令宣導」、「空中教學」、「視訊會議」等方式與全國人民「溝通」，扮演「教育」國民的角色功能。

「媒體」的本質是「自由的」、「自願的」、「訊息的」、「育樂的」、「生活的」、「經驗的」、「文化的」，以及「文明的」。人人能以這八大特質看待所有的「媒體」，稱之為媒體素養，簡述其要義如下：(1)自由的：媒體是人類表達自己意見的平臺工具，參與的人與製作的節目內容，言論自由、新聞言論自由都應受到法令及人權保護；(2)自願的：是否成為媒體工作者，製播節目型態內容的選擇，民眾是否選擇觀賞節目，都是自願的。只有好的節目，有價值的節目，民眾才會青睞，才具有真實的影響力；(3)育樂的：媒體的核心功能是提供「育樂節目」，幫助國民「休閒時」有節目觀看，有時亦可直接參與，休閒育樂的功能大於教育的功能；(4)訊息的：媒體提供大量的「新聞報導」與「專題報導」，提供社區的訊息、國家的訊息、國際的訊息、地球村的訊息給民眾，滿足人民「知」的慾望與「權利」；(5)生活的：媒體的節目製播在反映各時代「人類的生活」，不管劇情如何，人類「生活節奏」、「生活旋律」的對照，是影響、激化、提升當代人類生活品質的根，人類生活本身的傳承創新，須要媒體節目扮演中介催化的媒介；(6)經驗的：媒體也有部分教育的功能，幫助人類經驗永續的進升，「經驗」是身心「體驗學習」後的所得，媒體的節目是引導人類開拓各種「經驗」的鑰匙；(7)文化的：媒體也是多元文化的傳播者，傳播世界各國種族文化的殊異性節目，幫助「多元文化與國際理解」素養的教育；(8)文明的：媒體最大的功能在傳播世界文明的訊息，讓人類能夠知道各行各業「專業達人」的發明與貢獻，各學門（領域）研究、創新發現的「新知識」，讓「文明的進升性」及「文化的含容性」共存在人類的世界上。

四、傳播百業新價值

媒體是公共產業，它和教育的目的十分接近，它在「成就人、旺百業」。媒體是每一個人的舞臺，它為所有的人開放，每一個人都可以站上這舞臺，表現自己的才藝及言論，表現各行各業達人的「技術要領」與「優勢專長」，帶動他人的「認同」、「欣賞」、「分享」、「學習」，進而「知識遞移」、「知能創價」，暢旺百業興隆，創新進升人類的新文明文化。

媒體傳播百業新價值的作為，也可以比照 KTAV 知識遞移模式，傳播各行各業的「新知識（K）」→「含技術（T）」→「組能力（A）」→「展價值（V）」。扼要解說如下：(1)傳播專業新知識（K）：各行各業的新理論（專有名詞）、新產品的名稱，暨最新流行的「行話」都是專業新知識；(2)傳播優質經營技術：各行業領先企業，都有其經營技術的優勢亮點，這些優勢亮點就是活化進升公司（產品）的著力點（進升力點），優質經營力點的普及化，可以實質提高領域行業集體智慧與貢獻程度；(3)傳播實踐作為美能量：各行各業的動能貢獻，來自企業組織成員「有效智慧資本」的發揮，是「有力能」→「願意做」→「能擔責」→「高效能（創價值）」美能量的具體實踐；(4)傳播「行業別」的當代價值意涵：人類的百業分工，共同產出了當代的文明與文化，職業無貴賤，適配最幸福，文明進升性與文化含容性，讓人類百業此消彼長，更迭快速，當代百業隨時在被定義之中，每一行業的傳承創新，都具有「當代適配」的深度價值意涵，傳播各行業當代價值意涵，最能打動人心，認同自己專門行業的本質與貢獻，都是適配幸福的人。

參、「資訊科技與媒體素養」的善技術

一、數位教育學的善技術

數位教育學是資訊教育數位發展的新興學門，數位教育學的善技術，可以化約成下列口訣：「學資訊」→「用數位」→「寫程式」→「做創客」。簡要說明其經營意涵如下：(1)學資訊：如認識當前資訊科技的發明，數位工具的生活學習運用，雲端系統承載的知識技術與學習能量；(2)用數位：了解認識資訊科技發明，僅止於知，即知即行才符合當今素養取向的教育，例如：攜帶智慧型手機，學習中即時查閱資料，校正自己認知及立即解決問題，拍攝核心知識及技術圖表，智慧管理運用；(3)寫程式：程式語言已是學習者要學會的第四種語言，看懂程式語言的意涵，會用簡易程式語言管理表達自己的核心知識和技術，是將來人類生活與學習的趨勢；(4)做創客：人人都有「智慧創客」作品，讓「資訊科技」創新進升「智慧教育」及「創客教育」的內容及產品，達成新教育目的「智慧人、做創客」。

二、智慧創客教育的善技術

智慧創客教育的「善技術」指使用「KTAV 教學模式」及「KTAV 單元學習食譜」的備課與實踐教學，也是指學生有「智慧創客」作品的教學，因此，其實際「教與學」的要領技術（善技術）又可化約成：「用智慧（KTAV）」→「做中學（體驗操作）」→「有作品（做創客）」→「論價值（價值評量）」。概要說明其要義如下：(1)「用智慧（KTAV）」：真（致用知識K）＋善（經營技術 T）＋美（實踐能力 A）＋慧（共好價值 V），合稱為智慧，「KTAV 學習食譜」幫助教學內容能夠「真善美慧」四合一，是「有智慧」及「用智慧」的教育（教學）；(2)做中學（體驗操作）：KTAV 學習食譜，將每一則具體的「新知識」，都解碼為可操作的善技術（3～4）個，教師帶著學生操作體驗學習，學生用操作（體驗）「真知識含技術」；(3)有作品（做創客）：學生用學會的「知識含技術」，完成實物作品，代表學習中的「知識＋技術」已與學生的「本能（已經會的能量）」結合，可以產生新的「能力」，有能力（用新能量），完成新的德行作品（智慧人、做創客）；(4)論價值（價值評量）：單元結束前的綜合活動，教師引導學生進行本單元學習的「價值評量」，評量「學生作品」的價值，評量「學生學習」的價值，評量「教師教學」的價值，評量「單元教育」的價值。教師用單元教育創新學生每一天的生命價值，「知識」的學習，知識創新學生每天的「心理生命」，此之謂「新育」。

三、傳播教育學的善技術

傳播教育學的善技術也在於「真、善、美、慧」四位一體，「真、善、美、慧」四大元素的組合稱之為「智慧」，筆者認為「傳播教育學」的善技術，得以比照「智慧」的四大元素來辨識「傳播溝通」是否符合「善技術」的成分（元素）。解析說明如下：(1)傳播真的訊息（知識）：新聞傳播的首要精神指標是「真」，真的訊息要有明確的「人、事、時、地、物、空」，真實的訊息，才是「真知識」；(2)傳播善的方法（技術）：新聞傳播的第二個精神指標是「善」，也就是要報導事件（訊息）的好方法要領，多報導當事人做事使用到的「善技術」，類似詐騙集團的「詐騙技術」不宜發生在「傳播媒體」，「假新聞」及「不合理的詮釋」可能製造人類的恐慌；(3)傳播美的實踐（能量）：新聞傳播的第三個精神指標是「美」，美的實踐能量，美的德、美的智、美的體、美的群、美的美（真美、美中之美）、美的新、美的教育、美的文化、美的文明、美的人類、美的經驗；(4)傳播慧的共好價值：新聞傳播的第四個精神指標是「慧」，慧的共好價值，共好價值的「慧能」，傳播人與人的共好、事與事的共好、物與物的共好、時與時的共好、地與地的共好、空與空的共好，「人、事、時、地、物、空」六者並存的共好。「真善美慧力行教育」八大元素及其次級系統元素之間「系統模組」的共好價值（慧能）。

四、傳播百業新價值的善技術

傳播百業新價值專指「人」與「事業」之間共好的新價值（慧能）。其善技術概要有四：「新五倫」→「新百業」→「新價值」→「新臺灣」。意指用新五倫的「人倫德育」與當代百業「事理德育」交織，建構的「行業本位」的新價值，可用「新五倫」→「新百業」→「新價值」→「新臺灣」來表達其化約情境。概要說明其「價值」（慧能）意涵如下：(1)新五倫：本書揭示新五倫的版本，及其核心價值共二十則（價值專有名詞），這二十則價值詮釋了人與人共好的人倫綱常，應用融入百業之中的「主雇關係」及「同儕關係」，會造就了「新百業的核心價值」；(2)新百業：新百業的主雇關係價值是：專業、傳承、擴能、創價，新百業的同儕（同事）關係價值是：認同、合作、互動、共榮。新百業的成員都是：智慧人、做創客、新領導、優教師、能家長、行國民；(3)新價值：當代能夠留存的「新百業」，都有它之所以「存在」的「新價值」，以「教育事業」為例，「素養取向教育」及「邁向教育 4.0」加入營運之後，「新育・新教育」的新價值軌跡已日漸明朗，它們要用「元素構築」→「知識遞移」→「知能創價」建構「教育 4.0：新五倫・智慧創客學校」。新百業者會有新價值的「新覺識（K）→新動能（C）→新創意（C）→新價值（V）」的產品與事功。進入「智慧創客新百業」；(4)新臺灣：當前的臺灣是 3.0 世代的臺灣，3.0 世代的臺灣稱之為「民主自由新臺灣」；由於「新教育」及「新百業」（新價值）的帶動，新臺灣也可創新進升 4.0 世代，4.0 世代的臺灣也稱之為「智慧創客新臺灣」。4.0 的新臺灣是：工業 4.0、教育 4.0、百業 4.0 共構的智慧創客新臺灣。傳播百業新價值的「善技術」在：「新五倫」→「新百業」→「新價值」→「新臺灣」，主要目的在共構「4.0 的新臺灣：智慧創客新臺灣」。

肆、「科技資訊與媒體素養」的美能量

科技資訊素養及媒體素養都來自「數位教育學」、「智慧創客教育」、「傳播教育學」暨「傳播百業新價值」四個領域（學門）的新知識及善技術；我們從本章表 13-1 的「KTAV 學習食譜」中的「組能力」欄位上之「機器人」，顯得特別勻襯而具「藝術智慧之美」。筆者認為它具有四大實踐的美能量：「新覺識（K）」→「新動能（C）」→「新創意（C）」→「新價值（V）」。扼要說明其美的意涵如下：(1)新覺識（K）：智德融合之美的實踐能量，展現在頭部（大腦的思維），因為前述四大領域（學門）教育，學習者能夠把「科技資訊素養」及「傳播媒體素養」，統合進升成智德融合之美的實踐能量，這些實踐之美的能量就是「新知能模組」「新覺識（K）」，覺識數位教育與智慧創客之美，有能量執行美的實踐；(2)新動能（C）：智慧創客之美的實踐能量，展現在手與腳：智慧人（有德行）、做創客（產作品）就是智慧創客兩個美能量的「動能實踐」；(3)新創意（C）：傳播教育之美的能量實踐，展現在軀幹：傳播本身就是「聲音美學」，傳播百業新價值具有「教育之美」，都是傳播美學融合教育美學的能量實踐；(4)新價值（V）：暢旺百業之美的實踐能量，展現在舞臺上，人類共存必須百業分工，百業新價值帶來百業之美，是以本書強調「新五倫」→「新百業」→「新價值」→「新臺灣」，臺灣「百業之美」帶來「臺灣之美」。

伍、「科技資訊與媒體素養」的慧價值

科技資訊素養的「慧價值」表現在「智慧型」數位產品對人類生活文明的貢獻，是以筆者主張它的「共好慧能」會幫助所有的人，完成四大角色責任：「智慧人」、「做創客」、「能家長」、「行國民」。說明其慧能（共好價值）意涵如下：(1)智慧人：科技資訊的教育（數位型工具的學習）不只有用在「知

識的學習」更要提升為「有智慧」的學習，直接「學智慧」，把正在學的「知識」成為人的「智慧」，每一個人都是「智慧人」；(2)做創客：有產品的師生稱為「創客」，數位教育學包括數位創客作品的產出，用創客作品來表達學會的「知識含技術」；(3)能家長：學過數位教育學的家長，結合「智慧創客教育」的陶冶，就是「有能」的家長，有能量的家長可以帶給全家大小，過著適配幸福人生；(4)行國民：行國民是責任公民，能夠力行實踐的新責任公民，新責任公民循環扮演「智慧人、做創客、新領導、優教師、能家長、行國民」，六大「全人發展」之角色責任。

媒體素養的「慧價值」在於百業興隆之後，「共好價值」的創新與進升，啟動百業新價值，營造「新五倫」→「新百業」→「新價值」→「新臺灣」的新世代，扼要說明如下：(1)新五倫新四維的新臺灣：過去的五倫四維德育及群育，全面進升為新五倫新四維的新德育、新智育、新體育、新群育、新美育、新新育，新六育的新臺灣；(2)新百業新適配的新臺灣：當代的百業分工是過往百業分工的進升，大家都用自己的「優勢智能明朗化」找到自己最適配、最有貢獻的行業，是新百業新適配的新臺灣；(3)新價值新文化的新臺灣：百業都有新價值，百業新價值共同建構新文化，例如：捷運文化、客運文化、交通文化、美食文化、精緻文化、社區文化、樂齡學習文化、休閒育樂文化、體適能運動文化等，都已看到了新文化的軌跡。是一個新價值新文化的新臺灣；(4)新智慧新創客的新臺灣：由於工業 4.0（智慧化）及教育 4.0（素養化），「新育、新教育」的帶動，「臺灣人」人人都是「智慧人」，人人都是「做創客」，搭建了「新智慧新創客的新臺灣」，4.0 的新臺灣。

陸、結語：「智慧創客教育」進升「科技資訊與媒體素養」的教育

工業4.0的文明，帶動了「科技資訊與媒體素養」教育的智慧化，運用智慧型數位工具在「各領域教學」中「行動學習」，布建QRcode學習步道，校園設施全面數位化，成為處處可學習，隨時可學習的「環境時空」，已指日可待，本書運用「KTAV學習食譜」，主張直接開設四個學門：「數位教育學」、「智慧創客教育」、「傳播教育」及「傳播百業新價值」，將「新知識（真）」→「含技術（善）」→「組能力（美）」→「展價值（慧）」直接教給學生。其關鍵點在「正確版本」的「智慧教育」及「創客教育」的實踐，才能進升「科技資訊素養」及「媒體素養」的「教育功能價值」。

正確版本的「智慧教育」是直接教給學生「智慧」（真善美慧）四位一體的教育，不只停留在「用智慧型工具」行動學習「新知識」，正確版本的「創客教育」是「四創一體」的教育，是產出與單元教學「核心知識及技術」精密結合的「學習作品」，不是「學習新知能」與「智慧創客」作品脫鉤的作品。

第十四章　「藝術涵養與美感素養」素養的教育

導論

本章運用KTAV（知識遞移）模式，解碼「藝術、美感」素養教育的內涵，本章統整「藝術美感教育」內容，主張國小、國中、高中、大學均可編輯「藝術教育概論」，用它來培育學生的「美感素養」。各級學校的「藝術教育概論」要探討七個對象（範疇）之美：(1)生命系統之美；(2)人倫綱常之美；(3)時空律則之美；(4)物理現象之美；(5)事理要領之美；(6)感知覺識之美；(7)大地自然之美。是以本項素養教育的「新知識（K・真）」是七大美學名稱，七大美學名稱及其「含技術（T・善）」概要為：(1)人身美學：「身體、動作、聲色、勻襯」之美；(2)人倫美學：「修身、互動（新五倫）」、「處世、接物（新四維）」之美；(3)時空美學：「節奏、旋律、模式、循環」之美；(4)事理美學：「程序、標準、績效、價值」之美；(5)自然美學：「生態、動能、共生、共榮」之美；(6)物理美學：「本質、元素、組件、形貌」之美；(7)認識美學：「感、知、覺、識」暨「知能創價」之美。

藝術美感教育培育學生五方面的「美能量（實踐美的能力）」：(1)美的覺知：指美感的覺察能量，感、知、覺、識、心之功能敏銳，容易感受美的存在、辨識美的層級，喜歡美感的生活；(2)美的藝能：有美的技術，能彩繪自己美的生活、美的學習、美的人際、美的事業；(3)美的意願：喜歡美的環境、美的空間、美的時間，願意花時間經營「與自己攸關」的「美的人、事、時、地、物、空」；(4)美的視野：美感視野超乎一般人，具有大眾潮流（時尚）美學與專業（主流）美學合一的美感視野；(5)美的作品：自己是美的創客，尤其是動能展演的作品及價值對話的作品常成為大家的楷模。

藝術美感教育，培育學生成為「藝術人」，藝術人（藝術達人）具有五大價值：(1)有美感（覺知）：容易看到美的意涵價值，與人互動生活做事中，示範帶動美的生活節奏與旋律；(2)好美知（藝能）：會在群組生活中詮釋美的價值，用美藝彩繪共同的美環境與互動；(3)豐美能（意願）：會致力於生活藝術化，溝通表達美旋律及處世經營優節奏；(4)富美識（視野）：會奉獻心力於「分享」美學觀念與「布施」美的發展趨勢；(5)優美創（作品）：會持續的產出自己的藝術作品，展現四大類（立體實物、平面圖表、動能展演、價值對話）作品風格，帶動美的風潮。

壹、緒言：「溝通互動」素養 III 的「KTAV 學習食譜」

「溝通互動」的第三個素養是「藝術涵養與美感素養」，簡稱「藝術素養」，是「美感藝能的運用」，也可直接化約為「美感素養」，從教育的輸入面「教什麼」而言，是教給學生那些重要而應備的「藝術素養」；從教育的輸出面「育什麼」而言，是培育學生那些能夠表達出來的「美感素養」。是以「藝術涵養與美感素養」是人的「一體兩面」，都要經由「教、育」來將藝術及美感的核心「知識（K）、技術（T）、能力（A）、價值（V）」直接教給學生，學生才能獲得真、善、美、慧的藝術涵養及美感素養。

本章擷取「知識分類」的藝術美學，將要教給學生的「藝術涵養」定名為「藝術教育概論」，用它來培育學生的「美感素養」，這些美感素養，主要表現在七個對象之美：(1)生命系統之美；(2)人倫綱常之美；(3)時空律則之美；(4)物理現象之美；(5)事理要領之美；(6)感知覺識之美；(7)大地自然之美。是以，「藝術涵養及美感素養」教育的 KTAV 單元學習食譜，如表 14-1 所示。

表 14-1　「藝術涵養與美感素養」教育的 KTAV 學習食譜

單元名稱：第 14 章　「藝術涵養與美感素養」素養的教育　　設計者：鄭崇趁 2020.05.04

新知識 （K・真） 致用主題知識	含技術 （T・善） 能操作學習技術	組能力 （A・美） 實踐行為能力	展價值 （V・慧） 人類群己教育價值
知識名稱及意涵	教學活動（學習步驟）	師生實物作品	成果價值詮釋
藝術教育概論 （培育美感素養） 1.生命系統之美 2.人倫綱常之美 3.時空律則之美 4.物理現象之美 5.事理要領之美 6.感知覺識之美 7.大地自然之美	・人身美學 身體、動作、聲色、匀襯 ・人倫美學 修身、互動、處事、接物 （新五倫）（新四維） ・時空美學 節奏、旋律、模式、循環 ・事理美學 程序、標準、績效、價值 ・自然美學 生態、動能、共生、共榮 ・物理美學 本質、元素、組件、形貌 ・認識美學 感知覺識・知能創價	藝術教育概論 〈培育美感素養〉 新五倫・新四維・新教育・新臺灣	藝術達人的價值 1.有美感（覺知） 2.好美知（藝能） 3.豐美能（意願） 4.富美識（視野） 5.優美創（作品）
■編序□鷹架□步驟■流程 ■原型■元素□成因□脈絡 □次級■系統□次要■變項	■內化■外化□交流□對話 □新化□活化■深化■優化 ■同化□調適■融入□存有	■真（致用知識）■善（經營技術） ■美（實踐能力）■慧（共好價值） ■力（行動意願）■行（德行作品）	□真實■體驗■生新□創價 □均等■適性□民主■永續 ■傳承■創新□精緻□卓越
〈知識解碼要領〉	〈知識螺旋焦點〉	〈知識重組系統〉	〈知識創新價值〉

貳、「藝術涵養與美感素養」教育的新知識（真）

表14-1將「藝術涵養及與美感素養」的教育統整稱之為「藝術教育概論」，期待國小、國中、高中的「藝術教育概論」都有能實踐課綱主題的教材，培育學生七大類「新知識」之美：(1)生命系統之美；(2)人倫綱常之美；(3)時空律則之美；(4)物理現象之美；(5)事理要領之美；(6)感知覺識之美；(7)大地自然之美。這些「新知識」的藝術教育美學，主要概念型定義，扼要界定如下。

一、生命系統之美

人是萬物之靈，人的生命本身是美的，我們要教給學生「人身美學」，身體的結構是美的，人的人體由頭、手、腳、軀幹為主軸建構而成，身體的機能、形象都是美的，人的身體一出現，人與人熟識、互愛，相互欣賞彼此身體的美。人的身心系統，有飲食系統、消化系統、呼吸系統、血液系統、神經系統、骨骼系統、肌肉系統、排泄系統、排汗系統、心識系統、智能系統、德能系統、美能系統、群能系統、體能系統及新能系統等，這些系統都能執行人類價值行為的個別功能及整合功能，個別看它都有「實踐能量」之美；整體看它，更可以看出「人之所以為人」之美。這些人身美學，會表現在人的「身體」、「動作」、「聲色」及「勻襯」之上。

二、人倫綱常之美

人類是群居的動物，人要和家人一起生活，人要和同學一起學習，人要和同事一起做事，人要接受教育，人要向老師學習，老師則要教學生學會「知識、技術、能力、價值」；人離開學校以後，就要進入職場，不是自己當老闆，就是當老闆的員工，老闆和員工都要共同經營事業與產品。人每天的生活起居，上班下班的途中會與他人擦肩而過，看到成千上萬的人，一起在社會上流動，如滾滾紅塵，大家在紅塵中打滾、互動、溝通，這一幅場景在世界每個國家的都市叢林，每天都發生，並且按日、按週、按月、按年，永續的循環著。這一幅場景，展現了人倫綱常之美，它是一種「人倫美學」，從「新知識」看它，「新五倫」及「新四維」的版本，是最好的人倫美學新知識。新五倫指：「家人關係」、「同儕關係」、「師生關係」、「主雇關係」及「群己關係」。「新四維」在本書中規劃四維「1.0」至「4.0」的版本，「四維 1.0」是：「禮、義、廉、恥」，「新四維 2.0」是：「仁、義、禮、法」，「新四維 3.0」是：「知、能、創、價」，「新四維 4.0」是：「真、善、美、慧」。

三、時空律則之美

時間是生命的藝術，空間則是人類表現其「知能創價」的舞臺，「時間」和「空間」的知識，都具「實相」，人類若沒有「時間」的註記或沒有「空間」的供給，「人類」就不再存有，時間註記著我們每一個人的生命是「何時」到「何時」，生命的精彩與價值行為表現，都在活著的「生命時間」內展現；空間指地球表相到天空中，浩瀚無垠的「空間」，人類一輩子用到的「空間」十分有限，上天給每一個人浩瀚無垠的「空間」，而人類都僅能用它的一小小部分，由此可以看到「天」、「地」、「人」三者中，哪一個比較「偉大」，但是人類都只在「自己活著」的時空中，創新自己的「精彩價值」而已，人的「偉大」對「活著的人」才有「價值意義」。「時空律則」結合人的「生活律則」，就可以譜寫生命的「節奏之美」，譜寫生活的「旋律之美」，譜寫生涯的「模式之美」，譜寫人生的「循環之美」。時空律則之美的新知識就是指生命的「節奏之美」、生活的「旋律之美」、生涯的「模式之美」，以及人生的「循環之美」。

四、物理現象之美

萬物之名曰「知識」，萬物指「人、事、時、地、物、空」六大元素的「實相」，是以廣義的「物理現象之美」，指無所不包的美感，人美、事美、時美、地美、物美，以及空美。狹義的「物理現象之美」，則專指「立體實物」物理現象之美。「生活之物」，由人的「食、衣、住、行、育、樂」需求而來，它們的美，美在實用、精緻、物美、價廉；「學習之物」指小學到大學，學生需用的教科書、教學設備、實驗器材、社會資料等，學習材料之美，美在符合認知性、價值性及自願性。「人際之物」指人與人溝通互動的語言文字、符號符碼、交通工具、數位媒材，這些互動媒材之美，美在系統之美、結構之美、意義之美、共鳴之美、情意之美及「知識遞移（教）」之美；「知能創價（育）」之美。「事業之物」指工作事業每人職責所在，每天必須操作的實物，例如：「教師」每天使用在教學中的「教材」；超商店員每天與雇客結帳的「收銀機」；工廠作業員每天關注著生產線，機器產置的環節，做人工的調節與補強工作，使產品品質精緻化、零缺點；「公務員」上班時嚴守 SOP（標準作業程序），為每一位來訪的國民服務。教材之美美在「深入淺出」、「一學就會」；器械之美美在「自動節能」、「永續產值」；事務流程之美，美在「秩序服務」、「互動滿意」。就物的本身來覺察它的美、美在物的本質，美在物的組件（系統結構），美在物的元素（組件構成的元素），也美在物的形貌（精緻、美觀、實用、價值）。

五、事理要領之美

人有人理（人倫綱常、新五倫、新四維），物有物理（萬物存有之理、萬物之美），事也有事理，如 SOP（標準作業程序），呈現「流程秩序之美」；完成事務任務目標，則有「完事達標之美」；完事歷程大家愉悅滿意，則有「達標共榮之美」；完成效能效率卓著，則有「掌握事務要領技術之美」；完成事務、實踐組織核心價值，則有「績效價值之美」，天下事，大大小小的事，小小大大的事，凡事都有事理，一般的事，事理要領之美，美在「達成→達標→達道→達新」之美。國家層級的大事，也有事理之美，鄭崇趁（2017）認為「經營國家的知識及技術」（《知識教育學：智慧人・做創客》第七章），可依民眾參與國家事務的層級，講究其參與之事理之美，例如：第一節「國力與人民集體智慧」，認為國力是人民集體智慧的總體表現，是以其經營要領之美在於：(1)提升國民知識水準（K）；(2)教導國民經營技術（T）；(3)優化國民核心能力（A）；(4)開展國民價值生活（V）。第二節「政策與領導經營知能」，認為領導人的經營專業知能，決定政策的績效價值，是以其高階經營技術之美在於：(1)確認國家與自身任職組織單位的願景、任務以及核心價值；(2)掌握組織（單位）過去及當前的智慧資本；(3)洞察時代趨勢與人民需求；(4)策定核心建設的政策及計畫。第三節「計畫與幹部知識技能」，認為「計畫」是政策的實踐，計畫的優劣成敗及其績效價值，展現在「薦任最高階及簡任初階」公務人員的表現，這些中高階計畫「撰擬及實踐者」的事理要領之美在於：(1)「計畫施政與施政計畫」之美；(2)「系統結構與學理價值」之美；(3)「執行技術及機制調控」之美；(4)「創新價值與傳承永續」之美。第四節「實踐與群組績效動能」，認為基層公務員的「實踐」知識及技術，決定社會國家「群組績效動能」的能量與品質。實踐的「知識及技術」之美在於：(1)「本位經營與優勢學習」之美；(2)「自我實現與智慧資本」之美；(3)「適配教育與幸福人生」之美；(4)「智慧人與做創客」之美。

六、感知覺識之美

「感→知→覺→識→悟→達」是本書（第二章）主張的「認識論（善）」之次級系統元素，它應對的「知識類別」是「感」→「感覺而來」的知識，「知」→「知覺而成」的知識，「覺」→「概念建構」的知識，「識」→「現象詮釋」的知識，「悟」→「領悟進升」的知識，「達」→「物我合一」的知識，這六大類「知識」分類之層次，可以展現「認識取得」知識本身就是一種美，「感覺而來的知識」是美的，「感覺之美」才能獲致「知識之美」。「知覺而成的知識」是美的，「知覺之美」才能覺知「知識之美」；「概念建構的知識」是美的，「覺知之美」才能覺識「理念理論」知識之美。「現象詮釋的知識」是美的，人有「覺識之美」才能有效詮釋「物理現象、事理要領、人倫綱常、時空律則」「知識現象」之美。

「領悟進升的知識」是美的，人有「明白了、想通了、得道了、進升了」「領悟之美」才能「頓悟→深悟→達悟→澈悟」，悟「知識無所不在」之美。「物我合一的知識」更是美的，知識原本是外來的，能夠順利進入人的身體，用「本質元素」在人身內「內構→外築」，然後「知識遞移」，用新知能「知能創價」→「智慧人、做創客」→再產出新的「德行作品」，「知識」再跑出身體之外，與新「德行作品」物我合一，這個知識生命滋長的歷程是美的，有「元素構築」之美，有「知識遞移」之美，更有「知能創價」之美。

七、大地自然之美

山河大地曰自然，自然的美景最美，山河大地之上有人類、生物、動植物、微生物，在山河大地之上生存、活動、互動，生生不息，人與動植物在地球上的生生不息，相互依存、相互爭奪，共融、共存、共享、共榮的現象叫「生態」。是以大地自然之美，指生態之美，指人類及動植物族群的「相互依存」之美，指動植物生靈個別族群的「個殊生態」之美。廣義的大地自然之美，也包括人類文明，「現代化」與「後現代」之美，更包括人類文化的「殊異」及「獨特」之美；狹義的大地自然之美，則專指大地表相上呈現給「觀光客」看的「地形地貌」及「國家公園」之美，是各國各地的自然生態之美。

大地自然之美的核心知識概可分成四大類：(1)在地的人類文化史：文化史記載著在地人優秀卓越的光榮史詩；(2)系統的在地文明軌跡：用文明的進升性詮釋在地人類的智慧與貢獻；(3)生態動能的紀錄：生態是存活在大地上的生命，它們的「動能價值」最美；(4)過客旅人的讚美詩篇：大地自然之美會觸動騷人墨客的「即興之作」，這些作品是「生態美學」知識與「心靈美感」知識的匯通。也是這個「地方」與「人」的共同「智慧資本」，這些智慧資本，打通了「物我合一」的知識，讓人欣賞這一「大地自然之美」時，有較「深度」與「高度」知識的「喚醒」與「連結」。

參、「藝術涵養與美感素養」教育的善技術

「藝術涵養與美感素養」教育的新知識，已概述如上節，各級學校（小學、中學、大學）都可編製一門學科（藝術教育概論）來培育學生的「美感素養」，它的主要圍，涵蓋「生命系統美學」、「人倫綱常美學」、「時空律則美學」、「物理現象美學」、「事理要領美學」、「感知覺識美學」及「大地自然美學」，這些都是藝術教育「新而真」的致用知識（knowledge）。本節接續討論「藝術教育」「新知識」之後的「善技術」，「知識含可操作的技術」，從前述的「七大美學」都可以演繹出他們個別而殊異的「善運作技術」，概要如下。

一、人身美學：身體、動作、聲色、勻襯

「人」是美的，「人身」更美；人身之美，美在四個面向：身體、動作、聲色、勻襯。這四個面向也可稱之為「善技術」，它們都是美的「實體」，實體是會動的，只要它動起來（可操作），就風情萬種，美不勝收，例如：人的身體（體態）最美，美到可以喚醒人類的深層慾望（性慾），人會籌組家庭、結婚、離婚、再婚，從美學的視角看它，就是為了永續欣賞「人身之美」與慾望的滿足。人身美學的第二個面向是「動作之美」，人的「動作」很美，食、衣、住、行、育、樂展現平時生活的動作（動態）美學，動作愈優雅的人愈受歡迎，尤其是「運動」與「藝術」的項目，例如：「體操」選手競賽的演出動作最美，「短跑」選手的跑姿，錄影起來就可成為人的「動能展演」作品，「舞蹈」選手也一樣，都是身體動作展現的「肢體動作美學」。

人身美學第三個面向是「聲色之美」，人的聲音很美，文句語言，透過聲音彼此交流、對話，溝通，尋求具有共同核心價值者，共同完成生命及生活的任務，是世界上最美的事，人的聲色之美如「甜言蜜語」、「卿卿我我」、「愛

不釋手」、「你濃我濃」、「永浴愛河」等形容情境，都是描繪人與人互動，陶醉在「聲色之美」的境界。人身美學的第四個面向是「勻襯之美」，俊男美女之所以被讚譽，只因為他們身體的「質顏度」比一般人要高，質顏度的基礎雖有「聲、色、體、態、動、作」標準及整體的「勻襯」程度，筆者認為，人身五官形態的「勻襯」程度占最高的價值，「勻襯和諧」之美是人間的「真、善、美、慧」四位一體的美，藉由人的身體「勻襯地」展現出來，是人身美學的極緻。

二、人倫美學：修身、互動（新五倫）、處世、接物（新四維）

從美學的視角看「人倫綱常」的知識，可稱之為「人倫美學」，人倫美學的經典作品首推宋朝大儒朱熹的「白鹿洞書院學規」（鄭崇趁，2018c，頁115），它包括：五教之目、為學之序、修身之要、處世之要及接物之要。用現代的社會結構來探討人倫美學，則概可分為四個面向：修身、互動、處世、接物。「修身」即「身心素質及自我精進」素養等前三個素養的修煉；「互動」即「溝通互動」三個素養的修煉，「處世」及「接物」則為「社會參與」三個素養的修煉。是以「人倫美學」貫穿教育「核心素養」教與學的整體，本書主張，「素養是修養的教育元素」、「素養可以直接教」，是以本書第一篇「元素構築篇」在分析素養56個教育元素的「內構新知能元素模組」及「外築新任務價值行為指標」；第二篇「知識遞移篇」，就直接示範九個「素養」應教給學生KTAV是什麼，也就是運用KTAV學習食譜，統整九個素養所需的「新知識（真）→含技術（善）→組能力（美）→展價值（慧）」。第三篇「知能創價模式篇」，則以筆者個人的「知能創價」為中介變項，運用「KCCV」模式演繹「素養教育」應然的發展趨勢：「新育」與「新教育」的誕生。KTAV模式是「知識生命」的小循環，主軸在教師用「教材知識」創新學生的知識（真、善、美、慧四位一體）。KCCV 模式是知識生命的大循環（真、善、美、慧、力、行、教、育八位一體），主軸加了 KTAV 的後半段「成智慧（力）→達創客（行）→行道德（教）→通素養（育）」。成智慧（力）有了行動意願就是真實的「智慧人」；達創客（行）有了新的德行作品就是「做創客」；行道德（教）永續地創新學生知能；通素養（育）永續地進升師生素養。

是以人倫美學的「修身」面向意涵最廣，概指「素養取向教育的 56 個元素」，修身是人經由教育的歷程從這 56 個元素中修煉「德、智、體、群、美、新」的善技術，成為「智慧人、做創客」，每天都在行道德、產作品、創新知能、進升素養的人。人倫美學的「互動」面向，則可依循「新五倫及其核心價值」的研發（20 個核心價值），作為德育及情意教學的具體教材（中心德目）。人倫美學的「處世、接物」兩個面向，則可依循「新四維 2.0（仁、義、禮、法）」「新四維 3.0（知、能、創、價）」及「新四維 4.0（真、善、美、慧）」為新版本教材，新五倫、新四維都是「人倫美學」的新的善技術，它們可以傳承創新中華文化的「根」，開展「新育」及新「德育」。

三、時空美學：節奏、旋律、模式、循環

時間和空間的知識合稱為「時空律則」的知識，人的一生都活在不同時空之中「拿物做事」，「時間」與「空間」陪伴著人的一生，但多數的人被忙碌的生活約束著，不太注意到「時空律則」的整合，體會不出時空美學。然身心健康的人及百業達人，他們都會講到「時間管理」及「空間運用」，這就是成功人士的生活習慣、學習要領、人際相處、事業經營與「時空律則知識」整合的範例，也是「時空美學」的開端，時間與空間之美，美在音樂與設計之美，音樂被稱為「時間的藝術」，設計則被稱為「空間的藝術」或「布局的藝術」，時空律則之美展現在「循環」、「節奏」、「旋律」、「模式」之美。

人有生理循環之美，生老病死（功德圓滿）循環之美，「每天、每週、每月、每年」時空循環之美，時空循環之美帶給人類「做事⇄休息（睡眠）」循

環之美，週休二日循環之美，春夏秋冬循環之美。人的每天也有「生活節奏」、「學習節奏」、「人際互動」節奏及「專注事業」節奏之美；較短時間的永續循環稱節奏，較長時空的循環與變化則稱旋律，人也有「喜怒哀樂愛惡慾」七情俱旋律之美，也有「高峯經驗」（高潮迭起）旋律之美，人有定期旅遊規劃，留學攻讀學位、畢業時帶著畢業生「爬玉山」、「泳渡日月潭」、「單車環島」、「跑馬拉松」（含全馬、半馬等）、「鐵人三項」，達標後頒發畢業證書，或者畢業典禮週，全體畢業生都展出他「智慧創客」代表作品十件，都在運用「時空律則」的知識，譜寫學生「高峯經驗」的美旋律。時空美學的「模式之美」展現在「宇宙運行的軌道」，太空中行星與行星間運行的軌道是一種模式之美；在地球上，也可欣賞到「朝陽東昇」、「明月皎潔」、「晚霞滿天」、「繁星爭輝」模式運作之美，這些時空美學的「善技術」由喜愛時空的學者專家暨騷人、墨客，透過「天文學」與「文學」（詩、詞、歌、賦），永續地傳承創新。

四、事理美學：程序、標準、績效、價值

事有事理，事理美學的「新知識」和「善技術」是一貫而串聯的，本書前文摘述「經營國家的知識及技術」（鄭崇趁，2017，頁 141-158），其各節的節名為：「國力與人民集體智慧」、「政策與領導經營知能」、「計畫與幹部知識技能」、「實踐與群組績效動能」就是四個層級「公務員及民眾」參與國家政務經營應備的「致用知識（真）」及「運作技術（善）」，四節的節名標示「新（真）知識」，各節之下的四個「要領技術」則標示「可操作的善技術」，共有十六個善技術，這些善技術的操作實踐，就能展現「程序之美」、「標準之美」、「績效之美」以及「價值之美」，值得讀者深入體會，經營國政之務的事理最美，從政府首長及民意代表的選舉、公務人員高普考、特考考生人數的參與「成千上萬」，可以知道「程序之美」、「標準之美」、「績效之美」、「價值之美」是事理要領美學的「善技術」。

五、自然美學：生態、動能、共生、共榮

大地自然之美，可直接稱為自然美學，自然美學的善技術，主要含括：(1)生態之美：萬物生靈共同活在大地上的每一個角落，自然大地的每一個角落都呈現著個殊的生態之美；(2)動能之美：有生靈的地方就存在著「生命動能」之美，它本身「生生不息」，彼此互助、相依共存，維護著生態動能之美，是傳承創新「生態發展軌跡」的動能；(3)共生之美：地球有南極、北極（極冷地帶）及赤道（熱帶、溫帶）地區的差異，人類和萬物生靈在不同地帶共生之美，就展現了各種不同的風貌；(4)共榮之美：地球的每個地區有不同的「礦產」及「物種」，搭配著人類運用「知識」經營，帶進「智慧化 4.0」工具，將當地的「礦產及物種」現代化，成就了各地區「人類與萬物」共榮之美。

六、物理美學：本質、元素、組件、形貌

廣義的物，包含：人、事、時、地、物、空。狹義的物，單指立體實物的物。在美學的探究上，純指「物理美學」，物理美學的善技術，大要有四：(1)物的「本質之美」：萬物均有其存在的價值，萬物生存的「本質」功能最美，萬物在自我的生存（存有），及被人類（含他物）的運用，或相互依存而產生價值。物的本質之美，美在它存在的本質及被有效運用的價值；(2)物的「元素之美」：萬物皆由「元素」及「零組件」搭建其系統結構而來的。元素乃物本身之「精、純、淨、素」元素，元素之美美在其是「物的最小單位」，美在其是建物的「微粒（元素）」，美在其「沒有了元素」就成不了「物」；(3)物的「組件之美」：以當代智慧型手機為例，智慧型手機之所以有目前的各種超強功能，都是因為它們有多元優質超強「零組件」的組合，這些零組件發揮了「通話影音功能」、「智慧導航功能」、「媒體傳播功能」、「照相錄影功能」、「知識傳承創新功能」。串聯愈多零組件，手機的價值愈高，對人類運用而言，這些「組件之美」，便捷了人類的生活文化，進升了人類的生活文明；(4)形貌

之美：以工業 4.0 的產品（物）為例，協和式飛機、高鐵、超跑、電動車、智慧型手機及智慧型手錶而言，它們都具有形貌之美：它們的外觀具有流暢之美、造型藝術之美，它們的質料具有精緻之美、觸感絕佳之美，它們是人爭相與之照相分享的首選，這些都是物理美學的善技術。

七、認識美學：感知覺識、知能創價

「認識論」的善技術有六：感、知、覺、識、悟、達，這六個善技術能得到的知識為：(1)感→感覺而來的知識；(2)知→知覺而成的知識；(3)覺→概念建構的知識；(4)識→現象詮釋的知識；(5)悟→領悟進升的知識；(6)達→通達物我的知識。人之所以偉大在於其「理性」作用超強，六個管道同時啟動運作，交互支援統整，「新舊知能」、「同時螺旋重組」→永續「傳承創新」「進升內構新知能模組」、「進升外築新任務指標」→「遞移新事理要領」→「創新進升新價值德行作品」。是以「感知覺識」驗證了「知識遞移（知識生命小循環）」之美（KTAV 模式之美）。「知能創價」則驗證了知識生命大循環之美（KCCV 模式之美）。它們是認識美學：「真→善→美→慧→力→行→教→育」八大元素建構的素養取向教育之美。

肆、「藝術涵養與美感素養」教育的美能量

藝術美感教育培育學生五方面的「美能量（實踐美的能力）」：美的覺知、美的藝能、美的意願、美的視野，以及美的作品。「美的覺知」指美感的覺察能量、感覺器官、聽覺器官、視覺器官及心識功能，在紅塵滾滾的世界中，容易感受到美的存在，覺知美與不夠美的辨識，喜歡美感的生活。「美的藝能」指知道如何過美的生活，有美的技藝，能彩繪自己美的生活、美的學習、美的人際、美的事業。「美的意願」指喜歡美的環境、美的空間、美的時間，願意花時間經營「與自己攸關」的「美的人、事、時、地、物、空」。「美的視野」

指自己美感視野超乎一般人，大眾潮流美學與專業主流美學合一的美感視野。「美的作品」指自己也是創客，尤其是動能展演的作品（如運動、舞蹈、音樂、繪畫）及價值對話的作品（如著作、論文、評論、文章）。

伍、「藝術涵養與美感素養」教育的慧價值

藝術美感教育，培育學生成為「藝術人」或「藝術達人」，「藝術人」具有五大價值：(1)有美感（覺知）；(2)好美知（藝能）；(3)豐美能（意願）；(4)富美識（視野）；(5)優美創（作品）。有美感（覺知）的人，容易看到美的意涵價值，與人互動生活做事中，示範帶動美的生活節奏與旋律。有美知（藝能）的人，會在群組生活中詮釋美的價值，用美藝彩繪共同美的環境與互動。豐美能（意願）的人會致力於生活藝術化、溝通表達美旋律及處事經營優節奏。富美識（視野）的人，會奉獻心力於「分享」美學觀念與「布施」美的發展趨勢。優美創（作品）的人，會持續的產出自己的藝術作品，這些藝術作品，包括：「立體實物作品」（如雕塑）、「平面圖表作品」（如書法、繪畫）、「動能展演作品」（如音樂、運動），以及「價值對話作品」（如論文、著作、詩、詞、歌、賦）。

陸、結語：美感素養來自「人、事、時、地、物、空」知識的藝術統整

美感建立在「真實知識」的系統結構及其相互關係的融合歷程，真（致用知識）含來自「人、事、時、地、物、空」六個次級系統元素，它們個別實相都是美的，所以本章將藝術教育的真知識，探討了「生命系統之美（人的身體）」、「人倫綱常之美（人與人）」、「時空律則之美（人與時空）」、「物理現象之美（人用到的物）」、「事理要領之美（人做事）」、「感知覺識之

美（人得到知識）」、「大地自然之美（人與自然生態）」，這些真知識透過「藝術教育」的解碼都可以成為「善技術」與「美能量」，學生學習「藝術教育」歷程中，在教師的示範、說明、解碼分析中，將「新知識（真）」和「含技術（善）」與身體內在本來已有的「知能」進行「內構」（交流對話、螺旋融合、系統重組）、建構「新知能模組」，然後再「外築（展價值）」成為藝術達人的價值：有美感（覺知）→好美知（藝能）→豐美能（意願）→富美識（視野）→優美創（作品）。是以美感素養來自人對「人、事、時、地、物、空」知識（教育元素）的藝術統整。

第十五章　「道德實踐與公民意識」素養的教育

導論

本章分兩個層次，解碼本項素養的「新知識（K・真）」→「含技術（T・善）」→「組能力（A・美）」→「展價值（V・慧）」。第一層次是「道德教育與價值實踐」，第二個層次是「公民教育與意識價值」。第一個層次偏德育，用「秩序道德」規範「生活價值」行為，陶鑄人的「好習慣」與「優品格」；第二個層次兼顧「德育」與「群育」，用「責任公民」實踐「新五倫、新四維」價值行為，教育人的「新倫常（如新五倫的類別及新四維的版本）」及「新道德（如新五倫新四維之核心價值）」。

是以本項素養的「新知識」為「新五倫教育」、「新四維教育」、「價值教育」，以及「責任公民教育」。本項素養的善技術則指：(1)新五倫的「類別」及其「核心價值」；(2)新四維 2.0「仁、義、禮、法」；新四維 3.0「知、能、創、價」；新四維 4.0「真、善、美、慧」；(3)價值教育的四個項目：「價值論述」→「價值回饋」→「價值評量」→「價值實踐」，暨「價值實踐」次級系統的四大要領：①揭示價值；②體認價值；③實踐價值；④創新價值；(4)責任公民教育的「新德育（新五倫、新四維）」、「新智育（智慧創客教育）」，「新體育（體適能）」、「新美育（人身、物理、事理、人倫、時空之美）」、「新群育（人倫綱常知識再建構、新五倫、新四維）」、「新新育（新、心、欣、馨的教育）」。

本項素養的美能量，表現在「新覺識」、「新五倫」、「新四維」、「新價值」、「新責任」的五個層次之美：(1)「新覺識」的美能量在：①素養是修養的元素，內才稱素養、外才稱能力；②知識是素養能力的總源頭；③素養取向教育是「知能」「內構→外築→遞移→創價」的歷程；④「KTAV模式」是知識生命的小循環，「KCCV 模式」是知識生命的大循環；(2)「新五倫」的美能量在：①人倫結構之美；②核心價值之美；③等差人倫之美；④智慧和諧之美；(3)「新四維」的美能量在：①創新之美；②進升之美；③智慧致用之美；④價值實踐之美；(4)「新價值」的美能量在：①共好之美；②值得之美；③愉悅之美；④永續之美；(5)「新責任」的美能量在：①承擔之美；②重諾之美；③實踐之美；④力行之美。

本項素養的「慧價值」，展現在：(1)有感的生命（教師春風送暖的價值）；(2)覺識的生活（教師春風傳知的價值）；(3)幸福的生涯（教師春風有情的價值）；(4)大用的公民（教師春風帶意的價值）。

壹、緒言：「社會參與」素養I的「KTAV學習食譜」

「社會參與」面向的核心素養共有三項：(1)「道德實踐與公民意識」；(2)人際關係與團隊合作；(3)多元文化與國際理解。這三項素養的「核心價值」是「共好」，也就是「自發」→「互動」→「共好」三個核心價值的「收尾」，象徵「價值」的終點，要「人與人」共好，「人與知識」共好，「人與人、事、時、地、物、空」共好，「人與教育」共好，也要「人與六育」共好（德→智→體→群→美→新），與每一個人共好。人類共好的生活品質曰價值，價值是一種「慧能」，慧能來自「知識學習」與「個人價值觀（既有知能）」而滋長的「新能量」，也可以說是人「教育學習」之最珍貴資產，「共好價值」的「慧能」回頭滋養了這三個素養。「社會參與I」（道德實踐與公民意識）是德育的素養，「社會參與II」（人際關係與團隊合作）是群育的素養，「社會參與III」

（多元文化與國際理解）是「德育＋群育」素養的拓展。三項素養的教育，讓「共好價值」的「慧能」布滿了人間溫情。

「道德實踐與公民意識」素養的教育，宜分兩個教學層次，「道德教育與價值實踐」及「公民教育與意識價值」，第一個層次用「秩序道德」規範「生活價值」行為，陶鑄人的「好習慣（如守秩序、愛整潔、禮敬師長、尊重別人）」及「優品格（如七情俱、致中和、成風範、雅性情）」；第二個層次用「責任公民」實踐「新五倫、新四維」價值行為，教育人的「新倫常（如新五倫）」及「新道德（如新五倫、新四維的新核心價值）」。這些新「價值」的學習與實踐，才能孕育新時代新「責任公民」，新責任公民擁有「新覺識」的思維，踏著「新五倫」及「新四維」的腳步前進，邁向「新價值」與「新責任」的新責任公民。「道德實踐與公民意識」素養教育的「KTAV 學習食譜」，如表 15-1 所示。

貳、「道德實踐與公民意識」素養教育的真知識

「道德實踐」係指學習者，在接受教育時應遵守的學習規範與做人處世的道理，宋朝朱熹創設「白鹿洞書院」，曾在白鹿洞書院的門口揭示「學規」，史稱「白鹿洞書院學規」，全文「扼要簡潔」，是當年學子「道德實踐」最經典的規範文本。

- 五教之目：父子有親、君臣有義、夫婦有別、長幼有序、朋友有信。
- 為學之序：博學之、審問之、慎思之、明辨之、篤行之。
- 修身之要：言忠信、行篤敬、懲忿窒欲、遷善改過。
- 處世之要：正其義不謀其利，明其道不計其功。
- 接物之要：己所不欲，勿施於人；行有不得，反求諸己。

「道德實踐」須隨著「社會變遷」與「人類互動」的新型態而「創新進升」，本書用「新五倫」及「新四維」版本，接續「五教之目」，傳承創新中

表 15-1　「道德實踐與公民意識」素養教育的 KTAV 學習食譜

單元名稱：第 15 章　「道德實踐與公民意識」素養的教育			設計者：鄭崇趁 2020.05.04
新知識 （K・真） 致用主題知識	**含技術** （T・善） 能操作學習技術	**組能力** （A・美） 實踐行為能力	**展價值** （V・慧） 人類群己教育價值
知識名稱及意涵	教學活動（學習步驟）	師生實物作品	成果價值詮釋
・道德實踐 1.新五倫教育 2.新四維教育 ・公民意識 3.價值教育 4.責任公民教育	一、新五倫教育 1.五倫進升新五倫 2.選定價值新德目 3.實踐德目新規準 4.登錄共好新品德 二、新四維教育 四維（1.0）：禮義廉恥 新四維（2.0）：仁義禮法 新四維（3.0）：知能創價 新四維（4.0）：真善美慧 三、價值教育 1.價值論述→2.價值回饋→3.價值評量→4.價值實踐 四、責任公民教育 1.0 春風送暖教育有感的生命 2.0 春風傳知教育覺識的生活 3.0 春風有情教育幸福的生涯 4.0 春風帶意教育大用的公民	新覺識 新價值　新責任 新公民 新五倫　新四維 **責任公民新教育** 有感的生命・覺識的生活 幸福的生涯・大用的公民	・新教育的價值 1.教有感的生命 2.教覺識的生活 3.教幸福的生涯 4.教大用的公民 ・新公民的價值 1.新意識 2.新五倫 3.新四維 4.新價值 5.新責任
■編序■鷹架□步驟□流程 □原型■元素■成因□脈絡 □次級■系統□次要■變項	■內化■外化□交流□對話 ■新化■活化□深化□優化 ■同化■調適□融入□存有	■真（致用知識）■善（經營技術） ■美（實踐能力）■慧（共好價值） ■力（行動意願）■行（德行作品）	□真實□體驗■生新■創價 ■均等■適性□民主□永續 ■傳承■創新□精緻□卓越
〈知識解碼要領〉	〈知識螺旋焦點〉	〈知識重組系統〉	〈知識創新價值〉

華文化的根「五倫德育」。「公民意識」則指人成長為國家公民（年滿十八歲以上），對國家社會應有的認同、體認、責任，以及權利、義務的實踐。本書用「價值教育」及「責任公民教育」來詮釋「公民意識」的新知識及善技術。

一、新五倫教育

筆者自 2014 年起，倡議用「新五倫及其核心價值」銜接「五教之目」，成為「德育」的新版本，新五倫的類別指：第一倫：家人關係；第二倫：同儕關係；第三倫：師生關係；第四倫：主雇關係；第五倫：群己關係。這五種「人與人」的關係，是當代人類每一個人「溝通互動」與「社會參與」最核心的五種人際類別，是古代社會「五倫」（父子、君臣、夫婦、長幼、朋友）的「進升版本」。

第一倫「家人關係」指「住在一起」的人，他們的核心價值是：親密、觀照、支持、依存。第二倫「同儕關係」，主要的對象是同學及同事，廣義的同儕包括共同執行同一任務的群體。他們的核心價值是：認同、合作、互助、共榮。第三倫「師生關係」概指有實際「教與學」互動過的「老師及學生」，師生關係的核心價值是：責任、創新、永續、智慧。第四倫「主雇關係」指老闆與員工的關係，他們的核心價值：專業、傳承、擴能、創價。第五倫「群己關係」指人與社會大眾他人的關係，群己關係的核心價值是：包容、尊重、公義、博愛。「五倫」進升為「新五倫」之後，它們「類別名詞」的「進升」及對應「核心價值」，摘要如表 15-2 所示。

新五倫「核心價值」可以選作中心德目，編輯教材加以實踐，各級學校均可依據「核心價值」的主要「精神意義」擴展「年級行為規準」，用版面敘寫，將實踐核心價值的「行為規準」張貼在各班級的「教室布告欄」供師生融入領域（學科）實踐篤行。鄭崇趁（2018c）為協助各級學校及縣市教育局（處）推動實踐新五倫價值教育，已擬訂完整的「新五倫品德教育實施計畫（範例）」，學校或縣市教育行政局（處）若有意願實施，只要在計畫名稱上加上「學校名

表 15-2　「五倫」進升「新五倫」及其核心價值

五倫	新五倫	核心價值
・父子有親	第一倫　家人關係	親密、觀照、支持、依存
・君臣有義	第二倫　同儕關係	認同、合作、互助、共榮
・夫婦有別　（進升）	第三倫　師生關係	責任、創新、永續、智慧
・長幼有序	第四倫　主雇關係	專業、傳承、擴能、創價
・朋友有信	第五倫　群己關係	包容、尊重、公義、博愛

註：1.五倫進升新五倫，不是一對一的進升，而是人際關係系統思考的再分類。
　　2.「價值」的意涵為：人類共好的生活品質，曰價值。
資料來源：修改自鄭崇趁（2018c，頁 117）

稱」或「縣市名稱」然後針對計畫內涵，調整增刪部分項目，即可公布實施，提供學校師生，依計畫實踐。讓當代的德育，暨可傳承「五倫之教」，並創新進升為「新五倫價值教育」，有「根」的銜接，又有現代化的「德育」與「群育」，培育二十一世紀的「責任公民」。「新五倫品德教育實施計畫（綱要）」，如表 15-3 所示。

二、新四維教育

臺灣是亞洲地區現代化「民主國家」的典範，但由於政黨政治「意識型態」的落差，也帶來了「德育版本」的挑戰，引起教育界「新教育」上的激辯，例如：部分縣市首長主張重新揭示「禮義廉恥」為各級學校共同校訓，而部分的校長、民代及家長主張掛「新四維」的新版本，以符合當代社會的「核心價值」，四維既張，國乃復興，要復興的國，是當前的「新臺灣」國，而非兩三千年前春秋戰國時代的國。

筆者認為：教育永遠為「政治」所引導，政府首長的主張，教育行政首長及學校校長必須遵辦，是以必須先掛回「禮義廉恥」四維版本，但也必須賦予當代核心價值的詮釋，用符合現代社會價值觀的語詞來實踐四維的「人群」意

表 15-3　新五倫品德教育實施計畫綱要（範例）

目標	策略	執行項目
探討人倫綱常知識，尋繹社會人際類別，開展新五倫品德教育；建置價值教育情境，推動價值教學評量，實踐新價值校園文化。	一、研究知識性質，關注人倫知能	1. 成立「知識教育學」讀書會或專業學習社群。 2. 激勵教師進行「新五倫」融入教學行動研究。 3. 提示教師均衡「五大類知識」教育及學習。
	二、分析人際族群，融入倫理價值	4. 選用新五倫的核心價值為中心德目。 5. 建置各年級新五倫的核心價值之行為規準。 6. 激勵教師編製新五倫價值教育教材。
	三、布展價值情境，實施價值領導	7. 推動新五倫教育月，布展新五倫價值情境。 8. 舉辦新五倫價值學藝競賽活動。 9. 選拔「智慧人」及「做創客」達人（領域績優學生）。
	四、推動價值教學，營造價值文化	10.實施新五倫價值教育班級經營。 11.推行「KTAV 單元價值評量」教學。 12.建置學校「新五倫價值教育」智慧傳承創新平臺。

資料來源：鄭崇趁（2018c，頁 122）

涵。以雲林縣為例，他們公告的四維新核心價值是：禮（孝悌、尊重、感恩、勤勞）、義（善念、自律、正義、合作）、廉（正直、誠信、守法、節儉）、恥（自省、負責、勇氣、思辨）。

也宜適時向政府首長建言，在「禮義廉恥」掛一段時間之後，應有「創新進升」的新四維 2.0 版，甚至 3.0 版、4.0 版，用更符時代意義的核心價值，來導引教育的新時代發展。筆者建議的新四維 2.0 版是：「仁、義、禮、法」，新四維的 3.0 版是：「知、能、創、價」，新四維的 4.0 版是：「真、善、美、慧」。新四維 2.0 版的意涵：仁（愛人惜物）、義（公平正義）、禮（秩序謙卑）、法（克責尊嚴）。新四維 3.0 版的意涵是：知（知識技能）、能（能力素養）、創（創新作品）、價（價值永續）。新四維 4.0 版的意涵是：真（致用知識・K）、善（經營技術・T）、美（實踐能力・A）、慧（共好價值・V）。

新四維教育可以連結「素養取向教育」中的德育、智育以及當代流行的「智慧教育」、「創客教育」、「價值教育」，並共同使用「KTAV 教學模式」及「KTAV 單元學習食譜」來實踐「素養取向的教育」，實踐口訣是：用智慧（KTAV）→做中學（體驗學習）→有作品（作創客）→論價值（價值評量），這是素養取向「新教育」的核心意涵，也是新育（智慧人、做創客）誕生的緣由。

三、價值教育

價值者，人類共好的生活品質也，「共好價值」是一種「慧能」，是人與人互動產生共好的新能量，也是人類「智慧」的核心元素，是以本書將「知識、技術、能力、價值」四位一體合稱為「智慧教育」，將知識生命的小循環「新知識（K）→含技術（T）→組能力（A）→展價值（V）」稱為「知識遞移（KTAV）模式」，是教師用「知識含技術（遞移理論）」創新學生「知識含技術（知識本身可操作技術）」的循環歷程，是實施「新教育」有效的教學模式。是以本書對於「智慧教育」是指「真能＋善能＋美能＋慧能」四大能量元素的整合實踐，而價值教育是將焦點專注於「展價值（慧能）」的教育歷程。

價值教育的經營（實施策略），主要有「價值論述」、「價值回饋」、「價值評量」和「價值實踐」（鄭崇趁，2018c，頁 123-127）：(1)價值論述：適用於教育領導人及教師教學時使用，領導人（校長）對同仁講話時，常論述「事務本身」價值，論述「辦好這事」價值、論述「完成實踐」生命價值、論述「潛在價值」之存有。教師在單元教學開始，常論述學習本單元的「目標」與「價值」，激發學生學習動機（意願）；(2)價值回饋：領導人（校長）用在會議發言價值回饋、經驗分享價值回饋、績效表現價值回饋、競賽活動價值回饋，教師教學時用在學生學習歷程中好表現與優品質的價值回饋；(3)價值評量：教師在單元教學結束前，實施價值評量，引導學生評量作品價值、評量學習價值、評量教學價值、評量教育價值；(4)價值實踐：教師帶領學生「揭示價值」→「體認價值」→「實踐價值」→「創新價值」稱之為價值實踐。領導幹部、教師、學生都以「價值教育」為軸心，融入「課程教學」及「教育機制」篤行實踐教育價值，大家都成為「智慧人、做創客」。

四、責任公民教育

責任公民指有為大用的公民，責任公民有四個指標（鄭崇趁，2014，頁221-223）：(1)責任績效的公民：如有工作、有後代、有產品、有亮點，並且「自主行動」、「溝通互動」、「社會參與」，完備「成熟人、知識人、社會人、獨特人、價值人、永續人」六大角色責任的發展；(2)民主自由的公民：如參與投票，自由選出首長與民代的公民，服從多數決的自由公民，法律之前人人平等自由的公民，機會均等的自主決定公民；(3)專業服務的公民：如用專長關照適配的專業工作，人盡其才，才盡其用，創發自己生命價值，豐富幸福生涯意涵；(4)有為大用的公民：如有適配的職務，有精緻的產品，做一個充分自我實現的人，做一個具有動能貢獻的人。

責任公民教育的「真知識」，可依筆者出版的《教師學：鐸聲五曲》（鄭崇趁，2014）一書的第十二章「春風化雨（深化人的責任績效）」（頁209-223）為範例說明。「春風」指的是教師，教師用春風吹佛化育學生。「化雨」指的是學生，學生接受教師的春風吹佛，每一位學生都會「化成有用的雨水」，「雨水」可以滋養萬物生靈。「春風化雨」成為當代教師的代名詞，「責任公民」也成為當代學生之所以接受長期教育的緣由，教育在教「人之所以為人」，教育在教每一個都成為「智慧人、做創客」的責任公民。

責任公民教育的核心知識及技術在：(1)春風送暖，教育有感的生命：如教室裡的春天、教學中的春風、挫折時的春光，及學習後的春意；(2)春風傳知，教育覺識的生活：如覺察物理知識、覺察事理要領、覺察人倫綱常、覺察時空律則；(3)春風有情，教育幸福的生涯：如面對「七情俱」的情緒，發展「致中和」的情感，孕育「成風範」的情操，造就「全人格」的性情；(4)春風帶意，教育大用的公民，如責任績效的公民、民主自由的公民、專業服務的公民，成為有為大用的責任公民。

參、「道德實踐與公民意識」素養的善技術

道德實踐素養的「真知識」以「新五倫及其核心價值」暨「新四維價值教育」為主，公民意識素養的「真知識」則以「價值教育」的意涵，暨學校師生價值教育之實踐為主。本章將學生的「道德實踐」暨「公民意識」價值教育，歸結為「責任公民教育」，責任公民教育的核心知識及技術則為師生共同合作的「春風化雨」，教師代表春風，教師要「春風送暖→春風傳知→春風有情→春風帶意」，學生接受春風薰陶，教育成「有感的生命→覺識的生活→幸福的生涯→大用的公民」。

「新五倫教育」的「善技術」有四大要領：(1)五倫進升新五倫：五倫是「父子有親、君臣有義、夫婦有別、長幼有序、朋友有信」，進升為新五倫是：「第一倫：家人親密相依存；第二倫：同儕認同能共榮；第三倫：師生盡責傳智慧；第四倫：主雇專業共創價；第五倫：群己包容展博愛」；(2)選定價值新德目：新五倫的核心價值有二十個，學校得以選用其中六個到十個為中心德目，依中心德目進行價值教育融入各科教學；(3)實踐德目新規準：學校教師將每週德目（核心價值）開展為學生年級「行為規準」三則（一則好習慣、一則服務心、一則名人佳句），並張貼各班級布告欄，導引師生每日實踐；(4)登錄共好新品德：學校配合家庭聯絡簿、學習護照及班級網站，登錄學生「日行一善」共好

新品德，作為定期選拔班級品格達人的平臺。

「新四維教育」的「善技術」也有四大要領：(1)宣達「四維興國」的時代意涵：校長及教師要適時向學校師生宣達，四維暨張，國乃復興，我們要復興的國是當下的「臺灣」這個國，不是要復興當年春秋戰國時代的國；(2)論述「新四維」是國家發展的共好價值：臺灣的國家發展取向是「民主自由新臺灣3.0」，是「智慧創客新臺灣 4.0」，是以新四維 2.0 版適合使用「仁、義、禮、法」，新四維 3.0 版適合使用「知、能、創、價」，新四維 4.0 版適合使用「真、善、美、慧」，它們都是素養的教育核心元素，同時也是知識生命滋長的大循環與小循環；(3)激勵教師編製「新五倫、新四維」價值教育、品德教育、情意教學之教材：學校將「新價值」實踐教材編製列為品德教育實施計畫核心項目，開發學校新德育校本課程教材；(4)揭示新四維及新五倫價值校園情境布展：配合「新五倫、新四維教育月」進行情境布展及學習步道建置。

「價值教育」的「善技術」也是原來四大項目「價值論述→價值回饋→價值評量→價值實踐」之統整「實施要領」，也就是「價值實踐」次級系統的四大要領：(1)揭示價值：教師進行單元教學時要先揭示本單元的學習目標與學習價值。領導人在公告學校主題教育計畫時，要說明本計畫的「目標、策略」與「核心價值」，此之為揭示教育（教學、計畫）的價值；(2)體認價值：領導人或教師揭示的「價值」通常是兩個字或四個字的「價值專有名詞」，學校同仁及學習中的學生要在學習歷程中或實施具體工作事項的同時，教師及領導人也要進行「價值回饋」，導引師生充分「體認價值」；(3)實踐價值：價值者，共好的生活品質也，它們是「慧能」的滋長與實踐，當教育學習活動完竣時，師生之間充滿著「共好價值」慧能，達成學習目標，且你好、我好、大家好，充分實踐教育的「績效價值」；(4)創新價值：任何的單元學習與學校教育活動（計畫的實施），對每一位學生而言，都是有價值的，學習活動完成時，學生的心理生命就是新的，新生命就是學生帶著「創新知能、創新價值」而活著，成為創新知能價值的生命。這創新的生命（人）就會永續循環地「外築」創新價值行為。

「責任公民教育」的「善技術」可用新六育（德、智、體、群、美、新）的「要領技術」來說明：(1)新德育：如新五倫及新四維的新品德價值實踐教育；(2)新智育：如使用知識遞移理論的 KTAV 教學模式，實施新智慧教育（KTAV 四位一體）及新創客教育（有創意→能創造→再創新→做創客四創一體）；(3)新體育：如成熟人與知識人兼重的體適能教育，新優勢亮點專長教育，新藝術涵養教育；(4)新群育：如人倫綱常知識的再建構，德育與群育共本質元素的統整，五倫四維進升為新五倫新四維；(5)新美育：如新美感教育，探討人身之美、物理現象之美、事理要領之美、人倫綱常之美及時空律則之美；(6)新新育：如「心」的教育，「新」的教育，「欣」的教育，「馨」的教育。「心的教育」是新生命、新人心的教育，也就是素養取向的教育。「新的教育」指新六育。「欣的教育」則指欣欣向榮，生生不息的教育，「馨的教育」則指友善、溫暖春風化雨的教育。新「新育」也概指教育人之「新」，它是教育元素「內構、外築」、「知識遞移（KTAV）」、「知能創價（KCCV）」暨知識生命（進出人身）滋長的小循環與大循環現象。知識是有生命的，教育在傳承創新人與知識的生命、知識是新的、教育是新的，人也是新的，這是第六育「新育」真實的意涵與存有。

肆、「道德實踐與公民意識」素養的美能量

「責任公民新教育」所培育的「新公民」素養，會展現「新覺識」、「新五倫」、「新四維」、「新價值」、「新責任」五大實踐能力的美能量。以「新覺識」為思考判斷的總樞紐，覺識「知識是素養能力的總源頭」，指揮「新五倫、新四維」的價值實踐教育，善盡「智慧人、做創客、新領導、優教師、能家長、行國民」的新價值、新責任。

「新覺識」的美能量，概要有五：(1)素養是內隱的新知能模組，是修養的

教育元素所建構的內才；(2)能力是外顯看得到的價值行為，是「知識」與人「能量」融合後，表達得出來的「德行、作品」；(3)知識是素養能力的總源頭，素養含能力；(4)素養取向教育的核心歷程是：內構、外築、遞移、創價。內構新知能模組→外築新任務指標→師生知識遞移→共同知能創價；(5)知識遞移（KTAV模式）促成知識生命的小循環，知能創價（KCCV模式）詮釋知識生命的大循環。

「新五倫」的美能量有四：(1)人倫結構之美：新五倫的五大人倫結構（家人、同儕、師生、主雇、群己），展現類別特質暨系統結構之美，當代社會人群之分類以這五者最具系統；(2)核心價值之美：筆者為新五倫研發了二十個核心價值，價值者人類共好的生活品質也，二十個核心價值展現了人倫的價值美學；(3)等差人倫之美：新五倫的核心價值每一倫常類別各有四個核心價值，整體詮釋、等差漸進，彰顯人性等差人倫之美；(4)智慧和諧之美：新五倫價值教育，實踐了人類智慧和諧之美，讓人與人之間的「共好價值（慧能）」得致最大的伸展。

「新四維」的美能量，概要有四：(1)創新之美的能量：新四維 2.0 版是四維 1.0 版禮義廉恥的創新，「仁、義、禮、法」有創新之美的能量。新四維 3.0 版「知、能、創、價」，新四維 4.0 版「真、善、美、慧」，皆有創新之美的能量；(2)進升之美的能量：國之四維，內涵也可以適時進升，新四維 2.0 版→新四維 3.0 版→新四維 4.0 版都有進升之美的能量；(3)智慧致用之美：新四維的進升版本來自知識產品，產品被實際使用，即產生智慧致用之美；(4)價值實踐之美：新四維及原來的四維版本內容都是「核心價值」，共好價值的流通就有「慧能」泉湧，人間布滿價值實踐之美。

「新價值」的美能量有四：(1)共好之美：人類共好的生活品質曰價值，共好之美的能量感受就是新價值之美能；(2)值得之美：共好價值讓參與者都有值得之美，都覺得自己參與了有意義、有價值的事；(3)愉悅之美：共好價值的慧能也是一種愉悅的感受，完成任務之後，大家的身心都是愉悅的；(4)永續之美：

新價值讓人想要循環再做，對大家產生永續經營，具有永續之美。

「新責任」的美能量，概要有四：(1)承擔之美：新公民願意承擔「績效責任」、「民主自由」、「自我實現」、「有為大用」時代責任，具有「承擔之美」；(2)重諾之美：承擔要有承諾，承諾擔責要從「生活與學習」上循環永續教學，讓學生養成重視承諾的好習慣，新公民具有重諾之美；(3)實踐之美：新公民重諾願意承擔的責任，就是新責任，實踐這些新責任的歷程中，生命感受特別有價值，慧能瀛溢，這是實踐之美；(4)力行之美：新責任都能明確化，都能實踐力行，成為新責任的「行國民」，到位的「責任公民」，責任公民具有「力行達標」的美能量。

伍、「道德實踐與公民意識」素養的慧價值

經由「新五倫教育」、「新四維教育」、「價值教育」及「責任公民教育」，學生習得的「新知識（真）」、「含技術（善）」、「組能力（美）」已概如前述，本節針對「道德實踐與公民意識」素養的「展價值（慧）」接續論述。「責任公民新教育」的具體價值在：(1)有感的生命（教師春風送暖的價值）；(2)覺識的生活（教師春風傳知的價值）；(3)幸福的生涯（教師春風有情的價值）；(4)大用的公民（教師春風帶意的價值）。「新公民」的具體價值在：(1)新意識：覺識公民的時代責任；(2)新五倫：實踐新五倫的核心價值；(3)新四維：用新四維進升版本興國；(4)新價值：有感、覺識、幸福、大用；(5)新責任：責任績效，民主自由，適配幸福，有為大用。

陸、結語：「慧能（共好價值）」是德育的源頭

社會參與的核心素養有三項，「道德實踐與公民意識」是第一項素養，「道德實踐」在養成「遵人道」力行實踐的公德與私德，是德育教學的主軸，「公

民意識」在強調「國家本位」的價值教育與責任公民的培育，兩者都是「人與人」共好價值的開展，共好價值是人的「慧能」，是「知識」與人的「本能」融合之後，所滋生的第四種「能量」，「知」「能」融合的順序是「新知識（真）」→「含技術（善）」→「組能力（美）」→「展價值（慧）」，先有「真能」，再有「善能」、「美能」然後滋長「慧能」，「慧能」才是德育的源頭。是以吳道子繪孔子像，讚孔子曰：「德配天地，道貫古今。」「新育」與「慧能」的發現，讓素養取向教育得到了合宜的詮釋。「真能、善能、美能、慧能」都是廣義的德，然「慧能（共好價值）」是核心之德，源頭之德。

第十六章　「人際關係與團隊合作」素養的教育

導論

「人際關係」與「團隊合作」素養，都屬於「人倫綱常」的知識，是「德育」在「群育」上的實踐與運用。是以「人際關係」的「致用知識」與前章「道德實踐」的內容雷同，本章用「五倫四維新關係」及「價值意識新實踐」來表達。「團隊合作」則乃「共好價值」的新素養，它強調的是「集體智慧」的發揮，觀照「整體表現」如何大於「個人績效」的總和。也強調「任務團隊規模」的最適化。是以，本章用「團體動力學」及「智慧動能論」來表達它的「新知識（真）」及「含技術（善）」。

本章「KTAV學習食譜」上的「組能力（A・美）」欄位上的圖像，展現了四套系統知識的美能量：(1)五倫四維新關係：新五倫及新四維「價值版本」，新關係動能將導引臺灣人經營「新人際和諧」的美能量；(2)人際團隊新價值：臺灣人逐漸習慣「價值實踐」，新價值快速凝聚人的集體智慧，產生「智慧動能」；(3)六育融合新實踐：新六育融合新教育，產生更完備的「新實踐能量」，認識人之德、人之智、人之體、人之群、人之美及人之新。知識的生命循環，實踐每一個的新人生；(4)知能創價新人類：每一個人經由素養教育的「知能創價」都成為「全人發展」的新人類，達成「智慧人、做創客、新領導、優教師、能家長、行國民」新人類六大角色責任。

「人際關係」素養的價值（慧能）仍以新五倫的核心價值最能讓大眾理解，大要有五：(1)家人親密相依存；(2)同儕認同能共榮；(3)師生盡責傳智慧；(4)主雇專業共創價；(5)群己包容展博愛。「團隊合作」素養的價值（慧能）則以「集體智慧動能」價值呈現，大要有七項：(1)新意識：例如新的人群類別意識：新五倫、新四維；新的教育意識，第六育「新育」；新的教育方法意識：內構、外築、遞移、創價、新的知識生命循環意識；(2)新關係：如愛的 1.0（親愛）、愛的 2.0（仁愛）、愛的 3.0（博愛）、愛的 4.0（大愛）；(3)新價值：如全人發展新價值、適配幸福新價值；(4)新動能：如智德融合新動能、主題計畫新動能、KTAV 模式新動能（知識遞移新動能）、KCCV 模式新動能（知能創價新動能）；(5)新六育：「新育、新教育」新的六育融合教育；(6)新實踐：新的素養教育的實踐在「元素構築（56 個元素）」→「知識遞移（知識生命小循環）」→「知能創價（知識生命大循環）」的實踐；(7)新人類：如全人發展的新人類、適配幸福的新人類。

壹、緒言：「社會參與」素養 II 的「KTAV 學習食譜」

「社會參與」素養的核心價值是「共好」，是「慧能」的滋長與孕育，第二個項目「人際關係與團隊合作」素養，觀照的是「人與人」之間的共好，乃「道德實踐與公民意識」素養（第一個項目）的進升，具有「私德」開展到「公德」之意。同時也是第三個項目「多元文化與國際理解」素養的基礎，具有「國家本位社會參與」再進升到「國際本位社會參與」的「中介軌跡」。是以人的「慧能（共好價值」，有三個層次的共好，第一個層次是「個人自己」的層次，要「身心道德與意識價值」共好，要身心健康，道德高尚，正向積極、參與社會、與人互動。第二個層次是「社會人倫」層次，要「人倫關係與任務實踐」的共好，要新五倫新四維的價值實踐，要團隊合作共同完成事業任務。第三個層次是「國際參與」層次，要「多元文化與國際理解」的共好，要面對「地球是平的」、「地球村」世代的來臨，要有數位化、智慧化科技素養、國際語言與經營國際化事業產業素養。

本章接續論述第二個項目，「人際關係與團隊合作」素養的教育。分析討論這一項素養的「內構外築」學生須學習的教育元素是什麼？本章依 KTAV 教學模式，規劃「人際關係與團隊合作」的「KTAV 學習食譜」如表 16-1 所示，以揭示此素養「新知識（真）」→「含技術（善）」→「組能力（美）」→「展價值（慧）」。

貳、「人際關係與團隊合作」素養的新知識（真）

「人際關係」是「人倫綱常的知識」，是「德育」在「群育」上的運用，是以人際關係的「致用知識」與前一章「道德實踐」的內容雷同，本章用「五倫四維新關係」及「價值意識新實踐」來表達。「團隊合作」是「共好價值」的新素養，觀照「集體智慧」的發揮，觀照「整體表現」大於「個人績效」的總和，觀照「任務團隊規模」的最適化，是以本章用「團體動力學」及「智慧動能論」來表達它的新知識（真）。

一、五倫四維新關係

當代社會的人際關係與古代社會的人際關係有何不同？我們使用的人際關係「教材」要有哪些創新和進升，才能教給學生有效的「人倫綱常知識」？本書已倡議「五倫進升新五倫」，用新五倫的「人際類別」劃分及其「核心價值」來教育學生；用「新四維」的版本，來作為經營教育的「新價值」孕育當代社會合宜的新價值文化。

新五倫的「人際」五大類別：「家人」→「同儕」→「師生」→「主雇」→「群己」。相較過去的「五倫」人際類別：「父子」→「君臣」→「夫婦」→「長幼」→「朋友」。已有大幅的「創新」與「進升」，「創新」詮釋當代社會的人際類別劃分，「進升」主流群族人倫的命名，新五論「核心價值（二十

表 16-1　「人際關係與團隊合作」素養教育的 KTAV 學習食譜

單元名稱：第 16 章　「人際關係與團隊合作」素養的教育			設計者：鄭崇趁 2020.05.04
新知識 （K・真） 致用主題知識	**含技術** （T・善） 能操作學習技術	**組能力** （A・美） 實踐行為能力	**展價值** （V・慧） 人類群己教育價值
知識名稱及意涵	教學活動（學習步驟）	師生實物作品	成果價值詮釋
・人際關係 1.五倫四維新關係 2.價值意識新實踐 ・團隊合作 3.團體動力學 4.智慧動能論	一、五倫四維新關係 1.五倫進升新五倫（①家人→②同儕→③師生④主雇→⑤群己）關係 2.四維進升新四維 真（致用知識 K） 善（經營技術 T） 美（實踐能力 A） 慧（共好價值 V） 二、價值意識新實踐 1.新覺識→2.新關係→3.新價值→4.新實踐 三、團體動力學 1.共同任務→2.專長互助→3.優勢築梯→4 進升效能 四、智慧動能論 1.智慧資本（有能力）→ 2.價值認同（願意做）→ 3.力行實踐（擔責任）→ 4.動能達標（達目標）	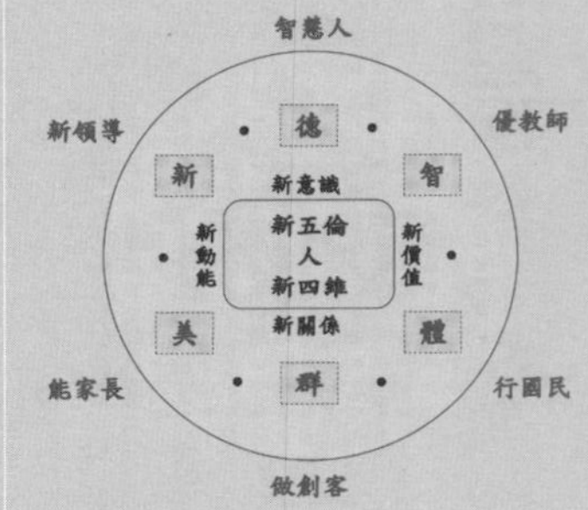 智慧人　新領導　優教師　能家長　行國民　做創客 德　新　智　美　體　群 新意識　新動能　新價值　新關係 新五倫 人 新四維 五倫四維新關係 人際因緣新價值 六育融合新實踐 知能創價新人類	・人際關係的價值 （新五倫核心價值） 1.家人親密相依存 2.同儕認同能共榮 3.師生盡責傳智慧 4.主雇專業共創價 5.群己包容展博愛 ・團隊合作的價值 1.新意識 2.新關係 3.新價值 4.新動能 5.新六育 6.新實踐 7.新人類
□編序■鷹架■步驟□流程 □原型■元素■成因□脈絡 ■次級■系統□次要□變項	■內化■外化□交流□對話 □新化□活化■深化■優化 ■同化■調適□融入□存有	■真（致用知識）■善（經營技術） ■美（實踐能力）■慧（共好價值） ■力（行動意願）■行（德行作品）	□真實□體驗■生新■創價 □均等■適性■民主□永續 ■傳承■創新□精緻□卓越
〈知識解碼要領〉	〈知識螺旋焦點〉	〈知識重組系統〉	〈知識創新價值〉

個）」的研發，更是「德育內涵」的創新進升，成為「新德育」及「新育」的核心教材。新四維 2.0：仁、義、禮、法；新四維 3.0：知、能、創、價；新四維 4.0：真、善、美、慧。這十二個教育元素也都是「新教育、新價值」的新知識，是以新四維（1.0～4.0）版本及新五倫「類別」，暨其「核心價值」皆為「五倫四維新關係」的真（新）知識，它們都已經存在，可以讓教育人員運作「人、事、時、地、物、空」來加以具體實踐。

二、價值意識新實踐

價值意識不只停留在「人與人」的人倫關係，它也發生在「人與事」的共好價值、「人與物」的共好價值、「人與時空」的共好價值。是以本書主張：「新的價值教育」以及「新知識（K）」→「含技術（T）」→「組能力（A）」→「展價值（V）」四位一體的「智慧教育」來實踐「價值意識教育」。新價值教育包含四項次級系統的價值（也可稱之為善技術）：「價值論述」→「價值回饋」→「價值評量」→及「價值實踐」。新智慧教育用「價值評量」收尾，旨在引導教師單元教學結束前儘量實施「價值評量」，評量本單元作品價值，評量本單元學習價值，檢核本單元教學價值，也檢核本單元的教育價值，觀照「價值意識」成為教育教學的主軸動能。

三、團體動力學

人是群居生活的動物，「家」是最基本的「團體」，學校的「班級」、「年級」、「社團」、「教室」裡一起上課的「同學」都是學習上的「團體」，在社會上一起工作的「同事」，執行同一任務的「同伴」、「同鄉」、「同黨」、「同宗」都是發展性的團體，正式組織的團體，都依法成立，都有它們成立的「宗旨任務」，並且規定在「章程」上，研究如何讓「團體」產生動能貢獻的系統知識及技術，稱之為團體動力學。團體動力學的系統知識有四大指標：(1) 了解任務目標：成員都知道這個團體成立：「目的宗旨」、「核心事項」、「個人技術要領」及「績效價值」；(2)專長適配程度：休閒育樂團體「專業技術」水平普遍化，大家都可參與，專門專業工作任務團體，條件標準都有規範，參與者要思考自己的「專長適配度」，惟有適配自己優勢專長者，才能人盡其才，才盡其用；(3)產品價值效果：任何團體都有「共同產品」及「個人產品」，參與者須考量「共同產品」與「個人產品」績效價值平衡，共好的價值曰「慧能」，「慧能」要普遍共享，慧能滋長「你好」、「我好」、「大家好」產品價值效果不宜偏態發展；(4)永續依存深耕：有些團體來自遺傳，如家人關係；有些團體來自同好結盟，如「讀書會」、「同學」、「黨團」、「社團」等；有些團體來自事業同事編組。無論任何一類團體，「永續」、「依存」、「深耕」是長期經營的核心價值，成員都有「永續」、「依存」、「深耕」的意願與行動，這個團體就會長留人間，扮演楷模角色。因此，「團體動力學」即在探討如何讓團體成員「了解目標任務」、「專長適配程度」、「產品價值效果」及「永續依存深耕」系統知識的學門。

四、智慧動能論

「腦力資產」稱為「智慧資本」，一個國家，人民接受教育（知識）的水平，就等同於國家的總「智慧資本」，也等同於一個國家的「國力」。但是高教育水準的國民（公民），如果沒有在職場上產出預期的「動能貢獻」，就會形成「博碩士滿街跑」但「國力脆弱無比」的窘境。因此筆者認為，要創新「智慧資本」的教育，主張「新知識（K・真）」→「含技術（T・善）」→「組能力（A・美）」→「展價值（V・慧）」四位一體的「智慧教育」，要進升「智慧教育」的領導為「動能論」的領導，每個單元的教學成果，都引導學生產出具體的「德行、作品」，用德行作品的「動能價值」實踐「智慧人、做創客」。因此，兩者合一的結果，「智慧資本論」（鄭崇趁，2013，頁45-70）就創新進升為「智慧動能論」。「智慧」是一種資本，然而我們對持有「高智慧」的人。我們更期待他能夠有產出相對的「動能貢獻」，甚至於我們要以他產出的「動能貢獻」有多大，來標示他的「智慧」有多深。智慧動能論代表「真善美慧」新四維 4.0 版，彩繪「人間福慧」的教育學門（新育）。

參、「人際關係與團隊合作」素養的善技術

「人倫綱常」的知識及技術，「知識」及其次級系統的「技術」因實務運用層級問題，常會有「位移」現象，有時稱為「新知識」，有時又稱為「善技術」，就「五倫四維新關係」而言，「五倫進升新五倫」、「四維進升新四維」，其中的「新五倫」及「新四維）」都是「新的真知識（名稱即知識）」，順著名稱研發的「核心價值」即可稱之為「善技術」，代表五倫的類別及新四維的版本是「新知識」；其次系統的「核心價值」研發則成為「善技術」。如果在實務運作上，將新五倫的「類別」及其「核心價值」都進升為「新知識」，則依據核心價值（中心德目）研發的「年級行為規準」及實踐行為規準的師生教學「方法、技巧」則稱之為「善技術」。

因此，新「五倫四維新關係」而言，實施「新五倫新四維的品德教育」就是「善（好的）技術」，大要有五：(1)選用新五倫核心價值及新四維版本內容為學校中心德目，師生定期品德實踐；(2)研發年級行為規準（通常為三條），公告「德目」及「行為規準」在班級布告欄，明確導引師生融入教學「價值實踐」；(3)配合網站及連絡簿，登錄學生「日行一善」事蹟（實踐行為規準提示）；(4)運用德目價值意涵及教材經典布置校園情境或德育學習步道；(5)透過全校師生集會或廣播系統，由導護老師或學生分享「品德達人生命故事」，連結「價值實踐」。

就「價值意識新實踐」而言，「價值教育」的四個次級系統變項就是「善技術」：(1)價值論述：校長論述會議或教育活動價值，教師論述單教學目標及價值，都是善技術；(2)價值回饋：校長適時給優表現師生回饋價值，教師在單元教學中，對優表現學生給予激勵、肯定學生價值，都是價值回饋的善技術；

(3)價值評量：學校幹部對計畫的執行、作績效價值檢核，教師單元結束前，選用合宜的價值評量方法，也都是「善技術」；(4)價值實踐：校長及教師帶領師生「揭示價值→體認價值→實踐價值→創新價值」整個歷程，都是實踐價值的善技術。

就「團體動力學」而言，團體動力學的「善技術」有下列四項要領技術：(1)共同任務：成員要先認識了解團體構成的目的與任務，任務指標具體明確，大家才能發揮「團隊動能」，適時完竣任務；(2)專長互助：團隊動能之所以能超越個人動能累加的總和，主要緣由在「專長互助」，團隊中每個人都有自己的優勢專長，團隊中彼此能夠用專長互助，共同達成組織目標，是團體動力學的第二個核心技術；(3)優勢築梯：要增進大家完成任務的效能效率，成員須用自己的專長優勢彼此築梯，讓大家在合作的歷程中逐梯而上，共同完成任務，彼此優勢築梯，相互扶持進升，是團體動力學第三個「善技術」；(4)進升效能：加速同仁共同創新各自的「經營效率」，再進升組織的整體「效能」，是團體動力學的第四個善技術。「個人創新團隊進升」，創新進升整合發揮，才能真實地進升組織效能。

就「智慧動能論」而言，智慧動能論的「善技術」有四項明顯指標：(1)有能力：能力是「能量」的匯聚，有足夠完成任務目標的「能量」，才會有「意願」行動完成任務、有能力（能量）是「智慧動能」的基礎；(2)願意做：世界上有不少人「據德無為」，因為他們沒有「價值認同」，寧可「什麼事都不做」，墜入了「消極人生」。「辛苦地活一輩子」，但一事無成。是以領導人要對成員「價值論述」，爭取成員「價值認同」，大家才會有「願意做」的行動意願；(3)擔責任：成員願意擔「實踐績效」的責任，就會帶著成員積極行事，提高單位時間，工作完成度的品質與效能效率；(4)達目標：在時間限定內完成團隊的工作目標，對個人及組織都達成暨定目標，最有價值，經營「達標的人生」是「智慧動能論」的第四個善技術。

肆、「人際關係與團隊合作」素養的美能量

本章的「KTAV學習食譜」上的「組能力（A・美）」欄位上的圖像，有四套系統知識的美能量：(1)五倫四維新關係：「家人」關係→「同儕」關係→「師生」關係→「主雇」關係→「群己」關係，其核心價值暨新四維版本的價值動能，將導引臺灣人經營「新人際和諧」的能量；(2)人際團隊新價值：新五倫的新價值及新四維的新版本價值，逐漸被臺灣人運用在「做人」與「做事」的「價值實踐」，用新價值快速凝聚人的「集體智慧」，產生「智慧動能」；(3)六育融合新實踐：教育從此有六育：德育、智育、體育、群育、美育、新育、新六育融合的新教育，產生更完備的「新實踐」的能量，認識人之德、人之智、人之體、人之群、人之美及人之新，知識的生命循環實踐每一個人的新人生；(4)知能創價新人類：人的「知識技術」和「能量素養」都是為了「創新價值」，創新生命價值及創新教育價值。知能創價新人類，每一個人都全人發展，達成「智慧人、做創客、新領導、優教師、能家長、行國民」新人類六大角色責任。

因此，「人際關係與團隊合作」素養的教育，經由「五倫四維新關係→人際團隊新價值→六育融合新實踐→知能創價新人類」，產出了「新育、新六育」之美的美能量，這些是「新育、新六育」的實踐效果，是「順性揚才」開潛能、「自我實現」活自己、「智慧動能」多貢獻、「全人發展」盡才德，「新教育」的美能量，也是內構「新知能元素模組」、外築「新任務指標系統」、師生「知識遞移」共同「知能創價」，形成「新育」的美能量。

伍、「人際關係與團隊合作」素養的慧價值

「人際關係」的價值（慧能），仍以新五倫的核心價值最能讓大眾理解，大要有五：(1)家人親密相依存：住在一起的家人，要有親，並且相互依靠，所以核心價值是：「親密、觀照、支持、依存」；(2)同儕認同能共榮：同學、同

事，或共同執行同一任務的同儕，最重要的慧能，在彼此相互認同，能夠共同暢旺組織任務，是以核心價值是：「認同、合作、互助、共榮」；(3)師生盡責傳智慧：每個人有師生關係的歲月二十年至一輩子，不是在學習中，就是教別人如何學習，師生都要善盡「教與學」責任，促進知識遞移，知能創價。所以核心價值是：責任、創新、永續、智慧；(4)主雇專業共創價：人的後半輩子不是「老闆」就是「員工」，老闆是出資經營事業的人，員工是「領人薪水」為老闆做事的人，「老闆」和「員工」都須要具備經營事業的專業條件，專業能量相當與適配才可成為「主雇」關係，所以核心價值是：專業、傳承、拓能、創價；(5)群己包容展博愛：當代的人類社會「人口爆炸」、「集中都會」、「百業興隆」、「價值多元」，人每天要與很多的他人相遇，大家共活在這個地球上，紅塵滾滾，相遇離散，離散又相遇，擦肩而過，熙熙攘攘。彼此要相互包容展博愛，才能和諧安住，才能永續興旺。所以核心價值是：包容、尊重、公義、博愛。

「團隊合作」的價值展現在「智慧動能」的素養，大概有七項：(1)新意識：新的人群類別意識，如新五倫、新四維；新的教育意識，如第六育「新育」；新的教育方法意識，如內構、外築、遞移、創價；新的知識教育意識，如知識生命的小循環（知識遞移、KTAV）及知識生命的大循環（知能創價、KCCV）；(2)新關係：人類的愛是天性，與生俱來，是本能的發揮，「本能」要「知識」的灌溉與滋長，滋長為「知能」，滋長為「愛人之德」，滋長為「道德」，滋長為「素養」，簡稱為「知能素養」。新五倫核心價值暨新四維（價值版本）的教育，運作新關係價值典範教材，設定愛的 1.0 至愛的 4.0，傳承儒家「仁者愛人，親親而仁民，仁民而愛物」等差之愛精神，如表 16-2 所示，儒家之愛因新關係的不同，等差之愛的高度、深度就有深淺濃淡之別；(3)新價值：如全人發展新價值，適配幸福新價值。全人發展新價值：「基本教育」讓人的六大角色責任發展到位：成熟人、知識人、社會人、獨特人、價值人、永續人。「高等教育」進升人的後六大角色責任再接續到位：智慧人、做創客、新領導、優

表 16-2　愛與榜樣 1.0 至 4.0 教材

《論語》：仁者愛人，親親而仁民，仁民而愛物。	
儒家之愛 1.0 至 4.0	
愛的 1.0——親愛（親愛人：家人—親朋）	等差之愛
愛的 2.0——仁愛（愛師生：同儕—社區）	
愛的 3.0——博愛（親大眾：群己—事物）	
愛的 4.0——大愛（親生命：生態—天地）	

教師、能家長、行國民。適配幸福新價值：「適配的教育→適配的事業→適配的伴侶→適配的職位」經營每一個人「適配幸福人生」，全人發展及適配幸福人生是新教育帶給人的新價值；(4)新動能：如智德融合新動能（新五倫、新四維的價值實踐）、主題計畫新動能（創新進升校務經營 1.0→2.0→3.0→4.0）、KTAV 模式新動能（創新進升智慧教育、創客教育、價值教育、知識生命教育）、知能創價模式（KCCV 模式）新動能（創新進升「內構新覺識」→「外築新動能」→「遞移新創意」→「創價新價值」創新進升模式）；(5)新六育：廣義的新六育是，德育、智育、體育、群育、美育、新育六育一起實施，六育的價值在教給人之德、人之智、人之體、人之群、人之美及人之新。狹義的新六育，專指第六育「新育」，新育有四義：①新「新的教育」：發生在地球上（世界上）每天的教育行為都是「新的」；②新「心的教育」：新育是「心育」，教育從心教起，要先內構「新知能模組」，才能外築「新任務價值行為」；③新「欣的教育」：新育是「欣育」，教育是生生不息的教育，人的知識來源生生不息，人的能量滋長生生不息，師生的知識遞移生生不息，師生的知能創價也生生不息；④新「馨的教育」：新育即「馨育」教育是溫馨友善的知能創價行為，新育的「行（德行作品）」來自「意、願、動、脈、道、德」，新育的「教（創新知能）」來自「構、築、遞、移、創、價」，這些教育元素都是溫馨友善的知識生命；(6)新實踐：本書定名為《素養教育解碼學：元素構

築・知識遞移・知能創價》，就表象而言，在解開「素養教育」的密碼，發現「素養」是哪些教育元素所建構而成的？發現「素養取向教育」怎麼教？就筆者撰寫本書的旨趣而言，在提供精確的素養教育「新實踐版本」，元素構築篇的 56 個教育元素，知識遞移篇的 KTAV 教學模式及 KTAV 單元學習食譜，知能創價篇的知能創價模式（KCCV 創新進升模式），都是「新教育、新實踐」的有效版本；(7)新人類：人的一生很有意義、很有價值，也很有尊嚴，但也活得很辛苦，人類文明文化不斷的創新進升，當代的人類活得愈競爭、愈辛苦。工業 4.0 催化人類文明現代化的進程，「教育 4.0」及「素養取向教育」也催化了人類「新育」及「新教育」發展的「腳步」，它們將共同孕育「全人發展的新人類」，共同孕育「適配幸福的新人類」。

陸、結語：「智慧動能論」彩繪「社會參與素養」，孕育新人類文明

本章探討「人際關係與團隊合作」素養的教育，是「社會參與」素養的第二項素養，這項素養教育的「新知識含技術」主軸在：「五倫四維新關係」、「價值意識新實踐」、「團體動力學」及「智慧動能論」。「五倫四維新關係」闡明新德育及新群育；「價值意識新實踐」融合新六育新意識的價值實踐。「團體動力學」產出教育人員的有效智慧資本；「智慧動能論」開展教育任務群組的動能貢獻與集體智慧。「智慧動能論」乃前三大學術的「融合、創新與進升」，直接彩繪進升「社會參與」成員的第二項素養。人人願意參與經營這個社會，創新進升人類的新文明、新文化。

「智慧動能論」強調用新智慧教育及新創客教育幫助學習者產出新德行及新作品，運作「德行作品」的教育動能來實踐「新教育、新育」，每個學校每年的畢業生，都能展出十件「智慧創客」代表作品；每個學校（從小學到大學）

每年都舉辦一次「智慧創客嘉年華會」，教師選送教材作品（一至三件）參賽，學生也選送一至三件學習作品參賽，學校每年選出「百大智慧創客作品」，並進行「智慧管理」，每年將百大作品領域（學科）分類、提供全校師生逐年「傳承創新」，或「創新進升」的參照。詮釋了「新育、新教育」的核心工作事項。這樣的「新教育」，或許能夠帶動「民主自由的新臺灣 3.0」進升為「智慧創客的新臺灣 4.0」。

第十七章　「多元文化與國際理解」素養的教育

導論

本章用「KTAV模式」，來解碼「多元文化與國際理解」素養教育的「新知識（真）」→「含技術（善）」→「組能力（美）」→「展價值（慧）」。本項素養的「新知識含技術」選用「多元文化教育」、「世界文明史」、「國際語言學習」、「國際學生教育」，以及「國際百業發展」五個類似「科目名稱」學科來分析，較容易得到「解碼」的效果。

「多元文化教育」的善技術有四：「學文化」→「尊傳承」→「開覺識」→「得進升」。「世界文明史」的善技術有四：「探文明」→「學知能」→「開視野」→「得見識」。「國際語言學習」的善技術，概要有四「學語文」→「移動力」→「跨國行」→「展優勢」。「國際學生教育」的善技術，概要有四：「留學生」→「優教育」→「育人才」→「旺世界」。「國際百業發展」的善技術，概要有四：「交流互動」→「策略聯盟」→「系統營運」→「共榮共享」。

從文明、文化與教育的關係圖示，本章也發現了「教育化」、「制度化」、「新五倫」、「智慧創客學校」及「國際化」、「系統化」這些當代的「新教育・動名詞」，都產生了教育能量之美。文明具有進升性，文化具有含容性，是以文化的面最廣，整個版面都是人類文化（生活）的軌跡，所以用 1.0 及 2.0 標示文化。文化中的文明是文化人中的「先趨者」，我們中間帶狀的三角錐（凸出群眾之意），來表達「文明的人」文明的人通常是 3.0 和 4.0 的人。就已開發（現代化）國家而言，（3.0＋4.0）的人約占 20%～25%；4.0 的人約占 3%～

5%。國家現代化，就是在（創新進升）「3.0 的人」及「4.0 的人」所占全國人民的比率，比率愈高（普及化），愈是文明國家。這些美能量來自圖中的「教育化」、「制度化」、「國際化」及「系統化」，尤其是學校教育要實施「新五倫價值教育」及「智慧創客教育」，它們是進升國家文明的「鑰匙」。

「多元文化」素養的「慧價值」有四：(1)了解人類生態；(2)尊重文化殊異；(3)共享珍貴底蘊；(4)進升文化命脈。「國際理解」素養的「慧價值」也有四項：(1)開拓國際視野；(2)進升文明見識；(3)增進國際合作；(4)拓寬產業發展。

壹、緒言：「社會參與」素養 III 的「KTAV 學習食譜」

「社會參與」的第三項素養是「多元文化與國際理解」素養，「多元文化素養」觀照整體地球上人類「文化百態」的認知與了解，發現他人生命生活的「價值底蘊」，彼此尊重包容，和平相處，共享人類生態榮景。「國際理解素養」觀照地球村文明機制的創新與進升，探討百業興隆發展脈絡，理解各國達人的創新與發明，開展國際教育，強化產業經營國際化能量。是以第三項（本項）素養，是前兩項素養（道德實踐與公民意識素養暨人際關係與團隊合作素養）的統整與拓能。第一項是「國家本位」的「個人私德」素養，第二項是「事業本位」的「人倫公德」素養。第三項（本項）則為「國際本位」的「律則公約」素養，是前兩項素養為基礎的統整與拓能，就教育的學理而言，也是一種創新與進升的素養，前兩項素養能力基礎穩固，才有利於本項素養的教育，教（創新知能、行道德），育（進升素養、通素養）。

筆者認為「文化」應包括「文明」，「文化」是每一個國家（族群）人類生活的總稱，文明具有進升性，文化具有含容性，每一個時代的「人類文明」，逐漸普及化之後，就會成為文化的一部分，是以各族群的當前文化，都是歷代文明普及化後的「綜合體」，就「國際理解」素養而言，探討各國的「多元文化」，宜包括該國當下的文明發展，有文化及文明的理解，才能真正掌握國家的文化底蘊。國際理解則宜包括三個重要事項：(1)國際語言學習；(2)國際學生教育；(3)國際百業發展。是以，「多元文化與國際理解」素養教育的 KTAV 學習食譜，如表 17-1 所示。

貳、「多元文化與國際理解」素養的真知識

一、多元文化教育

人類生活的總稱曰文化，文化具有殊異性，沒有「優劣差異」，了解各國族群的食、衣、住、行、育、樂、生活機制、學習機制、宗教信仰、教育機制、價值意識、團體生活秩序、禮儀規範、慶典活動、溝通互動、語言文字、符號符碼、圖騰文化、物質工具、爭戰史詩、歷史典故等，曰多元文化教育。

多元文化教育的主要目的有四：(1)尊重人類多元種族生命：人類學家告訴我們，目前全世界人口已超過七十億人，來自數百種不同人種族群，共同生活在這地球上，我們要尊重人類的多元種族生命，共存、共好、共融、共榮、共享這個世界、這個地球；(2)共享人類個殊語言文字：目前的人類已經開發了多種語言文字，這些語言文字都是人類智慧資產，只要您願意，就可以學會它、運用它來與這個族群的人溝通互動，經營婚姻和事業，共享人類個殊的語言文字；(3)接納人類不同價值意識：人類是萬物之靈，但人類本身也很麻煩，有不同的價值觀，意識形態及宗教信仰，是個多元價值並存的地球村。人與人互動溝通，要先接納人類不同的價值意識，和諧共處，相互尊重，才有共融發展可能，否則就常重蹈宗教戰爭悲劇之覆轍；(4)融合人類快慢生活機制：以工業 4.0 及教育 4.0 對每一個國家及人種的影響而言，可以看出各國人種文化「快慢生活機制」的殊異性，所以世界各國才以「現代化」程度的不同，分成「已開發國

表 17-1　「多元文化與國際理解」素養教育的 KTAV 學習食譜

單元名稱：第 17 章　「多元文化與國際理解」素養的教育　　設計者：鄭崇趁 2020.05.04

新知識 （K・真） 致用主題知識	含技術 （T・善） 能操作學習技術	組能力 （A・美） 實踐行為能力	展價值 （V・慧） 人類群己教育價值
知識名稱及意涵	教學活動（學習步驟）	師生實物作品	成果價值詮釋
・多元文化 1.多元文化教育 2.世界文明史 ・國際理解 1.國際語言學習 2.國際學生教育 3.國際百業發展	一、多元文化教育 1.學文化→2.尊傳承→ 3.開覺識→4.得進升 二、世界文明史 1.探文明→2.學知能→ 3.開視野→4.得見識 三、國際語言學習 1.學語文→2.移動力→ 3.跨國行→4.展優勢 四、國際學生教育 1.留學生→2.優教育→ 3.育人才→4.旺世界 五、國際百業發展 1.交流互動→2.策略聯盟→ 3.系統營運→4.共榮共享	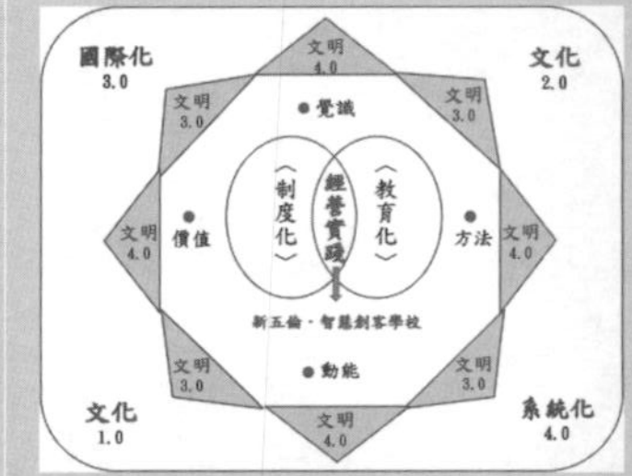 文明文化與教育的關係	・多元文化的價值 1.了解人類生態 2.尊重文化殊異 3.共享珍貴底蘊 4.進升文化命脈 ・國際理解的價值 1.開拓國際視野 2.進升文明見識 3.增進國際合作 4.拓寬產業發展
□編序■鷹架■步驟□流程 □原型■元素■成因□脈絡 ■次級■系統□次要□變項	■內化■外化□交流□對話 □新化□活化■深化■優化 ■同化■調適□融入□存有	■真（致用知識）■善（經營技術） ■美（實踐能力）■慧（共好價值） ■力（行動意願）■行（德行作品）	■真實■體驗□生新□創價 ■均等■適性□民主□永續 ■傳承■創新□精緻□卓越
〈知識解碼要領〉	〈知識螺旋焦點〉	〈知識重組系統〉	〈知識創新價值〉

家」、「開發中國家」及「未開發國家」，「已開發國家及開發中國家」又出現了「後現代」的生活文化，融合人類「快慢生活機制」也是探討多元文化教育的重大議題。

二、世界文明史

文明者，文化的先趨也，文化的創新也，文化的進升也。從知識的立場看文明，文明就是發現人類生活的新知識，人類生活的新知識會生長在食、衣、住、行、育、樂上，新知識也會生長在學習生活上，生長在事業產品上，生長在社會制度上，生長在政治型態上，生長在經濟機制上，生長在國防、外交、內政、教育、衛生、交通，也會生長在不同人種族群上，「新知識」就是人類文明文化的源頭，世界文明史探討世界各國「新知識」的高峰經驗，例如：每一個國家進入工業 1.0（機械化）、工業 2.0（電氣化）、工業 3.0（自動化）、工業 4.0（智慧化）的里程碑；每一個國家進入教育 1.0（經驗化），私塾書院時期的教育；教育 2.0（知識化），公共教育普及化時期的教育；教育 3.0（能力化），特色品牌學校時期的教育；教育 4.0（素養化），新五倫・智慧創客學校時期的教育。也都會有快慢不一致的現象。

世界文明史也探討「世界之最」的發現，世界最大的山河大地，世界最長、最高、最深、最冷、最熱的山河大地；世界文明史，也探討百業分工最新的發明，探討學術研究各學門（理、工、農、醫、文、法、商、教育、管理）最新的發現，這些新知識的發現、發明、創新人類的生活，進升人類共好的生活品質及價值，世界文明史的新知識，國小、國中、高中、大學都可以彙編成教材，直接教給學生，培育學生「多元文化與國際理解」素養。

三、國際語言學習

國際語言目前有三義：(1)專指英文，英文是目前國際間通用的共同語言；(2)指主要國際語言：每一個國家環境各殊，其緊鄰的國家，因為學習或工作需要，觀光服務需要，必須用到的「主要國語語言」，以臺灣為例，除了英文外，日語、韓語、越南語是主要國家語言；(3)程式語言：工業 4.0（智慧化）以後，智慧型手機及智慧型電腦已進升了人類文明文化，了解數位程式語言，成為文明國家的國際語言。程式語言的學習仍以「英語」為溝通「母語」。

國際語言的學習主要目的有五：(1)溝通互動：目前是全球化，地球村的世代，不同的國家人民交流往來頻仍，有共同的國際語言作為溝通互動的工具，可以同時解決各國共同的問題。所以國際語言學習的首要目的是跨國人民的溝通互動。目前多數國家都將英文訂為共同的國際語言。英語是強勢的國際語言；(2)移動學習：目前國際間「留學生」愈來愈多，留學生必先學會他要前往留學國家語言，用該國的語言文字始能「移動學習」，是以國際語言學習的第二個目的是移動學習（留學生的需求）；(3)觀光服務：以臺灣為例：近年日本、韓國及歐美國家觀光客日益增多，景點商家服務人員，領隊導遊除了中文外，也多能同時提供日語、韓語、英文的服務，目前北區的景點告示牌，除了英文外，也都加上了日文及韓文，是以國際語言的學習第三個目的是觀光服務；(4)事業經營：已開發國家的事業產業經營都已國際化，產品銷售以全世界為市場，規模夠大的公司企業都設了「國際部」，都需要與策略聯盟國家廠商溝通互動，相互了解文化機制，「產品」才銷得出去。是以國際語言學習第四個目的是事業經營，尤其是國際化產業；(5)學術研究：教育學術研究與產業學術研究，都要能掌握先進文明國家的既有成果，國際語言的學習可以直讀原文書籍及研究報告，研究員才得以快速擷取、統整、傳承，再創發。國際語言的學習第五個目的在「學術研究」。目前臺灣各大學博士班研究生，除了設定「英文門檻」外，還要求第二外語，甚至第三外語的國際語言學習，就是基於「學術研究」需要。

四、國際學生教育

有留學生的國家，要開始關注國際學生教育，理論上留學生是跟著本國學生就讀的學生，課堂上使用本國語就行，然臺灣目前的成就及教育發展要招收歐美先進國家的留學生並不容易，目前的留學生以陸生為最大宗，因為同文同種，語言文字是一樣的。唯最近國家推行南向政策，招收了東南亞國家學生，然後使用「全英文」（國際語言）教學，部分學生修完學程學分用英文完成論文，仍然可以取得碩士學位，甚至博士學位。如此國際語言（英文），成為國際學生教育的核心工具，與文明先進國家用其本國語言，實施國際學生教育，目的與價值顯然不同。

國際學生教育是國家「教育事業」的國際化與擴能，是吸引他國學生到本國留學、遊學或交換學生，取得本國教育學位或學習本國語言文字，具備雙重語文能力，畢業後可以經營跨國事業，擔任兩國各種專業團隊互動的橋樑，是「國與國」共好的智慧資本。筆者認為，國際學生教育仍要以「本國語言」施教，留學生「語言落差」問題，宜由留學生自己進升解決，「本國語言文字」也是重要的「智慧資本」，能夠有更多外國人習得會用，也是「語言國際化」的貢獻。

五、國際百業發展

人類的生活與事業，以「食、衣、住、行、育、樂」為核心，百業分工，農業、工業、商業、服務業、飲食業、服飾業、房仲業、汽車業、育樂業、休閒業、食品業、精品業、教育業、研發業、醫藥業、護理業、復健業、殯葬業、旅宿業、素食業、貿易業、金融業、銀行業、電腦業、資訊業、手機業、超商業、物流業、外送業、快遞業、郵務業、學業、事業、家業、共業……應有盡有，百業分工，「百業」只是形容詞，每個人一生所接觸到各種行業，事實上都已超過百業，每一個人一生要活得精彩、有價值都要這「百業分工」的「集體智慧」交互支援，當今人類社會的文明與文化，也都是這「百業分工」、「分頭努力」與「互助合作」的績效成果。

國際百業發展的「知識與技術」，可以透過「大數據」取得原始資料，然後由專業研發人員，分析統整這些「大數據」的意涵與價值，將各行各業發展的「本國趨勢」與「國際趨勢」作適度的比較分析，提供各行業從業人員「國際化」經營的參考，各行各業經營者如能充分掌握「國際百業發展」大數據趨勢分析，在國內市場穩固之後，就得以進行「產業國際化」經營，壯大自己「企業組織」效能，邁向國際，為全球的人類提高更大的「價值貢獻」。孫中山先生的治國理念：「人盡其才，地盡其利，物盡其用，貨暢其流」，一直是筆者崇拜的「智慧」，「產業國際化、產品國際化、人才國際化、教育國際化」，都是「國際理解」素養的實踐。

參、「多元文化與國際理解」素養的善技術

「多元文化素養」的「新知識」本章歸納為兩項「系統知識」：「多元文化教育」暨「世界文明史」，「國際理解素養」的「新知識」則歸納為三項「系統知識」：「國際語言學習」、「國際學生教育」以及「國際產業發展」。本節接續論述這五大項「系統知識」，及其內含的「善技術」：可操作學習的「好技術要領」。

一、多元文化教育的善技術

「多元文化教育」可以編撰成一本書，然後由教師選擇「適合教給學生」的主題，研發「具體教材」及「教學教案」（也可直接用「KTAV 單元學習食譜」取代教案），再配合「學校本位課程」的實施，教給學生。其實施的善技術（要領力點）有四：「學文化→尊傳承→開覺識→得進升」。扼要說明如下：

(1)學文化：文化的特質在「殊異性」而非「優劣落差」，「學文化」要先有尊重發現與包容存有之心，不批判，珍惜發現與它本身的詮釋，發現理解文化的源由，比當前文化的表現還珍貴，學文化能發現不同人種族群「價值行為」的底蘊，了解人類本身「真實的過往」，知古鑑今，也知道人類「價值行為」變

異性與發展脈絡的軌跡，知道今天的「人」是如何發展而來的；(2)尊傳承：文化之所以形成在各族群之中，都是優勢習慣或先輩當時文明的結晶，也是過往能夠解決「生活問題」的核心策略，再經歷代「傳承」，才會讓大家看得到的「今日文化」，是以當我們現代人看到不同國家族人展現文化時，要尊敬傳承，認同個殊的文化傳承，才能精確了解這一文化的興衰、變異與其對人類發展的意涵，人類是最聰明的動物，但也是最複雜難懂的動物，「怎樣活過來，各憑本事」，「千奇百怪，都有價值」；(3)開覺識：「文化」是過去的生活方式與「內容」，了解多元文化的善技術，除了「學文化」：知道文化的存有、因緣、影響、價值意涵；「尊傳承」：知道這一傳承對於族人的意義價值，詮釋它對今日人類行為的啟示外。第三個善技術在「開覺識」，是開啟學習者的「新覺識」，覺識者，深層見識也，概指了解「過往文化」，卻能與今日「文明文化」產生新的「連結」，與「系統結構」的見識。這種見識，是學習者創新「新文明文化」的啟蒙與動因；(4)得進升：第四個善技術在「得進升」，指學習多元文化是工具，是鑑古知今，得到「傳承創新」今日文明文化的「進升經營策略」。是以「多元文化教育」在培育學生「多元文化素養」，多元文化教育核心要領（善技術）為：「學文化」→「尊傳承」→「開見識」→「得進升」。

二、世界文明史的善技術

文明是文化的創新與進升，文明也是統整各類「新知識」的綜合方向，在各級學校實施「世界文明史」的課程教學，主要的「善技術」在「探文明」→「學知能」→「開視野」→「得見識」。扼要說明如下：(1)探文明：文明是由各行各業及領域學門「最新發現知識」所建構的新「系統知能」，這些「新系統知能」理應依其「難易程度」，規劃編輯在各級學校「課程綱要」中，提示教師導引學生「循序學習」，對師生的「知識遞移」才會有明確效果，我們在「小學」、「國中」、「高中」，就實施「世界文明史」教育，旨趣在「探文明」，探索文明的表相（名稱）與核心意涵（價值），引發學生進一步學習的意願與動機，「思維」不與時代脫節；(2)學知能：世界文明史的表相可能讓學習者「眼花撩亂」、「霧裡看花」，如果運用「KTAV 單元學習食譜」教學，直接告訴學生這一文明（產品、機制、建築、文化）的「新知識（真）→含技術（善）→組能力（美）→展價值（慧）」，真善美慧四位一體學習，學習者的「學知能」就能經由「內構→外築」加乘流動，增進師生「知識遞移」，共同「知能創價」；(3)開視野：國際教育的主要目的，在打開學生的「國際視野」，世界文明史的教育，提供世界各國尖端文明的歷史，是開啟學生「國際視野」的核心課程；(4)得見識：讓學生在學習歷程中，永續地得到「見識」，有自己的「系統思維」及「深層見識」，是教育的主要目的功能，世界文明史的課程在各階段教育中實施，也期待學生經由「探文明」→「學知能」→「開視野」，然後能夠「得見識」。這四大「教與學」要領，都是「世界文明史」教育的「善技術」。

三、國際語言學習的善技術

國際語言學習的善技術，概要有四：「學語文」→「移動力」→「跨國行」→「展優勢」，扼要說明如後：(1)學語文：語文是溝通的工具，學語文的主要對象是「本國」的國語，次要對象才是國際語言，習得多國語文的價值有二：「博知」與「擴能」。「博知」指透過多國國際語言的幫助，學習者知道的更多，知道的文明文化「知識」更為精緻、更為到位、更為深入；「擴能」指「這些國際知能」和本國教育知能融一起「擴能」，應用在「國際舞臺」之上；(2)移動力：只會本國語文的人，他的移動力都在國內，會國際語言的人，他的移動力就可以擴增到他熟悉語言的國家，在地球村的當今世界，具有國際移動力的人，競爭力更強，價值性更高；(3)跨國行：行遍天下，為世界上所有人服務，已是當前年青人常有的抱負，學會多國語言，就可以圓夢，人生之夢各個不同，有跨國行夢想的人，要優先學會國際語言；(4)展優勢：自己的「優勢智能明朗化」，用自己的「專長優勢」服務大家，可以創造更多有價值的「亮點」，擁有國際語言優勢的人，更可以運用語言優勢，展現自己的專長亮點，為活在世界上的每一個人服務。

四、國際學生教育的善技術

國際語言學習的善技術，概要有四：「留學生」→「優教育」→「育人才」→「旺世界」，扼要說明這些「善技術」的教育意涵，如下：(1)留學生：國際學生教育的前提是要有「留學生」，有了留學生，國家或學校才有必要關注「國際學生教育」；是以沒有留學生的學校，只能向自己學校學生說明先進國家的「留學教育」，再跟對等的學校簽約，爭取「兩校交換學生」來擁有「留學生」，讓學校開啟國際學生教育；(2)優教育：國際學生教育是在為「留學生」提供本校既有的「優教育」來刻意教育這些學生，「優教育」是第二個善技術，指好的課程設計及優質師資教學；(3)育人才：國際學生教育的第三個善技術是「跨域、跨師」培育人才，「跨域、跨師」培育人才的質量會有所不同，創發的價值會產生「1 ＋ 1 大於 2」的效應；(4)旺世界：國際學生教育培育出來的學生，移動力高於本國學生，學生能以地球村（國際舞臺）為基地，用專長亮點暢旺世界。

五、國際百業發展的善技術

國際百業發展的「善技術」，大要有四：「交流互動」→「策略聯盟」→「系統營運」→「共榮共享」。扼要說明這些善技術的經營意涵如下：(1)交流互動：國際化產業的起源，都在各國企業或產品「同類者」相互之間的交流互動，「相互交流學習」、「分享彼此經驗」、「探討成功的核心要領、技術」，作為自己產業（產品）創新進升的參照；(2)策略聯盟：簽訂合約、共同銷售彼此產品，優勢技術互補，共同產製新產品，同步銷售，也可彼此扶持，跨域設廠，共同產銷彼此產品，為產品國際化奠基；(3)系統營運：產業國際化發展的第三個善技術，是「系統營運」，組織單位布點，決策流程管控，原物料採購，產品產製科學化，物流配送網路，內部品質保證，外部標準程序，都要系統營運，組織運作型態成為綿密系統的立體模型。產出最佳效能效率的價值運作；(4)共榮共享：凡是參與運作的組織成員，均有共榮、共好、共融、共享的直接價值，原本的跨國企業也都能共好、共榮、共享。

肆、「多元文化與國際理解」素養的美能量

本章探討文明文化之美，又分國內文明文化之美，及國際文明文化之美，從文明文化與教育的關係圖示（見第 270 頁），本章也發現了「教育化」、「制度化」、「新五倫」、「智慧創客學校」及「國際化」、「系統化」所產生的教育能量之美。從整個系統結構圖觀之，文明具有進升性，文化具有含容性，是以文化的面最廣，整個版面都是人類文化（生活）的軌跡，所以用 1.0 及 2.0 標示文化：文化中的文明是文化人中的「先趨者」，我們中間帶狀的三角錐（凸出群眾之意），來表達「文明的人」，文明的人通常是 3.0 和 4.0 的人，在集體人類文化觀之，3.0 和 4.0 的人約占人類的百分之二十（20%），4.0 的人約占人類的 4%（20%×20%＝ 4%）。也有人說，4.0 的人約占人類的最前頭 4%到 5%的人；3.0 的人約占關鍵 20%到 25%的人，人與物（產品）很類似，都會掉入「80 ／ 20 法則」。（關鍵的百分之二十產品，為公司賺進 80%的總收入）。

「教育化」與「制度化」的美能量在讓「文明」普及化為「文化」，「教育化」的美能量來自「新五倫・智慧創客學校」的經營，也就是學校實施「新五倫價值教育」、「智慧創客教育」、「價值評量教育」，也就是回應「素養取向教育」的「新育、新教育」。「制度化」的美能量則來自「立法」，教育的法令，生活機制的法令，食、衣、住、行、育樂各層面的法令愈趨完備，3.0 及 4.0 的文明就會日漸普及化為「大眾文化」。

「國際化」及「系統化」的美能量是本章強調的「多元文化與國際理解」素養的本質「能量」，「國際化」讓「教育、制度、產業」邁向 3.0 發展，「系

統化」讓「教育、制度、產業」再邁向4.0發展，世界的文明文化就融合了，全世界的人都能夠活在3.0至4.0的文明生活。這一張圖（見第270頁）是一個世界文化文明的永續循環圖，每一個名詞的量能與數據，都可以永續循環。

伍、「多元文化與國際理解」素養的慧價值

多元文化素養的慧價值有四：「了解人類生態」→「尊重文化殊異」→「共享珍貴底蘊」→「進升文化命脈」。扼要論述其價值意涵如下：(1)了解人類生態：地球上的多元文化是人類生態的核心指標，人類生態就是各國各族群文化的共同體；(2)尊重文化殊異：人類有共性，文化有殊性，教育在教「人之所以為人」，人之所以為人要申展共性，尊重殊性，尊重文化差異為基礎的教育，更能夠申展人的共性，例如：「智慧人、做創客、新領導、優教師、能家長、行國民」；(3)共享珍貴底蘊：人類多元文化的殊異性，代表該族群文化的傳承風格，例如祭典中的音樂舞蹈，都是族群珍貴智慧底蘊，共享各國族群音樂、舞蹈文化，也是人生的福報；(4)進升文化命脈：例如每一個國家音樂、舞蹈、文化藝術、圖騰符碼的發展不斷的創新與進升，這些都是國家族群文化的命脈，多元文化教育最大的價值在「進升國家的文化命脈」。

國際理解素養的慧價值也有四項：「開拓國際視野」→「進升文明見識」→「增進國際合作」→「拓寬產業發展」。扼要解說其共好價值意涵如下：(1)開拓國際視野：國際視野指各國的優質文化與尖端的科技文明。「國際視野」也是知識的一種，本來我們在國內辛苦學習，都沒有看到各國的榮景，國際視野的知識十分侷限，「國際理解」相關的教育活動（如交流互訪、留學）及系統知識學習（如多元文化教育、世界文明史），就是在開拓學生的國際視野；(2)進升文明見識：多元文化教育及世界文明史，都在進升學習者對「文明與文化關係」、「教育知識與文明關係」的見識，例如：文明的進升性，文化的含容性；(3)增進國際合作：人類的生活、事功、文化與文明的進升，都是「合作」

（團隊共業）來的，「家人合作」→「社區合作」→「縣市合作」→「國人合作」到「國際（種族）合作」才能永續「創新文明，進升文化」；(4)拓寬產業發展：貨暢其流，產業經營國際化，能夠「澤福四海」、創新價值，進升「產業文明」，挑戰高峰經驗，並對人類的文明文化進升作出貢獻。

陸、結語：「社會參與素養」的總目標在國際教育與教育國際化

本章緒言曾分析「社會參與」三項素養的性質，認為第一項素養「道德實踐與公民意識」是「國家本位」的「個人私德」素養。第二項素養「人際關係與團隊合作」則是「事業本位」的「人倫公德」素養，本項（第三項）「多元文化與國際理解」素養，是「國際本位」的「律則公約」素養。「個人私德」→「人倫公德」→「律則公約」是三個層次「素養」的創新與進升，也是「築梯建構」的素養，邏輯秩序明確，可個別使力，然要注意其系統結構，才能有效開展這些「素養」的「總體智慧」（集體智慧）。

本章探討「社會參與」的第三項素養，依稀可以發現「社會參與素養」的總目標在國際教育及教育國際化，因為國家的教育機制，就是國家的「教育產業」，價值產業中有「國際教育」，首先要辦好國際教育，讓「國際教育」快速達到 3.0 及 4.0 的水準，然後繼續思考「國家教育機制」的國際化，「產業國際化」包括「教育產業國際化」，教育產業國際化或許是當前國家最重要的「國家建設」。

第三篇
知能創價篇

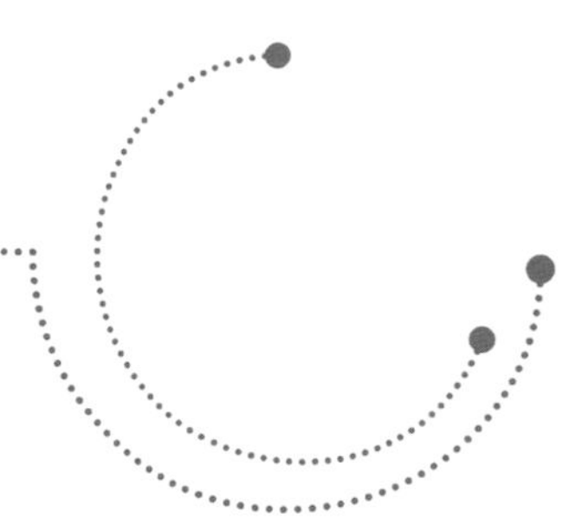

知能創價（KCCV）教育模式

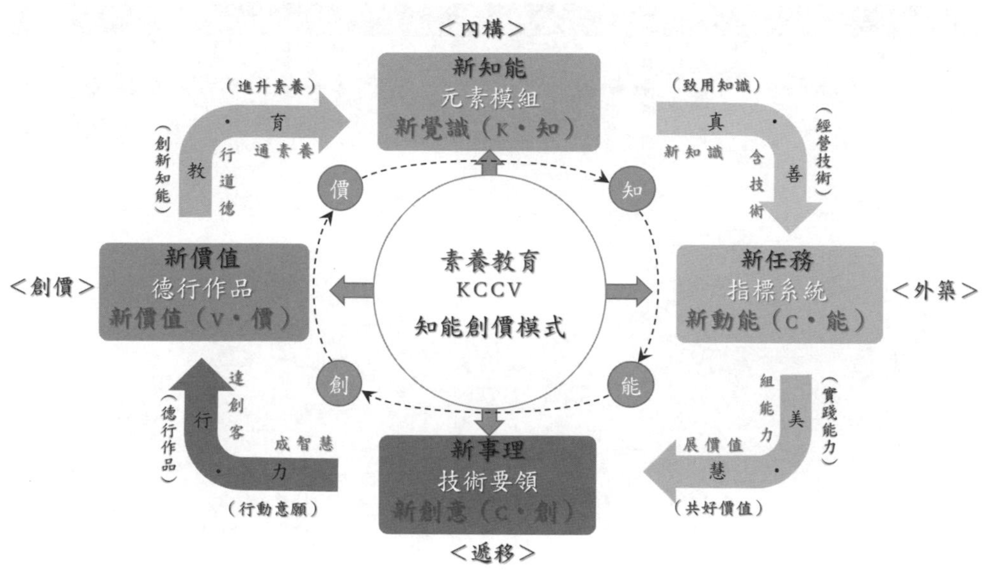

這張素養教育知能創價（KCCV）模式的圖，顯示了「知識生命」的大循環以及「知識生命的小循環」。「知識生命」的大循環，是指「真→善→美→慧→力→行→教→育」的八大教育元素之大循環。從知識生命「內構」的歷程看新知能元素模組之發展，是：「新知識（真）」→「含技術（善）」→「組能力

（美）」→「展價值（慧）」→「成智慧（力）」→「達創客（行）」→「行道德（教）」→「通素養（育）」。從知識生命「外築」的歷程看新任務價值行為之脈絡，是：「真（致用知識）」→「善（經營技術）」→「美（實踐能力）」→「慧（共好價值）」→「力（行動意願）」→「行（德行作品）」→「教（創新知能）」→「育（進升素養）」。「教（創新知能）」與「育（進升素養）」兩大「教育元素」的加入（原本的「知識教育學」僅探究「真、善、美、慧、力、行」六大元素），完整的詮釋了「知能創價」知識生命的大循環以及「知識遷移」知識生命的小循環。「教、育」是「大循環」與「小循環」的銜接點（元素）。「力、行」則是「內構（遷移）」到「外築（創價）」的催化元素。

KCCV 創新進升食譜

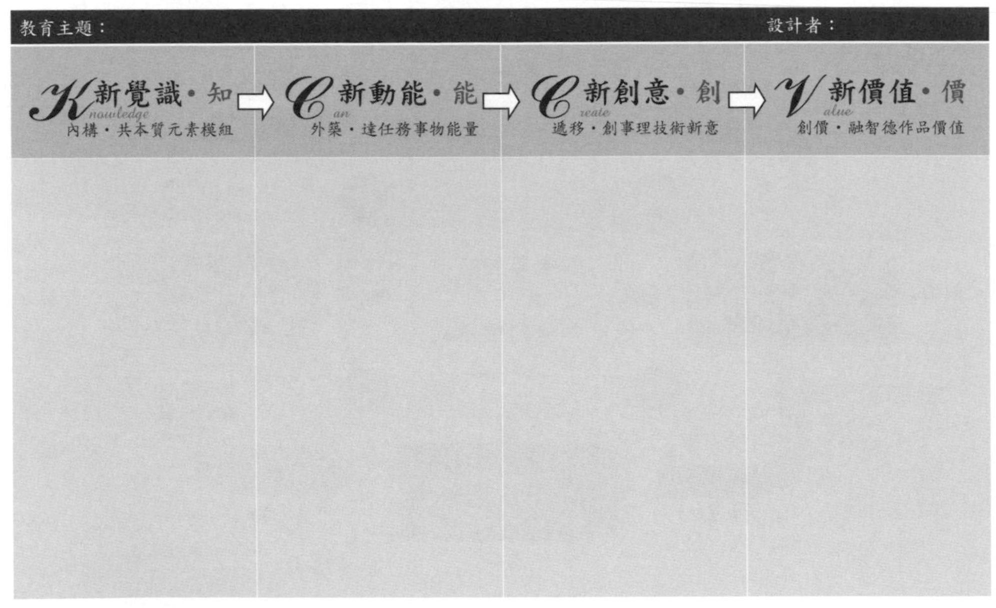

知識生命的小循環建構了「KTAV 教學模式」，知識生命的大循環則稱之為「知能創價（KCCV）模式」：K（Knowledge）指「新覺識」，C（Can）指「新動能」，C（Create）指「新創意」，V（Value）指「新價值」，適合使用在「政策規劃」與承擔「前瞻任務」時使用。

第十八章　進升領導

導論

本章曾全文刊載於《教育領導的新議題》（林新發、朱子君主編，2020，頁 349-373）一書，係筆者個人「知能創價」最到位的論文，特選為本篇第一章（第十八章），期能做為範例，註解「知能創價」的教育意涵。

「進升領導」屬新興領導理念時期的「新領導理念」，是筆者撰寫兩本新書之後的「新發現」，用「進升領導」來詮釋當前教育領導發展的「新需求」與「新趨勢」。這兩本書是《知識教育學：智慧人・做創客》（鄭崇趁，2017）及《教育 4.0：新五倫・智慧創客學校》（鄭崇趁，2018c）。「知識教育學」（第一本書）探討知識經由教育進入人身心之後的「生命滋長歷程」；「知識著床為致用知識」→「知識含技術」→「知識組能力」→「知識展價值」→「知識能遷移」→「知識成智慧」→「知識達創客」→「知識行道德」→「知識通素養」；是以「知識價值化歷程」帶來「知識本身」、「教育」及「人」三者的進升。「教育 4.0」（第二本書）藉由工業 4.0 的「進升版本」，設計「鉅觀教育」與「微觀教育」的進升指標（版本），並主張學校領導人優先實施「新五倫教育」、「價值教育」、「智慧教育」及「創客教育」，得以經營學校由 2.0 進升 3.0；再由 3.0 進升 4.0。是以「進升領導」意涵及專業實踐，有必要專章論述，建構更為完整的「理論基礎」及「實踐作為」，供教育經營者運用。

本章分五個部分說明論述：第一部分「緒言：進升領導的由來」，探討「進升領導」命名的四大源由：「人」、「教育」、「學校」及「知識」四者都需要「進升」，教育領導者更要發揮「進升領導」，來領導學校教育的進升。第二部分「進升領導的意涵與特質」，界定進升領導的概念型定義及操作型定義，並描繪教育進升領導的六大特質。第三部分「進升領導的相關理論」，蒐集與進升意涵攸關的六個教育經營（領導）理念理論，來支持「新進升領導」的合理性與妥適性。第四部分「進升領導的專業實踐」，從「人與組織（學校）」層面，論述教育領導人可專業實踐的七個「進升領導」作為。第五部分「結語：知識價值化帶動組織（學校教育）的進升領導」。「進升領導」的運用，確實能夠進升學校的新文明文化，早日邁向「教育 4.0：新五倫・智慧創客學校」。

壹、緒言：進升領導的由來

教育在教「人之所以為人」，教育的主要對象是「人」，也就是學校裡的「師生」；教育也在教人「學習知識」，政府為了辦教育，設學校，聘師資，頒課程，教學生，從幼兒園、小學教起，小學、國中、高中、大學，甚至到碩士、博士，多在教「知識」，教育在教人知識的傳承與創新，是以教育的重心實體是「知識」。「人之所以為人」是一種理想中的人，這個人要接受教育與學習，習得應備的知識，然後知識與技術、本能融合，進升為知能，知能持續融合，再進升「知能基模系統重組」，然後能夠「知能創價」，成為「智慧人・做創客」；成為具有「素養能力」的人。是以學校教育機制（學制）要進升，小學進升國中，國中進升高中（含高職），高中再進升大學。教育機制（學制為例）規劃的原意，即含有「進升領導」的本質。

學制的「進升領導」是最廣義的「進升領導」，教育的內容（課程教材）、教育的方法（教學技術）、教育的實體（知識系統）、教育的對象（教師學生）四者都需要個別（微觀）的進升。課程教材要進升，小學、國中、高中、大學所教的「知識系統」要由易而難，要進升高一階層的知識，進升知識本身的深度、廣度、高度及難度。師生的素養能力也要進升，師生本身都要充分的「全人發展」，都要進升為「智慧人、做創客」。教學技術及實施要領也要配合數位科技時代而進升，進升為「新五倫教育」、「價值教育」、「智慧教育」及「創客教育」都可共用的 KTAV 教學模式（含 KTAV 單元學習食譜）。

臺灣的中國教育學會於2018年召開年度國際學術研討會，主題訂定為「邁向教育4.0：智慧學校的想像與建構」，邀集國內外知名教育學者專家，發表專論，共同建構教育4.0的版本，並將精華論著，出版為專書，導引臺灣教育邁向「教育4.0」進升。筆者受邀發表〈論「教育4.0」的「新師資培育政策」〉專文（鄭崇趁，2018b），論文中揭示的「教育4.0」版本大要，如表18-1所示。

表18-1　教育4.0的進升任務指標

教育1.0 （經驗化）	私塾、書院教育時期 （脫文盲、求功名）
教育2.0 （知識化）	學校教育普及化、公共化時期 （知識人、社會人）
教育3.0 （能力化）	學校教育特色品牌化時期 （獨特人、永續人）
教育4.0 （素養化）	新五倫・智慧創客學校時期 （智慧人、做創客）

從教育1.0到教育4.0，明顯看到教育「實體目標」的進升，由「經驗」進升為「知識」，再由「知識」進升為「能力」，再由「能力」進升為「素養」。從學校教育1.0到4.0，也明顯地看到其進升的軌跡，「私塾及書院（1.0）」的教育是我國學校教育的濫觴。臺灣六年國教及九年國教時期，公共學校教育普及化，大專學生數逐年擴增，是學校教育2.0世代，自2000年起，政府頒布「九年一貫課程綱要」鼓勵中小學發展「學校本位課程」及「特色教育」，中央及縣市政府辦理優質學校（特色品牌學校）認證、「教育111標竿學校」認證、空間美學特色學校、教學卓越獎、校長領導卓越獎，都是在激勵學校經營邁向特色品牌學校，進升為教育3.0時代。教育4.0則約從2018年開始，素養導向的教育帶動「新五倫教育」、「價值教育」、「智慧教育」及「創客教育」的實踐，邁向教育4.0的教育新文明文化。

是以「進升領導」的由來，來自教育本質需要進升的需求；來自知識進入人身心之後，「知識」與「能力」融合的進升（重組）的事實；來自「人」本身成長與知識需求進升的指標；來自各級學校課程教學「統整進升」之需求。教育領導人為學校教育規劃進升項目與指標，並帶領學校幹部、師生，專業實踐，謂之「進升領導」。

貳、進升領導的意涵與特質

「進升領導」的定義是：教育人員系統思考學校當前發展條件，為教育攸關的人、事、時、地、物、空暨課程教學、知識遞移、知能創價、智慧創客，策訂中長期進升計畫，揭示明確「發展目標」、「經營策略」及「執行項目」，有效匯聚校內外教育資源、實踐教育目標，進升學校教育績效價值。「進升領導」具有六大教育領導特質，包括：(1)教育新元素組件的進升；(2)教育新系統模式的進升；(3)教育新覺識方法的進升；(4)教育新動能價值的進升；(5)教育新使力焦點的進升；(6)教育新文明文化的進升。茲概要說明如下。

一、教育新元素組件的進升

進升領導的第一個特質是「教育新元素組件的進升」，這是從「智慧型手機」發展進升其「元素及零組件」的啟示而來，目前各種廠牌的智慧型手機市場競爭激烈，功能品質不盡相同，但所有廠牌的手機，都是從手機的「零組件」及「元素」優化（進升）其功能及系統結構，優化其使用界面而來。愈能進升元素組件品質價值的產品，愈有競爭力，對人類新文明文化貢獻愈大。

教育的進升亦然，領導人能夠為學校教育找到明確的「零組件」或「新元素」，就能經營帶領學校進升。「新組件」，例如：「行政效能」、「課程發展」、「師資教學」、「學生輔導」、「環境設施」、「資源統整」等，都是教育經營的明確零組件，針對這些零組件或新的零組件設定「進升指標」並優化其「元素結構」，活化其SOP（標準作業程序），就可以提升辦學效能效率，提升教育績效與品質，進升教育3.0或教育4.0。

二、教育新系統模式的進升

進升領導的第二個特質是「教育新系統模式的進升」，這是從人的「生命系統」及「習慣行為模式」對教育經營的啟示而來的。人的生命是上帝賜給人最精緻的禮物，「人命」的存活要有「呼吸系統」、「消化系統」、「血液循環系統」、「神經系統」、「排泄系統」、「肌肉系統」、「骨骼系統」、「感知覺識系統」等等，人要存活，每天的食、衣、住、行、育、樂，也都會有習慣性的行為模式，雖然人類種族繁多，文化價值觀多元分歧，但對於「養活生命」的食衣住行育樂，行為模式卻十分雷同，且都有明顯的「進升」發展趨勢，多向文明先進的國家模仿、學習、靠攏，因為這些文明先進國家的菁英分子，往往會進升發明新的生活工具，帶給人類生活的便利性及精緻化、品質化，大家也都期待進升改善自己的生活品質，進升自己的生命價值。

學校教育是一部超大型「教育機器」，它也可「擬人化」，這部超大型教育機器是「有生命」的「建構系統」，例如：「師資能力素養系統」、「校本特色課程系統」、「師生動線系統」、「教學資源系統」、「教育環境設施系統」、「弱勢族群學生支持系統」、「學生社團教育系統」、「潛在教育系統」、「校內外教育資源整合系統」等等。為這些核心系統進升其元素結構及運作模式，就可以創新學校教育的績效價值，帶領師生邁向教育3.0及教育4.0，彰顯進升領導的意涵及特質。

三、教育新覺識方法的進升

進升領導的第三個特質是「教育新覺識方法的進升」，覺識者，察覺到的深層見識是也，教育新覺識指當代教育議題的新覺識，例如：「能力進升素養」的新覺識，「工業4.0至教育4.0」的新覺識，「教育目標」及「經營任務」都是可以進升的新覺識等等，新覺識是一種有效的發現，發現到教育經營的新本質，它真實地可以幫助學校教育的進升。

方法者為經營教育的進升力點也，找到「著力點」就可以有效進升教育品質與價值。教育的著力點在《教育經營學》的六說、七略、八要（鄭崇趁，2012），在《校長學》的成人旺校九論（鄭崇趁，2013），在《教師學》的鐸聲五曲（鄭崇趁，2014），也在《家長教育學》的一觀、六說、八論（簡稱順性揚才一路發）（鄭崇趁，2015b）。

六說、七略、八要、九論、五曲，及家長教育學的一觀、六說、八論都是經營教育的新方法（進升力點）。教育新覺識與方法的進升，成為進升領導的第三大特質。

四、教育新動能價值的進升

進升領導的第四個特質是「教育新動能價值進升」。動能者，組織成員集體智慧之能量也。指學校中的教師職工都願意積極奉獻，為學校產生動能貢獻，每一位同仁都是有效智慧資本。團體的新動能來自大家認同的主題式計畫，是以筆者在《教育 4.0：新五倫・智慧創客學校》（鄭崇趁，2018c）一書中，專業示範擬定了進升教育 3.0 及進升教育 4.0 的六個主題教育計畫範例，期待每個縣市的各級學校都能有效實踐這些計畫，帶動學校所有教師產出集體智慧，共同進升學校的教育文明文化。

價值者，共好的生活品質曰價值，有價值的動能才能進升為「慧能」，對自己好、對同儕好、對師生好、對學校（組織）也好的作為，才有「真價值」，教育的事務與活動都在創新師生生命的價值及創新學校教育的價值，這些新動能價值從教育的核心技術運作可以觀察得到，例如：新課程教材、新教學模式（如KTAV）、新班級經營計畫、新輔導學生營隊、新有效教學等，這些新教育的核心技術進升了教育的動能價值，成為「進升領導」的第四大特質。

五、教育新使力焦點的進升

教育領導人面對的學校現況不一，有的學校設施不佳，組織文化處在不利位階學校；有的學校雖已正常化，能夠常態教學，但談不上任何特色品牌學校（在 2.0 左右）；有的學校已經長久正常化教學，且獲致特色品牌學校美譽（3.0）；這三大類學校，教育領導人要運用不同的「使力、焦點」來幫助學校進升，曰教育新使力焦點的進升。

「未到教育 2.0」的學校，使力焦點在「規章制度」的實踐與「本分本業」的價值論述，領導人要專業示範積極經營學校楷模，帶動學校正常化，進升至教育 2.0。「已經正常化（2.0）」的學校，教育領導人的使力焦點在激勵幹部帶動教師，積極開發學校本位課程和教育特色，專業示範各類型競爭型計畫之擬定、參與優質（特色）學校評選，教育行動研究徵件，「教育 111 標竿學校」評選，教育部空間美學與特色學校獎勵、教學卓越獎、校長領導卓越獎、閱讀磐石獎等，經營學校進升教育 3.0，成為具有特色品牌學校。已進升教育 3.0 學校，教育領導人的新使力焦點則為「新五倫教育」、「價值教育」、「智慧教育」及「創客教育」，這些教育實踐可以開展校本特色課程進步深化、活化、優化、創化，甚至「智慧化」、「創客化」，先「本土化」再「國際化」，俾帶動學校進升教育 4.0。

六、教育新文明文化的進升

「工業 4.0」對「教育 4.0」最大的啟示是：文明具有進升性，文化則具有含容性，教育 1.0 進升 2.0，2.0 進升 3.0，3.0 再進升 4.0，要系統思考文明的進升性及文化的含容性；不適合要求短期間之內所有的學校都能進升到教育 4.0。工業 1.0（機械化）進升到 2.0（電氣化），再進升到 3.0（自動化），再進升到 4.0（智慧化），共耗時約 250 年（1776 年迄今）；從目前全世界總人口觀察，能夠有智慧型手機，並會全功能使用者仍然不到 20%（擁有智慧型手機，不太會用者仍然處於 2.0；有，且大部分功能會用者才進升 3.0；有最新型智慧型手機且會全功能使用並經常使用，幫助自己生活及事業進升品質價值者才是 4.0 智慧人）。教育的進升、文明的進升很重要，文化的含容更重要。

是以，教育領導人應系統思考學校教育的人、事、時、地、物、空，針對分項教育或教育主題，策定進升型計畫，由各分項教育逐步進升 3.0 及 4.0 的教育新文明；也要激勵幹部及教師（約 1%至 5%）帶頭示範教育 4.0 的核心業務（新五倫教育、價值教育、智慧教育及創客教育），可運用 KTAV 教學模式（含 KTAV 單元學習食譜）實踐「用智慧→做中學→有作品→論價值」的新型教育型態，師生共同經營「智慧人，做創客」的教育願景，帶領學校邁向「教育 4.0」的新文明文化，此即為教育新文明文化的進升。

參、進升領導的相關理論

「進升領導」是筆者寫完《教育 4.0：新五倫・智慧創客學校》（鄭崇趁，2018c）一書之後的重要發現，是全新的教育領導議題，精準而周延的「理論基礎」待「認同而有意願」的學者專家共同建構，本章僅就其相關理論做連結論述，用來支持「進升」是可以領導經營的，它與當前教育界認同的有效「經營理論」、「領導理論」有部分的「元素」與「組件」是匯通的，因為它們部分的「元素組件」是匯通串聯的，所以他們就可以互相支持，進升為理論基礎。

本章介紹的「進升領導」相關理論，包括：(1)組織變革理論（學習型組織理論為代表）；(2)組織創新經營理論（以創新創客理論為代表）；(3)人力資源理論（以智慧資本理論為代表）；(4)知識價值理論（以知識遞移說為代表）；(5)工業 4.0 的進升理念；(6)進步主義的教育理念。茲逐一簡要說明如下。

一、組織變革理論（以學習型組織理論為代表）

廣義的「組織變革理論」有三大主張：(1)企業組織的「人員編置」與「運

作模式」，必須順應市場需求與產品研發、產製變革而適時調整，稱之為組織變革；(2)企業經營面對新的競爭與挑戰時，必須針對企業運作組織系統作調整，強化組織運作效能效率，也稱之為組織變革；(3)組織變革理論也稱之為組織再造理論，或組織再生理論。再造是指「重新換過，系統重組」，再生則指「系統重組，孕育新生」。兩者都含有「進升」的意味，組織變革理論最經典的代表是「學習型組織理論」。

「學習型組織理論」核心論點有二：(1)組織成員全部進入學習狀態，一邊工作，一邊學習，對組織的產能貢獻最大；(2)用五項修煉創新組織成員學習的績效價值。這五項修煉是：自我超越、改變心智模式、建立共同願景、團隊學習及系統思考。前兩項修煉是個人的學習進升，學習進升了自我超越及改變心智模式；第三項及第四項修煉則進升了組織團隊「願景」及集體智慧；第五項修煉則進升了組織的「運作系統結構」，進升了組織整體表現的「績效價值」，運作組織變革理論或學習型組織理論，領導帶動組織發展，都含有「進升領導」的意涵與相似的組織發展目標。

二、組織創新經營理論（以創新創客理論為代表）。

知識經濟的時代的核心價值是「創新」，是以自二十世紀中葉以後，各行各業及教育界都強調創新領導，企業界則強調組織創新經營理論，創新經營理論重視四大創新：「創新經營理念」、「創新組織結構」、「創新運作模式」以及「創新產品價值」。迄至 2005 年，《make》雜誌發行，全球掀起「自造者運動（makers movement）」，教育界開始以「創客教育（自造者教育）」連結實踐創新經營教育，教育產業才找到了真實的經營領導的著力點，統稱為「創新創客理論」（創新素養及創客能力之謂，也稱為做中學，有作品的創客教育）（鄭崇趁，2017）。

創新創客理論有四大核心論點：(1)四創一體的教育：研發「有創意」學習食譜→教導「能創造」操作學習→建構「再創新」知能模組→完成「做創客」

實物作品；(2)教師採行 KTAV 教學模式（KTAV 單元學習食譜）得以結合智慧教育及創客教育，師生實踐「用智慧」→「做中學」→「有作品」→「論價值」的新教學模式，全面提升教育品質價值；(3)師生的智慧創客作品得分為四大類：立體實物作品、平面圖表作品、動能展演作品及價值對話作品；(4)學校學生百大智慧作品的規劃產出及學生畢業時展出十大智慧創客代表作品，可成為教育 4.0 時代學校創新經營的新指標。

創新經營理論及創新創客理論蘊含了四個「進升」的領導旨趣：(1)創新為了進升：「新」與「創」均含有「進」與「升」的意涵；創新為了進升產品品質，為了進升人的貢獻，為了進升組織的效率效能；(2)經營為了進升：「經」與「營」都是為了「進」與「升」，努力經營學校，為的是帶動學校進步，升級發展；(3)自造者即自己「做中學」的進升：自己「做中學」進升為有作品，進升為「看到具體成果價值」；(4)創客即進升：人生人進升為「父母親」，師生都有作品，師生都進升為「智慧人、做創客」。

三、人力資源管理理論（以智慧資本理論為代表）

「人力資源管理」已成為管理學學門上的正式課程，可以開到 2 至 3 學分，人力資源管理將人視為組織的最重要資源，要管理人的「知識」、「能力」、「素養」，以及對「組織」的配置、運用並激發其貢獻，產生人的價值尊嚴。人力資源管理理論在教育領域的應用最經典的理論是「自我實現論」及「智慧資本論」（鄭崇趁，2013）。「自我實現論」指自我的「理想抱負」與「現實成就」吻合適配，在組織中能夠「活出自己」，最具尊嚴價值。「智慧資本論」則指人的智慧在組織中有具體的動能貢獻，人是組織的「珍貴」、「有效能」的資本。教育領導人運作智慧資本論領導經營學校，則可從「強化核心能力」、「增進價值認同」、「帶領實踐力行」著力，喚醒組織成員從「靜態的智慧資本」成為「有效的智慧資本」，大家都對組織產生具體的動能貢獻。

人力資源管理理論及智慧資本理論對「進升領導」有四大啟示：(1)能力的

進升：核心能力的進升是人力資源管理及智慧資本理論的焦點；(2)知識的進升：組織人力為了進升能力，必先進升知識，知識是能力的源頭；(3)認同的進升：唯有對組織的認同（包括人與產品），才會對組織投入，進升其貢獻程度；(4)價值的進升：這些理論共同點都在談組織中的人、物（產品）、事（工作）價值的進升。

四、知識價值理論（以知識遞移說為代表）

筆者出版《知識教育學：智慧人・做創客》（鄭崇趁，2017）一書，認為知識是有生命的，知識經由教育及學習進入人身心之後，只要「著床」成功，知識就會附隨著人的生命而有生命，知識成為「致用知識」，然後「含技術」、「組能力」、「展價值」、「能遞移」、「成智慧」、「達創客」、「行道德」、「通素養」，這一知識滋長的生命歷程稱為「知識遞移說」（教師身上或教材上的知識遞送轉移成為學生身上的知識）。它更明確闡揚教育的本質，認為教育最核心目的在促使「知識遞移」流量大，知識能夠從教師身上及教材上「遞送、轉移」到學生身上，成為學生帶得走的「知識（K）」、「技術（T）」、「能力（A）」及「價值（V）」。「知識遞移說」包括四大步驟：「知識解碼」→「知識螺旋」→「知識重組」→「知識創新」。

知識價值理論及知識遞移說對「進升領導」有三大啟示：(1)知識性質「深度」的探究，也是「進升」的一部分：「知識教育學」為教育之教學與研究開拓了嶄新的層面（知識深層本質）；(2)知識教學可以透過新工具整合進升新教育：如 KTAV 教學模式及學習食譜，可以統整實踐「新五倫教育」、「價值教育」、「智慧教育」及「創客教育」；(3)教育方法的進升可以進升師生教與學的績效價值：如「新五倫・智慧創客學校」可以從師生的智慧創客作品，明確進升教育的績效價值（邁向教育 4.0）。

五、工業 4.0 的進升理念

工業 1.0 至工業 4.0，帶動人類新文明文化的進升，由機械化進升電氣化，再進升自動化，然後進升智慧化，每一階段的進升，都有明確的進升焦點，這些焦點都要以前一階段的「主軸」為基石，再「往前」、「往上」進升，不是否定過去，也不是捨棄過去，而是系統重組，推出新版本，統整新產品，然後選擇更新、更現代化，更便利的產品。「進升」的意涵在工業 4.0 的發展最為明顯，筆者出版《教育 4.0：新五倫・智慧創客學校》（鄭崇趁，2018c）一書時，認為教育 4.0 的建構版本，也應該針對教育的歷史及目前的發展現況，用「進升」的理念來建構，不用改革或改進的名詞。

工業 4.0 的進升理念對「進升領導」有三大啟示：(1)領導教育的進升：工業 4.0 的進升是生活的進升、事務工具的進升、教學工具的進升、學習方法工具的進升；教育 4.0 則是領導教育的進升，包括巨觀教育（整體）及微觀教育（分項）的進升；(2)領導教學模式的進升：如 KTAV 教學模式得稱之為新五倫・智慧創客教學模式，是統整型教學模式之進升；(3)領導教育思維的進升：如教育 1.0 是經驗化時期，教育 2.0 是知識化時期，教育 3.0 是能力化時期，教育 4.0 是素養化時期，「經驗化」進升「知識化」，再進升「能力化」，然後進升「素養化」，都是教育思維的進升，「素養」含「能力」兩者都是來自「知識」：是知識生命（實體）的進升。

六、進步主義教育理念

杜威（John Dowey）是二十世紀偉大教育家，其出版《民主主義與教育》（*Democracy and Education*）、《我們如何思考》（*How We Think*）等一系列教育著作，主張「做中學」的教育，認為「教育即生活」，「教育的本質在促進人經驗持續的進升」，被稱為「實用主義教育」或「進步主義教育」的代表人物。「進步主義教育」本身含有「進升」之意，雖然 1930 年代的八年研究，沒有證實杜威晚年主持的實驗學校，比傳統的美國學校「明顯進步」。然當年的社會環境沒有「電腦」、「智慧型手機」及「數位雲端」的「便利工具」支持，「做中學」的教育成果伸展困難。就今日工業 4.0 的開展，及教育 4.0 的「智慧教育」、「創客教育」、「價值教育」及「KTAV 教學」、「新五倫教育」的串聯整合，或許可作為「做中學教育」開展「再生」及「進升」的空間。這是「進步主義教育理念」對「進升領導」最大的支持與啟示，「進步」有可能真實地「進升」。

肆、進升領導的專業實踐

進升領導的專業實踐，要針對學校中的「人與組織」著力經營，學校中的「人」概指教師和學生，學校中的組織則指課程教學、環境設施、資源整合運作等。本章揭示進升領導的七項「專業實踐」作為，包括：(1)師生能力素養的進升領導；(2)師生知識遞移的進升領導；(3)師生知能創價的進升領導；(4)學校課程模組的進升領導；(5)學校分項教育的進升領導；(6)學校主題方案的進升領導；(7)學校組織文化的進升領導。茲逐一說明如下。

一、師生能力素養的進升領導

教育的本質和功能，在持續提升學生的知識、能力及素養，九年一貫課綱年代稱「核心能力」，十二年國民基本教育課綱開始稱「核心素養」，教育領導人經營進升領導，第一個要務就是要領導進升師生的能力素養，進升師生能力素養的要領可參照下列作為：(1)分析「素養」與「能力」的不同：素養包含能力，素養為內隱「新知能模組（內才）」，能力為外顯「價值行為實踐（外才）」；(2)指出知識進入人身體後與原有知能融合互動的「進升」路徑；(3)進升結構化的優質知識（如使用 KTAV 單元學習食譜），加速師生能力素養的進升學習。師生能力素養的「進升領導」可用圖 18-1 來說明。

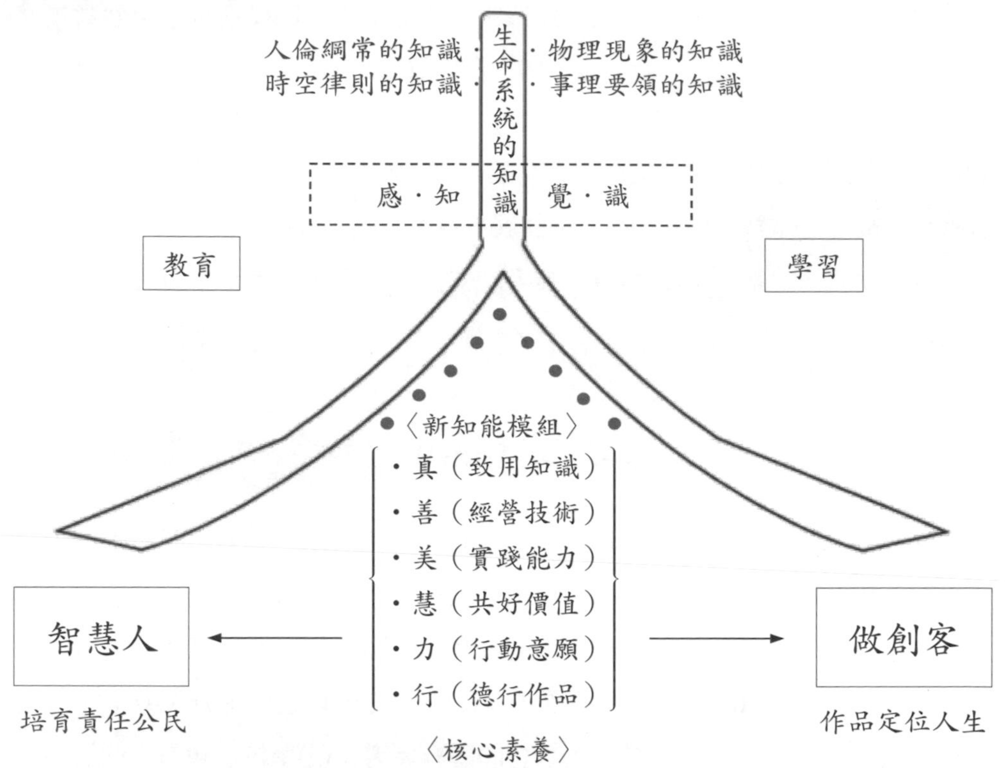

圖 18-1　師生能力素養的進升領導

資料來源：鄭崇趁（2018c，頁 27）

圖 18-1 顯示「核心素養」的位置在人的身體之內，係內隱的「新知能模組」，由六大元素（真、善、美、慧、力、行）所建構。「核心能力」在兩條腿的下面（外顯實踐之意），屬有價值行為表現，統稱為智慧人、做創客，「能力素養」都是由「新知識」進升來的，它進升的路徑由頭（知識組件），到「感、知、覺、識」歷程（教育學習組件），再到「知能融合創新」歷程（螺旋重組組件），然後成為「能力素養」的進升。先內構再外築，內構「新知能模組」稱「素養」，外築「智慧人、做創客」則為「素養含能力」，素養的能量能夠外築「價值行為（能力）」。

二、師生知識遞移的進升領導

「知識遞移說」是《知識教育學：智慧人‧做創客》一書發現的重要教育（教學）新理論。「知識遞移說」本身含有「進升」的旨趣，包括「知識本身」的進升及「教育功能目的」的進升。《知識教育學：智慧人‧做創客》一書的全貌及「知識遞移說」的進升特質，用圖 18-2 來呈現。

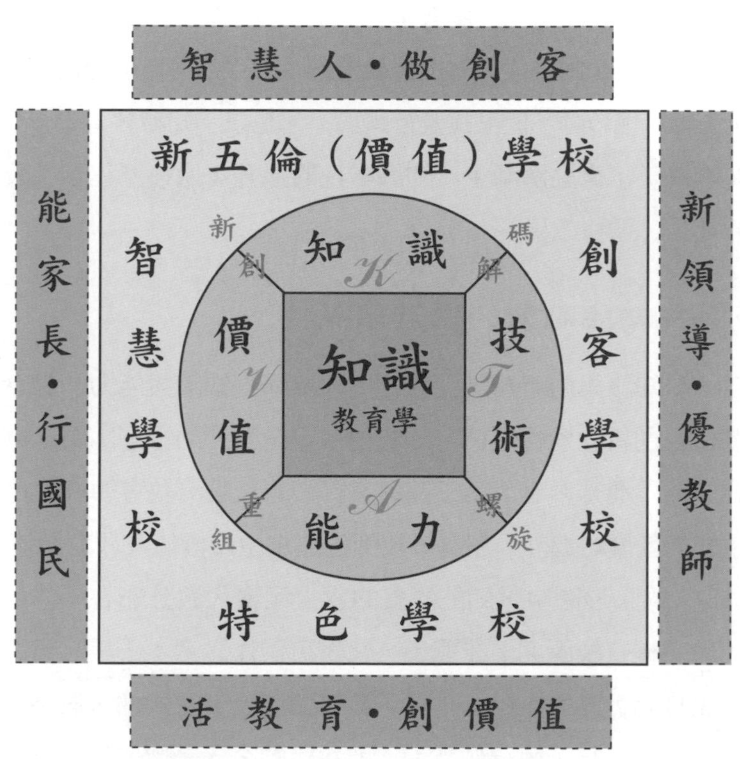

圖 18-2　師生知識遞移的進升領導

資料來源：鄭崇趁（2018c，頁 61）

圖 18-2 中心點的方形，最大字的「知識」是最廣義的知識，它浩瀚無垠，存在宇宙及人的理性之中；「知識教育學」探討知識進入人身心後的「進升滋

長」。小方形到大方形之間的圓圈，指知識在人身體內的進升變化，先著床成為「致用知識（K）」，再成為「經營技術（T）」，然後組成「實踐能力（A）」，再開展「共好價值（V）」。在KTAV四者之間的「界線」（銜接邊界）含有「知識遞移說」的影子，依稀可以看到「解碼、螺旋、重組、創新」的遞移，此即為「知識本身」的進升。圖中的大方形，指學校中教師如能進升使用KTAV教學模式及KTAV單元學習食譜教學，學校就能進升為「新五倫（價值）學校」，「智慧學校」、「創客學校」及「特色學校」，這樣的學校教育，本身是一種「活教育、創價值」的進升型學校，所以它可以進升培育「智慧人、做創客、新領導、優教師、能家長及行國民」。是以「知識教育學」全書用「知識遞移說（理論）」來註解師生「知識本身的進升（遞移歷程）」及「教育功能目的」的進升（遞移效果）。

三、師生知能創價的進升領導

教育在傳遞知識與創新知識，教育更教給學生知識與能力的融合，進而創新生命的價值及創新教育的價值，知能創價更是教育的深層本質，師生知能創價的進升亦成為「進升領導」第三個專業實踐的焦點，教育領導人可用圖 18-3 來說明師生知能創價的進升，領導學校師生追求生命價值及教育價值的進升。

從圖 18-3 的人形圖中，知能素養的六大元素大致分布在：「真（致用知識）」及「善（經營技術）」在雙手，代表可操作之意；「美（實踐能力）」在軀幹，代表身心實踐的主體；「慧（共好價值）」在頭部，居總指揮；「力（行動意願）」及「行（德行作品）」則在雙腳，代表價值行為實踐（外顯）化。教育政策及經營計畫先進升個人的價值，再進升組織（集體）的價值，此之為師生知能創價的進升領導。圖中知能素養外顯化所進升的個人價值為：適配教育、專長優勢、人盡其才、自我實現、智慧資本，待大家具備個人價值之後再經由「智慧人、做創客（師生都是）」，共同進升組織價值，組織就會產生集體智慧、創新產品、暢旺群組、民富國強、適配幸福等組織（集體）價值。

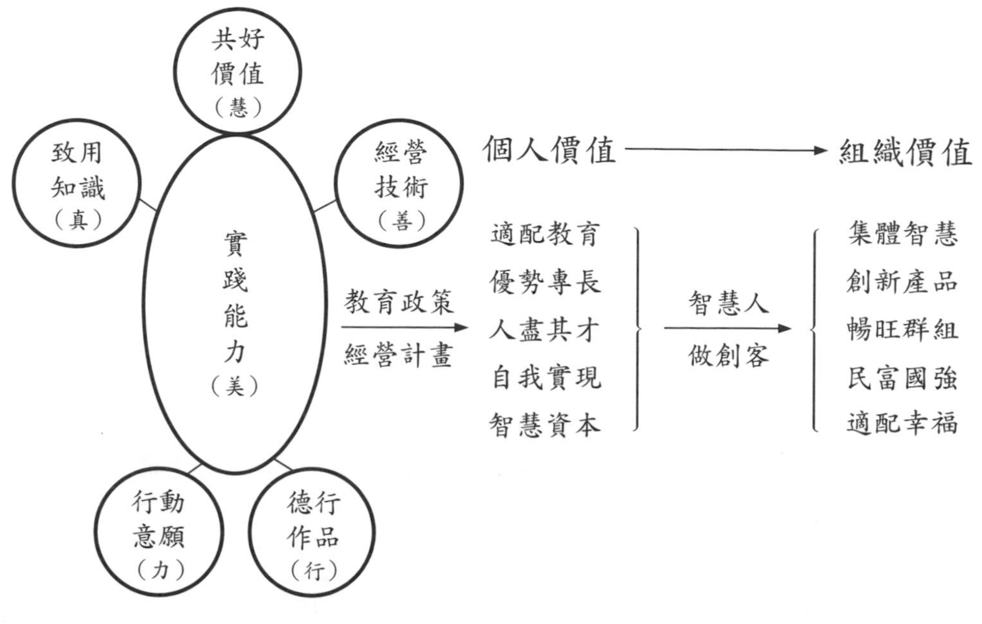

圖 18-3　師生知能創價的進升領導

資料來源：修改自鄭崇趁（2018c，頁 97）

四、學校課程模組的進升領導（KTAV 模組設計）

「KTAV 教學模式」（鄭崇趁，2017）也可以進升使用在課程模組設計，筆者主張，教育進升到 4.0 的先決條件，是要先有 4.0 的校長及 4.0 的教師（少數優秀卓越教師先進升到 4.0 的教師）才有可能編製 4.0 的課程教材，用 4.0 的教學方法，教出 4.0 的學生。是以筆者在〈論「教育 4.0」的「新師資培育政策」〉一文中（鄭崇趁，2018b），曾用「KTAV 模組」設計 4.0 教師「教育學程」的課程必選修科目及學分（如表 18-2 所示），此可作為學校課程模組進升領導的範例或參考。

表 18-2　中小學師資教育學程課程科目及學分表（KTAV 模組範例）

	科目及學分	備註
教育專業知識（K）	1. 教育概論（2） 2. 教育哲學（2） 3. 教育心理學（2） 4. 教育社會學（2） 5. 知識教育學（2） 6. 教育經營學（2）	1. 至少修 8 學分。 2. 「教育概論」為共同必修，學校可增加指定一科為學校共同必修。
課程教學技術（T）	1. 教學原理（2） 2. 課程發展與教材設計（2） 3. 數位教學與價值評量（2） 4. 教育解碼學（2）（元素、組件、系統、模式） 5. 知識管理與知識螺旋（2） 6. 知識遞移與知能創價（2）	1. 至少修 8 學分。 2. 「教學原理」為共同必修，學校可增加指定一科為學校共同必修。
實踐能力素養（A）	1. 學生發展與能力素養（2） 2. 順性揚才與優勢學習（2） 3. 適配教育與全人發展（2） 4. 智慧教育與創客教育（2） 5. 特色教育與品牌行銷（2） 6. 教師學（2）	1. 至少修 8 學分。 2. 「學生發展與能力素養」或「教師學」為共同必修，學校可增加指定一科為學校共同必修。
智德共好價值（V）	1. 德育原理（含新五倫）（2） 2. 人際關係與情意教學（2） 3. 知識價值論（2） 4. 自我實現與智慧資本（2） 5. 世界新文明（2） 6. 多元文化教育（2）	1. 至少修 8 學分。 2. 「德育原理」為共同必修，學校可增加指定一科為學校共同必修。
說明	修畢教育學程必選修課程 32 學分以上者均可參加教檢。「教育實習」4 至 8 學分另以教學碩士學分學程培育。	

資料來源：鄭崇趁（2018b）

五、學校分項教育的進升領導

學校的分項教育，例如：目標、學制、師資、設施、政策、法令、課程、教材、教學、領航、文化及學生，都可以劃分成個別的組件，從其「元素」及「結構系統」的優化進行進升領導，圖 18-4 的意象圖，可以表達分項教育進升領導的概念。

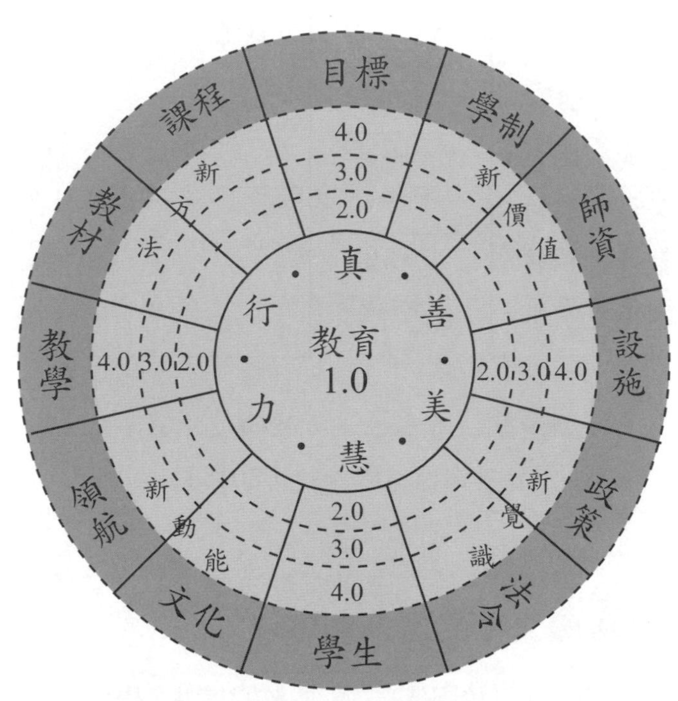

圖 18-4　學校分項教育的進升領導

資料來源：鄭崇趁（2018d）

六、學校主題方案的進升領導

學校的分項教育或核心議題發展現況，多在 2.0 至 3.0 之間起伏，教育領導人可以透過主題方案的擬定，訂定該分項（組件）的進升任務（2.0→3.0）或（3.0→4.0），規劃設定明確的「計畫目標」→「經營策略」→「執行項目」，並以系統結構表呈現，如圖 18-5 所示。此圖顯示「新覺識」及「新方法」帶動「進升領導」的新需求，領導人為回應此一經營進升的需求，策訂優質主題方案，並運作這些主題計畫產生教育新動能，進升教育新價值。

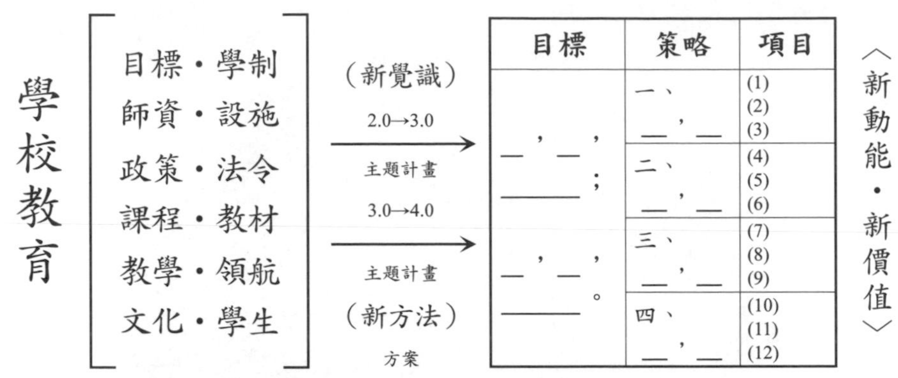

圖 18-5　學校主題方案的進升領導

資料來源：鄭崇趁（2018d）

七、學校組織文化的進升領導

學校師生的組織文化是校園進升動能的核心焦點，學校組織文化優質、積極、活力，師生共創的教育價值及生命價值最大。學校的組織文化也是可以進升的，圖 18-6 是學校文明與文化的關係，學校文化通常在 1.0 及 2.0 之間，優秀幹部及教師就是學校文明的代表，他們優先進升到 3.0 至 4.0 之間，透過教育化及制度化，文明漸進普及形成文化，學校中 3.0 至 4.0 的優秀教師帶頭實踐「新五倫教育」、「價值教育」、「智慧教育」、「創客教育」，進升學校成為「新五倫・智慧創客學校」的教育 4.0 新文明文化。

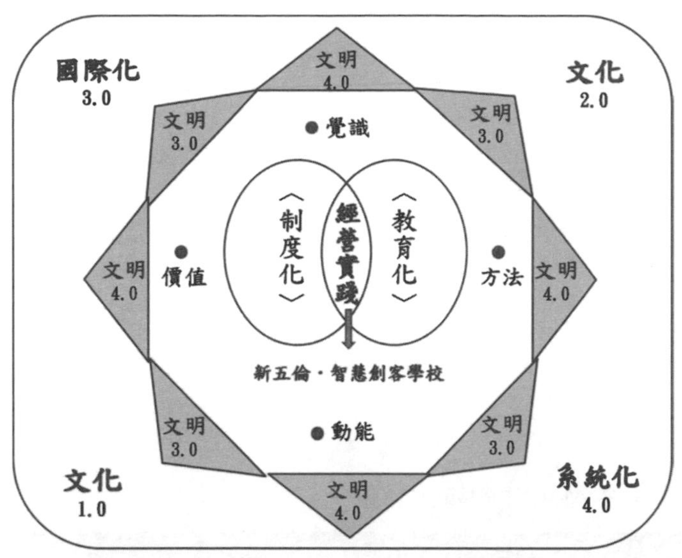

圖 18-6　學校組織文化的進升領導

資料來源：鄭崇趁（2018d）

伍、結語：知識價值化帶動組織（學校教育）的「進升領導」

教育4.0世代，需要教育領導人「進升領導」的專業實踐，本章介紹了進升領導的由來，進升領導的意涵及六大特質，它是教育新元素組件的進升、教育新系統模式的進升、教育新覺識方法的進升、教育新動能價值的進升、教育新使力焦點的進升，以及教育新文明文化的進升。為建構進升領導的妥適性，本章申論進升領導相關理念理論，用六個相關理念理論，連結其共同元素或教育功能，為進升領導之理論基礎鋪路，筆者期待有志一同之學者專家能夠接續完備「進升領導」之理論基礎建構。

進升領導必須專業實踐，方能帶動教育品質價值的提升。本章揭示七大教育領導人可專業實踐的經營著力點，它們是：師生能力素養的進升領導，師生知識遞移的進升領導，師生知能創價的進升領導，學校課程模式的進升領導（KTAV模組設計），學校分項教育的進升領導，學校主題方案的進升領導，以及學校組織文化的進升領導，本章用了七個圖表來闡釋這七大進升領導專業實踐的意涵。整體而言，「知識價值化」帶動學校教育（人與組織）的「進升領導」，它具有時代價值，它是可以經由「專業實踐」，實質進升教育的品質價值。

註：為讓讀者了解本章「知能創價（KCCV）模式」的實務運用，筆者在出版之際，設計了本章的「KCCV 創新進升食譜（範例）」，如表 18-3 所示，請讀者參照。

表 18-3　KCCV 創新進升食譜（範例）

教育主題：第 18 章　進升領導			設計者：鄭崇趁 2020.09.28
K(nowledge) 新覺識・知 內構・共本質元素模組	C(an) 新動能・能 外築・達任務事物能量	C(reate) 新創意・創 遞移・創事理技術新意	V(alue) 新價值・價 創價・融智德作品價值
1. 工業4.0對教育4.0的啟示。 2. 王國維人生三境與教育4.0的串聯詮釋。 3. 文明進升性與文化含容性的發現與演繹。 4.「知識遞移」之目的仍在「知能創價」。 5. 創新和進升都是知能創價的核心元素。	1. 教育 4.0 版本被認同的新動能。 2. 教育 4.0 版本被討論的新動能。 3. 進升領導六大特質的新動能： (1)教育新元素組件的進升。 (2)教育新系統模式的進升。 (3)教育新覺識方法的進升。 (4)教育新動能價值的進升。 (5)教育新使力焦點的進升。 (6)教育新文明文化的進升。 〈進升領導知識的實體與可操作性〉 4. 進升領導與相關理論聯結融合的新動能。 5. 教育 4.0 的版本與進升領導的實踐互為新動能。	△進升領導的專業實踐 1. 師生能力素養的進升領導。 2. 師生知識遞移的進升領導。 3. 師生知能創價的進升領導。 4. 學校課程模組的進升領導。（KTAV 模組設計） 5. 學校分項教育的進升領導。 6. 學校主題方案的進升領導。 7. 學校組織文化的進升領導。	1.「教育 4.0」的研究發現了「進升領導」。 2. 進升領導與創新領導結合，成為「創新進升」領導，是校長領導新境界（三軸之一）。 3. 新「創新」教育及新「進升」教育，都是新教育的焦點之一。 4. 新「創新」教育孕育「模組論」的進升領導。 5. 新「進升」教育孕育「築梯論」的進升領導。

第十九章　論「教育 4.0」的「新師資培育」政策

導論

本章曾全文刊載於《邁向教育 4.0：智慧學校的想像與建構》（中國教育學會主編，2018，頁 73-78）一書，係筆者提出「教育 4.0」正式版本的「知能創價」論文，特選為本篇第二章（第十九章）。本章具有五大特質：(1)用「教育取向」、「學校發展」、「教育目標」三個面向定位「教育 4.0 版本」，是以教育 1.0 是「經驗化」取向教育、教育 2.0 是「知識化」取向教育、教育 3.0 是「能力化」取向教育、教育 4.0 是「素養化」取向教育，版本內容能與工業 4.0 的「機械化→電氣化→自動化→智慧化」銜接；(2)用 4.0 教師的「角色責任」及「核心素養」內涵，探討「新師資培育政策」的需求；(3)分析《中華民國師資培育白皮書：發揚師道，百年樹人》及「中華民國教師專業標準指引」對師資培育機制的啟示；(4)結合「素養取向教育」、「知識教育學」以及「教育 4.0」的研究發現，探究「新師資培育政策」；(5)研提七大政策方向：「二新、四化、二學」。

本章對「新師資培育政策」的七項建議是：(1)師資培育「新目標」：智慧人．做創客；(2)教育學程「新素養」：KTAV 課程模組設計；(3)教育實習「碩士化」：公費制，兼取領域（學科）教學證照；(4)課程教學「智慧化」：帶領學生「用智慧」→「做中學」→「有作品」→「論價值」；(5)學習表現「創客化」：推動新五倫．智慧創客教育，指導畢業生展出十件代表作品；(6)教學評量「價值化」：「適性評量」進升為「價值評量」；(7)專業進修「教師學」暨「知識教育學」：現職教師都成為具有 KTAV 素養能力的新教師。

本章也是筆者個人「知能創價」的範例論文之一，曾當作博士班教材。知識是有生命的，「知識遞移」是前段，由外而內，經由「解碼→螺旋→重組→創新」，教師用教材知識創新了學生知識。學生得到了「新知識（真）→含技術（善）→組能力（美）→展價值（慧）」。「知能創價」是後段，由內而外，經由「知識學習→知能融合→知能創價→智慧創客」，知識的生命再由筆者的身體之內走到身體之外，完成了本論文「深入分析與七項建議」，用「知能創價」產出了重要的「教育版本」，這些版本都是筆者的「智慧創客」作品，也完成了「知識生命大循環」：新知識（真）→含技術（善）→組能力（美）→展價值（慧）→成智慧（力）→達創客（行）→行道德（教）→通素養（育）。

壹、緒言：「師資培育機制」的進升，教育才能真正邁向 4.0

「教育 4.0」來自「工業 4.0」的啟示。工業 4.0 彩繪了人類新文明文化，創新人的生活品質與生命貢獻價值。「工業 1.0 至工業 4.0」其概要的發展，如表 19-1 所示。

表 19-1　工業 1.0 至工業 4.0 發展意涵摘要表

階層進升	核心主軸	人類新文明文化
工業 1.0	機械化 （1776 年起）	・瓦特發明蒸氣機起 ・「引擎」帶動機械新文明文化
工業 2.0	電氣化 （1870 年起）	・電燈與電力能源加入機械化 ・「機電整合」進升家電、高鐵、飛機新文明
工業 3.0	自動化 （1950 年起）	・機電功能自動化 ・機器人取代勞力密集人力
工業 4.0	智慧化 （2010 年起）	・AI、物聯網、大數據 ・Apago 戰勝世界棋王、智慧型手機普及化

資料來源：修改自鄭崇趁（2018a）

教育在教人「傳承創新」知識與生命，讓人能夠「自我實現」並成為組織群體的有效「智慧資本」。教育 4.0 對人類的貢獻度理應大於工業 4.0。教育 4.0 的「版本建構」正在形成中，尚未有具體共識。鄭崇趁（2018a）以「學校教育」發展為軸心，提供教育 1.0 至教育 4.0 的基礎版本，作為「教育 4.0」的鉅觀意涵，其大要如表 19-2 所示。

表 19-2　學校教育的歷史看教育 1.0 至教育 4.0

階段	時期	教育目標
教育 1.0 （經驗化）	書院、私塾教育時期	脫文盲、求功名
教育 2.0 （知識化）	學校教育公共化、普及化時期	知識人、社會人
教育 3.0 （能力化）	特色品牌學校教育時期	獨特人、永續人
教育 4.0 （素養化）	新五倫·智慧創客學校時期	智慧人、做創客

資料來源：修改自鄭崇趁（2018a）

我國學校教育的濫觴（起源）是書院與私塾教育，教育 1.0（經驗化）以它們為代表，其教育目標在「脫文盲（平民而言）」，以及「求功名（知識分子而言）」。是以，「十年寒窗無人問，一舉成名天下知」成為當時「讀書人」的最佳寫照。教育 2.0（知識化）指「學校教育普及化、公共化時期」，臺灣的六年國教、九年國教暨高等教育人口數增加時期屬之，教育目標主要在「知識人、社會人」的培育，用學校教育有知識的人，也用教育幫助人類的社會化。教育 3.0（能力化）指「特色品牌學校教育時期」，學校教育的經營進升到本位化，特色化，品牌化階段，例如：臺灣 2000 年頒布《國民中小學九年一貫課程綱要》，引導學校開展「學校本位課程」及「特色教育」，教育部設置「教學卓越獎」、「校長領導卓越獎」、「空間美學特色學校獎」；臺北市有「優質學校」評選（已進入 4.0 版）及「教育 111 標竿學校」認證（進入 2.0 版），都是廣義的特色學校。新北市則有「卓越學校」、「新北之星」及「角落美學特色學校」認證。3.0 教育階段的教育就像「教育 111」的三個 1：「一校一特色、一生一專長、一個都不少」，目標在培育「獨特人、永續人」。教育 4.0（素養化）則指學校經營進升到「新五倫・智慧創客學校」的階段。用「新五倫及其核心價值」，逐漸轉化傳統的五倫之教，統整德育及智育教學，用具有實際「價值」行為表現的「智慧教育」及「創客教育」來呼應實踐「核心素養」導向的教育階段。教育目的及目標關注「智慧人・做創客」的培育（參考鄭崇趁，2018a）。

2017 年，臺北市第三次修訂頒行的「優質學校評選指標」稱之為 4.0 版優質學校，意謂著臺北市的優質學校，要將臺北市 3.0 的教育帶向 4.0 教育進升。其中「資源統整向度」，更將「知能創價」及「智慧創客」納入評選項目及指標，引導學校「資源統整」的經營，邁向「新五倫・智慧創客學校」；結果有二十六個學校提擬「資源統整」向度計畫方案申請優質學校，有十三個學校獲得評選通過，每一學校獲致教育局頒發 20 萬元獎金及獎牌獎座榮譽。臺北市教育局亦於 2018 年核定十校（小學五校、國中三校、高中二校）執行「教育 4.0：新五倫・智慧創客學校試辦計畫」。可謂開啟臺灣「教育 4.0」的先河，期待它能成長茁壯，讓教育 4.0 對人類的貢獻度，能逐漸地超越工業 4.0。

本章旨在論述「教育 4.0」時代的「新師資培育」政策方向。筆者認為：唯有「師資培育機制」的進升，教育才能真正的邁向教育 4.0，推進人類新教育文明文化。是以接續說明教育 4.0 教師「角色責任」及「核心素養」的變遷（發展）意涵，再據以論述「新師資培育」政策，應有的「進升策略」及「政策調整」方向。期能順應「教育 4.0」的時代脈絡，建構素養取向教育的新師資培育藍圖。

貳、4.0 教師的「角色責任」及「核心素養」的進升意涵

工業 1.0 到 4.0 具有「進升」的意涵：「機械化（1.0 引擎帶動）」進升到「電器化」（2.0 機電整合）。「電器化（2.0）」再進升到「自動化（3.0）」；「自動化（3.0 自動機器人）」再進升到今日的「智慧化（4.0 AI）」。從 4.0 的產品（如「智慧型手機」或「數位電腦設施」）觀察，都是從其「零組件」及「核心元素」之「優化」與「系統重組」來進升其產品功能，是以 iPhone、iPad，都有系列產品，愈新型的機種功能品質愈強，帶給人類的便利性愈高，因此，「零組件」的優化進升及「核心元素」的發現、加入暨系統重組，是推進人類新文明文化的「根」。工業的進升如此，教育的進升亦如此。

筆者主張，「教育 4.0：新五倫．智慧創客學校」，是從「學校發展」的「鉅觀視角」看教育的進升；若從「微觀視角」看學校經營的進升，就可以找到很多「教育零組件」及「核心元素」，例如：「教育機制」、「學校環境」、「師資素養」、「課程教學」、「校長領導」、「學生學習」、「校本特色」、「行政效能」、「組織文化」、「創新經營」、「計畫實踐」、「國際教育」等等都是。這些「分項事務」就可以當微觀的「零組件」，分別設定他個別的「1.0 到 4.0」的經營主軸及進升指標。

以「校長領導」為例，「校長領導 1.0」是知識專業領導及行為特質領導；「校長領導 2.0」是知識學習領導及權變轉型領導；「校長領導 3.0」是「知識創新領導及分布參與領導」；「校長領導 4.0」是知識價值領導及智慧創客領導。再以「教育博士」為例：「博士 1.0」是順利取得博士學位；「博士 2.0」是博士論文可出版，或將論文精華寫成 SCI、TSSCI 發表，傳承創新主題知識；「博士 3.0」是有系列的著作或論文發表，深耕優勢專長；「博士 4.0」是有發現（發明）新教育理論、教學模式、工具或重要觀點，可帶動教育經營實務的進升，或提升效能效率及品質。個別化教育分項或議題從 1.0 進升到 4.0，對於

教育整體文明文化的進升都會有貢獻。

筆者認為，教育 4.0 時代真的到來時，它會呈現下列的教育情境需求：4.0 的教師，編撰 4.0 的課程教材，採用 4.0 的教學方法，教導 4.0 的學生，並且產出 4.0 的知識遞移，創新 4.0 的教育績效價值。教育 4.0 的時代，教育的每一個「分項環節」、「次級系統」都需要 4.0。就人而言，最好有 4.0 的校長、4.0 的教師及 4.0 的家長才得以共同教好 4.0 的學生（孩子）。

筆者曾主張：學生是教育的對象（主體），知識是教育的實體，而教師是教育的基點，校長是教育的軸心，行政領導是教育的經緯，家長則是教育的沃土與養分，「系統思考新教育，本位經營創價值」，大家共同經營本分本業，產生「交互作用，整合發展」，才得以幫助教育從「微觀分項」到「鉅觀整體」實質的進升，由 2.0 進升到 3.0；再由 3.0 進升到 4.0。是以筆者近來陸續出版了「經營教育之學」七冊，包括：2012 年的《教育經營學：六說、七略、八要》（行政領導本位）、2013 年的《校長學：成人旺校九論》（校長本位）、2014 年的《教師學：鐸聲五曲》（教師本位）、2015 年的《家長教育學：「順性揚才」一路發》（家長本位）、2016年的《教育經營學個論：創新、創客、創意》（能力創新本位）、2017 年的《知識教育學：智慧人．做創客》（知能創價本位），以及 2018 年的《教育 4.0：新五倫．智慧創客學校》（素養進升本位）。前四冊是邁向教育 3.0 的書，後三冊則是邁向教育 4.0 的書。前四冊重在「本位經營創價值」，帶動大家都能「自我實現」並都對組織產生貢獻價值，成為教育的「有效智慧資本」，也幫助教育人員（教師、學生）多一些進升為 3.0 暨 4.0 的人數比率。後三冊重在「知識經營展價值，智慧創客新五倫」，帶領教育人員邁向教育 4.0 的新境界（指標）：智慧人、做創客、新領導、優教師、能家長及行國民，彩繪教育的新文明文化。

教師是經營教育的基點，有 4.0 的教師才得以共同經營 4.0 的教育。4.0 的教師來自「4.0 的師資培育」，國家沒有到位的 4.0 師資培育機制，就不太可能有高比率 4.0 的教師，沒有高比率 4.0 的教師，也就不太可能共同經營出 4.0 的教育。什麼樣的教師才算是 4.0 的教師？又什麼樣的新師資培育政策才可以培養出 4.0 的教師？此成為本章須先釐清的兩大課題。筆者認為，從教師「角色責任」的變遷及「核心素養」的培育可以概括回應詮釋此兩大課題，然後循繹「教育 4.0」時代的新師資培育政策。

鄭崇趁（2018c）認為，4.0 教師的「角色責任」有四：(1)傳生命創新之道：教師是學生的生命之師，教師對學生的首要角色責任在傳生命創新之道，生命每天經由「知識學習」，創新內在「新知能模組」（素養）及展現「好價值行為」（能力、作品），每天的生命都是新的，教師的首要責任在傳生命創新之道；(2)授知識藝能之業：教師是學生的知識之師，要教給學生致用知識（K）、操作技術（T）、實踐能力（A）、及共好價值（V）之知識藝能，學生才能知能創價，智慧創客，授知識藝能之業是教師第二個角色責任；(3)解全人發展之惑：每位學生都需要全人發展，基本教育階段（前 12 年），要發展成成熟人、知識人、社會人、獨特人、價值人及永續人，六大角色責任，接受高等教育之後以教育從業人員為例，還要進升發展成智慧人、做創客、新領導、優教師、能家長及行國民等六大全人發展角色責任，教師是學生的發展之師，要解學生的全人發展之惑；(4)領適配生涯之航：幸福人生是人類生涯的共同指標，教師是學生的幸福之師，領航學生經由「適配的教育」、「適配的事業」、「適配的伴侶」及「適配的職位」，彩繪適配幸福人生。

4.0 教師的「核心素養」可從四大零組件培育：(1)教育專業的知識（K）：尤其是「教師學」及「知識教育學」的知識。「教師學」用「鐸聲五曲」歌頌教師的五大素養：人師、使命、動能、品質、風格。「知識教育學」闡明：「知識為本位的教育」、「知識含技術的教育」、「知識組能力的教育」、「知識展價值的教育」、「知識能遞移的教育」、「知識成智慧的教育」，以及「知識達創客的教育」。註解「素養取向」的教育須由知識入手，然後教導學生「用智慧」→「做中學」→「有作品」→「論價值」；(2)課程教學的技術（T）：尤其是「知識管理說（知識螺旋技術）」→「新知能模組說（真、善、美、慧、力、行元素重組技術）」→「知識遞移說（解碼→螺旋→重組→創新技術）」→「知能創價說」（知識學習→知能融合→知能創價→智慧創客技術）；(3)智慧創客的能力（A）：實踐「智慧教育」的能力：（知識（K）→技術（T）→能力（A）→價值（V）四位一體的教育，暨執行「創客教育」的能力：「研發有創意學習食譜」→「教導能創造操作學習」→「建構再創新知能模組」→「完成做創客實物作品」四創一體的教育，兩者合一稱之為「智慧創客的能力」，培育智慧人．做創客；(4)教新五倫價值（V）：認同實踐用「新五倫及其核心價值」成德育、情意教學及價值教育之主軸：第一倫「家人關係」，其核心價值「親密、關照、支持、依存」；第二倫「同儕關係」，其核心價值「認同、合作、互助、共榮」；第三倫「師生關係」，其核心價值「責任、創新、永續、智慧」；第四倫「主雇關係」，其核心價值「專業、傳承、擴能、創價」；第五倫「群己關係」，其核心價值「包容、尊重、公義、博愛」。

參、「新師資培育」政策的方向

教育部2012年公告《中華民國師資培育白皮書：發揚師道，百年樹人》，2013年成立「師資培育及藝術教育司」，並於2014年實施「十二年國民基本教育」，2016年發布「中華民國教師專業標準指引」積極優化「師資培育措施」，並設法以「政策」帶動「師資培育機制」來培育3.0教師及4.0教師。依據筆者觀察2012年的《中華民國師資培育白皮書：發揚師道，百年樹人》具有培育3.0教師的意謂；2016年的「中華民國教師專業標準指引」暨目前尚在規劃中準備2019年啟動的《十二年國民基本教育課程綱要》（核心素養取向的課綱），則有培育4.0教師的意謂，政府（教育部）亦十分努力，期待國家的「師資培育」（師資教育）能夠與國際脈絡同步發展（有教師專業標準），並邁向教育3.0及4.0。

教育部（2012）的《中華民國師資培育白皮書：發揚師道，百年樹人》具有四大特質：(1)頒布師資培育新願景：用師道、責任、精緻、永續（核心價值）

培育富教育愛的人師，具專業力的經師及有執行力的良師；(2)明確註解教師圖像及核心內涵：新時代良師圖像如圖 19-1 所示，富教育愛的人師要有「洞察（insight）」、「關懷（care）」、「熱情（passion）」的核心能力與素養。具專業力的經師要有「國際觀（international perspective）」、「批判思考力（critical perspective）」及「問題解決力（problem solving）」的核心能力與素養。有執行力的良師要有「創新能力（innovation）」、「合作能力（cooperation）」、「實踐智慧（practical wisdom）」的核心能力與素養（教育部，2012，頁 12-13；鄭崇趁，2016，頁 156-157）；(3)發展策略規劃師資培育政策的九大軌道：其中建立系統化與實踐「標準本位」教師在職進修，暨「激勵專業教師（領育學科教學認證）與推動教師評鑑制度」最為重要；(4)設定二十八個行動方案實踐師資培育政策（參考鄭崇趁，2016，頁 156-157）。

圖 19-1　新時代良師圖像

資料來源：教育部（2012）

教育部（2016）的「中華民國教師專業標準指引」，包括「專業知能」及「態度」，其中專業知能有七項標準，專業態度則有三項標準。十項標準各規範了 2～3 個「表現指標」，其核心內容如表 19-3 所示。

表 19-3 教師專業表現指標

專業標準	專業表現指標
1. 具備教育專業知識並掌握重要教育議題	1-1 具備教育專業知能（與涵養）。
	1-2 了解學生身心特質與學習發展。
	1-3 了解教育階段目標與教育發展趨勢，掌握重要教育議題。
2. 具備領域／學科知識及相關教學知能	2-1 具備任教領域／學科專門知識。
	2-2 具備任教領域／學科教學知能。
3. 具備課程與教學設計能力	3-1 參照課程綱要與學生特質明訂教學目標，進行課程與教學計畫。
	3-2 依據學生學習進程與需求，彈性調整教學設計及教材。
	3-3 統整知識概念與生活經驗，活化教學內容。
4. 善用教學策略進行有效教學	4-1 運用適切教學策略與溝通互動技巧，幫助學生學習。
	4-2 運用多元教學媒介、資訊科技與資源輔助教學。
	4-3 依據學生學習表現，採取補救措施或提供加深加廣學習。
5. 運用適切方法進行學習評量	5-1 採用適切評量工具與多元資訊，評估學生能力與學習。
	5-2 運用評量結果，提供學生學習回饋，並改進教學。
	5-3 因應學生身心特質與特殊學習需求，調整評量方式。
6. 發揮班級經營效能營造支持性學習環境	6-1 建立班級常規，營造有助學習的班級氣氛。
	6-2 安排有助於師生互動的學習情境，營造關懷友善的班級氣氛。
	6-3 掌握課堂學習狀況，適當處理班級事件。
7. 掌握學生差異進行相關輔導	7-1 了解學生背景差異與興趣，引導學生適性學習與發展。
	7-2 了解學生文化，引導學生建立正向的社會學習。
	7-3 回應不同類型學生需求，提供必要的支持與輔導。
8. 善盡教育專業責任	8-1 展現教育熱忱，關懷學生的學習權益與發展。
	8-2 遵守教師專業倫理及相關法律規範。
	8-3 關心學校發展，參與學校事務與會議。
9. 致力教師專業成長	9-1 反思專業實踐，嘗試探索並解決問題。
	9-2 參與教學研究／進修研習，持續精進教學，以促進學生學習。
	9-3 參加專業學習社群、專業發展組織，促進專業成長。
10. 展現協作與領導能力	10-1 參與同儕教師互動，共同發展課程與教學方案，展現協作與領導能力。
	10-2 建立與家長及社區良好的夥伴合作關係。
	10-3 因應校務需求，參與學校組織與發展工作，展現領導能力。

資料來源：教育部（2016，頁 7）

吳清山（2017）用四大層面來比較美國、英國、澳洲、臺灣的教師專業標準內容，這四大層面是「專業知識」、「專業實踐」、「專業參與」及「專業責任」，而臺灣教師專業標準主要內容，分成下列十二項：(1)了解學習者發展；(2)認清學生個別差異；(3)提供支持學習環境；(4)理解教學內容知識；(5)應用教學內容知識；(6)使用多元評量；(7)設計適切教學計畫；(8)運用各種教學策略；(9)從事各類專業學習；(10)強化專業倫理實踐；(11)展現領導與協作力；(12)進行學生相關輔導。筆者認為，這四大層面及核心專業標準內容亦可用「致用知識（K）」、「經營技術（T）」、「實踐能力（A）」及「共好價值（V）」來系統重組分類，是以「臺灣教師專業標準」，具有培育邁向 4.0 教師的雛形。

鄭崇趁（2015a）曾對「新師資培育政策」有下列五大建議：(1)將「教育實習」移至「教師資格檢定考試」之後，並以公費「教學碩士學分」培育，規範教育實習須兼取領域（學科）的教學證照；(2)試辦「教師資格檢定考試轉為「國家高考」，將中小學教師身分界定為國家專門職業公務員（如醫師、律師、司法官）；(3)全面提升中小學師資碩士化比例至 85%以上，提升專長任教比例（有教學證照）至 80%以上；(4)將「教師學」列為教師職前教育及專業進修的課程，將「教育經營學」及「校長學」列為校長、主任培育的課程；(5)闡揚「新五倫及其核心價值」的教育。

其中第一項建議，教育部已於 2016 年將「教育實習」移至「教師資格檢定考試」之後，具有重大突破及進升空間。茲配合「教育 4.0」時代來臨，就 4.0 教師「角色責任」及「核心素養」的發展需求，暨「教師專業標準」的進升基點考量，筆者續對「新師資培育政策」提供下列七大前瞻性的規劃建議（方向）：期待它能調節「師資教育機制」，培育 4.0 教師，協助國家教育真實地邁向教育 4.0，推進新教育文明文化。

這七項建議包括：(1)師資培育「新目標」：智慧人・做創客；(2)教育學程「新素養」：KTAV 課程模組設計；(3)教育實習「碩士化」：公費制、兼取領域（學科）教學證照；(4)課程教學「智慧化」：帶領學生「用智慧」→「做中學」→「有作品」→「論價值」；(5)學習表現「創客化」：推動新五倫・智慧創客學校，指導畢業生展出十件代表作品；(6)教學評量「價值化」：「適性評量」進升為「價值評量」；(7)專業進修「教師學」暨「知識教育學」：現職教師都成為具有 KTAV 素養能力新教師。七大政策方向簡稱「二新、四化、二學」，逐一說明如下。

一、師資培育「新目標」：智慧人・做創客

過去的師資培育多從教師本身的「角色責任」詮釋其教育目標（培育目標），是以 2.0 教育時代有韓愈的「師者，所以傳道，授業，解惑也」，也有劉真的「教書匠與教育家」；3.0 教育時代有「生命之師、知識之師、智慧之師、風格之師」（鄭崇趁，2014，第二章）。4.0 教育時代則有「傳生命創新之道，授知識藝能之業，解全人發展之惑，及領適配生涯之航」（鄭崇趁，2014，第三章；2018c，第二章）。教育部（2012）《中華民國師資培育白皮書：發揚師道，百年樹人》也僅揭示「整合型」的師資培育目標：「富教育愛的人師，具專業力的經師及有執行力的人師。」教育部（2016）的「中華民國教師專業標準指引」則以十大專業標準及二十七個表現指標（類似角色責任及素養能力）來表達師資培育目標。

教育進入 4.0 時代，筆者認為，「師資培育目標」要可以說明清楚「人」與「教育」及「知識」三者的「生命連結」關係（人、知識、教育三者都是有生命的，三者如何交融互動，知識學習→知能融合→知能創價→智慧創客），更要以「教師」及「學生」一致的「全人發展」立場來論述 4.0 教師的「角色責任」與「素養能力」，然後作為師資培育的「新目標」，以順應 4.0 教育時代價值需求。教育 4.0 的時代，學校教育的焦點是：新五倫・智慧創客學校。4.0 教師除了領域（學科）教學要能夠教會學生「知識、技術、能力（作品）、價值」的知能學習外，也要能夠務實實踐特色品牌教育、新五倫價值教育、智慧教育及創客教育，每天的教育活動及教學實境都聚焦在：帶著學生「用智慧」→「做

中學」→「有作品」→「論價值」。是以師資培育「新目標」最佳的詮釋是：智慧人．做創客，意謂著「智慧教師」編製「智慧課程教材」教導「智慧學生」，師生都是有智慧的人（不只是教學用到智慧型工具，而人本身沒智慧）。也意謂著「創客教師」編製「創客教材」教導「創客學生」；師生都有「智慧創客作品」，師生都是創客，智慧豐厚師生生命價值，創客（作品）定位師生人生價值。

若再從師生一致「全人發展」的視角看師資培育新目標，則可以進升為：「智慧人、做創客、新領導、優教師、能家長、行國民」。「智慧人．做創客」是師生共同的教育目標；「能家長、行國民」則是一般社會大眾共同的教育目標。教師是領航「教育」的楷模，同時扮演成功的六種「角色責任」，也適合當師資培育的新目標。

二、教育學程「新素養」：KTAV 課程模組設計

當前教育學程課程設計，以「國立臺北教育大學國民小學教師師資職前教育課程教育專業課程科目及學分表」為例，國小師資教育學程至少 42 學分，其中必修至少 36 學分，選修至少 6 學分。必修學分分為四類：(1)教學基本學科課程：至少 4 個領域 10 學分，其中「國音及說話」及「普通數學」為共同必修；(2)教育基礎課程：至少 2 科 4 學分；(3)教學方法課程；至少 5 科 10 學分，其中「教學原理」為共同必修；(4)教材教法與教學實習課程：至少修習 12 學分，其中各類教材教法 8 學分需跨 3 至 4 領域。「選修 6 學分」課程中「教育議題專題 2 學分為必修」。

再以「國立臺灣師範大學中等學校教師師資職前教育課程教育專業課程科目及學分表」為例，中等師資教育學程至少 26 學分，其中共同必修 18（20）學分；共同選修 8（6）學分。共同必修分三類：(1)教育基礎課程至少 4 學分；(2)教育方法課程：至少 10 學分；(3)教材教法與教育實習課程：4 至 6 學分。共同選修 8（6）學分由四大類課程中選修：(1)新興教育議題；(2)教育原理與制度；

(3)學生發展與輔導；(4)課程教學與評量。

筆者認為，各大學校院教育學程必修及選修課程設計是「師資培育職前教育」的基礎工程，關係到國家基本教育師資素質，十分重要。然就臺灣師範大學（中等教育學程）及臺北教育大學（小學教育學程），本身都屬「核心能力導向」的課程設計，有待調整進升。尤其是「十二年國民基本教育課程綱要」已強調「素養取向」的教育目標，且中小學教師的基本學歷亦有全面碩士化的趨勢，每位中小學教師都會有「大學本科學系的專門學養」暨碩士班「專業領域（優勢專長）知能」的教育，中小學師資「教育學程」應統整進升為「KTAV課程模組設計」來表達培育「新素養」師資的主流趨勢。筆者試擬「中小學師資教育學程課程科目及學分表」（KTAVA 模組範例），如表 19-4 所示。

此一範例僅是一「版本建構」，提供教育部「政策決定」前，有一個初步「版本」作為討論的基礎，這一範例版本，象徵邁向教育 4.0 的四大「進升意涵」：(1)學生教育由「能力導向」進升為「素養導向」；教師培育也應由「能力標準本位」進升為「素養能力本位」；(2)KTAV 教育（教學）模式是「素養能力本位」模式，是一種「知識→技術→能力→價值」四位一體的「模組化」課程設計，也是主題單元教學的「學生學習食譜」，適用於基本教育階段的學生，也適用於高等教育階段及參與師資培育的學生；(3)KTAV 系統重組原本師資培育「課程設計結構」，原本的科目學科經由 KTAV 檢核比對，均可「螺旋重組」後，重新命名，以新的科目名稱（素養能力本位）呈現，對大學教授而言，不會產生沒課可教困擾；(4)「新素養」需要「新課程」的系統結構，也需要「新科目名稱」，這新名稱及新內涵，才得以培育 4.0 教師，才能教出 4.0 學生。

表 19-4 中小學師資教育學程課程科目及學分表（KTAV 模組範例）

	科目及學分	備註
教育專業知識（K）	1. 教育概論（2） 2. 教育哲學（2） 3. 教育心理學（2） 4. 教育社會學（2） 5. 知識教育學（2） 6. 教育經營學（2）	1. 至少修 8 學分。 2. 「教育概論」為共同必修，學校可增加指定一科為學校共同必修。
課程教學技術（T）	1. 教學原理（2） 2. 課程發展與教材設計（2） 3. 數位教學與價值評量（2） 4. 教育解碼學（元素、組件、系統、模式）（2） 5. 知識管理與知識螺旋（2） 6. 知識遞移與知能創價（2）	1. 至少修 8 學分。 2. 「教學原理」為共同必修，學校可增加指定一科為學校共同必修。
實踐素養能力（A）	1. 學生發展與素養能力（2） 2. 順性揚才與優勢學習（2） 3. 適配教育與全人發展（2） 4. 智慧教育與創客教育（2） 5. 特色教育與品牌行銷（2） 6. 教師學（2）	1. 至少修 8 學分。 2. 「學生發展與素養能力」或「教師學」為共同必修，學校可增加指定一科為學校共同必修。
智德共好價值（V）	1. 德育原理（含新五倫）（2） 2. 人際關係與情意教學（2） 3. 知識價值論（2） 4. 自我實現與智慧資本（2） 5. 世界新文明（2） 6. 多元文化教育（2）	1. 至少修 8 學分。 2. 「德育原理」為共同必修，學校可增加指定一科為學校共同必修。
說明	修畢教育學程必選修課程 32 學分以上者均可參加教檢。 「教育實習」4 至 8 學分另以教學碩士學分學程培育。	

三、教育實習「碩士化」：公費制，兼取領域（學科）教學證照

從2016年起，「教育實習」4學分已移到「教檢」之後實施，但教檢通過的「準教師」，也須完備（通過）「教育實習（4學分）」的證明，才得以參加「教甄」，有機會成為受聘的正式中小學教師。是以筆者認為，政府（教育部）得擴大提升此一德政，用公費制，碩士學分學程來實施教育實習，且將「教育實習學分」由原本的4學分提高至8學分（半年）；學生兼取一授課專長領域（學科）之「教學證照」。公費制、碩士學分學程培育教檢通過「師資生」之「教育實習4～8學分」，由各師範大學（中等教育學程）及教育大學（小學教育學程）向教育部申請辦理；亦得向用人縣市協調「公費生，免甄試，依教學證照專長分發所屬學校任教」。爭取不到直接分發名額，亦得以公費8學分培育。

此一政策調整方向，才能務實進升「教育實習」在師資培育上的「使命」與「功能」：教師像「鐘鳴大地（人師）」、教師像「朝陽東昇（使命）」、教師像「春風化雨（動能）」、教師像「明月長空（品質）」、教師像「繁星爭輝（風格）」（參見鄭崇趁，2014），同時可以提高師資生碩士化比例暨中小學教師專長授課比例。並為學科（領域）教學認證的機制定位化，明確化（8學分的碩士學分學程做為教師領域（學科）教學證照的基本標準）。而且配合「教育實習」移到教檢之後啟動實施，也象徵政府決策的系統思考由3.0進升到4.0，與教育的「素養能力本位」時代，同步成長。

四、課程教學「智慧化」：帶領學生「用智慧」→「做中學」→「有作品」→「論價值」

當前學校教育強調「智慧校園」，其主要意涵停留在：學校教育設施「智慧化」以及教學方法「智慧化」。尚未遍及教育內容智慧化及教育人員（師生）

智慧化。配合教育 4.0 時代來臨，學校教育攸關的「人、事、時、地、物、空」都要「智慧化」；師資培育機制的「課程教學」也應優先「智慧化」，向師資生示範「智慧教育」的精神、原理與運作方法，呈現「智慧教師」編撰「智慧教材」實施「智慧教學」，教育「智慧學生」的智慧化課程教學。

課程教學「智慧化」是師資培育「智慧教育教師」的核心事項，其具體行為亦可參採 KTAV 教學模式，教授授課的「單元主題」先行考量這一課程的單元主題要教給「師資生」的具體「知識（K）→技術（T）→能力（作品．A）→價值（V）」是什麼，然後預先寫在「KTAV 單元學習食譜」上，直接運用在實際的教學歷程，每一門課，都很容易看到教師帶領著學生「用智慧」→「做中學」→「有作品」→「論價值」；實踐課程教學「智慧化」；引導中小學的智慧校園，進升到真實的「智慧教育」。

五、學習表現「創客化」：推動新五倫．智慧創客教育，指導畢業生展出十件代表作品

價值教育、智慧教育、創客教育及特色品牌教育，四者是當代「素養取向教育」的重要趨勢，4.0 教師就要有「素養能力」實踐這四大教育，價值教育可從新五倫「核心價值」列為學校中心德目入手。智慧教育及特色品牌教育的作法已如前述，實施「知識→技術→能力→價值」四位一體的教與學即稱之為「智慧教育」。創客教育關注「做中學」及「有作品」；整體的教學模式仍然可用 KTAV 教學模式，唯教師應力行教與學四大步驟：「研發有創意學習食譜→教導能創造操作學習→建構再創新知能模組→完成做創客實物作品」，簡稱為「四創一體」的創客教育（有創意→能創造→再創新→做創客）。

「有作品」是創客教育的第二大特質，教育進入 4.0 時代時，教師與學生的教學領域（學科）都會有智慧創客作品，學校處室的教育活動也都會留存參與師生的智慧創客作品，師生的作品概分為四類：立體實物作品、平面圖表作品、

動能展演作品及價值對話作品。將來的教師都要指導中小學畢業生，在畢業時展出 10 件代表作品。師資生的教育實習，最適合實習編撰 KTAV 學習食譜及製作學生作品樣本，畢業時也可專業示範展出 10 件智慧創客代表作品，師資生先成為「智慧人・做創客」，成為正式教師後，就會成為智慧教育達人暨創客教育達人，幫助學校進升為教育 4.0：新五倫・智慧創客學校。

六、教學評量「價值化」：「適性評量」進升為「價值評量」

當前「素養取向」教學的教師培訓，在「教學教案」設計上，對於「多元實作評量、形成性評量」的整合教案欄位的標題使用「適性評量」名稱，意謂著教學評量要順應學生「學習成果」的「優勢亮點」給予適合他（她）發揮的方式進行評量，例如：學生自選的作業評量、實物評量、表演評量或測驗評量。筆者認為，這與「能力導向」時代的評量方式沒有不同，沒有針對「素養導向」進行評量「方向」與「實質內涵」的調整設計，至為可惜。是以建議「適性評量」的欄位名稱直接進升為「價值評量」，導引教師及學生論述單元教學「作品價值」、「學習價值」、「教學價值」、「KTAV 實踐價值」：師生「創新生命」的價值，以及師生創新「教育」及「知識」的價值。賦予每一個單元教學都有豐厚的教育生命意涵及價值。

教學評量「價值化」，如果教師能夠與 KTAV 教學模式及學習食譜結合運作，則會變成水到渠成的工作。因為 KTAV 四個欄位中，第四欄就是「價值」，要授課教師寫出本單元要教給學生的「價值」是什麼。用單元教學即將結束前的五至十分鐘，帶領學生「價值論述（論價值）」，或進行有價值省思的「價值評量」。KTAV 學習食譜是統合實施「價值教育」、「智慧教育」、「創客教育」及「特色品牌教育」可共用的有效教學工具。

七、專業進修「教師學」暨「知識教育學」：現職教師都成為具有 KTAV 素養能力的新教師

教師是需要學習的，學習成為「責任良師」的系統知識，就稱為「教師學」（鄭崇趁，2014）。教育 4.0 的時代，需要 4.0 的教師。4.0 的教師其角色責任及核心素養都有新的詮釋與註解，更需要學習，學習如何符合時代（4.0）需求的「責任良師」，那就要學習「教師學」及「知識教育學」。教師學以「教師（人）」為本位，探討「人師、使命、動能、品質、風格」，教師的系統「知識（K）」、「技術（T）」、「能力（A）」、「價值（V）」；知識教育學以「知識（教育實體）」為本位，開展知識在教育上的七大特質：知識為本位（教育），知識含技術，知識組能力，知識展價值，知識能遞移，知識成智慧，知識達創客。都是教師專業進修最時尚（4.0）的兩門學問（模組化系統知能．素養能力標準的書）。

國內的第一本「教師學」已經出版，命名為《教師學：鐸聲五曲》（鄭崇趁，2014）這本書的序用創新的意涵表達對「責任良師」的註解與實踐。本書對於「責任良師」的註解，有七個比較創新的意涵：(1)責任良師是人師，人師情懷的實踐在「莫忘初心」、「認同教育」、「歡喜成長」、「承諾力行」；(2)責任良師的使命在「傳生命創新之道」、「授知識藝能之業」、「解全人發展之惑」、「領適配生涯之航」；(3)新世紀的責任良師有四大角色責任：「教書匠與教育家」、「表演者與大導演」、「選書人與創作師」、「育英才與博濟眾」；(4)責任良師要了解教育組織（國家、學校）的核心價值，並建構自己的生命願景與教育核心價值，讓自己的心願抱負在學校中實踐；(5)教師的自我實現是一種「專業示範」的「承諾力行」，教師需要「承諾帶好每一位學生」、「承諾教好每一堂課」、「承諾輔導弱勢學生」、「承諾承擔績效責任」；(6)教師要從「有能力」、「有專長」、「願意做」、「能創價」等四大焦點著力經營學校，使師生都成為有效智慧資本；(7)新五倫及其核心價值是情意教學與

品德教育的發展趨勢，其初步的概念是：家人關係，「親密」中相「依存」；同儕關係，「認同」中能「共榮」；師生關係，「責任」中帶「智慧」；主雇關係，「專業」中能「創價」；群已關係，「包容」中有「博愛」。

專業進修「教師學」及其延續著作「知識教育學」，教師本人的「核心素養」及「專業能力」才能由 2.0 進升到 3.0；再由 3.0 進升到 4.0；3.0 的教師僅能實施 3.0 教育階段的組件元素；4.0 的教師才能編撰 4.0 的課程教材，採 4.0 的教學方法，教出 4.0 的學生，「師資培育機制」如若一直停留在 2.0，沒有往 3.0 及 4.0 邁進；似乎就是期望 2.0 的師資（素養能力）或 3.0 的師資（素養能力）；他（她們）照樣可以教出 4.0 的學生。長此以往，將會成為國家教育事業「專業倫理」嚴重的挑戰與危機。

肆、結語：「二新、四化、二學」建構素養取向教育（4.0）的新師資培育藍圖

「教育即生活」是杜威（John Dewey）的名言，「教育」的存有已有數千年，但沒有 4.0；教育 4.0 的想像、存有、建構，都來自「工業 4.0」的啟示，工業 4.0 以產品的「機械化（1.0）」→「電器化（2.0）」→「自動化（3.0）」及「智慧化（4.0）」彩繪人類生活的新文明文化。新文明具有「進升性」（知識分子、社會精英少數人先行進升到 2.0→3.0→4.0），新文化具有「含容性」（同一個國家或群組的人，1.0、2.0、3.0、4.0 皆同時存有，但比例不同，愈文明的國家，其人民進升到 3.0 及 4.0 的比例較多（高）；待開發國家，其人民生活多停留在 1.0 至 2.0 之間，只有少數豪門權貴及精英分子有機會進升到 3.0 及 4.0。再從「智慧型手機」進升的演進觀察，其進升的著力點都在「零組件」及「核心元素」的優化。是以，教育 1.0 到 4.0 新文明文化的進升，也當從教育的「組件元素」進行優化、活化、新化、創化，促使「教育心智基模」進行「系統重

組」，由 1.0 進升 2.0，再進升 3.0 及 4.0。

鄭崇趁（2018a）認為當前的臺灣教育，整體（鉅觀）而言，約進升到 2.5 左右；分項或議題（微觀）而言，也多在 2.0 至 3.0 之間起起落落。臺灣的教育工作者，應從分項、議題（組件元素）著力經營，進升教育的人、事、時、地、物、空，都由 2.0 進升到 3.0；再由 3.0 進升到 4.0；整體的教育（鉅觀）才有可能真正的進升到 4.0。並將「教育 4.0」界定為「新五倫・智慧創客學校」。

本章承續鄭崇趁（2018a）於〈「教育 4.0」的意涵暨「學校經營」的進升〉一文之觀點，繼續探討前述 4.0 教師的「角色責任」及「核心價值」的深層意涵。並據以研提「教育 4.0」的「新師資培育政策」七大方向建議：(1)師資培育「新目標」：智慧人・做創客；(2)教育學程「新素養」：KTAV 課程模組設計；(3)教育實習「碩士化」：公費制，兼取領域（學科）教學證照；(4)課程教學「智慧化」：帶領學生「用智慧」→「做中學」→「有作品」→「論價值」；(5)學習表現「創客化」：推動新五倫・智慧創客學校，指導畢業生展出 10 件代表作品；(6)教學評量「價值化」：「適性評量」進升為「價值評量」；(7)專業進修「教師學」暨「知識教育學」：現職教師都成為具有 KTAV 素養能力的新教師。期待這七大政策方向（二新、四化、二學）：「新目標」、「新素養」、「碩士化」、「智慧化」、「創客化」、「價值化」、「教師學」暨「知識教育學」，能夠順應「教育 4.0」時代脈絡，建構素養取向教育的新師資培育藍圖。

註：為讓讀者了解本章「知能創價（KCCV）模式」的實務運用，筆者在出版之際，設計了本章的「KCCV 創新進升食譜（範例）」，如表 19-5 所示，請讀者參照。

表 19-5 KCCV 創新進升食譜（範例）

教育主題：第 19 章　論「教育 4.0」的「新師資培育」政策			設計者：鄭崇趁 2020.09.28
K（nowledge）新覺識・知 內構・共本質元素模組	C（an）新動能・能 外築・達任務事物能量	C（reate）新創意・創 遷移・創事理技術新意	V（alue）新價值・價 創價・融智德作品價值
1. 工業 4.0 對教育 4.0 版本的啟示。 2. 教育 4.0 版本（新五倫・智慧創客學校）需求的新師資培育機制。 3.「4.0 教師」角色責任的詮釋需要「KTAV 模組」設計的教育學程新課程。 4.「教師學・鐸聲五曲」得以幫助教師成為教育 3.0 教師。 5.「知識教育學：智慧人・做創客」得以激勵教師進升「教育 4.0」的教師。	1. 工業 4.0 暨教育 4.0 版本「討論・研究」對「新師資培育政策」產生新動能（師資培育機制也要進升 4.0）。 2. 4.0 教師及 4.0 校長「角色責任」版本對校長及教師產生新動能（傳道・授業・解惑・領航新素養）。 3. 經營「特色品牌學校（3.0 教育）」及「新五倫・智慧創客學校（4.0 教育）」成為新師資培育的新方向動能。 4.「知識生命史」及「教育解碼學」的探討，產生師資培育新動能。 5.「新五倫教育」、「智慧教育」、「創客教育」精確教育版本產生新教育動能。	△「新師資培育政策」的方向建議： 1. 師資培育「新目標」：智慧人・做創客。 2. 教育學程「新素養」：KTAV 課程模組設計。 3. 教育實習「碩士化」：公費制兼取領域（學科）教學證照。 4. 課程教學「智慧化」：教授帶師資生「用智慧」→「做中學」→「有作品」→「論價值」。 5. 學習表現「創客化」：推動新五倫・智慧創客教育，畢業生展出十件代表作品。 6. 教學評量「價值化」：「適配評量」進升為「價值評量」。 7. 專業進修「教師學」及「知識教育學」：現職教師都成為具有 KTAV 素養能力新教師。	1. 建構「教育 4.0」世代的「新師資培育機制」藍圖。 2. 培育「教育 4.0」世代的新教師及新校長。 3. 孕育「新校長學」的建構：創新進升九論。 4. 孕育「新教師學」的建構：木鐸金聲：〈新育・新教育〉的定位與實踐。

第二十章　校長領導新境界：三軸・三鑰

導論

本章曾全文刊載於《教育政策與管理》期刊第 4 期（鄭崇趁，2019b，頁 143-168），係筆者個人「知能創價」到位程度較高的論文，特選為本篇第三章（第二十章），以做為範例分析之用。

本章分五個部分詮釋「校長領導」新境界：第一部分「緒言」，敘述王國維的「人生三境界」及工業 4.0 建構了「教育 4.0」；第二部分，說明教育 4.0 時代對校長領導的挑戰；第三部分，撰述校長領導的三條軸線：「知識價值領導」、「智慧創客領導」、「創新進升領導」；第四部分，敘述校長領導的三把鑰匙：「新五倫價值領導」（用智德融合開啟素養取向教育）、「KTAV 教學模式及 KTAV 單元學習食譜」（用 KTAV 開啟知識的生命，導引學生「智慧人、做創客」）、「進升型主題計畫」（用優質教育計畫，創新進升學校教育，邁向教育 3.0「特色品牌學校」，再邁向教育 4.0「新五倫・智慧創客學校」；第五部分「結語」，主張「三軸、三鑰」彩繪二十一世紀校長領導新境界，它是王國維《人間詞話》上「人生三境界」的具體實踐，也是「工業 4.0」及「教育 4.0」領航下的「校長領導新境界」。

本章的「知能創價」在五個焦點，可以覺察到明顯的「創新」或「進升」：(1)校長領導有「境界」高低之分：如 1.0 是「知識專業領導，行為特質領導」；2.0 是「知識學習領導，權變轉型領導」；3.0 是「知識創新領導，分布參與領導」；4.0 是「知識價值領導，智慧創客領導」（教育 4.0 的分項運用）；(2)「軸線」詮釋校長領導，具有三大價值意涵：①串聯銜接之意；②牛軛承擔之意；

③統整實踐之意；(3)「鑰匙」註解校長領導的核心作為，也具有三大教育意涵：①關鍵工具之意；②核心技術之意；③專業力點之意；(4)三條領導軸線都是兩個重要領導名詞的組合，串聯之後，「加乘」、「創新」、「進升」的價值意涵更為明顯，例如：「知識價值領導」、「智慧創客領導」、「創新進升領導」；(5)三把鑰匙本身都存有真實的「教育核心技術」，都是可以操作的，像真正的鑰匙，例如：「新五倫」的群組類別分類及其「核心價值」的形成設定（命名）；「KTAV食譜」的「知識遞移理論（解碼→螺旋→重組→創新）」；主題式計畫的「目標」、「策略」、「項目」、「配套」之系統結構（撰寫技術）。

壹、緒言：人生三境界與工業 4.0 建構教育 4.0

王國維（1982）的《人間詞話》一書提到，凡人成大事、大學問者必經三境界：第一境界「昨夜西風凋碧樹，獨上高樓，望盡天涯路」；第二境界「衣帶漸寬終不悔，為伊消得人憔悴」；第三境界「眾裡尋它千百度，驀然回首，那人卻在燈火闌珊處」。由於人類情感世界都有三境界的經驗，教育界認同度最高（鄭崇趁，2019b）。

王國維「人生三境界」原指「成大事」及「大學問者」，遠超乎一般人的「情感世界」，是知識分子「事功・學問」的三境界：第一境界為「盼」，盼事功與學問的「邊際線（天涯路的盡頭）」在哪裡？也盼知音的出現；第二境界為「深」，深耕事功與專精學問，濃情不悔；第三境界為「悟」，明白了，想通了，得道了，進升了都是悟，也意謂著找到了「知音」，學問與事功，有人認同，廣為實踐。如若有第四境界應為「達」，達成→達標→達道→達新，都是人生「學問・事功」通達進升的寫照。以最近「中美貿易大戰」為例，兩邊領導人「悟」了（各退一步）有利於情勢的緩和與新契機的來臨，全世界的股票因之而回溫大漲。但最終仍須「達成」「新互動標準」協議，要不仍舊潛藏著第三次世界大戰的隱憂。

工業 4.0 進升了人類新文明文化，大家有目共睹。工業 1.0 指「機械化」時期，自 1776 年開始，自瓦特發明蒸氣機後，「機械動能（引擎）」更新了人類第一波的文明生活；工業 2.0 指「電氣化」時期，約自 1870 年起，從愛迪生發明電燈以後，「機電整合」又更新了人類第二波的工業文明；工業 3.0 指「自動化」時期，約自 1950 年起，工業產製自動化，又更新進升了人類第三波的工業文明；工業 4.0 指「智慧化」時期，德國率先於 2011 年宣布世界工業進入「智慧化」時期，AI、物聯網、大數據將帶動進升工業對人類文明的第四波貢獻，稱之為工業 4.0。

臺灣的中國教育學會率領各教育學會舉辦聯合年會，頒發各教育學會「木鐸獎」及「服務獎」有功人員，並結合臺灣師大教育系所師生，共同舉辦為期二至三天的國際學術研討會。2018 年於 11 月 7 日至 11 月 10 日舉行，國際學術研討會的主題訂為：「邁向教育 4.0：智慧學校的想像與建構」。大會並將論文發表最精華的十五篇，蒐集整編出版專書，開啟臺灣教育邁向教育 4.0 的新世代（中國教育學會主編，2018）。

鄭崇趁（2018a）發表〈「教育 4.0」的意涵暨「教育經營」的進升〉專文，並出版《教育 4.0：新五倫・智慧創客學校》專書。將教育 4.0 的版本訂為：教育 1.0 係「經驗化：私塾、書院時期的教育」，教育目標在「脫文盲、求功名」；教育 2.0 係「知識化：公共教育普及化時期的教育」，教育目標在「知識人、社會人」；教育 3.0 係「能力化：特色品牌學校時期的教育」，教育目標在培育「獨特人、永續人」；教育 4.0 係「素養化：新五倫・智慧創客學校時期的教育」，教育目標則進升為「智慧人・做創客」。就臺灣學校教育發展而言，民國元年（1912 年）以前的教育是教育 1.0 的時代；1968 年延長九年國民教育起，為教育 2.0 世代。約自 2000 年，教育部頒行「國民中小學九年一貫課程綱要」起，迄目前為止，都是教育 3.0 的世代。自 2019 開始實施「十二年國民基本教育課程綱要」起，則開始邁入教育 4.0 世代。教育 4.0 的世代是素養化教育時代，關注新五倫價值教育（德育與智育整合），暨智慧教育、創客教育的實踐，是「內才兼重外才（素養展能力）」的教育時代。表 20-1 可以呈現此一版本的精緻內容。

表 20-1　教育 1.0 至 4.0 的進升任務指標

教育 1.0 〈經驗化〉	書院、私塾時期的教育 〈脫文盲・求功名〉
教育 2.0 〈知識化〉	學校教育公共化、普及化時期的教育 〈知識人・社會人〉
教育 3.0 〈能力化〉	特色品牌學校時期的教育 〈獨特人・永續人〉
教育 4.0 〈素養化〉	新五倫・智慧創客學校時期的教育 〈智慧人、做創客〉

貳、教育 4.0 時代對校長領導的挑戰

教育 4.0 時代是素養化教育的時代，學校教育要實施新五倫價值教育、智慧教育、創客教育，並要優先成為具有特色品牌的學校，對於校長領導具有五大挑戰：(1)校長須能專業示範「素養取向教育」與「能力取向教育」的不同，因為「十二年國民基本教育課程綱要」與之前的「九年一貫課程綱要」，最大不同在原本「能力取向的課綱」進升為「素養取向的課綱」；(2)知識與人的「能力」、「素養」、「技術」、「價值」、「智慧」、「創客」、「知能」、「道德」、「作品」之間的關係究竟是什麼？唯有認識這些名詞之間的關係與原理，教師才能踏實地進行各領域學科的課程設計與教學活動；(3)如何規劃帶領學校教師完成彈性節數的校本課程設計暨素養取向教案的編製；(4)如何擬訂「進升型」主題教育計畫，經營學校優先成為「具有特色品牌學校（3.0）」；再進升

為「新五倫．智慧創客學校（4.0）」；(5)教師及校長的角色責任均需進升：如「4.0 的教師」角色責任進升為：「傳生命創新之道」、「授知識藝能之業」、「解全人發展之惑」、「領適配生涯之航」；「4.0 校長」的角色責任更進升為「傳學為人師之道」、「授經營教育之業」、「解知能創價之惑」、「領智慧創客之航」（鄭崇趁，2018c，封底）完整實踐亟待努力。

參、校長領導的三條軸線

「教育 3.0」是特色品牌學校時期的教育，學校特色的展現可以是學校整體，可以是學校「課程」，可以是教師「教材」，也可以是學生「亮點」，是以校長要關注「知識領導」與「創新領導」，兩者的結合是「知識創新領導」暨「分布創新領導」。「教育 4.0」是「素養化」的新五倫．智慧創客學校時期的教育，校長領導關注的焦點是「價值領導」、「智慧領導」、「創客領導」暨「進升領導」，當 3.0 教育及 4.0 教育在一個學校中同時需要時，校長領導的新航向，就出現了三條軸線：「知識價值領導」、「智慧創客領導」暨「創新進升領導」，知識價值領導促使「德育」與「智育」整合銜接；智慧創客領導造就素養取向的公民「智慧人．做創客」；創新進升領導進升學校成為 3.0 暨 4.0 學校。這三大軸線的人形隱喻圖像如圖 20-1 所示，逐一論述說明如後。（本圖像的電腦檔案感謝博士生潘志忠校長夫婦的協助）

本章用「軸線」來詮釋校長領導，具有三大意涵：(1)串聯銜接之意：如知識價值領導，意謂著知識價值化的領導系列作為；(2)牛軛重擔之意：如智慧創客領導，就像牛軛的雙邊（智慧人．做創客）是校長必須扛起的重擔；(3)統整實踐之意：如創新進升領導，將創新領導及進升領導的個別專業實踐，統整為精緻型專業實踐，既是創新又能進升的領導實踐。

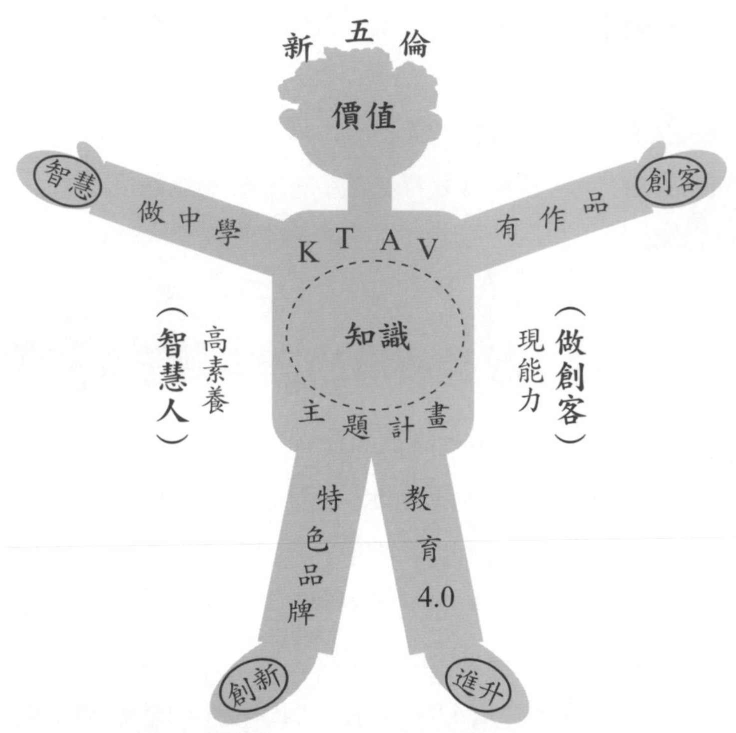

圖 20-1　校長領導的三條軸線與三把鑰匙

資料來源：鄭崇趁（2018c，頁 324）

一、知識價值領導（第一條軸線）

知識價值領導係「知識領導」及「價值領導」兩種新興領導的「加乘」、「統整」及「優化」。關注知識教育，經由知識遷移效應，永續創新人類生命價值的領導模式。是以知識價值領導係知識領導的進升，統整至教育歷程的價值領導，它的本質是「知識入手的價值領導」。具有六大領導上的特質：(1)定位知識的價值領導；(2)遷移知識的價值領導；(3)創價知識的價值領導；(4)創新生命的價值領導；(5)順性揚才的價值領導；(6)適配幸福的價值領導。其系統結構如圖 20-2 所示（鄭崇趁，2018c，頁 71）。

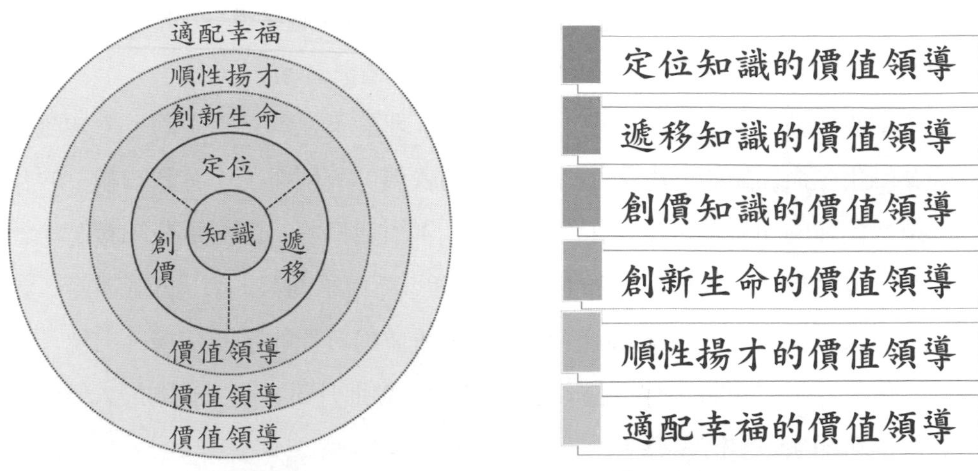

圖 20-2　校長知識價值領導的意涵與特質

資料來源：鄭崇趁（2018c，頁 72）

知識價值領導的六大特質中，前三大特質係屬知識本質的價值領導，校長能「定位知識」的價值，校長能「遞移知識」的價值，校長也要能「創新知識本身」的價值。萬物之名曰知識，人已經習得的知識，知識才會對人產生價值。知識對人的價值在於：「知識」經由教育及學習進入人的身體後，只要「著床」成功，知識教會隨著「人的生命」而滋長它應有的生命，知識著床為致用知識→知識含技術→知識組能力→知識展價值→知識能遞移→知識成智慧→知識達創客→知識行道德→知識通素養。是以知識是人類素養能力的最大源頭，此之謂「定位知識」的價值領導。

「知識」原本是「身外之物」，經由學習，進入身體是第一道「遞移」；在身體內產生「解碼」（成技術），「螺旋對話」暨「知能系統重組」（建構新知能模組）是第二道「遞移」；內在的知能素養外顯化成為有價值行為（德行、作品），是第三道「遞移」，又稱為創新知識。「知識解碼」→「知識螺旋」→「知識重組」→然後「知識創新」，將教師身上的知識或教材上的知識，遞送轉移到學生身上，創新學生的知識，稱之為「知識遞移說」（理論），「遞移知識」的最大價值在驗證教育的核心功能與其價值意涵。

「創新知識」的價值領導指「知識遞移」理論不但創新學生的生命知識，更因為師生生命知識的外顯化（有價值行為表現），創新了「客觀知識」的存有，這些創新的知識就會被當作新的教材，永續地傳承（創新這些知識），就像「智慧型手機」一樣，新手機的型式與功能不斷傳承創新，都是知識本身（含真、善、美、慧、力、行諸元素）的傳承創新並用新穎的系統結構，出現（創新知識存有）在人類面前。「創新知識」帶給人類進升新文明文化的最大價值，稱之為創新知識的價值領導。

知識價值領導的後三個特質，指新知識教育與學習之後，創新「人生的價值」，人類生命活著的歲月（約一百年）稱為人生，「創新生命的價值領導」泛指人只要活著，其每天的生命都是新的。人每天都有成千上萬的細胞死亡，也有成千上萬的細胞更新，「食物、空氣、水」每天創新了人的生理生命，「知識」則每天創新了人的心理生命。人每天與他人互動，每天「拿物做事」生活的內涵都是新生命的實踐、互動所建構的「新知能模組」及「有價值行為表現（德行、作品）」詮釋生活本身的價值意涵，就稱之為「創新生命的價值領導」。

「順性揚才的價值領導」概指教育的實施，師生、父母、子女之間相互「順性揚才」、「適配學習」進而「優勢智能明朗化」，展現「全人發展」並看得到人的「專長亮點」，人之生涯充滿著「自我實現」（活出自己）與「智慧資本」（動能貢獻）的價值意義，稱之為順性揚才的價值領導。

「適配幸福的價值領導」概指教育的實施在成就每一個人能有「適配幸福人生」的最大價值。經由「四大適配」的經營，爭取擁有適配幸福人生。四大適配包括：適配的教育、適配的事業、適配的伴侶，以及適配的職位。「適配的教育」指標為：順性揚才開潛能，優勢智能明朗化。「適配的事業」指標為工作性質合性向，專門專業又專長。「適配的伴侶」指標為：條件能力相登對，品味一致幸福多。「適配的職位」指標為：人盡其才的職位，才盡其用的職位，也可以用「自我實現的職位及智慧資本的職位」。四大適配的經營能夠帶給每一個人「適配幸福人生」，校長領導學校師生經營人生四大適配，創造人的幸福人生稱之為適配幸福的價值領導。

校長「知識價值領導」的專業實踐，宜從下列事項著力：(1)知識的價值論述：人的素養能力都來自知識，知識進入人的身體後，知識與人的本能及知能融合，開展創新價值的生命歷程；(2)知識遞移與知能創價的案例分析：知識遞移與知能創價都是教育的深層本質，教師與教育領導幹部均需運用實質的案例分析，才能真正認識、理解，進而認同、實踐、運用；(3)教育與人生整合的價值描繪：智慧人、做創客、新領導、優教師、能家長及行國民是教育與人生整合的共同價值（全人發展）描繪，是繼「成熟人、知識人、社會人、獨特人、價值人、永續人」進升式的教育價值描繪；(4)「核心價值」意涵的論述與案例分析：人類共好的生活品質曰價值，人與組織任務的整合都需找尋其「核心價值」之存有與實踐，例如：新五倫的品德價值（人倫綱常的知識），例如：核心事務的 SOP（標準作業程序，事理要領的知識與價值）；又如：人身心各種系統器官功能的統整與平衡價值（生命系統的知識）。經由各類事務組織價值案例分析，累積進升教育人員的教育價值實踐。

二、智慧創客領導（第二條軸線）

「智慧創客領導」是校長領導的第二條軸線，圖 20-1 中呈現在雙手張臂的部位，從左邊到右邊可以看到「用智慧→做中學→有作品（做創客）→論價值」的領導模式，稱之為「智慧創客領導」，具體意涵係指校長解析知識價值化歷程，帶領師生經營「智慧人・做創客」的領導行為（參考鄭崇趁 2018c，頁 67，77）。智慧創客領導的意涵與特質可用圖 20-3 來呈現。

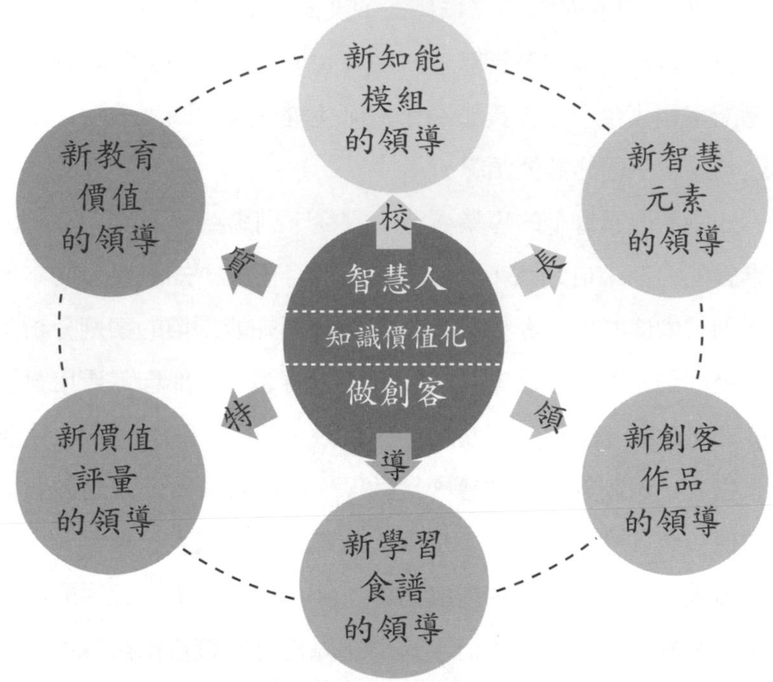

圖 20-3　智慧創客領導的意涵與特質

資料來源：參考自鄭崇趁（2018c，頁 77）

智慧創客領導的六大特質來自《知識教育學：智慧人・做創客》（鄭崇趁，2017）一書，對於「智慧教育」及「創客教育」的主張：第一個特質「新知能模組」的領導係「核心素養元素（內才）」的建構理論。第二個特質「新智慧元素」的領導，則是「知識→技術→能力→價值」四位一體的教學稱之為智慧教育。第三個特質「新創客作品」的領導，則強調「智慧人」必然「做創客」，智慧創客共同表現在「學習作品」之上。第四個特質「新學習食譜」的領導，則為「智慧教育」及「創客教育」的整合實踐，開發了「KTAV 單元學習食譜」為設計教案的核心工具。第五個特質「新價值評量」的領導，則統整「素養取向教育」及「智慧創客教育」共同評量方法為「價值評量」。第六個特質「新教育價值」的領導，則指出「新教育」的「共同價值」在：知識的教育價值、技術的經營價值、能力的實踐價值、價值的人生意涵、智慧的共榮價值暨創客的定位價值（鄭崇趁，2017，第十七章至二十四章章名）。

校長「智慧創客領導」的專業實踐宜著力下列事項：(1)「智慧人・做創客」都來自「知識遞移」與「知能創價」的績效成果。知識的生命成長，「智慧人・做創客」是人類接受教育及自我學習之共同價值目標；(2)運用 KTAV 學習食譜導引單元教學：因為「知識→技術→能力（作品）→價值」四位一體，統合學習，並且強調做中學，有作品，是「智慧人・做創客」直接學習的教育；(3)領導各領域（學科）教師暨行政幹部（主任、組長）將自己攸關的授課任務單元，開發 3 至 5 件學生學習作品（智慧創客作品），及形成此一作品的KTAV 單元學習食譜，是實踐智慧創客教育最有績效價值的作法；(4)規劃學生畢業典禮時，展出其在學期間十件智慧創客代表作品；暨每年舉辦「智慧創客作品嘉年華會」：每年選出學生百樣作品，並逐年傳承創新其作品質量，將可彰顯學校教育最暢旺的榮景。

三、創新進升領導（第三條軸線）

「創新領導」→「創客教師」→「創意經營」曾經是《教育經營學個論：創新、創客、創意》（鄭崇趁，2016）一書的核心主張，校長的「創新領導」結合教師的「創客教學」以及師生的「創意經營」，才得以務實地創新「教育經營學」的核心知識及技術，是以該書十八章的統整，書名才訂為《教育經營學個論》，副標題強調「創新、創客、創意」三位一體。該書認為「創新」是「賦予存在（to being）」的歷程，任何事物及新的「知識、技術、能力、價值」，只要關注「實→用→巧→巧→妙→化→生」的歷程（投入心力、持續深耕）都可以創新。創新不是無中生有，而是發現先天的存有（知識先天論）。是以創新具有五大教育意涵：(1)創新是發現新的知識產品；(2)創新是發現新的因果關係；(3)創新是發現新的深層結構；(4)創新是發現新的方法策略；(5)創新是發現新的意義價值（鄭崇趁，2013，頁 163-167）。

校長「創新領導」的特質有四：(1)新的領導服務：先領導再服務；(2)新的專業示範：示範教育專業實踐的領導，例如系統思考「教育主題計畫」的產出；(3)新的資源統整：如師生如何「知能創價」及「智慧創客」；(4)新的實踐篤行：如教師如何實施素養取向的新課綱，如何撰寫 KTAV 單元學習食譜，並結合教與學，產出學生「智慧創客」作品。校長「創新領導」的專業實踐，得包含下列五大項目：(1)創新目標價值的領導；(2)創新人力資源的領導；(3)創新課程教學的領導；(4)創新經營模式的領導；(5)創新文化風格的領導（參考鄭崇趁，2016，頁 3-30）。

「進升領導」是全新的教育領導名詞，由鄭崇趁（2019a）開始使用，並撰寫「進升領導」專文，列為國立臺北教育大學教育經營與管理學系教授們「集體智慧」出版的《教育領導的新議題》專書的其中一章。進升領導的緣由來自四大需求啟示：(1)學制（教育本質）進升的啟示；(2)工業 4.0 進升的啟示；(3)教育 4.0 進升的啟示；(4)王國維人生三境界進升的啟示。進升領導的特質包括：(1)教育新元素組件的進升；(2)教育新系統模式的進升；(3)教育新覺識方法的進升；(4)教育新動能價值的進升；(5)教育新使力焦點的進升；(6)教育新文明文化的進升。

校長「進升領導」的專業實踐，可從下列六項事務著力經營：(1)師生能力素養的進升領導：如客觀的知識由外而內進升為人內在新知能模組（內才、素養），再由內而外，進升為人的有價值行為表現（外才）；(2)師生知識遞移的進升領導：如知識遞移為人的知能，師生知能再遞移創價為學校的辦學能量，學校的教育能量（也是知識）再進升遞移為「人之所以為人」的社會公民；(3)師生知能創價的進升領導：如知識進入身體後，先要知能融合、系統重組、模組化後，就期待外顯化（知能欲創價），創新自己的生命價值（成為智慧人），創新當下的教育價值（做創客）。師生知能創價的進升領導，在領導師生產出綿延的「德行、作品」，也在進升學生接受教育之後的個人價值（如適配教育、專長優勢、人盡其才、自我實現、智慧資本等價值），也在進升所有學生接受教育之後產生的組織價值（如集體智慧、創新產品、暢旺群組、民富國強、適配幸福等價值）；(4)學校課程模組的進升領導：如用 KTAV 模組設計了「教育學程科目學分表」，教育專業知識（K）→課程教學技術（T）→實踐素養能力（A）→智德共好價值（V）各設計了六個科目各 12 學分，供選修各至少 8 學分。修畢教育學程 32 學分以上者，均可參加教檢。「教育實習」提高為 8 學分，另以教學碩士學分學程培育，教育實習 8 學分得兼取領域（學科）教學證照；(5)學校分項教育的進升領導：學校的分項教育，例如：師資、設施、課程、教材、教學、文化，均可設定 1.0 至 4.0 發展任務指標，並規劃主題式教育計畫，進升領導學校精緻發展；(6)學校組織文化的進升領導：學校師生的組織文化通常在 1.0 至 2.0 之間（文化具有含容性），部分菁英幹部及優教師是學校的文明代表，他（她）們開展的校本特色課程就是學校的文明，文明代表 3.0 至 4.0 之間，文化逐漸進升為文明，校長要領導學校「創新經營」成為「具有特色品牌學校」，進升「教育 3.0」；校長要再領導學校經營實踐「新五倫．智慧創客學校」，進升「教育 4.0」。

是以「創新進升領導」為校長領導新境界的第三條軸線，是「創新領導」暨「進升領導」的累加、乘積、統整及進升。創新進升領導係指校長領導師生教育行為產生進升式的質量創新與改變，是帶動邁向教育 4.0 的核心領導作為。圖 20-4 可以概要呈現「創新進升領導」特質與「4.0 校長」角色責任之關係。

從學校的教育組織層面思考校長「創新進升領導」的專業實踐，得從下列事項著力經營：(1)創新經營素養的進升領導：如「傳學為人師之道」暨「授經營教育之業」；(2)創新課程教學的進升領導：如「解知能創價之惑」暨「領智慧創客之航」；(3)創新全人發展的進升領導：如由基本教育階段的全人發展（成熟人、知識人、社會人、獨特人、價值人及永續人的全人發展）進升為高等教育階段的全人發展（智慧人、做創客、新領導、優教師、能家長、行國民）；(4)創新層級標準的進升領導：如「教育 3.0」為能力化，特色品牌學校時期的教

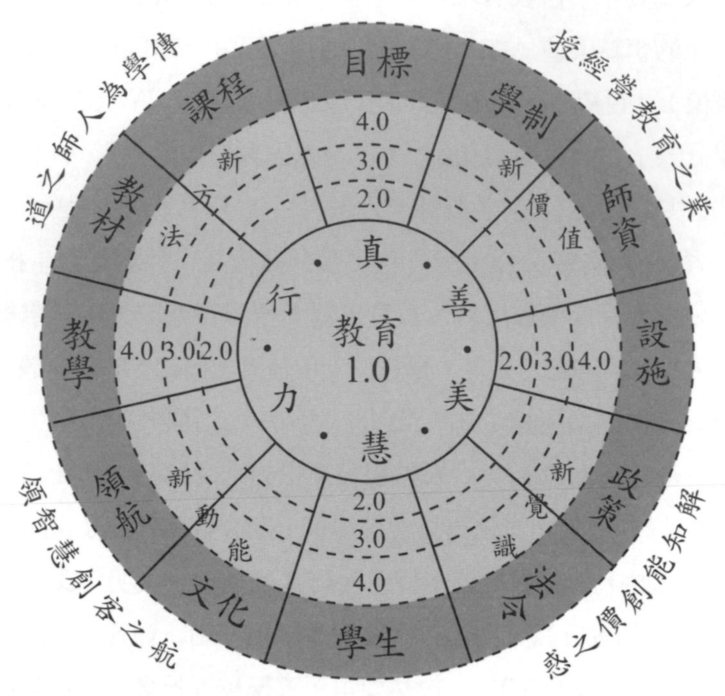

圖 20-4　創新進升領導特質與 4.0 校長的角色責任圖解

育；「教育 4.0」為素養化，新五倫．智慧創客學校時期的教育；(5)創新教材層次的進升領導：如「春風化雨 4.0」教材為：1.0「春風送暖：教育有感的生命」；2.0「春風傳知：教育覺識的生活」；3.0「春風有情：教育幸福的生涯」；4.0「春風帶意：教育大用的公民」（鄭崇趁，2014，頁 209-223），例如：「築夢踏實論 4.0」教材為：1.0「有夢最美」；2.0「解夢尋根」；3.0「築夢有梯」；4.0「適配之夢」（鄭崇趁，2015b，頁 247-261）。

肆、校長領導的三把鑰匙

4.0 教育世代，教師的角色責任及校長的角色責任均有所進升，教師 4.0 的角色責任為：傳生命創新之道、授知識藝能之業、解全人發展之惑暨領適配生涯之航。校長 4.0 的角色責任進升為：傳學為人師之道，授經營教育之業，解知能創價之惑暨領智慧創客之航（鄭崇趁，2018c）。校長領導學校教師經營學校教育事業，一輩子都在「成就人 · 旺學校」，成就全校師生，期待每人都能自我實現（活出自己），都能產生智慧資本（動能貢獻）。暢旺校務教育績效價值，校長要扮演成功的四大角色責任及「成就人 · 旺學校」的神聖使命，校長領導必須踏著前述的三條「領導軸線」，循著它的專業實踐軌跡，領航知識價值領導，智慧創客領導，以及創新進升領導。

三條軸線是領導的新航向，貫串教育經營的六大重點：知識教育、價值教育、智慧教育、創客教育、創新教育及進升教育，六者都要帶領教師做對（做得正確精準），才得以進升創新學校教育品質與價值。筆者認為，校長尚需藉助三把經營教育的鑰匙，方能真正開啟「教育 3.0」及「教育 4.0」的新文明文化。第一把鑰匙是「新五倫價值教育」，第二把鑰匙是「KTAV 教學模式及 KTAV 單元學習食譜」，第三把鑰匙是「優質的主題教育計畫」，逐一說明如下。

本章用鑰匙來詮釋校長領導核心作為，具有三大意涵：(1)關鍵工具之意：如新五倫是開啟素養取向「價值教育」的關鍵工具；(2)核心技術之意：如 KTAV 是操作知識生命史的核心技術；(3)專業力點之意：如優質主題計畫的系統結構，是開啟教育「創新進升」3.0 及 4.0 的專業力點。

一、第一把鑰匙：新五倫價值教育

「新五倫」係指「家人關係」、「同儕關係」、「師生關係」、「主雇關係」及「群己關係」，用現代化社會的人類五大類群族關係稱為「新五倫」（鄭崇趁，2014），「新五倫」找出其人際的「核心價值」，就可以進升創新過去的「五倫之教」（父子有親、君臣有義、夫婦有別、長幼有序、朋友有信）。作為德育與情意教學的新基礎，是整合智育及德育，邁向素養取向教育的第一把鑰匙。

第一倫「家人關係」係指「住在一起的家人」，其核心價值有「親密、觀照、支持、依存」；第二倫「同儕關係」係指「同學、同事」或執行「同一任務」的群體。其核心價值有「認同、合作、互助、共榮」；第三倫「師生關係」指曾經有過直接互動「教與學」經驗，具有師生合作角色責任關係的師生，其核心價值有「責任、創新、永續、智慧」；第四倫「主雇關係」指老闆與員工的倫理關係（深層的勞資關係），其核心價值有「專業、傳承、擴能、創價」；第五倫「群己關係」指人與他人的關係，其核心價值有「包容、尊重、公義、博愛」。每一倫理中的四個核心價值，已兼顧「1.0 到 4.0」的「層次價值」設計，例如：「師生關係」的核心價值，1.0 的價值是「責任」，師生都要盡到責任「教會知識，學會知能」；2.0 的價值是「創新」，師生互動每天都在「創新生命，創新知識」；3.0 的價值是「永續」，師生「教與學」的互動都要能「進升式的永續經營」（編序進階的教育）；4.0 的價值是「智慧」，師生互動不只在教知識，同時也在教智慧，本章主張「知識→技術→能力→價值」四位一體的教學稱之為「智慧教育」（參考鄭崇趁，2017，頁 97-116）。

校長要使用第一把鑰匙，開啟「新五倫價值教育」的專業實踐，鄭崇趁（2018c）《教育 4.0：新五倫・智慧創客學校》一書已為學校撰擬了「學校新五倫品德教育實施計畫綱要（範例）」，如表 20-2 所示。

第一把鑰匙主要功能有四：(1)用價值教育開啟新品德教育：態度（品德）最難教，它的核心元素包括「慧、力、行」，慧是「共好價值」，力是「行動意願」，行是「德行作品」，三者合一才得以建構有價值的品格行為（態度）；(2)用價值實踐與評量開啟智育與德育的串聯融合；為素養取向的教育找到經營著力點；(3)用「新五倫」開啟當代社會深層的人際群組結構關係：傳承創新中華文化的根（五倫之教）；(4)用「核心價值」的研發開啟「新五倫教育學」：

表 20-2　學校新五倫品德教育實施計畫綱要（範例）

目標	策略	執行項目
探討人倫綱常知識，尋繹社會人際類別，開展新五倫品德教育。	一、研究知識性質，關注人倫知能。	1. 成立「知識教育學」讀書會或專業學習社群。 2. 激勵教師進行「新五倫」融入教學行動研究。 3. 提示教師均衡「五大類知識」教育及學習。
	二、分析人際群族，融入倫理價值。	1. 選用新五倫核心價值為中心德目。 2. 建置各年級新五倫核心價值之行為規準。 3. 激勵教師編製新五倫價值教育教材。
建置價值教育情境，推動價值教學評量，實踐新價值校園文化。	三、布展價值情境，實施價值領導。	1. 推動新五倫教育月布展新五倫價值情境。 2. 舉辦新五倫價值學藝競賽活動。 3. 選拔「智慧人」及「做創客」達人（領域績優學生）。
	四、推動價值教學，營造價值文化	1. 實施新五倫價值教育班級經營。 2. 推行「KTAV 單元價值評量」教學。 3. 建置學校「新五倫價值教育」智慧傳承創新平臺。

資料來源：修改自鄭崇趁（2018c，頁 122）

「素養取向新教育學」的新KTAV知能模組系統建構（參考後續第二把鑰匙）。

二、第二把鑰匙：KTAV教學模式及KTAV單元學習食譜

鄭崇趁（2017）出版《知識教育學：智慧人．做創客》一書，對教育學術最大的突破是：指出了「知識的生命史」，進升了教育學的「認識論（epistemology）」，並創發了「智慧創客教育 KTAV 教學模式」暨「KTAV 單元學習食

譜」，提供教育人員（校長及教師）第二把鑰匙，用來開啟「素養取向教育的真相」，發現「核心素養」的元素及零組件，進升教育邁向 3.0 及 4.0。

KTAV 教學模式如圖 20-5 所示，KTAV 單元學習食譜如表 20-3 所示，KTAV 教學模式具有四大「教育系統」知識結構：(1)智慧教育：在四個角落，「知識（K）→技術（T）→能力（A）→價值（V）」四位一體（循環不已），稱為智慧教育；(2)創客教育：在四個邊中的方塊，「研發有創意的學習食譜→教導能創造的操作學習→建構再創新的知能模組→完成做創客的實物作品」四創一體的教育，稱為創客教育；(3)知識遞移理論（知識遞移說）：在圖的四個轉彎處，「知識解碼→知識螺旋→知識重組→知識創新」的歷程稱之為知識遞移理論（知識遞移說），指教師身上的知識或教材上的知識，能夠有效「遞送、轉移」到學生身上，成為學生表現得出來的「知識（K）→技術（T）→能力（A）→價值（V）」；(4)價值評量系統：整個教學模式用「價值」收尾，導引教學歷程

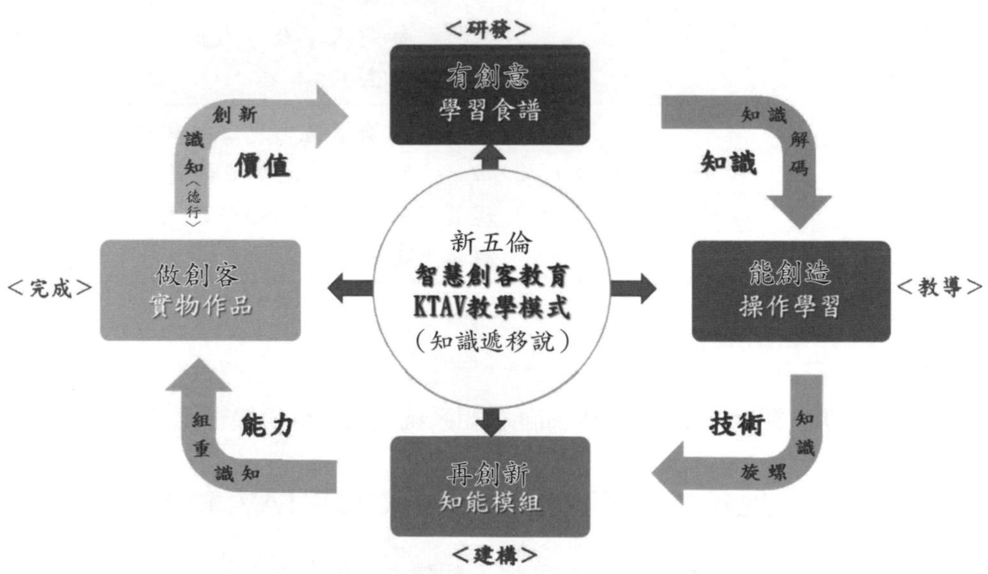

圖 20-5　KTAV 教學模式

資料來源：鄭崇趁（2018c，頁 62）

表 20-3　KTAV 單元學習食譜

單元名稱：		設計者：	
K nowledge 知識 致用主題知識	T echnique 技術 能操作學習技術	A bility 能力 實踐行為能力	V alue 價值 人類群己教育價值
知識名稱及意涵	教學活動（學習步驟）	師生實物作品	成果價值詮釋
「知識解碼」要領	「知識螺旋」焦點	「知識重組」系統 新知能模組	「知識創新」價值
□編序□鷹架□步驟□流程 □原型□元素□成因□脈絡 □次級□系統□次要□變項	□內化□外化□交流□對話 □新化□活化□深化□優化 □同化□調適□融入□存有	□真（致用知識）□善（經營技術） □美（實踐能力）□慧（共好價值） □力（行動意願）□行（德行作品）	□真實□體驗□生新□創價 □均等□適性□民主□永續 □傳承□創新□精緻□卓越

資料來源：鄭崇趁（2018c，頁 159）

要思考「價值教育」，教師帶動「價值論述」及「價值回饋」，學生完成「價值實踐」及「價值評量」。

KTAV 單元學習食譜結合「知識遞移理論」的核心技術設計，主要功能在引導「教學者」及「學習者」「用智慧」的教與學，將單元教材內容，學生要學習到的「知識（K）」、「技術（T）」、「能力（A）」、「價值（V）」分類，配合一般教案設計，將「學習內容」進升為「智慧學習內容」將欲教給學生的 K（知識）及 T（技術），作為學習內容的主軸；將「學習表現」進升為「創客學習表現」，將欲教給學生的 A（能力）及 V（價值），作為學習表現的核心。是以「用智慧」→「做中學」→「有作品」→「論價值」成為「智慧教育」及「創客教育」共同的「素養取向教學模式」。KTAV 教學模式，用兩字表達是「知識→技術→能力→價值」四位一體教學模式，用三字表達則是「用智慧→做中學→有作品→論價值」教育模式。

這一把鑰匙，要開啟教育的四大關鍵事項：(1)做對智慧教育：智慧的元素有四：K（知識）、T（技術）、A（能力）、V（價值），KTAV四位一體教與學才是真實的智慧教育；(2)做對創客教育：創客教育必須「研發有創意的學習食譜→教導能創造操作學習→建構再創新知能模組→完成做創客實物作品」四創一體才是完整的「創客教育」，使用 KTAV 學習食譜才得以全程觀照；(3)解析「知識遞移」歷程：單元「知識」如何解碼成可操作的「技術」，知識、技術再如何與「知能」對話螺旋、系統重組為「新知能模組（素養含能力）」，再外顯化為有價值的「行為表現（德行、作品）」，這一歷程是教師將教材知識「遞送、轉移」到學生身上的關鍵技術（創新學生生命知識）歷程，稱為「知識遞移說」理論；(4)「價值教育」的實踐：KTAV用「價值」收尾，除引領「教育價值說」的優化思維外，維護所有教學活動都有「價值論述」、「價值回饋」、「價值評量」、「價值實踐」。開啟這四大教育事項，校長才能有效實施「知識價值領導」暨「智慧創客領導」。

三、第三把鑰匙：優質的主題教育計畫

「主題計畫」人人都會做，老師每年都要寫「班級經營計畫」、「課程教學教案」，行政幹部每年都要寫主管部分的「主題教育計畫」，校長及核心幹部更要經常撰寫「中長期校務發展計畫」暨各種競爭型主題教育計畫。這些「主題教育計畫」扮演著「傳承創新」教育品質的角色責任，臺灣教育長期以來的改變、進步、創新與進升，都拜這些「主題教育計畫」之賜，「主題教育計畫」是開啟教育「創新進升領導」的第三把鑰匙，自古以來如此，展望未來更是如此。尤其當代教育正在規劃「教育 4.0」版本，教育如何邁向「教育 3.0」及「教育 4.0」，這把鑰匙猶為重要。

「優質的」主題教育計畫，才能真實地扮演「傳承創新，統整進升」教育品質的重責大任，優質的主題教育計畫具有五大特質：(1)「目標、策略、項目」具有系統結構：計畫的三大核心面向具有系統結構，是做好「計畫工作」的最

佳設計；(2)有理論或核心價值（理念）支持的計畫：核心價值的實現通常是計畫最原始的動能，教育理論及理念則是教育先輩留給我們辦好教育工作的智慧資產，我們用於引導計畫的開展與實踐，才能用計畫整合「理論與實務」；(3)有明確執行要領（配套措施）的規劃：優質（好的）計畫會設定推動「組織」、運作「方式」，定期「檢核」暨回饋「品保」機制，確保計畫「執行實踐」的「績效價值」；(4)績效克責之歸屬：學校主題計畫由校長、主任、組長或哪位教師主責及分工合作人員明確劃分，大家合作共好，一起擔責實踐計畫，一起共享計畫績效價值；(5)經費編配具有實質效益：經費支持合宜，才能提升資源效益、創新進升教育品質及價值。

具有系統結構的主題教育計畫是最核心的關鍵技術，在其「目標、策略、項目」具有表 20-4 的形式與內容。它規範了「主題計畫」應有的「知識（K）→技術（T）→能力（A）→價值（V）」四位一體的基本整合。

表 20-4　優質教育計畫系統結構表

目標	策略	執行項目
小策略①，小策略②，小目的①；小策略③，小策略④，小目的②。	一、__因__，__果__〈銜接小策略①〉	1. 2. 3.
	二、__因__，__果__〈銜接小策略②〉	4. 5. 6.
	三、__因__，__果__〈銜接小策略③〉	7. 8. 9.
	四、__因__，__果__〈銜接小策略④〉	10. 11. 12.

「計畫目標」的撰寫要領有四項：(1)採段落式敘寫（不條列）較佳，全文不逾一百字；(2)文字內含「小策略」及「小目的」，小策略為經營策略鋪路，小目的則為計畫的「具體目標」；(3)最好有一個到兩個轉折（用；區隔）；(4)文字內容要具有旋律感或有節奏感，展現「目標優化教育品質美學」。「經營策略」的撰寫技術也有四項：(1)三到四個策略最佳；(2)每一個策略要銜接「計畫目標」中的「小策略」，但文字不宜完全重複，要有「變化」及「進升」；(3)每一個策略「兩句話」完成，兩句話要有因果關係，通常第一句是因，第二句是果；(4)要重視文字整齊之美，暨策略間的「邏輯」系統結構。經營策略的「精確品質」是優質主題教育計畫的靈魂。「執行項目」的選擇撰寫也要關切下列要領：(1)每一「執行項目」一句話完成，避免流於項目說明；(2)每一項目最好都有「動名詞（兩字）」開始，象徵實踐與執行決心；(3)要有「二至四」項形成「群集」共同來實現同一「經營策略」；(4)項目是計畫的操作「著力點」，項目要符合可行性及師生共同的「最需要」，做了能夠滿足師生共好價值，並實踐教育（計畫）目標。

為讓讀者了解「主題教育計畫」系統結構的重要性及價值性，筆者特別引介「實際作品」為範例，讓讀者對照解讀其「核心技術」的運用。《教育 4.0：新五倫・智慧創客學校》（鄭崇趁，2018c）一書中的第十四章，國民教育輔導團，智慧創客教育實施方案（範例），用表 20-5 呈現了該計畫「目標、策略、項目」之系統結構表。用圖 20-6 呈現了計畫三個核心面向的系統架構圖。

「政府或學校」要推動的每一個「主題教育計畫」，都蘊含著教育深層的「知識→技術→能力→價值」，主題計畫將這四者，系統重組為表象的「目標、策略、項目」，然後使力操作「工作焦點」，調配「資源統整」，創新師生生命新價值，進升教育整體的品質與價值。是以主題教育計畫是開啟「教育 3.0」及「教育 4.0」的鑰匙，它是校長、主任、組長及每位授課教師，都必須隨身攜帶的鑰匙，校長更要專業示範，如何開啟學校「創新進升領導」。

表 20-5　國民教育輔導團智慧創客教育實施方案（綱要）

計畫目標	經營策略	執行項目
闡揚智慧創客理念，研發智慧創客教材，翻轉新世紀智慧創客教育。	一、探討智慧創客理論，銜接素養教育實踐。	1. 參與系列智慧創客領導研習。 2. 參訪智慧創客標竿學校領域（學科）之課程教學。 3. 擬定領域（學科）的智慧創客教育實施方案。
	二、研發創意學習食譜，編製智慧創客教材。	4. 學習 KTAV 智慧創客教育教材設計模式。 5. 研發每一年級 5～10 個單元領域（學科）的 KTAV 學習食譜。 6.編製領域（學科）智慧創客教育教材。
教學知能融合技術，評量學習作品價值，實踐新承諾智慧創客師生。	三、實驗智慧創客教學，操作知能融合技術。	7. 編寫 KTAV 教學簡案及智慧創客單元教學教案。 8. 示範操作 KTAV 教學模式。 9. 檢核教學歷程（知能融合技術）與 KTAV 學習步驟的吻合程度。
	四、評量實物作品價值，優化知能創價學習。	10.設定學生操作學習核心技術及完成之作品定名。 11.進行完成作品及教學歷程（知能創價）價值評量。 12.舉辦師生智慧創客作品競賽展示活動。

資料來源：鄭崇趁（2018c，頁 274-275）

策略一、探討智慧創客理論，銜接素養教育實踐

1. 參與系列智慧創客領導研習。
2. 參訪智慧創客標竿學校領域（學科）之課程教學。
3. 擬訂領域（學科）的智慧創客教育實施方案。

策略二、研發創意學習食譜，編製智慧創客教材

4. 學習KTAV智慧創客教育教材設計模式。
5. 研發每一年級五至十個領域（學科）KTAV單元學習食譜。
6. 編製領域（學科）智慧創客教育教材。

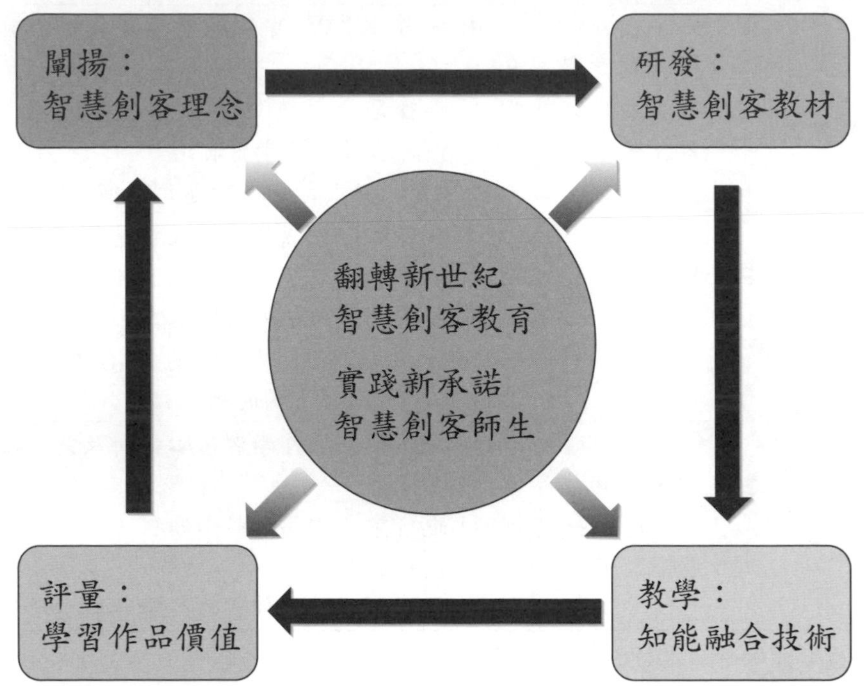

策略四、評量實物作品價值，優化知能創價學習

10. 設定學生操作學習核心技術及完成之作品定名。
11. 進行完成作品及教學歷程（知能創價）價值評量。
12. 舉辦師生智慧創客作品競賽展示活動。

策略三、實驗智慧創客教學，操作知能融合技術

7. 編寫KTAV教學簡案及智慧創客單元教學教案。
8. 示範操作KTAV教學模式。
9. 檢核教學歷程（知能融合技術）與KTAV學習步驟的吻合程度。

圖 20-6　國民教育輔導團智慧創客教育實施方案（綱要）

資料來源：鄭崇趁（2018c，頁 281）

伍、結語：三軸、三鑰彩繪二十一世紀校長領導新境界

校長領導的三條軸線是「知識價值領導」、「智慧創客領導」、「創新進升領導」，第一條軸線彩繪「知識價值化」的嶄新教育意涵：知識為本位的教育、知識含技術的教育、知識組能力的教育、知識展價值的教育、知識能遞移的教育、知識成智慧的教育、知識達創客的教育、知識行道德的教育、知識通素養的教育。第二條軸線彩繪「智慧創客新世代的教育」：智慧創客教育學習作品布展在每個學校的校園：立體實物作品、平面圖表作品、動能展演作品以及價值對話作品，智慧領航，適配幸福生涯，作品定位人生價值意涵。第三條軸線彩繪「創新進升教育品質價值標準」：教育3.0是「能力化」時期教育：學校教育具有特色品牌，例如：取得「教育111」或「優質學校」標竿認證。教育4.0是「素養化」時期教育：學校教育在具體實踐新五倫．智慧創客教育，教育的使命在培育：智慧人、做創客、新領導、優教師、能家長及行國民的全人發展。

校長領導的三把鑰匙是：新五倫價值教育、KTAV教學模式及KTAV單元學習食譜暨優質主題教育計畫。第一把鑰匙（新五倫價值教育），用來開啟德育和智育的整合實踐，開啟價值教育領導的新天地，開啟用「價值」傳承創新中華文化的根「五倫之教（五教之目）」。第二把鑰匙（KTAV教學模式及KTAV單元學習食譜），用來開啟知識的生命史，進升「認識論（epistemology）」的深度，實踐驗證核心素養的三大理論：「新知能模組說」、「知識遞移說」及「知能創價說」。第三把鑰匙（主題教育計畫）用來開啟「優質教育計畫」系統結構的重視，帶領教育人員「系統思考」教育資源、條件的「進升力點」，產出（開啟）進升型主題教育計畫，開啟教育3.0、教育4.0的教育新文明文化。

校長領導的神聖使命在「成就人、旺學校」，校長領導的新境界在「盼→深→悟→達（4.0）」三條領導新軸線「知識價值領導、智慧創客領導、創新進升領導」，彩繪新教育成就「人之所以為人」的專業實踐作為；三把領導新鑰

匙「新五倫價值教育、KTAV教學模式及KTAV單元學習食譜、優質主題教育計畫」，開啟新教育「素養取向教育」的引擎動能。

註：為讓讀者了解本章「知能創價（KCCV）模式」的實務運用，筆者在出版之際，設計了本章的「KCCV 創新進升食譜（範例）」，如表 20-6 所示，請讀者參照。

表 20-6　KCCV 創新進升食譜（範例）

教育主題：第 20 章　校長領導新境界：三軸・三鑰			設計者：鄭崇趁2020.09.28
Knowledge 新覺識・知 內構・共本質元素模組	Can 新動能・能 外築・達任務事物能量	Create 新創意・創 遷移・創事理技術新意	Value 新價值・價 創價・融智德作品價值
1. 校長領導新航向的覺識： (1)第 1 航向「知識價值化（生命史）」的探討，成為第一條領導軸線。 (2)第 2 航向「智慧創客」教育的整合成為第二條領導軸線。 2. 因應教育 4.0 及進升領導的發現，促成了第 3 條領導軸線的新覺識。 3. 智德融合的覺識才能有效實踐新領導軸線，確認了三把教育鑰匙的整合與圖像。	1. 教育 4.0 版本暨校長領導新航向版本，被認同與實踐產生教育新動能（邁向創新進升的整合實踐）。 2. 版本圖像化（用人形部位標示三軸・三鑰的位置及運作詮釋，導引研習校長統整認同實踐，產出教育新動能）。 3. 新五倫類別及其核心價值實踐，開啟智德融合新教育動能，KTAV 學習食譜及進升型主題計畫，開啟「智慧創客」教育暨「創新・進升」教育新動能。	△校長領導新境界：三軸・三鑰 1. 三條新教育領導軸線： (1)知識價值領導。 (2)智慧創客領導。 (3)創新進升領導。 2. 三把開啟新教育鑰匙： (1)新五倫價值教育。 (2)KTAV 教學模式暨 KTAV 單元學習食譜。 (3)進升型主題教育計畫。	1. 三軸・三鑰統整實踐新教育六大焦點，詮釋教育在教「人之所以為人」的新價值。 2. 整合運作領導理論聯結「素養取向教育」（深度）暨「教育4.0（高度）」，重構校長領導新境界指標：三軸三鑰。 3. 孕育「新校長學：創新進升九論」的基石，綻放「知能創價」新價值（領導永續創新進升）三軸・三鑰。

第二十一章　學習者知能素養的進升系統與學習焦點

導論

本章是「知能創價篇」的第四章，撰寫本章的目的，在結合「新育、新教育」發展趨勢、「素養取向教育」的「內構、外築、遞移、創價」、「邁向教育 4.0」的新五倫‧智慧創客學校、「價值實踐教育」與「教育領導」的三軸三鑰，以及「進升領導」等這些「新育、新教育」，對「學習者（學生）」素養教育的「進升創新」又是什麼？用「3.0 教育世代」及「4.0 教育世代」兩個版本的進升系統與學習焦點來表達。

3.0 教育世代的「學習者（學生）」，他們的素養能力有「四力」及「八大核心能力」：(1)學習力：包括「閱讀寫作能力」及「數學資訊能力」；(2)知識力：包括「通識經驗能力」及「專門學能能力」；(3)藝能力：包括「時空美感能力」及「個殊才藝能力」；(4)品格力：包括「優質習慣能力」及「服務助人能力」。4.0 教育世代的「學習者（學生）」，核心知能素養通通用「素養名詞」來表達。四大素養及其內含的八大次級系統素養為：(1)認識素養：包含「感知覺識素養」及「慧能意願素養」；(2)智慧素養：包含「知識技能素養」及「價值實踐素養」；(3)創客素養：包含「操作體驗素養」及「德行作品素養」；(4)六育素養：包含「知識遞移素養」及「知能創價素養」。

本章的「知能創價」有兩個明顯項目：(1)進升型的「素養知能系統」；(2)揭示八個新素養的「學習焦點」。就進升型的「素養知能系統」而言，指 3.0 版的「四力」素養進升為「認識素養」、「智慧素養」、「創客素養」暨「六育素養」四大素養及其內含的八個次級系統素養，名稱全部「創新進升」，更符合教育的本質。

就揭示八個新素養的「學習焦點」而言：(1)「感知覺識」素養的「知能創價」：要從「學學習」入手，學認識論的「感知覺識悟達」；(2)「慧能意願」素養的「知能創價」：要從「學行動」入手，學實踐論的力行行動；(3)「知識技能」素養的「知能創價」：要從「學知識」入手，學習知識的本質，暨其「含技術」、「組能力」的滋長事實；(4)「價值實踐」素養的「知能創價」：要從「學價值」入手，學「知識的價值化」，學「價值實踐教育」；(5)「操作體驗」素養的「知能創價」：要從「學智慧」入手，要「用智慧（KTAV）」設計「做中學（體驗學習）」；(6)「德行作品」素養的「知能創價」：要從「學創客」入手，創出四大類學習作品及人生作品；(7)「知識遞移」素養的「知能創價」：要從「學創新」入手，用知識遞移要領創新自己的生命、創新自己的知能；(8)「知能創價」素養：要從「學進升」入手，創新結合進升，進升自己成為 3.0 及 4.0 的人，再進升學校成為 3.0 及 4.0 學校。

壹、緒言：學習者知能素養進升圖像

受教者（學生）的核心「素養與能力」，筆者曾主張，受教者有四大核心素養及八大核心能力（鄭崇趁，2014），四大核心素養是：學習力、知識力、藝能力，以及品格力。每一個素養都包含兩大核心能力，學習力包括閱讀寫作能力及數學資訊能力；知識力包括通識經驗能力及專門學能能力；藝能力包括個殊才藝能力及時空美感能力；品格力包括優質習慣能力及服務助人能力。這四大核心素養及八大核心能力，又稱受教者的關鍵能力（key competency），其系統結構如圖 21-1 所示。

這是教育 3.0（能力化）正要進升教育 4.0（素養化）「銜接階段」的「素養與能力」，教育真正進入 4.0 世代之後，素養含能力的價值取向會更為明顯，學習者的「核心素養」會再進升，學習者的核心能力也會整合進升為更接近「素養」名稱的素養，它們的來源都是「知識」，然而新知識與既有「能量」的螺

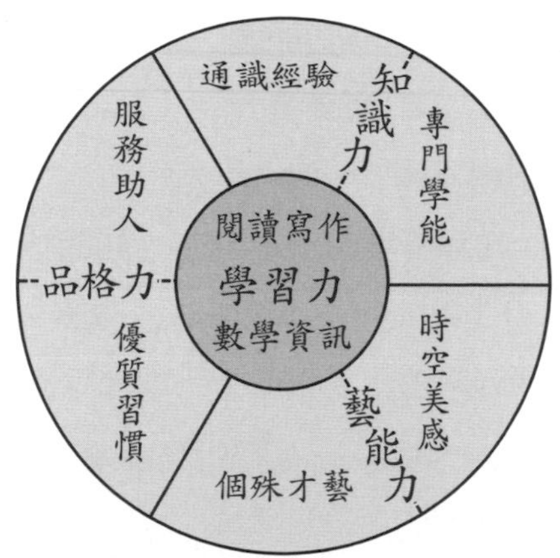

圖 21-1　受教者（學生）的素養與能力

資料來源：鄭崇趁（2018c，頁 333）

旋重組結果（建構新知能模組），就當有更精準的「名詞」來詮釋這些「知能素養」，因此，本章撰述「學習者（學生）核心素養進升系統與學習焦點」，並以圖 21-2 呈現。

圖 21-2　學習者（學生）核心素養進升系統與學習焦點

資料來源：作者依學理繪製

將圖 21-1 與圖 21-2 相比較，可以看到「核心素養」的進升，以及「能力進升素養」的軌跡。「學習力」的素養進升為「認識素養」，也就是「知識論（knowledgy）」進升為「認識論（epistemology）」；「知識力」的素養進升為「智慧素養」，也就是「知識管理說」進升為「知識智慧說」；「藝能力」的素養進升為「創客素養」，也就是「知識能力說」進升為「知能創價說」；「品格力」的素養進升為「六育素養」，也就是「智德分立說」進升為「智慧創客說（智慧人、做創客；德智一體說）」。學生經由系統模組的學習德、智、體、群、美、新（六育）都能順性開展。

原本的八大核心能力（建構四大素養的語詞）也都跟隨著「素養取向」教育的需求，進升使用新穎而邏輯化的「新素養」專有名詞。「認識素養」含有兩項次級系統素養：「感知覺識素養」與「慧態意願素養」，感知覺識是「認識論（感、知、覺、識、悟、達）」的前四個途徑，主要在「學學習（如何認識知識）」，慧能意願是「實踐論」建構元素，主要在「學行動」。「智慧素養」含有兩項次級系統素養：「知識技能素養」與「價值實踐素養」，兩者合一就是「知識（K・真）→技術（T・善）→能力（A・美）→價值（V・慧）」四位一體的智慧學習；知識技能（前三者KTA）偏重「學知識」，價值實踐（第四項 V）偏重「學價值（知識價值化的統整）」。「創客素養」也含有兩項次級系統素養：操作體驗素養及德行作品素養，操作體驗是「做中學」的實踐，主要在「學智慧（KTAV 學習，成為智慧人）」，德行作品是「有作品」的表現，主要在「學創客（有德行、作品的人）」。六育素養也含有兩項次級系統素養：知識遷移素養及知能創價素養，知識遷移就是學習者學會「新知識（K）、含技術（T）、組能力（A）、展價值（V）」（遷移成功），主要在「學創新（創新作品及創新德行的系統模組）」，知能創價就是「知識＋能力」創新「生命及教育」價值，主要在「學進升（進升德行作品的績效價值）」。

貳、「認識素養」的教育意涵

知識論（knowledgy）探討「知識是什麼？」主要範圍包括：知識的性質、知識的分類、知識的取得、知識的管理、知識的傳承與創新。認識論（epistemology）則探討人如何認識知識，人如何了解知識，人與知識如何融為一體，知識進入人身體之後，知識的生命歷程為何，知識如何成真實致用的知識（K），如何成善技術（T）、組能力（A）、慧價值（V）的歷程。「能力取向」教育的世代。重視「知識管理」與「核心能力」關係，一般教師了解「知識論」的基本「知識及技術」即能活化教學，「傳承創新」學生的「知識及能力」。進入「素養取向」教育世代，重視學生內在「新知能模組」的建構，然後產出「德行（智慧人）及作品（做創客）」，施教者勢須要具備「認識論」的基本素養，才能在每個單元教學中，引導學生如何建構「新知能模組（素養）」。國際間最著名的「認識論」著作是康德（Immanuel Kant）的《純粹理性的批判》，從「感覺」及「知覺」論述「人」如何「認識、得到」知識，用中文撰寫的「知識論」或「認識論」書籍都會引用與介紹，但可能是翻譯的名詞使用「意涵」問題，或者中文作者本身「認識論」觀點本質的差異，有艱深難懂的現象。筆者出版了《知識教育學：智慧人・做創客》（鄭崇趁，2017）一書，以「教育」的觀點談「人」與「知識」的關係，是一種「內構知能模組」到「外築價值行為」暨「師生知識遞移」到「共同知能創價」的過程，是較淺顯易懂的「認識論」，或許讀者可以優先閱讀參考。

「認識素養」的教育意涵有二：一者將「認識論」當作一種「素養」，是以學習者要有認識論的基本素養，才能增進學習效率。施教者（教師）更需要「認識論」的深層素養能力，才能有效教學，引導學生有效學習，師生知識遞移，共同知能創價。二者就學習者立場而言，其基本的認識素養有二：「感、知、覺、識素養」及「慧、能、意、願素養」，感知覺識素養幫助學生善用感官心識有效獲得知識，慧能意願素養則可幫助學生即知即行，知行合一，是以

圖 21-2 學習者的圖像，才會標示「感知覺識——學學習」，「慧能意願——學行動」。

一、學學習：「感知覺識素養」的知能創價

感知覺識的素養，可以有三種唸法：「感、知、覺、識」素養；「感知、覺識」素養及四個字合起來「感知覺識」的素養。第一種唸法（四字分開個別唸），它的教育意涵，本書第二章「善（經營技術）：感、知、覺、識、悟、達」已有精要的開展運用及論述說明，它們是「認識論」六個次級系統元素的前四個核心元素，是內構「知能模組」到外築「價值行為」的核心教育元素之一。第二種唸法，具有「感知」暨「覺識」加乘之意，「感知」指善用人的「感覺知覺」效能，才能「感受、知道」外來知識的存有；「覺識」指啟動人內在的「心識統合」功能，才得「覺察構識」這些知識的意涵。第三種唸法（四字成語、專有名詞），就代表「認識論」的核心素養，它們是運用四大途徑（感覺、知覺、覺識、見識）習得四大類別知識（感覺而來的知識、知覺而成的知識，概念建構的知識及現象詮釋的知識）整合的「知識遞移、知能創價」成果。這三種唸法的教育意涵詮釋，都在幫助學生「學會如何學習」。

「感知覺識素養」的知能創價，我們可以用下列六個學習焦點來描述：(1)善感大地的知識：「知識」原本在人的身心之外，整個大地之上都充滿著可學習的知識。我們的「感官」要善於覺察，有感之後才能有知、有覺，然後有識；(2)知覺學習的技術：知識浩瀚無涯，我們學到且會用的知識才是真知識，知識包含「可操作的技術」，教師要引導學生「知覺學習的技術」，才能順利習得單元主題知能；(3)覺識人倫的美能：「教」與「學」也是一種人際互動，師生之間的人倫美能（責任、創新、永續、智慧）是學生有效學習的動能，覺識人倫美能，學生得以積極專注學習，創新自己生命價值，創新教育價值；(4)詮釋時空的價值：時空律則的知識（節奏、旋律、模式、循環、系統）伴隨人的一生，教師能教導學生「掌握專注時段」、「關注事理節奏」、「當下學會知

能」，「伴著時空律則」每天創新自己生命及知能；(5)統整事理的行動：學習也是「拿物做事」（用教材操作學知能）的活動，它的任務在學會單元主題知識的「KTAV」，並完成學習作品，這個作品的完成就是經由「感知覺識」後的「統整事理行動」的作品；(6)進升知能的作品：學生學習每一單元就完成一項作品，每一單元的「感知覺識」都會進升，每一單元習得的「知能創價」也會進升，用「進升知能的作品」來表達真實的學習成果，「作品」代表人能運用「物我合一的知識」，「達成」學習目標。

二、學行動：「慧能意願素養」的知能創價

慧是「共好價值」元素，能是「純淨善能」元素，意是「心意念頭」元素，願是「發願備行」的元素。「慧能」合稱則為「共好價值的能量」，「意願」合稱則為「行動意願」；「慧能意願」四者合一，就是「共好價值能量的行動意願」，這是「力量」的源泉，是「知識論」及「認識論」中的「實踐論」，學生學習如何「力行實踐」的行動，簡稱「學行動」。

慧能意願素養的知能創價，展現在「共好價值能量」的孕育、蓄積、內構、外築，遞移、創價；具體而言，有六個較明顯的步驟：(1)孕育「共好價值能量」的念頭：任何的行動都肇因於「為善、福慧（共好）」的念頭（善知識、慧能量元素），一般人「共好價值能量（慧能）」念頭時現時滅，念念遷謝、新新不住。我們要多激勵學生、孕育這些「好念頭」；(2)積累「共好價值能量」的行願：行願為力行實踐之願，我們要帶著學生，累積「善念」，並進升為「行願」；(3)內構「共好價值能量」的豐足：內在新知能模組已然成型，量能豐足，足以行願；(4)外築「共好價值能量」的力行：真正產出有價值的德行與作品，力行實踐；(5)遞移「共好價值能量」的創新：慧能傳知、慧能創新生命、慧能創新品德、慧能創新作品；(6)創新「共好知識能量」的進升：慧能進升人的「智慧」，智慧人用真、善、美、慧彩繪人生；慧能進升人的「創客」，創客作品定位人生的意涵價值。

參、智慧素養的「教與學」意涵

智慧素養來自「知識力」素養的進升，原來「知識力素養」將「知識」界定為「廣義的知識」，偏向浩瀚無涯的知識，「知識力」是指人從浩瀚無垠的知識中，學到真正知識（致用知識）的程度。「智慧素養」則指「知識成智慧；知識通素養」的知識，本書將「智慧素養」定義為：實施「知識（K）、技術（T）、能力（A）、價值（V）」四位一體的教與學，採用 KTAV 教學模式及 KTAV 單元學習食譜，導引師生「知識遞移」，共同「知能創價」後，所習得的「真、善、美、慧」能量，稱之為智慧素養。

智慧素養包含兩個次級系統素養：「知識技能素養」及「價值實踐素養」，知識技能素養由三大元素構築：知識、技術、能力（或能量），也就是K、T、A、V模式中的前三個元素。價值實踐素養則由兩個元素構築：價值及實踐，價值（V）是 KTAV 的第四個元素，「實踐」則是價值的力行，指價值（共好慧能）要真正的力行實踐，做出具體「實物作品」及「德行表現」才有真實的價值意涵。「知識技能素養」加上「價值實踐素養」，等同於知識價值化的生命史，知識在人的身體中，先「著床」為「致用知識（真）」→「含技術（善）」→「組能力（美）」→「展價值（慧）」→「成智慧（力）」→「達創客（行）」→「行道德（教）」→「通素養（育）」；是「真→善→美→慧→力→行→教→育」八大教育元素的「循環旋律」，也是「知識」、「人」、「教育」三者之間縝密連結的「系統模組」，這一「系統模組」本書分成兩項素養（智慧素養及創客素養）來「教與學」；「成智慧（力）」在前，「達創客（行）」在後。因此，「知識技能素養」希望學習者能夠有效習得知識，主軸是「學知識」；「價值實踐素養」希望學習者經由價值實踐，促使知識展價值、成智慧，主軸在「學價值」。

一、學知識：知識技能素養的知能創價

本書使用「知識技能素養」，肇因於「十二年國民基本教育課程綱要」的實踐強調「知識、技能、態度」在生活實用上的學習，本書將「技能」的學習，解碼為「技術（T）」及「能力（A）」的學習，「態度」的學習則解碼為「智慧（慧）」、「意願（力）」、「行動（行）」的學習。所以「知識技能素養」是「真（致用知識）」、「善（經營技術）」及「美（實踐能力或能量）」三者統整的知能創價，是「學知識」的起點，如再加上「價值實踐素養」，就能與「慧（共好價值）能」銜接，培育完整的「智慧素養」。

知識技能素養的「知能創價」展現在：「真（致用知識）」、「善（經營技術）」及「美（實踐能力）」三大能量的整合創價，我們可以從下列六點觀察到它們創價的軌跡：(1)了解（知悉）單元核心知識的真實意涵；核心知識是單元「知能學習」的根，學習者充分了解、知悉、明白，才會成為自己的真知識；(2)學會（活用）生活學習知能的融合實踐：學會的新知能模組能夠在現實生活中活用，即知即行；(3)掌握（操作）單元核心技術的步驟系統：知識含可操作學習的技術，學習者掌握事理的核心技術與步驟流程，暨可解碼知識，也可在操作中學會「知識及技術」的系統結構關係；(4)運作（體驗）技術要領知能的善美能量：「知識及其操作技術」系統結構關係是一種善知識及美能量的組合，操作中學習，可以體驗善美能量；(5)能夠（實踐）完成任務作品的美能結構：學會核心知識及技術，完成德行及實物作品是單元教學的主要目標，能力實踐要以作品呈現，作品就是一種美能結構；(6)善於（表達）肢體美學動能的展演作品：人體最美，肢體動作（展演）作品，最能展現「知識、技術」的動能價值（新的能力實踐）。

二、學價值：價值實踐素養的知能創價

「價值」者，人類共好的生活品質曰價值，價值屬「共好慧能」，是人類

品德道德最珍貴的元素，也是形成「態度」的核心元素（本書主張「態度」由慧、力、行三大元素整合建構）。慧能統整前面的真（致用知識）、善（經營技術）及美（實踐能量、能力），才得以形成具體的智慧，決定做出共好的作品或德行。是以本書十分強調學校「價值教育」的實施，用價值教育來孕育學生「價值實踐素養」；學校的「價值教育」主要內涵有「價值論述」、「價值回饋」、「價值評量」及「價值實踐」，教師的單元教學要關注「價值論述」及「價值回饋」，學生則要參與「價值評量」及「價值實踐」（鄭崇趁，2018c，頁 113-128）。「價值實踐」指教師在單元教學中，引領學生「揭示價值」→「體認價值」→「實踐價值」→「創新價值」的歷程，這樣的價值實踐「策略歷程」，可以孕育學生「價值實踐素養」。

價值實踐素養的知能創價，主要在「學價值」、「知價值」、「有價值」及「行價值」，對於「價值」的「學、知、有、行」就是價值實踐素養的「知能創價」。扼要說明如下：(1)學價值：價值是「慧能」，是共好的「慧」，它是人類態度情意建構最珍貴的元素，也是實體知識的一種，需要學習才能認識、了解、珍惜、運用；(2)知價值：價值在創新人類共好的生活品質，大家都知道「互動」、「做事」之間的核心價值，人類才能和諧倡旺；(3)有價值：價值的累積是人類文明文化的重要因子，也是個人及民族「意識型態」的肇因，人有共好（慧）的價值素養，才能進一步有「行價值」的「行動意願」，完成作品、完成任務，促成人人共好的意願；(4)行價值：實踐力行共好價值行為曰行價值，行價值包括完成真正的作品，完成任務，實踐德行，服務助人。「價值實踐素養」的知能創價，得以歸納為「智慧人、做創客」，「價值」是「智慧素養」及「創客素養」共同的中介，暨銜接「元素」。

肆、創客素養的「教與學」意涵

「創客教育」的名詞來自「自造者教育」的發展，2009 年自造者嘉年華會的海報標示著「從自造者到創客」，部分的教育領導官員及地區就開始使用「創客教育」，本書主張「創客」一詞遠比「自造者教育」更符「教育本質」與「人性本能」，創客有五義：(1)創新作品的人；(2)創新知識的人；(3)會操作知識中技術的人；(4)會生小孩的成人（小孩是人生命的作品）；(5)創新德行作品（具體事蹟）的人。是以本書將「創客」當作學習者必備的「素養」，標示為「創客素養」「創客教育」已有完備的教育模式（系統）：(1)研發有創意學習食譜（KTAV）→(2)教導能創造操作學習（做中學）→(3)建構再創新知能模組→(4)完成做創客實物作品（參閱鄭崇趁，2017，2018c）。

創客素養的「教與學」意涵，對教師而言，須帶領學生實施「創客教育」，對學生而言，要有「做中學」及「有作品」的體驗學習。是以創客素養包含兩個次級系統的素養：一為操作體驗素養，另一為德行作品素養，「操作體驗」是外顯（做中學）行為內構「知能模組」的歷程，學習者在「用智慧（KTAV）」的操作學習，焦點在「學智慧」，「德行作品」是創客實踐價值行為的具體表現，是外築「智慧人（德行）」及「做創客（有作品）」的指標。本書將學習焦點，定位為「學創客」。

一、學智慧：操作體驗素養的知能創價

杜威（John Dewey）「做中學」（learning by doing）的主張，陶知行的「勞作教育」都一直被中外教育實務具體實踐，目前的中國尚把「勞育」當作國民教育五育目標之一。本書統整這一類群族理念作為，將「操作體驗」當作學生（學習者）的一項重要素養，認為所有的教育學習活動，都盡量「做中學」，為學生舖陳「操作體驗」式的學習歷程：「用智慧（KTAV）」→「做中學」→「有作品（做創客）」→「論價值」。是一種「有智慧」的創客學習，學「智慧」包含兩個層次智慧，一為「用KTAV」的智慧，另一為「智慧創客教育」的歷程智慧：「用智慧（KTAV）」→「做中學」→「有作品（做創客）」→「論價值」的「教與學」完整歷程。

操作體驗素養的知能創價，主要表現在「智慧素養」到「創客素養」之間的銜接（中介）功能，主要有四：(1)增加知識遞移流量：KTAV（知識→技術→能力→價值）四位一體學習，「真、善、美、慧」的能量得以豐沛具足；(2)體驗做中學得新知：操作善知識（技術）完成作品的歷程，直接體驗新知能在作品上的流動貢獻，習得的知識、技術、能力才能帶得走、有價值；(3)作品詮釋人生價值：學習作品、生命作品（兒女）、事業作品、休閒作品共同定位人生價值；(4)智慧人、做創客：有智慧的人必然做創客；創客作品反應智慧教育的實踐程度。

二、學創客：德行作品素養的知能創價

德行是「共好價值」的行為表現，是「智慧」的實踐，是「慧能」，是「意願」的能量，也是「力」的源頭。作品則為「創客」的表現，是「慧能」＋「力行」＋「完成」才能有「實物作品」。學習作品包括四大類：立體實物作品、平面圖表作品、動能展演作品及價值對話作品。人生的作品意義更為廣泛，包括「人生人（生理作品）」、「人成事（計畫、事功）」、「人行德（布施助人）」、「人創新（進升事理）」，這些作品對人類自己而言，都有「創新、生新」之意，是以本書依循「智慧人、做創客」的「知識教育學」撰寫心得，主張「五育」之後宜加「新育」，並將「教育」的系列元素，定為「德、智、體、群、美、新」六育。創客達新。

德行作品素養的知能創價，可用四項發展脈絡來詮釋：(1)共好願行普遍化：人人都有「好習慣及服務心」，好習慣是自己對自己的慧能，服務心是自己對它人的慧能，慧能豐沛，都會有「共好願行」，共好願行普遍化；(2)助人服務實踐化：「你好、我好、大家好」不只用說的，大家都會力行實踐，計畫性實踐，讓助人服務實踐化；(3)學習作品定量化：智慧教育及創客教育獲得學校重視，教師帶著學生定量產出師生智慧創客作品，每一領域（學科）每一處（室）單位，每年均有三至五件的作品產出；(4)人生作品價值化：學習中的學生，國

小、國中、高中、大學畢業時各展出十件智慧創客代表作品，這些代表作品是學生專長亮點的結晶，這些代表作品也可看到學生個人性向興趣及選擇最合適的職涯志業，作品價值化，作品定位人生。（作品的價值可以定位人一生的意義與尊嚴）

伍、六育素養的教育意涵

五育（德育、智育、體育、群育、美育）是目前教育的基調，本書建議加上第六育「新育」，德、智、體、群、美、新才能完整詮釋「素養取向」教育元素的需求，充分補足「教育本質」的意涵。從「十二年國民基本教育課程綱要」（總綱）的九項素養，可以統整分析它與六育素養之間互通互補；德育素養重「身心素質及自我精進」，智育素養重「系統思考與解決問題」，體育素養重「動靜平衡與身心成熟」，群育素養重「道德實踐與公民意識」，美育素養重「藝術涵養與美感素養」。「符號運用與溝通表達」素養德、智、群三育共用，「規劃執行與創新應變」智育、新育共用，「科技資訊與媒體素養」六育共用，「人際關係與團隊合作」群育、德育及新育三育共用，「多元文化與國際理解」智育、群育、新育三育共用。

六育素養的教育意涵有二：一者順應「知識經濟時代」的核心價值「創新」，創新的知識，經濟價值最高；各層級的教育都在用「知識教知識」，知識經人學習運用後，知識本身如何創新至為重要；二者發現「教育本質」的新元素「新、創新」；人的生命每天都是新的，食物、空氣、水三者每天創新人的生理生命，教育用知識，每天創新人的心理生命，所以人只要活著，每天都是「新」的，「苟日新，日日新，又日新」是對人接受「教育」的本質描述。知識的創新和教育對人的創新事實，本書增列了第六育「新育」，用「新六育素養」詮釋人接受教育後的「發展」、「創新」與「進升」。是以六育素養包含兩項次級系統素養：知識遞移素養以及知能創價素養。知識遞移素養在學知識的創新；知能創價素養在學知能進升創價，簡稱「學進升」。

一、學創新：知識遞移素養的知能創價

知識遞移係指教師與學生之間的「知識」的「遞送轉移」，學生從教材或老師身上學到單元教學的「知識（K）、技術（T）、能力（A）、價值（V）」。學知識到創新自己知識之間要經過四個明確的「要領技術」，它們是「知識解碼」→「知識螺旋」→「知識重組」→「知識創新」的循環模式，稱之為「素養教育知識遞移（KTAV）模式」，「知識遞移模式」運用「KTAV 學習食譜」及「知識遞移技術」導引「知識、技術、能力、價值」四位一體學習，才得以完整創新學習者知識，「知識遞移說」理論旨趣在學生創新自己的知識要經「解碼→螺旋→重組」才能「創新」，創新知識的內涵，包含創新致用知識（真）、創新經營技術（善）、創新實踐能力（美）、創新共好價值（慧），是以也可稱之為「KTAV 模式」或「真善美慧（新四維）模式」。

師生「知識遞移」流量大，創新學習者的知識，師生才能共同「知能創價」，學習者用新知識及新能量（能力），創新自己的生命價值，創新自己生命內涵的「真、善、美、慧」元素能量，創新自己的學習作品，創新自己完成作品的操作技術，創新自己作品的價值，並和老師一起創新「教育的價值」，創新「教材知識」遞移流動的新價值，一言以蔽之，學習者在學創新；這是「知識遞移素養」的知能創價。

二、學進升：知能創價素養的教育本質

「知能創價素養」將「知能創價」當作學習者的一種素養，是本書創新的名詞，筆者認為，「知能創價」一詞在 2018 年起，列入臺北市「優質學校評選」資源統整向度「評選項目」（親師合力、資源系統、知能創價及智慧創客）之後，經由三年三十八個獲獎學校驗證，「知能創價」有效詮釋了教育本質，它更能導引教師、家長、學生在校長及幹部領導下經營學校，善用「知識資源」

及「能力資源」統整校內外「人力、財力、物力、自然、文史、科技、智慧」資源，知能創價（成就人、旺學校）。知能創價的意涵與師生「教與學」歷程應列為教師與學生必備素養之一。

知能創價的教育本質在學「進升」，「進升」與「創新」連結，才能完整地支持學習者的「六育發展素養」，本書認為「創新知識」要超越「平面知識」的創新，創新知識也要有「深度」及「高度」知識的創新，深度知識是底層根部新結構的發現（如KTAV），高度知識是前瞻功能新價值的發現或詮釋（如教育 4.0、進升領導）。知能創價的教育本質在發現教育新知能，進升教育新價值；發現新教育的重要，例如：知識教育、價值教育、智慧教育、創客教育、創新教育、進升教育、人道教育、師道教育、進升教育的廣度、深度、高度及標準，例如：前述新八項教育名詞，其名稱及作為即為廣度；使用 KTAV 模式教學、編製有層次教材即為深度；運作教育 4.0：設計築梯任務指標系統，導引學校發展經營到位達標即為高度。教育 3.0 的標準是特色品牌學校；教育 4.0 的標準是新五倫・智慧創客學校。

陸、結語：「以學定教」的知能創價

本章論述兩大重點：(1)教育 3.0 世代進升到教育 4.0 世代，學習者「知能素養」的使用名詞，應有「全素養化」的進升；(2)學習者的學習焦點在哪裡，才能得到這些「知能素養」。針對第一個重點，本章揭示四大主軸素養（認識素養、智慧素養、創客素養、六育素養）及其含括的八大次級系統素養（感知覺識、慧能意願、知識技能、價值實踐、操作體驗、德行作品、知識遞移、知能創價）。針對第二個重點，本章演繹了八個學習焦點：(1)學學習（感知覺識素養）；(2)學行動（慧能意願素養）；(3)學知識（知識技能素養）；(4)學價值（價值實踐素養）；(5)學智慧（操作體驗素養）；(6)學創客（德行作品素養）；(7)學創新（知識遞移素養）；(8)學進升（知能創價素養）。實踐了「以學定教」

的「知能創價」。

註：為讓讀者了解本章「知能創價（KCCV）模式」的實務運用，筆者在出版之際，設計了本章的「KCCV 創新進升食譜（範例）」，如表 21-1 所示，請讀者參照。

表 21-1　KCCV 創新進升食譜（範例）

教育主題：第 21 章　學習者知能素養的進升系統與學習焦點			設計者：鄭崇趁 2020.09.28
K nowledge 新覺識・知 內構・共本質元素模組	C an 新動能・能 外築・達任務事物能量	C reate 新創意・創 遷移・創事理技術新意	V alue 新價值・價 創價・融智德作品價值
1. Key competency 3.0 世代「關鍵能力」的用語到 4.0 世代也應再全面「素養化」。 2.「學習力」的素養化為「認識素養」。 3.「知識力」的素養化為「智慧素養」。 4.「藝能力」的素養化為「創客素養」。 5.「品格力」的素養化為「六育素養」。	1.「元素構築」新動能：例如第二章「善（技術）」由「感・知・覺・識・悟・達」元素「構築」「新認識論」素養，淺顯易懂，成為教育新動能。 2.「知識遞移」新動能：例如第二篇用 KTAV 食譜解碼九項「核心素養」的「新知識（K）」→「含技術（T）」→「組能力（A）」→「展價值（C）」，產生「素養可以直接教」新動能。 3.「知能創價」新動能，例如本章用「KCCV」食譜標示本章的「新覺識（K）」→「新動能（C）」→「新創意（C）」→「新價值（V）」是知能創價（創新進升）新動能。	△學習者知能素養的進升系統 1. 認識素養： (1) 感知覺識（學學習）。 (2) 慧能意願（學行動）。 2. 智慧素養： (3) 知識技能（學知識）。 (4) 價值實踐（學價值）。 3. 創客素養： (5) 操作體驗（學智慧）。 (6) 德行作品（學創客）。 4. 六育素養： (7) 知識遞移（學創新）。 (8) 知能創價（學進升）。	1. 創新素養名稱新價值。（四層面・八大核心素養）。 2. 揭示學習焦點新價值： (1) 學學習 (2) 學行動 (3) 學知識 (4) 學價值 (5) 學智慧 (6) 學創客 (7) 學創新 (8) 學進升 3. 進升課程設計新指標價值。（對照學習焦點） 4. 進升教學歷程新價值。（關注知識遞移・知能創價）

第二十二章　教學者知能素養的進升系統與教育主軸

導論

本章從教學者（教師）的視角，論述教育3.0世代及教育4.0世代其「知能素養」的進升系統與「師資培育」的教育主軸。在教育3.0世代，校長和教師的基本素養能力都用「專業力」、「統合力」、「執行力」、「創發力」四力來表達。每一個基本素養都包含兩個核心能力，是以教師的八大核心能力：教育專業的能力、關愛助人的能力、班級經營的能力、課程設計的能力、有效教學的能力、輔導學生的能力、應變危機的能力，以及研究發展的能力。校長是優質教師進升的職務，其「統合力」進升含括「統整判斷的能力」及「計畫管理的能力」。其「執行力」進升含括「實踐篤行的能力」及「溝通協調的能力」。

教育4.0世代，教學者（教師及校長）知能素養的進升系統為：(1)教育素養：含括「創新生命素養」及「順性揚才素養」；(2)統合素養：含括「知識遞移素養」及「知能創價素養」；(3)實踐素養：含括「優勢築梯素養」及「全人發展素養」；(4)創發素養：含括「自我實現素養」及「智慧資本素養」。

本章的「知能創價」表現在四方面：(1)教學者的「知能素養」都全面進升為「素養化」的用語，成為四大主軸素養及八大核心素養；(2)教育3.0世代，「素養」及「能力」用語併稱，代表「素養含能力」，教育4.0世代「全面素養化」，代表「素養含能量」，能量是能力的前身；(3)從「師資生」培育的立場看這些「素養」的教育主軸是什麼；(4)具備會教這些「教育主軸」的素養能力，也就是「素養項目」的知能創價。

是以，(1)「創新生命素養」的知能創價在「教人道」：創新生命的元素、創新知識的生命、創新教育的價值，創新師生的尊嚴；(2)「順性揚才素養」的知能創價在「教師道」；(3)「知識遞移素養」的知能創價在「教知識」；(4)「知能創價素養」的教與學意涵在「教價值」；(5)「優勢築梯素養」的知能創價在「教智慧」；(6)「全人發展素養」的知能創價在「教創客」；(7)「自我實現素養」的知能創價在「教創新」；(8)「智慧資本素養」的知能創價在「教進升」。

壹、緒言：教學者（教師）知能素養的進升圖像

教學者（教師）及領導者（校長、幹部）的核心「素養與能力」，筆者曾有具體主張（鄭崇趁，2013，2014，2016），施教育（含教師及校長）有四大基本素養：專業力、統合力、執行力及創發力。教師及校長的「專業力」、「創發力」素養是共同的，專業力素養包括兩大核心能力：教育專業的能力及關愛助人的能力；創發力素養也包括兩大核心能力：應變危機的能力及研究發展的能力。教師的「統合力」素養包括兩大核心能力：課程設計的能力及班級經營的能力；校長的「統合力」素養則進升為「統整判斷」的能力及「計畫管理」的能力。教師的「執行力」素養包括兩大核心能力：有效教學的能力及輔導學生的能力；校長「執行力」素養再進升為「實踐篤行」的能力及「溝通協調」的能力。教學者（教師、校長）基本素養及核心能力系統模型，如圖 22-1 所示。這是教育 3.0 世代，教學者的素養能力。

教育進入 4.0 世代後，「素養化」的文字運用更普遍化，能力取向的用語也會全面「進升」為素養取向的用語；原本教學者「八大核心能力」的名詞將進升為八大「知能素養」，其進升的系統模式，如圖 22-2 所示。

將圖 22-1 和 22-2 相比較，「基本素養」進升為「核心素養」，原本的「專業力」進升為「教育素養」，原本的「統合力」進升為「統合素養」，原本的

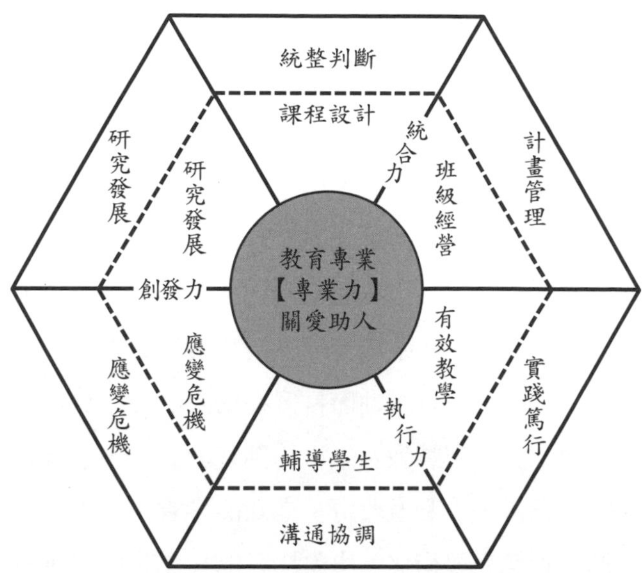

圖 22-1　教學者（教師、校長）基本素養及核心能力系統模型

資料來源：鄭崇趁（2016，頁 98）

圖 22-2　教學者（教師、校長）知能素養的進升圖像

資料來源：作者依學理繪製

「執行力」進升為「實踐素養」，原本的「創發力」進升為「創發素養」。因為直接使用「素養」取代原本的「力（基本素養）」，是以八大「核心能力」的名詞全部「再進升」為「素養取向」的用語；教育素養包含兩個次級系統的素養：創新生命素養（教人道）及順性揚才素養（教師道）；統合素養包含兩個次級系統素養：知識遞移素養（教知識）及知能創價素養（教價值）；實踐素養也包含兩個次級系統素養：優勢築梯素養（教智慧）及全人發展素養（教創客）；創發素養亦包含兩個次系統素養：自我實現素養（教創新）及智慧資本素養（教進升）。新師資培育主軸而言，在培育師資生具備教導學生「知識教育」、「價值教育」、「智慧教育」、「創客教育」、「創新教育」、「進升教育」暨「人道教育」、「師道教育」之知能素養；得以和本書前一章「學習者知能素養」進升圖像完整銜接。學生學習的焦點也就是師資培育的教育主軸。

貳、教育素養的創新與進升

在教育 3.0 世代，教師的核心能力最受關注，所以教師們要有「教育專業、關愛助人、課程設計、班級經營、有效教學、輔導學生、應變危機及研究發展」核心能力；校長們更要進升「統整判斷、計畫管理、實踐篤行及溝通協調」核心能力。進升到教育 4.0 世代，前述的核心能力，統合進升為「教育素養」，教育素養的核心主軸創新進升為兩大次級系統素養：「創新生命素養」及「順性揚才素養」。創新生命素養指教育的最重要功能在「創新學生的生命」，用知識的學習結合「食物」、「空氣」、「水分」共同創新學生的生理生命及心理生命，讓學生的生命每天都有「新的存有」。順性揚才素養指教育的另一重要功能在「順性揚才開潛能，優勢智能明朗化」，順著學生的遺傳秉性、性向興趣、專長亮點、理想抱負，揚其可揚的才，經由適配教育，優勢築梯，揚其適配幸福。「創新生命素養」在教學生如何隨時賦予新生命的意涵與價值，活得

「人之所以為人」，是在教人道；「順性揚才素養」是要遵循「順性才得以揚才」本質，是為人師表最深層的教育素養，是以在教師道，學為人師之道。

一、教人道：創新生命素養的知能創價

教育在教「人之所以為人」，教人成人，教人活在世上的每一天，都能感受到自己活著的「存在感」，生命具有明顯的價值、意義與尊嚴，人才像「人」，人才像大家都可以接受的人，人才能彼此共活、共好、共融、共榮、共享，大家都能自我實現，並且展現智慧資本，共同「創新、進升」人類的新文明文化，暢旺百業興隆，生活機制自主自在，「人盡其才，地盡其利，物盡其用，貨暢其流」，好似佛家的「極樂世界」，就在人間，不必等死後升天才可到達。這是「教育對人」最深層的旨趣；也是「創新生命素養」的「知能創價」的終極目標（價值意涵）。

創新生命素養的「知能創價」，可以用四個「創新生命」的力點來詮釋：(1)創新生命的元素：素養的教育元素「真、善、美、慧、力、行、教、育」八大元素系統（共 48 個次級系統元素），只要其中一個或數個被更新，心理的生命就是新的；(2)創新知識的生命：知識在人體內會持續滋長，「著床」為真知識（致用知識）→含技術→組能力→展價值→成智慧→達創客→行道德→通素養。創新知識的生命，等同於創新人的生命，是知識給人的「知能創價」；(3)創新教育的價值：教育中的「師與生」都是活的，他們用活的生命彼此互動，教會學生學會新的「知識（K）、技術（T）、能力（A）、價值（V）」，他們在共同「知能創價」，創新教育的價值；(4)創新師生的尊嚴：「師生盡責傳智慧」，師與生都實踐「新五倫」中「師生關係」的四大核心價值：責任、創新、永續、智慧，創新師生生命的尊嚴，也是師生具體的「知能創價」。這四個力點詮釋，統整來說就是在「教人道」；教「人之所以為人」，「教人成人」之道。

二、教師道：順性揚才素養的知能創價

順性揚才的教育意涵十分深層，從教師的立場而言，不只是順學生之性，揚學生之才，還要學生也能順教師優勢專長之性，揚優質師承之才，教師與教師之間也能彼此互順、交互作用，亮點爭輝。大家共同教會學生「多元智能的才」，校長、幹部、家長、教師、學生之間，大家都要彼此「順性」，讓師生、領導、家長，都有「順性盡性」，貢獻「有效智慧資本」機會，共同幫助所有師生「知能創價」，讓集體智慧最大化，快速暢旺學校，進升學校成為「教育3.0：特色品牌學校」；再進升學校為「教育4.0：新五倫・智慧創客學校」。

順性揚才素養的知能創價可以從下列四項觀察：(1)學生優勢智能明朗化程度：例如學校推動「教育111標竿學校」評選，重視「一校一特色」、「一生一專長」、「一個都不少」的經營實踐，一校一特色是學校組織優勢亮點明朗化的指標，學生「一生一專長」認證通過則是個人潛在優勢專長明朗化的軌跡。「一個都不少」則是學生受教權的公平正義；(2)學生智慧創客作品普及化程度：筆者期待，每一領域、每一處室都能指導學生完成「智慧創客」作品三至五件，這些作品的多寡也是衡量學校師生「順性揚才」的具體指標，作品愈多愈普及愈精緻者，代表該校實踐「順性揚才」愈到位；(3)學生參加校際級以上競賽的奪獎比例：校際級以上的藝文、運動、才藝、社團、語文、科展、數位、數理各項競賽是「專長優勢」的互動評比，得獎愈多，愈多比例學生得到獎牌，代表這一學校學生「順性揚才」做得愈好；(4)學生「服務性社團」參與率：所謂服務性社團，係以「服務助人」為前題的社團，學生參與多，代表這些學生已順性揚才，且行有餘力，願意「用智慧」、「助大眾」、「服務學」、「創價值」。

參、統合素養的教育意涵

統合素養的表現即「系統思考」、「整全規劃」、「計畫管理」、「統整判斷」、「統合事理」、「解決問題」之謂。就教育教學層面而言，統合素養主軸在「如何統合教材知識」教會學生，以及「如何統合這些習得的新知能」外築價值行為。前段「教會學生習得新知識」，稱為「知識遞移說」（理論），後段師生都能運用新知識及新能力（能量）表現有價值行為，稱為「知能創價說」（理論）。這樣的統合教學素養，就教師而言，前段在「教知識」，後段則在「教價值」；是以教學者的統合素養，包含兩個次級系統素養：知識遞移素養及知能創價素養。

統合素養的教育意涵近似系統思考，得以用「系統思考的要領」詮釋。鄭崇趁（2012）主張「系統思考」的要領為：(1)觀照全面：整全考量事務的範圍，該想到的都要想到；(2)掌握關鍵：帶動核心人物，從關鍵事入手，掌握精華時段，耕深一層結構；(3)形優輔弱：調整資源配置，擴大好的作為，樹立典範，帶動均優；(4)實踐目標：貫徹達成原訂目標，不達目標決不終止，圓滿事理、圓滿人心，知識遞移；知能創價。

一、教知識：知識遞移素養的知能創價

知識遞移係指教師身上的知識及教材上的知識，能夠有效「遞送、轉移」到學生身上，成為學生帶得走的「知識、技術、能力、價值」。知識能遞移主要有四個關鍵步驟（技術要領）：「知識解碼」→「知識螺旋」→「知識重組」→然後「知識創新」。第一個步驟指「知識含技術」，將知識解碼為次級系統的操作技術，教師就可引導學生在操作中學習，導引這些新的「知識含技術」順利進入人的身體。第二個步驟指「外來的知識技術」與自己原本在身體內「已經存有的知識、能量、技術」產生「互動對話、交互螺旋」，螺旋效應在爭取「融合生新」。第三個步驟指「新舊知能」在螺旋對話後的「系統重組、

融合生新」，建構「新知能模組」，成為人內在穩定、創新，具有系統結構「知識能量」準備再「外顯化」，外築價值行為。第四個步驟「知識創新」指知識已經創新了人的心理生命（內在的知能模組是新的，含有新的教育元素），且能外築教育價值行為，完成作品及具體德行（智慧人、做創客）。

知識遞移素養的知能創價，可從「KTAV 單元學習食譜」，下沿「知識遞移」理論引導指標，來詮釋本素養「知能創價」之焦點：(1)「知識解碼」要領有：「編序、鷹架、步驟、流程」、「原型、元素、成因、脈絡」、「次級、系統、次要、變項」三組十二個要領，這是筆者研發「知識遞移理論」素養，對「知識解碼技術」的「知能創價」；(2)「知識螺旋」焦點有：「內化、外化、交流、對話」、「新化、活化、深化、優化」、「同化、調適、融入、存有」，也是三組十二個焦點技術，這也是筆者研發知識遞移素養，對「知識螺旋意涵」深層詮釋的「知能創價」；(3)「知識重組」系統有：真（致用知識・K）、善（經營技術・T）、美（實踐能力・A）、慧（共好價值・V）、力（行動意願・M）及行（德行作品・P）。也就是內構「新知能模組」的六大系統元素及其知識生命滋長脈絡，這也是筆者「知能創價」的成果價值；(4)「知識創新」價值，提列了十二個教育核心價值提供設計學習食譜者勾選：「真實、體驗、生新、創價」、「均等、適性、民主、永續」、「傳承、創新、精緻、卓越」，三組十二個核心價值：第一組描繪「作品本身價值」，第二組提示「教學歷程價值」，第三組標示「教育績效價值」，這些「核心價值」也都是筆者研發「知識遞移素養」，附加的「知能創價」。

二、教價值：知能創價素養的「教與學」意涵

「知識遞移素養」是「知識價值化」的探討，是知識本身的價值化，是知識經由人創新知識的「價值脈絡」分析。「知能創價素養」則接續「知識遞移」成功之後，「知」與「能」的融合創價，它的前題有三：(1)知識遞移要成功：學習中的知識（含技術），要成功地遞移成為學習者的新知識；(2)知識與能量

要融合：知識要與身體原有的能力能量，有效螺旋融合，融合成新知能模組；(3)新知能模組蓄積外築價值行為能量：新知能模組日益系統化、結構化、明確化、外築化，成為新價值實踐的統合能量。前述三者的系統連結，即為知能創價素養。

是以「知能創價素養」雖是全新的教育名詞（前人未曾用過，或學術界少有人談它），卻是教育的本質之一，它在「教與學」上具有四大深層意涵：(1)知能融合要順利：學到的知能要與既有知能融合順利，新知識才有繼續滋長的可能；(2)可操作運思學習：有明確的操作學習步驟（如邊做邊學邊完成作品），或德行實踐的階梯任務行為，才能表現「知識含技術」知能有效融合作為；(3)知能模組系統結構能量漸豐沛，充滿行動意願（力）：知能創價也要有「行動意願（力）」，新知能模組結構化→系統化→豐沛化後就會有「盈滿外溢」的「行動意願（力）」的量能；(4)用「智慧創客作品」表達「知能創價」：知能創價的「創價」指創新生命的價值及創新教育的價值，兩種創新價值都可用「智慧創客作品」來表達：智慧指師生都是智慧人，創客指師生也都是做創客。「用智慧（KTAV）」→「做中學」→「有作品（做創客）」→「論價值」是智慧創客教育的共通模式（使用 KTAV 單元學習食譜），師生的德行（智慧人）及作品（做創客）就是師生共同「知能創價」的結晶。

肆、實踐素養的教育價值

實踐素養乃「執行力素養」的進升，「實踐篤行」就是原來的「執行力」，3.0 教育的世代，管理學剛興起，「執行力素養」被革外重視，4.0 教育世代，進升其名稱為「實踐素養」有「教育學術優化」及「素養被實踐化」的意涵，所以本書將「實踐素養」列為「教學者」四大核心素養之一。「實踐」者，篤實踐行也，實踐素養包含兩個次級系統素養：「優勢築梯素養」及「全人發展素養」。優勢築梯素養係「適配教育」、「優勢學習」、「築夢有梯」、「適配幸福」外築的實踐素養，培育主軸在「教智慧」；全人發展素養係「自我實現」、「智慧資本」、「優勢學習」、「適配教育」整合外築的實踐素養，促成學習者達成十二個發展任務：基本教育階段全人發展指：成熟人、知識人、社會人、獨特人、價值人、永續人六個角色責任。大學教育階段再進升六個角色責任：智慧人、做創客、新領導、優教師、能家長、行國民。師資生的培育主軸在「教創客」。學生時代要「學智慧」、「學創客」；教師時代就要「教智慧」、「教創客」都是師資生的「實踐素養」。

一、教智慧：優勢築梯素養的知能創價

「優勢築梯」可分兩段唸它：「優勢」與「築梯」；優勢指「優勢學習」，築梯指「築夢有梯」或「築梯論」。優勢學習要掌握學生的五大「優」勢，包括：(1)符合興趣性向的學習；(2)順應相對專長的學習；(3)發展特色風格的學習；(4)善用環境配備的學習；(5)統整資源系統的學習（引自鄭崇趁，2012，頁299-315）。施教者的優勢學習則要培育四大「優」勢，包括：(1)取得領域教學認證；(2)參與專業行動團隊；(3)定期發表研發著作；(4)進修碩士博士學位。築夢有梯則指教師和家長要為學生（孩子）築四個梯：(1)築生活安定之梯；(2)築專長技術之梯；(3)築專門學能之梯；(4)築人脈鷹架之梯（引自鄭崇趁，2015b，頁247-261）。

優勢築梯素養的知能創價主軸在「有智慧的學」及「有智慧的教」，師資生既是學生，也是將來的老師，有智慧的「教與學」，要為學生築五大「優勢」之梯：(1)生活好習慣之梯：具有生活好習慣的人，每天的生活有節奏、旋律、簡約、精緻，成為一種優勢之梯，身心效能高，學習處事具有效能效率；(2)學習得要領之梯：有要領的學習也是一種優勢，要領是「學會知識」、「運用技術」、「創新知能素養」的源泉；(3)處世優任務之梯：教師會在學生學習與處世中，不斷提供「優任務」給學生（員工）持續達成，這些優任務就是「築梯」，築學生（員工）進升創價之梯；(4)人脈新價值之梯：能運作新五倫之價

值實踐，統合智德開展，邁向智慧人、做創客；(5)時空合律則之梯：時空律則的知識最常被忽略，時空律則的「節奏、旋律、模式、循環」被有效結合在生活、學習、休閒、處事、人際，就會是「優勢」之梯，成為嶄新的知能創價。

二、教創客：全人發展素養的知能創價

人發展素養的知能創價，在成就「人之所以為人」的發展任務；這些發展任務，本書用十二個角色責任來表達：成就人、知識人、社會人、獨特人、價值人、永續人、智慧人、做創客、新領導、優教師、能家長及行國民。其中「智慧人、做創客」具有中介銜接的共通「角色責任」，是知識「成智慧」，知識「達創客」之後；知識才能「行道德」暨「通素養」的關鍵。知識「行道德、通素養」的「知能創價」才得以培育出普遍化（各行各業都有的）「新領導」、「優教師」、「能家長」及「行國民」。是以，筆者出版《知識教育學》（鄭崇趁，2017）一書的副標題才會採用《智慧人・做創客》，全稱為《知識教育學：智慧人・做創客》，主張「知識」幫助人「全人發展」，其中「智慧人、做創客」最核心暨是起點，也是終點，並且扮演中介銜接的共通「角色責任」。

前述「優勢築梯素養」的知能創價在「教智慧」，能用智慧為學生築優勢之梯；「全人發展素養」的知能創價則在「教創客」，能用「學習作品」來表達學生的全人發展。是以學生的「學習作品」包括了四大類別：立體實物作品、平面圖表作品、動能展演作品，以及價值對話作品，每個領域（學科）或每個處室（單位），都可以指導學生完成三至五件「智慧創客」作品，全校師生每年都可舉辦「智慧創客嘉年華」，每位師生均可選送一至三件參賽；每年每校均可選出「百大作品」；這百大作品就是學校教育的「特色品牌」。每位學生在國小、國中、高中、大學畢業時，都可以展出在學校所學的十件「智慧創客」代表作品，這些畢業展作品，就是師生「知能創價」的結晶，可以觀察到學生「全人發展素養」的軌跡脈絡。就師資培育的視角看，「優勢築梯素養」的知能創價，主軸在「教智慧」；「全人發展素養」的知能創價，主軸則在「教創

客」，兩者合一，指教學者的「實踐素養」要具備實踐「智慧教育」及「創客教育」的教與學，智慧教育的核心方法是優勢築梯素養（築梯論）；創客教育的核心方法是全人發展素養（作品論）。「築梯論」指教師用教學任務幫學生優勢築梯；「作品論」指教師用單元學習帶領學生完成實物作品，累積全人發展脈絡。

伍、創發素養的教育研究意涵

「創發素養」來自「創發力」的進升，在教育3.0世代，將「創發力」當作教師們的「基本素養」之一，「創發力」這一基本素養用兩個「核心能力」表達：「應變危機的能力」及「研究發展的能力」，指當代的教師要能有效處理各類教育危機事件，保護學生不受天災人禍的傷害，帶領學生應變創新，渡過挑戰、轉移挫折，超越困境，開展優勢亮點，彩繪適配幸福人生。教師除了能夠有效教學及輔導學生外，尚有研究教育，發展校本課程，師本課程與進升教學方法、行動研究，提升自己班級經營及教學品質責任。

邁入教育4.0世代，「創發素養」進升為教師四大素養之一，「創發」者創新、研發也，創新自己生命價值及創新教育價值。研究教育發展價值，進升教育動能價值是也。「創發素養」含有兩大次級系統素養：自我實現素養及智慧資本素養。自我實現指自己的理想抱負與實現情況吻合適配，每天都在「活出自己」、「創新生命」；智慧資本指團體中個人的智慧能量都能對隸屬的組織產生動能貢獻，集體智慧作品進升組織效能，是以自我實現素養在「教創新」，智慧資本素養則在「教進升」。

一、教創新：自我實現素養的知能創價

「自我實現」是心理學理論，來自馬斯洛（Abraham H. Maslow）的「需求層次論」（人有生理需求、安全需求、愛與隸屬需求、尊重的需求及自我實現

需求），自我實現是最高層次的需求，建立在前面四個層次需求都有滿足後才能追求的需求，「自我實現」最簡易的解釋是：自己想要的生活，都在眼前發生了，所以自我實現的人是充分活出自己的人，在民主自由社會國家，能夠充分活出自己的人，也概指社會化最成功，獲大多數人認同，不會影響他人也活出自己的人。從施教者（教師）的立場看「自我實現」，其教育意涵更為深遠，教師不但要自己自我實現（通過教檢，取得教師證書，受聘為正式教師，讓自己的理想抱負在學校中實現，成為真正教師，並且是卓越教師）教師更要帶著學生自我實現（學會教材知識、知識遞移、知能創價），也要和學校教師合作，共同促成學校的自我實現，成為「特色品牌學校（教育 3.0）」，再進升成為「新五倫・智慧創客學校（教育 4.0）」。

自我實現素養的知能創價，展現在五個創新：(1)創新自己：自己接受教育，認真勤學，內構「新知能」元素模組，外築「新任務」指標系統，遞移「新事理」技術要領，進升「新價值」德行作品，創新自己，取得專門行業資格條件，得以依自己的理想抱負服務他人，自我實現，活出自己；(2)創新學生：學生在教師的引導下學習新教材，學會新單元主題的「知識、技術、能力、價值」，並且能依自己的想法完成作品，每天都在學習生活中自我實現，創新學生生活；(3)創新同儕：學校一起任教的教師及同仁同事，都統稱為同儕，同一學校的教師，共同的使命就是合作教好全校的學生，幫助所有的學生都能自我實現，活出自己，一個都不少。教師同儕每個專長學養，優勢智能，教學方法效率並不整齊，有時落差歧異，唯有彼此分享合作，創新同儕，產生交互作用，整合發展效能，始能完成使命；(4)創新學校：學校是教師的事業單位，學校的自我實現（邁向 3.0 及 4.0）更是教師與學生的尊榮，第四個知能創價是幫助學校自我實現，創新學校；(5)創新文化：自我實現素養的知能創價第五個創新在創新文化，教師自己、學生、同儕、組織都自我實現，人人都自我實現，自我實現就成為一種文化、一種創新的自我實現文化，大家都能活出自己，過著適配幸福的生活。

二、教進升：智慧資本素養的知能創價

「智慧資本」是「管理學」人力資源理論的重要發現，原來指人力資源中的「腦力（智慧能量）」是創新公司產品價值的主要源頭，所以企業公司員工的「學歷」或具備專門專業學能愈豐沛的人愈多，就代表公司的團隊「智慧資本」愈大，創新公司的產品，會更符合人民的需求，大家會搶先購買，讓公司及個人都「創價（賺錢）」，「智慧資本論」在教育領域的研究與運用，已有多篇教育學系統的博士論文（林麗惠，2019；黃增川，2014；楊德遠，2011；羅英豪，2013）給予實踐、創新，並進升其價值。筆者於2013年出版的《校長學：成人旺校九論》、2014 年出版的《教師學：鐸聲五曲》、2015 年出版的《家長教育學：順性揚才一路發》，均以「專章」討論其「特質（理論本質）」及「實踐作為（操作力行技術）」。整體而言，在四大動能的誘發：(1)有能力：高素養能力；(2)願意做：能承擔責任；(3)能力行：願服務奉獻；(4)大貢獻：高群組效能。

智慧資本素養的知能創價在「教進升」，可以從下列的五大進升，觀察到它「創價」的「力點」：(1)進升個人素養能力：智慧資本論第一個創價訴求，就是組織成員的「專門素養」及「核心能力」普遍提升，是高質量（智慧資本）的工作團隊；(2)進升員工價值認同：組織成員認同自己的單位，認同自己的幹部同儕，認同單位的運作模式，認同公司的產品、價值，就會「願意做」，「願意互助合作」，「願意經營公司的產品」；(3)進升產品品質價值：產品的品質價值永遠是事業體能否永續經營的命脈，大家願意貢獻智慧資本，促發「交互作用、整合發展」，共同進升產品品質價值，就是智慧資本論的第三個創價訴求。教育事業的產品是學生，是學生受教後的「素質」與「精進」程度；(4)進升師生作品創新：「用智慧（KTAV）」→「做中學」→「有作品（做創客）」→「論價值」在學校獲得普遍實踐，師生每年均展出智慧創客作品，進升師生作品創新是智慧資本論的第四個創價；(5)進升集體智慧動能：進升集體

智慧動能是智慧資本論，第五個創價訴求（最高境界），個人智慧可以累積成集體智慧；多數的組織單位集體智慧的總體貢獻度多不及「個人智慧」能量的總和，主要原因在「團隊動能」的效能沒有達到「加、乘」的效果，如果團隊動能產出「智慧加乘」的效果，就可以進升學校集體智慧動能，創新辦學績效價值。

陸、結語：「以教定學」的知能創價（培育主軸）

本章論述兩大重點：(1)教育 4.0 世代，教學者知能素養的名稱是什麼？或怎樣的素養才符合 4.0 世代教學者的需求；(2)因應教育 4.0 世代，教學者知能素養「進升的需求」，師資培育的教育主軸又是什麼？針對第一個重點，本章揭示了教學者的四大素養（教育素養、統合素養、實踐素養、創發素養）及其含括的八大次級系統素養（創新生命、順性揚才、知識遞移、知能創價、優勢築梯、全人發展、自我實現、智慧資本）。針對第二個重點，本章演繹了八個教育主軸：(1)教人道（創新生命素養）；(2)教師道（順性揚才素養）；(3)教知識（知識遞移素養）；(4)教價值（知能創價素養）；(5)教智慧（優勢築梯素養）；(6)教創客（全人發展素養）；(7)教創新（自我實現素養）；(8)教進升（智慧資本素養）。彰顯了「以教定學」的「知能創價」。本章「教的主軸」能夠與前一章（第二十一章）學習者的「學習焦點」完全銜接，也可視同為本書的「知能創價」

註：為讓讀者了解本章「知能創價（KCCV）模式」的實務運用，筆者在出版之際，設計了本章的「KCCV 創新進升食譜（範例）」，如表 22-1 所示，請讀者參照。

表 22-1 KCCV 創新進升食譜（範例）

教育主題：第 22 章　教學者知能素養的進升系統與教育主軸			設計者：鄭崇趁 2020.09.28
Knowledge 新覺識・知 內構・共本質元素模組	Can 新動能・能 外築・達任務事物能量	Create 新創意・創 遞移・創事理技術新意	Value 新價值・價 創價・融智德作品價值
1. 學習者學素養、教學者更應有教育的素養。 2.「專業力」的素養化進升為「教育素養」。 3.「統合力」的素養化進升為「統合素養」。 4.「執行力」的素養化進升為「實踐素養」。 5.「創發力」的素養化進升為「創發素養」。	1. 教「元素構築」產生新教育動能：認同素養是修養的元素。教學中會用核心元素教導學生「內構→外築」要領。 2. 教「知識遞移」產生新教育動能：因為素養直接教，素養本身的教育元素，已經統整為「新知識（真）」→「含技術（善）」→「組能力（美）」→「展價值（慧）」，「知識遞移」動能流量大。 3. 教「知能創價」產生新教育動能：師生都知道，每天的教學活動，都在創新自己生命的價值，都在創新教育的價值，熱衷於「教與學」，動能成脈。	△教學者知能素養的進升系統 1. 教育素養： (1) 創新生命（教人道）。 (2) 順性揚才（教師道）。 2. 統合素養： (3) 知識遞移（教知識）。 (4) 知能創價（教價值）。 3. 實踐素養： (5) 優勢築梯（教智慧）。 (6) 全人發展（教創客）。 4. 創發素養： (7) 自我實現（教創新）。 (8) 智慧資本（教進升）。	1. 教育素養活化「傳道」新價值。 2. 統合素養優化「授業」新價值。 3. 實踐素養創化「解惑」新價值。 4. 創發素養新化「領航」新價值。

第二十三章　領導者角色責任的任務指標及創新進升

導論

本章揭示4.0教師及4.0校長的角色責任，及其創新進升的任務指標。4.0教師及4.0校長共同的角色責任都在：「傳道」→「授業」→「解惑」→「領航」。4.0教師明確的角色責任（知能素養）為：(1)傳生命創新之道；(2)授知識藝能之業；(3)解全人發展之惑；(4)領適配生涯之航。4.0校長明確的角色責任（知能素養）則為：(1)傳學為人師之道；(2)授經營教育之業；(3)解知能創價之惑；(4)領智慧創客之航。

本章的圖23-1將4.0教師及4.0校長的角色責任統整為「創新教育」暨「進升領導」的實踐，它們進升後的任務指標是：(1)新「人道」教育暨「適配論」領導；(2)新「師道」教育暨「典範論」領導；(3)新「知識」教育暨「認識論」領導；(4)新「價值」教育暨「實踐論」領導；(5)新「智慧」教育暨「動能論」領導；(6)新「創客」教育暨「作品論」領導；(7)新「創新」教育暨「模組論」領導；(8)新「進升」教育暨「築梯論」領導；共同孕育(9)新「新育」教育暨「六育論」領導。

教育領導者（教師、校長、行政官員）共同的角色責任是：「傳道」、「授業」、「解惑」、「領航」。在教育4.0的世代，創新進升後的任務指標是新「新育」教育暨「六育論」領導。「新育・新教育」的定位與實踐內涵，如表23-1所示。這九項新任務指標，從左邊看是「創新教育」，從右邊看是「進升領導」，兩者都是領導者角色責任發揮之後的「知能創價」。

表 23-1　「新育・新教育」的定位與實踐

1. 傳道責任 （知能創價）	(1) 新「人道」教育暨「適配論」領導。 (2) 新「師道」教育暨「典範論」領導。
2. 授業責任 （知能創價）	(3) 新「知識」教育暨「認識論」領導。 (4) 新「價值」教育暨「實踐論」領導。
3. 解惑責任 （知能創價）	(5) 新「智慧」教育暨「動能論」領導。 (6) 新「創客」教育暨「作品論」領導。
4. 領航責任 （知能創價）	(7) 新「創新」教育暨「模組論」領導。 (8) 新「進升」教育暨「築梯論」領導。
(9) 新「新育」教育暨「六育論」領導。	

壹、緒言：領導者角色責任的進升圖像

教育的領導者主要有「校長領導」及「教師領導」，教師領導「學生學習」為主軸，角色責任的任務指標有四：「傳生命創新之道」、「授知識藝能之業」、「解全人發展之惑」，以及「領適配生涯之航」。校長領導「教師經營學校」為主軸，角色責任的任務指標進升為：「傳學為人師之道」、「授經營教育之業」、「解知能創價之惑」、「領智慧創客之航」。教育 4.0 世代，教師與校長的角色責任（知能素養）都是「傳道」、「授業」、「解惑」、「領航」，然因主要領導對象有別（教師領導學生，校長領導教師），四大角色責任的「內構」知能素養與「外築」價值行為（任務指標）則有「進升式」的「階梯」（引自鄭崇趁，2018c，封底）。4.0 教師暨 4.0 校長的角色責任（知能素養），如圖 23-1 所示。

圖 23-1 係筆者為推動《教育 4.0：新五倫・智慧創客學校》（鄭崇趁，2018c），對於「4.0 教師」及「4.0 校長」角色責任（知能素養）的詮釋，認為唯有「施教者」（校長及教師），核心素養先進升到「教育 4.0」，才能經營「4.0 的學校」，進而教出「4.0 的學生」。4.0 的學校是「新五倫・智慧創客學

4.0 教師暨 4.0 校長的角色責任（知能素養）

新覺識．新方法

角色責任（核心素養）	教師（素養含能力）	校長（素養展能力）
1. 傳道	．傳生命創新之道	．傳學為人師之道
2. 授業	．授知識藝能之業	．授經營教育之業
3. 解惑	．解全人發展之惑	．解知能創價之惑
4. 領航	．領適配生涯之航	．領智慧創客之航

新動能．新價值

教育 4.0：新五倫．智慧創客學校

圖 23-1　4.0 教師暨 4.0 校長的角色責任（知能素養）

資料來源：引自鄭崇趁（2018c，封底）

校」；4.0 的學生是「智慧人、做創客」。開啟「教育 4.0」的三把鑰匙是：「新五倫價值教育」、「KTAV 教學模式及 KTAV 學習食譜」以及「進升型主題教育計畫」。「4.0 教師」及「4.0 校長」善盡自身的「角色責任」，結合這三把鑰匙經營校務，必能創新教育，進升學校為「教育 3.0：特色品牌學校」，再進升學校為「教育 4.0：新五倫．智慧創客學校」。

廣義的教育領導，包括行政長官、教育學者專家、校長及教師。行政長官運用「政策、法令、計畫」領導教育機制發展；教育學者專家研發「新理論、新方法（工具）、新課程、新教材」領導學校教育發展，校長實踐「教育政策、計畫、構築學校願景圖像，開展校本特色品牌」，領導學校邁向精緻卓越。教師善盡班級經營、有效教學、研發課程、自編教材、領導學生學習提升教育品質價值，本章為釐清「教育領導者（教師及校長）」角色責任的「知能素養」及「任務指標」，結合「教育創新」及「進升領導」發展，建構其進升圖像，如圖 23-2 所示。

圖 23-2　教學者（教師、校長）知能素養的進升圖像

資料來源：作者依學理繪製

將表 23-1 與圖 23-2 相比較，有四個明顯的進升：(1)表→圖的進升，表是平面知識的系統結構，圖是立體知識的系統結構，圖 23-2 將「教師與校長」角色責任「立體化」，是一種知識基模的進升，將「傳道」、「授業」、「解惑」、「領航」的「知能意涵」關係「縝密創價」；(2)「責任層次」的群組進升：傳道責任：教師在傳「生命創新」之道，校長進升為傳「學為人師」之道，教育領導者既要「創新生命」也要「學為人師」；授業責任：教師在授「知識藝能」之業，校長進升為授「經營教育」之業，教育領導人進升為暨要「知識藝能」也要「經營教育」；解惑責任：教師要為學生善盡解「全人發展」之惑，校長要為學校師生善盡解「知能創價」之惑，教育領導人進升為解「全人發展、知

能創價」之惑；領航責任：教師為學生領「適配生涯」之航，校長則為教師及學生領「智慧創客」之航，教育領導人進升為領「適配生涯、智慧創客」之航；(3)「教學主軸」的進升：傳道責任：教師教人道，校長教師道，教育領導人教「人道・師道」；授業責任：教師教知識，校長教價值，教育領導人教「知識・價值」；解惑責任：教師教智慧，校長教創客，教育領導人教「智慧・創客」；領航責任：教師教創新，校長教進升，教育領導人教「創新・進升」；(4)「領導原理」的進升：「知識教育」要「認識論」領導，「價值教育」要「實踐論」領導，「智慧教育」要「動能論」領導，「創客教育」要「作品論」領導，「創新教育」要「模組論」領導，「進升教育」要「築梯論」領導，領導人則要推動新「新育」教育暨「六育論」領導，這九大「創新教育」暨九大「進升領導」理念，將是「新校長學」關鍵圖像。也是筆者「知能創價」的範例。

貳、傳道責任的知能創價

從教師的立場看傳道責任，教師在傳給學生「生命創新」之道，也就是教育的最重要本質，教「人之所以為人」、「教人成人」，「生命創新之道」的「知、能、創、價」，「知」是「知識技術」，指教師教會學生「課程綱要」上必須學會的五大類知識（包括物理現象的知識、事理要領的知識、生命系統知識、人倫綱常的知識，以及時空律則的知識）。並且「知識含技術」，學生也要同時學會運用單元「核心技術」完成單元學習作品的「知識技術」；「能」是「素養能力」，指教師教會學生「知識技術」後學生「新知能模組」所獲得的新能量（包括真、善、美、慧、力、行、教、育）。這些能量元素建構「實踐能力」、「共好價值」、「行動意願」、「德行作品」、「創新知能」、「進升素養」。「創」是「創新作品」及「創新人的生命」，「創新作品」指學生跟隨教師學習，按時完成單元學習作品，這些作品都是學生生命的創新實踐，是學生「內構新知能模組」所產出「外築任務指標」行為實踐。「價」是「價值永續」，指學生經由「教育」及「學習」，發展成為有價值尊嚴的人，也就是人的十二大角色責任：成熟人、知識人、社會人、獨特人、價值人、永續人、智慧人、做創客、新領導、優教師、能家長、行國民，其核心的角色是「智慧人、做創客」。

從校長的立場看傳道責任，校長在傳給教師「學為人師」之道，學為人師之道就是要教師具備「教育專業的知識（K）」、「課程教學的技術（T）」、「智慧創客的能力（A）」，以及「教新五倫的價值（V）」，用學會的「K、T、A、V」知能創價。教師的「知能創價」循環在於四個「創新進升」：(1)創新自己的智慧：教師自己的內構「知能元素模組」持續創新進升，有新的KTAV，有新的智慧；(2)創新教學教材：教師的單元教學，會使用KTAV單元學習食譜，導引學生「用智慧（KTAV）」→「做中學（操作體驗）」→「有作品（做創客）」→「論價值（新價值實踐）」，實施智慧創客教育；(3)創新師生作品：師生完成的「智慧創客」作品包括「立體實物作品」、「平面圖表作品」、「動能展演作品」及「價值對話作品」，師生用教育學習新作品，詮釋教育新人生；(4)創新教育價值：教育的新情境，由教育3.0（特色品牌學校）邁向（進升）為教育4.0（新五倫・智慧創客學校）。建構「新五倫→新四維→新教育→新臺灣」的大教育環境。

參、授業責任的知能創價

人生的大業有四：學業、事業、家業及共業（鄭崇趁，2015b）。教師的事業是教育事業，教育的對象是學生，教師的事業是在教學生學好「學業」。從教師的立場看授業責任，教師在授給學生「知識藝能」之業。學生獲得的「知識藝能」要能完成其「學業」、「事業」、「家業」及「共業」，「學業」指在國小、國中、高中、大學教育階段，習得的「學習力」、「知識力」、「藝能力」、「品格力」都達到基本標準（2.0），達到優良標準（3.0），達到卓越標準（4.0）。學業成績量化評量較容易，每一學科教師都給學生評分，畢業時都有總成績核算，通常總成績 60 分以上為及格（可以畢業，1.0），70 分以上為基本標準（2.0），80 分以上為優良標準（3.0），90 分以上為卓越標準（4.0）。教育 4.0 世代，因為推動新五倫、新四維、新智慧創客教育及新價值教育，教師在學科（領域）單元教學時，都會輔導學生留下學習作品，每學期展出「智慧創客」作品一至三件；畢業時展出「智慧創客」代表作品十件。這些畢業作品的展現成為學生「學業成就」的新觀察指標。

「事業」、「家業」及「共業」都是學生從學校畢業之後所選擇工作行業，未必與教師的「授業責任」劃上等號，然教育的本質與目的而言，教育在教「人之所以為人」，教育在促進學生「順性揚才，全人發展」，教育在成就學生的「自我實現，智慧資本」，因此學生畢業之後的「事業、家業、共業」都與學生的「學業成就」攸關，學生在學校習得的「知識藝能、價值實踐」都會在「事業、家業、共業」上，產生「知識遞移」暨「知能創價」。用現代化的語言表達，學校教育習得的「素養能力」，就是學生將來「就業」（含事業、家業、共業）的基石。

教師「授業責任」的知能創價是「教育事業」與「學生學業」兩者綜合的知能創價，大要有四：(1)認同教育的使命：教育事業的使命在人教人，教人成人，教人之所以為人，教師要認同自己的教育事業，喜歡本業，喜歡教育，並且知道教育偉大價值；(2)熱愛學生的成長：教育的對象是學生，多為尚未成熟的個體，教育事業在促進他們的成長發展，成為專門專業的人，教師要熱愛學生、熱愛學生的成長、教育事業與學生學業才能縝密融合，共同知能創價；(3)發揮專業的智慧：教會學生，創新學生單元知識不是一件容易的事，教師學生「知識遞移」成功，須要教師發揮專業的智慧，導引學生「用智慧（KTAV）」→「做中學（操作體驗）」→「有作品（做創客）」→「論價值（評量實踐）」；(4)產出學能的作品：師生的智慧創客作品，不是有作品就好，作品的「核心知識及技術」能夠完整反映「單元學習」的「專精學能」。

校長多為優秀教師進升而來，事業的主軸也進升為「領導教師」經營「學校教育」，校長的授業對象就包括了學生及教師，並且「教師」的比重逐漸大於學生；是以校長的授業責任也進升為「授『經營教育』之業」，實際的內涵是「經營教育」的「知識藝能」及「價值實踐」。因此，校長「授業責任」的知能創價是「校長事業」、「教師事業」及「學生學業」三者的「綜合知能」所創新之「生命價值」與「教育價值」。大要有四：(1)教育達人：校長是經營教育達人，教師是實踐教育達人，學生是遞移教育達人；(2)智慧達人：校長有智慧地辦學，教師有智慧地教學，學生有智慧地學習，大家都是智慧達人；(3)創客達人：校長有教育作品，教師有教材作品，學生有學習作品，大家都成為「智慧人、做創客」是創客達人；(4)價值達人：校長帶著師生，每天「價值論述」、「價值回饋」、「價值評量」、「價值實踐」，大家都成為「價值達人」。

肆、解惑責任的知能創價

「解惑」是解決學習歷程中「難以理解」的疑惑，例如：品德教育，以前的時代，要用「四維」、「八德」、「五倫」，現代則要用「新五倫」、「新四維」、「新價值」來當教育的教材，為什麼會這樣，學生有時充滿疑惑，學生存有疑惑，就不一定認同（真知才得以認同），就不定有「興趣、意願」，就不一定真的學會它、實踐它。沒有學會的知識，就沒有「知識遞移」，就無法「知能創價」。教師要對學生解「全人發展」之惑，校長則要對「教師及學生」解「知能創價」之惑。「全人發展」指學生接受教育身心發展需達成的十二角色責任，基本教育階段要達成「成熟人、知識人、社會人、獨特人、價值人、永續人」六大角色責任，高等教育階再進升為「智慧人、做創客、新領導、優教師、能家長、行國民」共十二大角色責任。「知能創價」指知識技術與新舊能量融合，創新師生生命價值及創新教育價值。解惑的責任，在於使之「明白」、「想通」、「認同」、「實踐」。

解惑責任在使之「明白」、「想通」、「認同」、「實踐」，運用在「解全人發展之惑」的知能創價，可以得到新的四個詮釋：(1)明白教育目的：全人發展的十二個角色責任，是具體的、全新的教育目的，是「人之所以為人」的全人發展；(2)想通知識遞移：人的素養能力來自知識，知識要經「解碼」→「螺旋」→「重組」→「創新」的遞移歷程才能滋長為「致用知識（真）」→「經營技術（善）」→「實踐能力（美）」→「共好價值（慧）」，「真知識→含技術→組能力→展價值」的「知識遞移」；(3)認同知能融合：教師教學的主軸在幫助學生「新知識技術」與既有「知能經驗」對話融合，重構「新知能模組」，學生認同知能融合的事實，可以經由練習，增益融合重組的效能；(4)實踐智慧創客：「智慧人、做創客」是銜接「兩階段」全人發展的中介、核心角色責任，「小學」到「大學」都可以實施「智慧教育」、「創客教育」、「價值教育」、實踐智慧創客。

校長要對「老師及學生」解知能創價之惑，其解惑責任，可以創新進升詮釋為：(1)明白知識本質：知識是有生命的，知識進入人的身體之後，「著床」為致用知識，然後隨著人的生命而滋長其生命，真知識→善技術→組能力→慧價值→成智慧（力）→達創客（行）→行道德（教）→通素養（育）。知識生命的本質，提供教育的具體價值（功能）：知識的傳承與創新；(2)想通知能構築：「內構」知能模組，外築「價值行為」，是素養取向教育之「口訣要領」，師生想通知能構築現象的核心元素流動，才能獲致知識遞移及知能創價；(3)認同知能創價：知能創價有四大步驟流程：「知識學習」→「知能融合」→「知能創價」→「智慧創客」，教師認同此一「程序」就能直接「創新教材」→「進升教學」，創新師生生命價值及教育價值；(4)實踐適配幸福：人有適配教育、優勢築梯、知識遞移、知能創價，就是實踐適配的學業，學生獲致「適配的學業」，共同過著「適配幸福」人生，是「適配幸福」的實踐。

伍、領航責任的知能創價

領航者，領導航向也，教師領導學生航向「適配生涯」，校長領導師生航向「智慧創客」，教師領學生「適配生涯」之航，要實施「適配的教育」及「優勢的學習」，廣義的「適配教育」，含括四大適配：適配的學習、適配的事業、適配的伴侶、適配的職位，引導學生航向這四大適配，就是領適配生涯之航。「優勢學習」也含括四大「優勢」的學習：「學習力」優勢的學習，「知識力」優勢的學習，「藝能力」優勢的學習，以及「品格力」優勢的學習，四大優勢的學習，旨在「順性揚才開潛能，優勢智能明朗化」，內構「新知能模組」，外築具有「專長亮點」行為實踐，也就是「智慧人、做創客」。

校長領全校師生的「智慧創客」之航，具體的專業實踐在實施「智慧教育」、「創客教育」以及「新五倫價值教育」，智慧教育指實施「知識→技術→能力→價值」四位一體的教育；創客教育指實施「研發有創意學習食譜」→「教導能創造操作學習」→「建構再創新知能模組」→「完成做創客實物作品」的四創一體教育。新五倫價值教育指用「新五倫」的核心價值作為中心德目，教師帶領學生實踐其「行為規準」，統整學生智育及德育的「全人發展」，並用「智慧創客」作品表現其「價值行為」，成為「德行（智慧人）」、「作品（做創客）」智德兼修達人。是以校長的「領航責任」，是教師「領航責任」的進升，教師在領航學生「適配生涯」的適配幸福人生；校長則在領航學校師生的「智慧創客」，用智慧人、做創客彩繪「精緻、卓越」的人生。

校長及教師「領航責任」的「知能創價」都可以再進升，教師進升為「領創新教育之航」，校長進升為「領進升領導之航」。教師「領創新教育之航」，可以從下列四個創新著力（鄭崇趁，2018c）：(1)創新教育的覺識：覺識「素養」是內隱的新知能元素模組，「能力」是外顯的好價值行為實踐，「知識」乃素養能力的優活水源頭，知能融合創價，智慧人、做創客，推進「教育 4.0」新文明文化；(2)創新教育的方法：教育新方法，KTAV 新教育，KTAV「統整」

新課程設計，KTAV「聚焦」新單元教學，KTAV「引領」新智慧創客，KTAV「實踐」新價值評量，開展新五倫・智慧創客學校；(3)創新教育的動能：教育新動能，進升新教育，主題計畫「優化」教育新組件元素，主題計畫「活化」教育新知能創價，主題計畫「創化」教育新文明系統，主題計畫「深化」教育新文化底蘊。轉動「新教育」智慧創客資本；(4)創新教育的價值：教育新價值，價值新教育，「新覺識」探究「教育 4.0」新知識價值，「新方法」發現「KTAV」新技術價值，「新動能」運作「主題計畫」新能力價值，「新價值」註解「智慧創客」新人生價值，進升「知識新價值」，邁向教育 4.0（引自鄭崇趁，2018c，四篇篇名的引導語）。

校長的「領進升領導之航」，可從「素養取向教育新境界：三軸、三鑰」領航著力（如圖 23-3 所示）（引自鄭崇趁，2018c，頁 324）：(1)進升素養取向教育新境界：教育 1.0 是「經驗化」，教育 2.0 是「知識化」，教育 3.0 是「能力化」，教育 4.0 是「素養化」；(2)進升教育領導的三條軸線：第一條軸線：知識價值領導，第二條軸線：智慧創客領導，第三條軸線：創新進升領導；(3)進升教育領導的三把鑰匙：第一把鑰匙：新五倫價值教育，第二把鑰匙：KTAV 教學模式及 KTAV 單元學習食譜，第三把鑰匙：進升型主題計畫；(4)進升教育領航的任務標準：教育 3.0 是特色品牌學校，教育 4.0 是新五倫智慧創客學校。

陸、「校長學及教師學」知能創價的進升

教育 3.0 世代，筆者曾出版《校長學：成人旺校九論》（鄭崇趁，2013），該書主張校長當學「成就人，旺學校」。成就人是「立己達人的功夫」，有四論：第一章「自我實現論：成就人的價值尊嚴」，第二章「智慧資本論：激發人的動能貢獻」，第三章「角色責任論：賦予人的時代使命」，第四章「專業風格論：領航人的品味文化」。旺學校是「暢旺校務的作為」，有五論：第五章「計畫經營論：帶動學校精緻發展」，第六章「組織創新論：活化組織運作

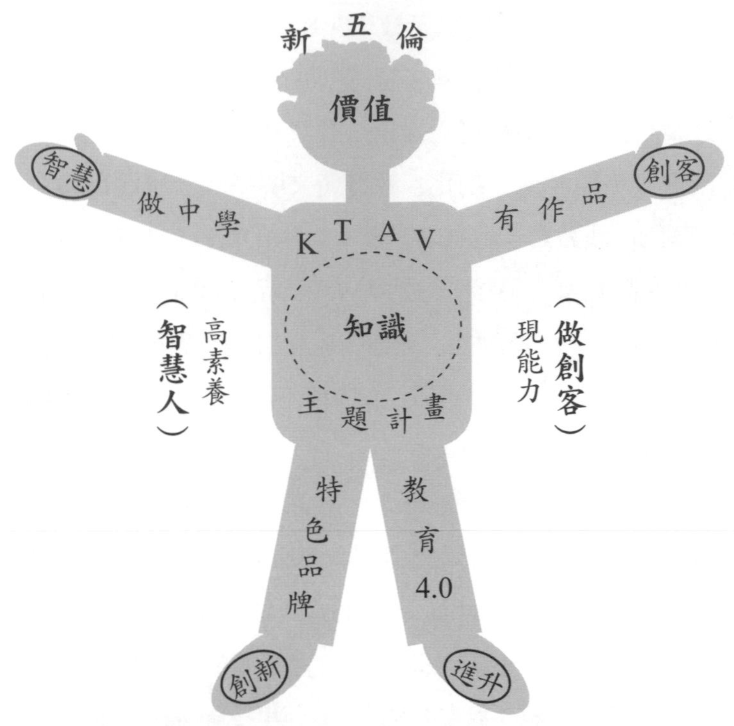

圖 23-3　素養取向教育新境界：三軸、三鑰

資料來源：鄭崇趁（2018c，頁 324）

型態」，第七章「領導服務論：創化專業示範模式」，第八章「溝通價值論：深化多元參與脈絡」，第九章「評鑑品質論：優化歷程績效品質」。這是臺灣第二本「校長學」的專書，自 2013 至 2020 期間曾有效定位「校長學」的核心內涵與學術主軸，帶給「校長」們的「知能創價」，足以經營學校，進升為「教育 3.0：特色品牌學校」。

教育 3.0 世代，筆者曾出版《教師學：鐸聲五曲》（鄭崇趁，2014）一書，這是臺灣教育界的第一冊教師學專書，用「鐸聲五曲」來描繪教師的知能創價。首部曲「鐘鳴大地、人師」，教師像「晨鐘暮鼓」，是一位「時中其機」的教師；教師像「希望之聲」，是一位「事畢其功」的教師；教師像「醒世清韻」，是一位「人盡其才」的教師；教師像「師道鐸音」，是一位「才盡其用」的教師。二部曲「朝陽東昇、使命」，教師像「啟明之光」，成就「知識公民」，教師像「希望之光」，成就「世界公民」，教師像「溫厚之光」，成就「自主公民」，教師像「智慧之光」，成就「責任公民」。三部曲「春風化雨、動能」，教師像「春風送暖」，教育「有感的生命」；教師像「春風傳知」，教育「覺識的生活」；教師像「春風有情」，教育「幸福的生涯」；教師像「春風帶意」，教育大用的公民。四部曲「明月長空・品質」，教師像「皎潔明月」，是學生的「常新之師」；教師像「達道明月」，是學生的「行動之師」；教師像「美善明月」，是學生的「標竿之師」；教師像「永恒明月」，是學生的「品質之師」。五部曲「繁星爭輝、風格」，教師現風格，像繁星爭輝，教師是精緻之星，教師是永續之星，教師是創新之星，教師是卓越之星。教師的聲音是木鐸金聲，鐸聲五曲，歌頌教師的一生，傳唱世世代代，千年萬年。

進入教育 4.0 世代，校長及教師都加重了「教育領導人」的角色責任，教育領導人的知能創價也進升了，教育領導人必須「創新教育」，教育領導人必須「進升領導」，教師和校長的新使命在「教知識」、「教價值」、「教智慧」、「教創客」、「教創新」、「教進升」，總體而言在「教人道」、「教師道」。為了實踐這些新使命，教育領導人就要創新「知識教育」，創新「價值教育」，創新「智慧教育」，創新「創客教育」，創新「創新教育」，創新「進升教育」，創新「人道教育」，創新「師道教育」。創新這些教育主題的，「新覺識（知識、真）」、「新方法（技術、善）」、「新動能（能力、美）及「新價值（價值、慧）」。

創新這八大主題教育都要教師帶著學生「內構新知能元素模組」→「外築新任務指標系統」→「遞移新事理技術要領」→「進升新價值德行作品」；師生知識遞移，共同知能創價，才得以真實創新這八大主題教育內涵，做對八大主題教育方法（技術要領），創新進升八大主題教育績效價值，幫助學校教育的實境邁入教育 4.0：新五倫・智慧創客學校。

進入教育 4.0 世代，教育領導人的新使命在如何「專業示範」這八大主題教育的「核心教材」及「有效教學」，「知識遞移（KTAV）模式」及「知能創價（KCCV）模式」將扮演「創新進升」的角色責任，KTAV 模式是「知識生命的小循環」「知識（K・真）」→「技術（T・善）」→「能力（A・美）」→「價值（V・慧）」，可以提供教育領導人「單元教學時」示範使用；知能創價（KCCV）模式是「知識生命的大循環」「新知識（真）→含技術（善）→組能力（美）→展價值（慧）→成智慧（力）→達創客（行）→行道德（教）→通素養（育）」，尤其是後半段「力（行動意願）→行（德行作品）→教（創新知能）→育（進升素養）」是「知能創價」的核心階段，適合領導人在「課程設計」、「教材概論」、「創價評量」時使用。

「知能創價」一詞，直接的意涵是「知識技術＋素養能力」創新生命價值（智慧人）及創新教育價值（做創客），詮釋人「接受教育」、「學習知識」的最重要本質——「知能創價」。「校長及教師」（教育領導人）每天經營的教育事業就是在促進「知識遞移（知識創新知識）」以及「知能創價（知能融合創新人與教育價值）」。再參酌「教育 1.0 至教育 4.0」「進升任務指標」的啟示，王國維「人生三境界」的「盼→深→悟→達」啟示，「工業 4.0」對人類文明進升「機械化→電器化→自動化→智慧化」的啟示，筆者先出版了兩篇論文：〈進升領導〉（鄭崇趁，2019a）及〈校長領導新境界：三軸・三鑰〉（鄭崇趁，2019b），這兩篇論文的都是筆者長期研究「教育領導」、「校長學」、「教師學」進而「知能創價」的具體成果，這些創價成果以教科書的型態出版，筆者都直接當作「碩士班及博士班」教材，每與研究生「研讀、發表、討論」，繼續「知識遞移」，都能共同「知能創價」，是以筆者接續出版了本書《素養教育解碼學：元素構築・知識遞移・知能創價》。

「創新領導」與「進升領導」進一步整合成「創新進升領導」，最能夠「領導師生」專業實踐「知識遞移」及「知能創價」，前述「創新教育」的九大主題，都要有較「深度或高度」的「進升式」領導作為，師生才得以遞移「創新的知識」，才得以讓「新知能」永續創價；是以筆者主張：創新「知識教育」要「認識論」領導，創新「價值教育」要「實踐論」領導，創新「智慧教育」要「動能論」領導，創新「創客教育」要「作品論」領導，創新「創新教育」要「模組論」領導，創新「進升教育」要「築梯論」領導。整體而言，創新「人道教育」要「適配論」領導，創新「師道教育」則要「典範論」領導，創新「新育教育」則要「六育論」領導。這是「校長學及教師學」知能創價的進升，也將是筆者「下兩本書」（談論新校長學及新教師學）的核心內容。

柒、結語：「創新・進升」開「新育・新教育」的軌跡

本章以「師說」為主軸，探討教育領導者「角色責任」的創新與變遷（進升）。角色責任是「知能素養」的價值行為實踐，是以 4.0 校長及 4.0 教師的核心素養均為「傳道」、「授業」、「解惑」、「領航」。4.0 教師的角色責任為：(1)傳生命創新之道；(2)授知識藝能之業；(3)解全人發展之惑；(4)領適配生涯之航。4.0 校長的角色責任則為：(1)傳學為人師之道；(2)授經營教育之業；(3)解知能創價之惑；(4)領智慧創客之航。

本章演繹領導者四大角色責任的「知能創價」，逐步聚焦於「創新教育」與「進升領導」，並發現了「新育」及「新教育」的定位與實踐，它們的新領導作為是：「認識論」領導、「實踐論」領導、「動能論」領導、「作品論」領導、「模組論」領導、「築梯論」領導、「適配論」領導、「典範論」領導、「六育論」領導。整體而言，覺識到了「創新・進升」開「新育・新教育」的軌跡。

註：為讓讀者了解本章「知能創價（KCCV）模式」的實務運用，筆者在出版之際，設計了本章的「KCCV 創新進升食譜（範例）」，如表 23-2 所示，請讀者參照。

表 23-2 KCCV 創新進升食譜（範例）

教育主題：第 23 章　領導者角色責任的任務指標及創新進升			設計者：鄭崇趁 2020.09.28
K 新覺識．知 Knowledge 內構．共本質元素模組	C 新動能．能 Can 外築．達任務事物能量	C 新創意．創 Create 遷移．創事理技術新意	V 新價值．價 Value 創價．融智德作品價值
1. 師說智慧的新覺識：創新進升其意涵的覺識。 2. 新領導及優教師職能素養的新覺識：「兩大責任系統」意涵與操作要領的進升。 3.「知能素養」經由「角色責任」的使力經營，覺識「創新教育」暨「進升領導」的軌跡。	1.「師說素養化」的新動能：「傳道．授業．解惑．領航」。 2.「智慧人．做創客」的新動能：新五倫價值教育、智慧教育、創客教育共同使用 KTAV 教學模式，教育現場產生「用智慧（KTAV）」→「做中學」→「有作品（做創客）」→「論價值」新動能模組，帶領實踐素養教育，邁向教育 4.0。 3.「創新進升」領導新動能：「創新教育」串聯「進升領導」點燃校長領導新動能，運作「三軸．三鑰」彩繪臺灣新教育的天空。	△領導者角色責任的任務指標與創新進升 1. 傳道責任： (1) 傳生命創新之道（教人道．適配論）。 (2) 傳學為人師之道（教師道．典範論）。 2. 授業責任： (3) 授知識藝能之業（教知識．認識論）。 (4) 授經營教育之業（教價值．實踐論）。 3. 解惑責任： (5) 解全人發展之惑（教智慧．動能論）。 (6) 解知能創價之惑（教創客．作品論）。 4. 領航責任： (7) 領適配生涯之航（教創新．模組論）。 (8) 領智慧創客之航（教進升．築梯論）。	1.「適配論」及「典範論」活化「傳道」責任。 2.「認識論」及「實踐論」優化「授業」責任。 3.「動能論」及「作品論」創化「解惑」責任。 4.「模組論」及「築梯論」新化「領航」責任。

第二十四章　新五倫・新四維・新教育・新臺灣

導論

本章是本書的最後一章，筆者將章名取了有點「口號」的感覺，它是本書的結論，筆者希望能用「新五倫・新四維」的「新版本・新教育」，帶動經營「新臺灣」，讓目前的新臺灣，能夠由 3.0「自由民主新臺灣」，再進升成 4.0「智慧創客新臺灣」。

本書是探討「新教育」的書，期待能夠經營帶動「教育事業」本身真的進升「教育 3.0」（特色品牌學校），然後再進升成「教育 4.0」（新五倫・智慧創客學校），教育 4.0 是「素養化」的「新五倫・智慧創客學校」。本書用「元素構築」→「知識遞移」→「知能創價」解碼素養教育的具體實踐，帶著教育人操作正確的「素養教育」，然後此一個口號就會成真：「新五倫・新四維・新教育・新臺灣」。

這樣的結論，來自筆者十年來的「知能創價」，自 2010 至 2020 年期間，筆者的「元素構築」→「知識遞移」→「知能創價」，撰寫完成了「新教育」的八本書，筆者將其命名為：「臺灣新秘境・教育黑客松」——新五倫・新四維・新教育・新臺灣，它們是：

2012 年，《教育經營學：六說、七略、八要》。

2013 年，《校長學：成人旺校九論》。

2014 年，《教師學：鐸聲五曲》。

2015 年，《家長教育學：「順性揚才」一路發》。

2016 年，《教育經營學個論：創新、創客、創意》。

2017 年，《知識教育學：智慧人・做創客》。

2018 年，《教育 4.0：新五倫・智慧創客學校》。

2020 年，《素養教育解碼學：元素構築・知識遞移・知能創價》。

前四本書是進升「教育 3.0」的系列叢書（黑客松 3.0），筆者期待「系統思考新教育，本位經營創價值」。後四本書是進升「教育 4.0」的系列叢書（黑客松 4.0），筆者期待「知識價值成智慧，師生創客新五倫」。

壹、緒言：臺灣的「新教育」是什麼？

2020 年是臺灣「新教育」的元年，是「十二年國民基本教育課程綱要」啟動實踐的第一年，是邁向「教育 4.0：素養化」教育的第一年，是部分縣市學校重新懸掛「禮、義、廉、恥」（共同校訓）的第一年，是校長及教師「邁向教育 4.0：進升領導素養」工作坊，在全省各縣市實施的第一年，也是因應新冠病毒（武漢肺炎），各級學校延後兩週開學，對學生正式實施「應變教育」的第一年，也是筆者陸續出版「二論、一學」的一年，「二論」是指「進升領導」及「校長領導新境界：三軸三論」，「一學」是指本書《素養教育解碼學：元素構築・知識遞移・知能創價》。

因此，臺灣的「新教育」有廣狹兩義，狹義的「新教育」專指「素養取向的教育」，廣義的「新教育」則指「邁向教育 4.0：新五倫・智慧創客學校」的教育（鄭崇趁，2018c）。該書協助「教育經營者」辦學時，有「新覺識」、「新方法」、「新動能」、「新價值」，早日創新進升自己的學校成為「教育 3.0：特色品牌學校」暨「教育 4.0：新五倫・智慧創客學校」。狹義的「素養取向的教育」是什麼？本書已分三篇二十四章來詳細說明論述，相信「元素構築篇（八章）」、「知識遞移篇（九章）」以及「知能創價篇（七章）」共二十四章的章名及內涵（含圖表），已能引領教育領導人「專業示範」素養取向教育。廣義的「新教育」是邁向教育 4.0：新五倫・智慧創客學校，則在「創新進升」學校教育的「廣度、深度、高度、標準」。「廣度」指新五倫教育、新四維教育、價值教育、智慧教育、創客教育、創新進升領導、人道教育及師道教育。「深度」指「新五倫」類別是社會人倫關係深層結構，「核心價值」是人類共好的生活品質，任何群組的人都有核心價值，「價值」是知能串聯的「慧能」。「知識遞移（KTAV）模式」及「知能創價（KCCV）模式」都是知識的生命史，小循環（KTAV）轉動「知識遞移」，大循環（KCCV）開展「知能創價」，體現教育的「新本質」、「新動能」。「高度」指教育 1.0 至 4.0 的任務指標進升（築梯）意涵：1.0 經驗化、2.0 知識化、3.0 能力化、4.0 素養化。幫助學校中的人（教師學生）及組織（學校、單位）「任務築梯、創新進升」是教育領導人的新使命（高度視野），也是新教育的一環。「標準」則指教育 3.0 標準是「特色品牌學校」，教育 4.0 標準是「新五倫・智慧創客學校」，是以臺灣新教育，必須「智德融合」，運作「新五倫・新四維」，啟動「素養取向」的新教育，開展智慧創客（4.0 教育）的新臺灣。

就「廣義」新教育而言，筆者已陸續出版「進升教育 4.0 系列叢書」，包括 2016 年的《教育經營學個論：創新・創客・創意》一書，2017 年的《知識教育學：智慧人・做創客》一書，2018 年的《教育 4.0：新五倫・智慧創客學校》，2020 年的《素養教育解碼學：元素構築・知識遞移・知能創價》。四本書創新了知識教育的廣度（新名詞・新議題），創新了知識教育的標準（3.0 及 4.0 進升指標、標準），四本書進升了知識教育的深度（KTAV 知識生命的小循環）。進升了教育的高度（1.0 進升 2.0；2.0 進升 3.0；3.0 進升 4.0）。筆者將這四本書稱之為「知識教育四學」，筆者期待「知識價值成智慧・師生創客新五倫」，共同彩繪臺灣新教育，再用「新教育」創新進升「百業興隆」，共同營造我們的「新臺灣」。「新五倫・新四維・新教育・新臺灣」是筆者撰寫本書的「理想抱負」，本章特予「專章」詮釋論述，連結「微觀」到「鉅觀」的「知能創價」。

貳、五倫之教進升「新五倫」價值教育

宋朝時代，理學大師朱熹創設白鹿洞書院，在白鹿洞書院的大門前揭示「學規」，史稱白鹿洞書院學規，提列「五教之目」、「為學之序」、「修身之要」、「處世之要」、「接物之要」是我國「五倫之教」的經典，白鹿洞書院學規如表 24-1 所示。

表 24-1　白鹿洞書院學規

五教之目：父子有親，君臣有義，夫婦有別，長幼有序，朋友有信。
為學之序：博學之，審問之，慎思之，明辨之，篤行之。
修身之要：言忠信，行篤敬，懲忿窒欲，遷善改過。
處世之要：正其誼不謀其利，明其道不計其功。
接物之要：己所不欲，勿施於人。行有不得，反求諸己。

資料來源：修改自鄭崇趁（2018c，頁 115）

筆者撰寫《教師學：鐸聲五曲》（鄭崇趁，2014）一書時，鑑於五大因素，倡議「新五倫」暨其「核心價值」之教育以接續「五倫之教」，傳承並創新中華文化之根：「五教之目」。這五大因素是：(1)當前學校教育中的德育及群育，都不再有五倫之教的教材，學校的品德教育及情意教學，猶如「失根的蘭花」；(2)學校教育有兩大中立：政黨中立及宗教中立。但天主教、佛教、基督教都以公益社團、慈善團體名義進入學校，協助學校「情緒教育」、「生命教育」、「心靈教育」等課程，甚至「籌設私校」協助政府經營教育事業，「理想」與「現實」極不協調；(3)李國鼎先生曾倡議「第六倫：群己關係」，以補「公德」之不足，惟當年的「中華文化復興委員會」並未通過，也沒有真正揭示「群己關係」的「核心價值」；(4)臺灣的教育非常普及，但並未真正成功。二十世紀後十年及二十一世紀前二十年，臺灣的「知識分子」從事「詐騙集團」，成為「教育輸出」的一股「逆流」，也成為國際教育的笑柄；(5)教育學者及主政官

員，長期未處理「五倫」、「四維」、「八德」及「價值」教育如何「創新・進升」事宜，是以臺灣人民陷入「價值混淆模糊」的年代，「現代化」尚未「迎頭趕上」，「後現代」的「價值分歧」暨「意識型態難以整合（政黨惡鬥）」卻十分嚴重。「智與德」的教育分道而為，沒有「整合使力」以致「教化人民」的功能，乃不如預期般的「優質・精緻・創新・卓越」。

筆者「系統重組」當代人類社會「人際關係」的五大群組：「家人關係」、「同儕關係」、「師生關係」、「主雇關係」及「群己關係」，稱之為「新五倫」。「家人關係」指住在一起的人，他們的核心價值是「親密・依存」；「同儕關係」指同學、同事以及廣義共同執行同一任務的群組夥伴，他們的核心價值是「認同・共榮」；「師生關係」指「教師」與「學生」的關係，他們的核心價值是「責任・智慧」；「主雇關係」指「老闆」與「員工」的關係，老闆是支付薪水給員工的人，員工指領薪水工作的人，他們共同的核心價值是「專業・創價」；「群己關係」指人與一般社會大眾的關係，核心價值是「包容・博愛」。「新五倫」的「核心價值」，由於「教學授課」及「發表論文」的需要，逐年累增，目前已有「二十個」，「五倫」進升「新五倫」價值教育概要，如表 24-2 所示。

表 24-2　「五倫」進升「新五倫」價值教育

五倫		新五倫	核心價值
父子有親	進升	第一倫　家人關係	親密、觀照、支持、依存
君臣有義		第二倫　同儕關係	認同、合作、互助、共榮
夫婦有別		第三倫　師生關係	責任、創新、永續、智慧
長幼有序		第四倫　主雇關係	專業、傳承、擴能、創價
朋友有信		第五倫　群己關係	包容、尊重、公義、博愛

資料來源：修改自鄭崇趁（2018c，頁 117）

鄭崇趁（2018c）曾為各級學校暨市（縣）政府示範擬定了「新五倫價值教

育實施計畫」，撰寫完整的計畫格式與內容，包括：壹、計畫緣起；貳、計畫目標；參、經營策略；肆、執行項目；伍、執行內容；陸、執行要領（配套措施）；柒、預期成效；捌、經費需求。計畫綱要如表 24-3 所示。

表 24-3　新五倫價值教育實施計畫（綱要）

目標	經營策略	執行項目
探討人倫綱常知識，詮釋當代人際類別，開展新五倫品德教育；建置價值教育情境，推動價值教學評量，實踐新價值素養文化。	一、研究知識價值，統整人倫知能。	1. 成立「知識教育學」讀書會或專業學習社群。 2. 激勵教師進行「新五倫」融入教學行動研究。 3. 提示教師均衡「五大類知識」的教育及學習。
	二、創新人際群組，賦予倫理價值。	4. 選用新五倫的核心價值為中心德目。 5. 研發中心德目（新五倫）核心價值之各年級行為規準。 6. 激勵教師編製新五倫價值教材。
	三、活絡價值情境，領航價值意識。	7. 推動新五倫教育月，布展新五倫價值情境。 8. 舉辦新五倫價值學藝競賽活動。 9. 選拔「智慧人・做創客」年級學生達人及領域績優學生。
	四、實踐價值教學，遞移價值素養。	10.實施新五倫價值教育之班級經營。 11.推動「KTAV 單元價值評量」教學。 12.建置學校「新五倫價值教育」智慧傳承創新平臺。

資料來源：鄭崇趁（2018c，頁 241）

本計畫的特質有四：(1)明確設定「目標」、「策略」及「項目」，使之成為具有「系統結構」的「優質計畫」；(2)揭示「新五倫教育」及「價值教育」

的高階「計畫目標」：探討人倫綱常知識，詮釋當代人際類別、開展新五倫品德教育；建置價值教育情境，推動價值教學評量，實踐新價值素養文化；(3)具有銜接功能且精確的「經營策略」：①「研究知識價值，統整人倫知能」；②「創新人際群組，賦予倫理價值」；③「活絡價值情境，領航價值意識」；④「實踐價值教學，遞移價值素養」；(4)「執行項目」與「配套措施（執行要領）」能夠務實巧妙地統合實踐「新五倫教育暨價值教育」。

「新五倫價值教育計畫」的實施，期待「創新進升」學校教育的五大績效價值：(1)師生了解新五倫及其核心價值的意涵，樂於實踐；(2)師生知道人倫綱常知識的重要性，重視生活及學習好習慣，並觀照互動共好的服務心；(3)教師習慣使用「KTAV 單元學習食譜」，帶領學生進行教育活動及單元教學之價值論述與實踐，增進師生明確的正向價值觀；(4)師生能夠認同學校、認同自已家人、教師及同學，經營合宜的人際、群組關係，追求適配幸福人生；(5)學校價值教育整合德育及智育，培育順性揚才的「六育」開展，並具有優勢專長、全人發展的學生，成為「智慧人・做創客」（參考鄭崇趁，2018c，頁 250）。

參、國之四維進升「新四維」知能創價

「禮義廉恥，國之四維，四維不張，國乃滅亡」，這是部分縣市學校重新「掛回」「禮義廉恥」作為學校「共同校訓」的主要原因，禮是「規規矩矩的態度」，義是「正正當當的行為」，廉是「清清白白的辨別」，恥是「徹徹底底的覺悟」。這一個「共同校訓」在「40 至 50 年代」出生的臺灣人必「誦讀千萬遍」的，是「教育 2.0 世代」的教育「經典」，我們可以明確地指出它的貢獻：「四維」、「八德」、「五倫」、「青年十二守則」、「延長九年國教」、「高教日益普及化」暨「十大建設」共同「知識遞移」並「知能創價」，「創新進升」了「臺灣經濟奇蹟」，在 1991～2000 年之間，臺灣人口 2,300 萬人，中國大陸總人口已達八億人，其總經濟產值僅臺灣總經濟產值的兩倍（林清江

部長在「邁向學習型社會」推動委員會上的談話），代表當時「臺灣人」個人「產值」是大陸人個人產值的「35 倍」，此之謂「臺灣經濟奇蹟」。

四維、八德、五倫都屬於「人倫綱常」的知識，是德育與群育「共構」的「核心價值」，這些「核心價值」勢須隨著「社會變遷」與「時代需求」而「轉移進升焦點」，「五倫」已經「進升」為「新五倫」，「四維、八德」也得「創新、進升」並「註解、詮釋」合於「時代、社會」需求的意涵，方能「精準、帶動」人民「意願、動能」，方能「成就人、旺學校」，方能凝聚「個人智慧」成為「集體智慧」。因此，筆者依據「教育 4.0 的意涵暨學校經營的進升」原理（鄭崇趁，2018c，頁 3-20），以原來的「國之四維（禮、義、廉、恥）」為 1.0 版，然後進升設計「新四維（2.0 版）」→「新四維（3.0 版）」及「新四維（4.0 版）」，具體的版本文字意涵，如圖 24-1 所示。

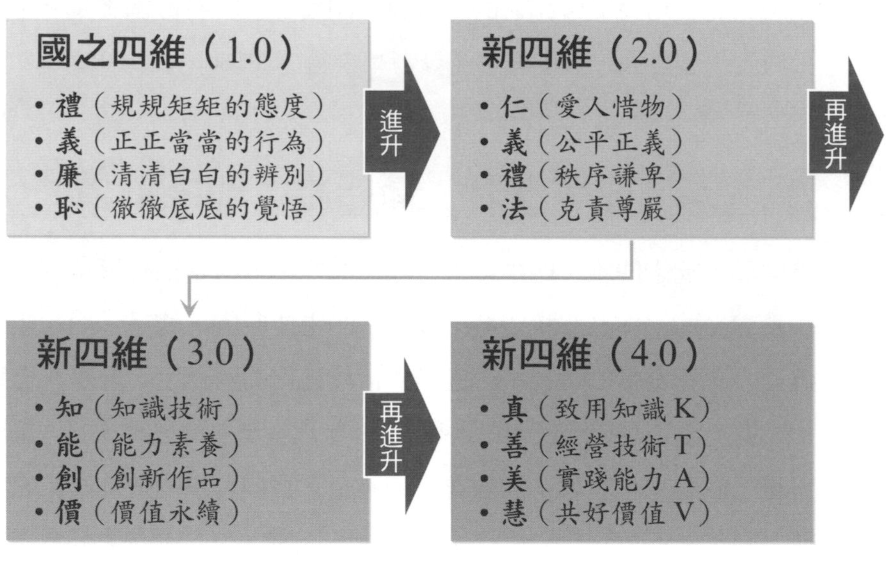

圖 24-1　國之四維進升版本

資料來源：作者依學理繪製

新四維（2.0版）「仁・義・禮・法」，來自本書第四章「慧（共好價值）」的次級系統「教育元素」，全章共探討分析「慧能」的六大次級系統元素「仁・義・禮・法・品・格」，選用前四者「仁・義・禮・法」為新四維（2.0）版本。「仁者愛人，親親而仁民，仁民而愛物」是儒家（論語）主張的「等差之愛」，在當代社會更為需要，可以用「愛的1.0～愛的4.0」教育孩子，如表24-4所示。

表24-4　〈仁：愛的1.0～愛的4.0〉任務指標的進升

仁者愛人，親親而仁民，仁民而愛物（倫語）
愛的1.0　親愛（愛親人；家人→親朋）
愛的2.0　仁愛（愛師生；同儕→社區）
愛的3.0　博愛（愛大眾；群己→事物）
愛的4.0　大愛（愛生命；生態→天地）

資料來源：作者依學理繪製

「仁」愛整體的教育意涵，就是在教人「愛人惜物」，對人要「親愛→仁愛→博愛→大愛」，對自己有關的事與物，也都要有「仁」有「愛」，珍惜它們，愛護它們，讓它們「物盡其用，事畢其功」，人人有「價值」，事與物也都得到「價值」與「尊嚴」。「義」的價值意涵是：公平正義，當代的人類，生活競爭激烈，處處考驗著「人性」、「價值」、「均等」，最需要的是「公平正義」的「生活機制」、「教育機制」、「社會機制」、「建設機制」、「立法機制」、「行政機制」及「司法機制」。「禮」的價值意涵是「秩序謙卑」，它已超越了「規規矩矩的態度」，進升為「具有禮儀教養」的「責任公民」，大家都是「謙卑有禮」、「相互尊重」、「秩序井然」的「行國民」（有實踐能力的國民）。「法」的價值意涵在「克責尊嚴」，人的價值尊嚴在於「依法」

取得「角色職責」，然後在其「角色責任」上產生「動能貢獻」，獲得同仁（人民）的尊重，過了一輩子的「適配幸福」人生。「仁、義、禮、法」是進升「禮、義、廉、恥」的新四維（2.0 版），行政首長或教育主管得視自己學校教育發展，適時參採使用。

新四維（3.0 版）出自本書的第三篇「知能創價篇」的篇名，「知」指「知識技術」；「能」指「素養能力」；「創」為「創新作品」；「價」為「價值永續」，「知能創價」指師生的「知識」＋「能力」共同創新人的生命價值，共同創新教育價值。「創新生命價值」指學生學會新的「知識、技術、能力、價值」，這些新的知能素養成為自己生命的一部分，學習中的人，每天的「心理生命」都是新的。「創新教育價值」指師生使用新教材、新方法教會學生新知能。「教與學」的歷程及結果都是圓滿滿意的，都在創新教育價值。因此，教育的本質在「知能創價」，創新人的生命價值，創新當前教育的價值，「知能創價」可以當「新四維（3.0）」的版本，提供行政首長或學校領導人參酌選用。

新四維（4.0 版）出自本書「核心素養」的「六大元素：真、善、美、慧、力、行」中的前四個元素「真、善、美、慧」。真指「致用知識（K）」，善指「經營技術（T）」，美指「實踐能力（A）」，慧指「共好價值（V）」，「知識→技術→能力→價值」四位一體，在本書中稱為「智慧」，運用 KTAV 學習食譜的教學，就稱之為「智慧教育」，在本書中「KTAV」是知識生命的「小循環」，知識由身外進入人的身體，「著床」成功為「致用知識（真）」，然後「知識含技術（T）」→「知識組能力（A）」→「知識展價值（V）」，週而復始循環，並有「知識遞移說（理論）」支持，「知識解碼」→「知識螺旋」→「知識重組」→「知識創新」，有效註解了知識生命發展歷程，知識生命與素養的教育元素整合，最適合當作新四維（4.0 版）版本的文字，也提供行政首長暨學校領導人斟酌進升使用。

肆、「能力教育」進升「新教育」全人素養

2000 年的「九年一貫課程綱要」是「能力取向」教育的代表，「十二年國民基本教育課程綱要」則是「素養取向」教育的開端。本書將「素養教育」解碼為「內構知能模組」→「外築價值行為（任務指標）」；師生「知識遞移」→共同「知能創價」。教育的主要目的在幫助學生全人發展（成就人）；基本教育階段在完成六大角色責任：成熟人、知識人、社會人、獨特人、價值人、永續人。大學以上教育再進升完成六大角色責任：智慧人、做創客、新領導、優教師、能家長、行國民。

因此，「新教育」具有「全人素養」的意涵，筆者將「教育的意涵」重新詮釋如下：教育在教「人之所以為人」，順性揚才開潛能，適配教育築優勢，知識遞移展智慧，知能創價新素養，創新學生生命，充分自我實現，活用智慧資本，達成全人發展目標：「智慧人・做創客」，擁有適配幸福人生。此一定義稱為「全人發展觀」的教育意涵，它的立論基礎建構在「六說」＋「三論」之上，六說為「順性揚才說」、「自我實現說」、「智慧資本說」、「知識遞移說」、「知能創價說」及「優勢築梯說」；三論指「創新生命論」、「智慧創客論」以及「適配幸福論」。「一觀・六說・三論」係兩兩組合的系統結構，整體圖像如圖 24-2 所示。

「順性揚才說」與「全人發展觀」為第一組，教育的最深層著力點在「順性揚才開潛能，全人發展有亮點」。「自我實現說」與「智慧資本說」為第二組，自我實現說幫助學生「活出自己」，智慧資本說導引學生產出「動能貢獻」，是教育本質第二個核心力點。「知識遞移說」和「創新生命論」為第三組，「知識遞移成智慧（KTAV 四位一體），創新生命好價值」，真善美慧四位一體，創新人的生命價值與尊嚴。「知能創價說」和「智慧創客論」是第四組，第四組看到「新教育」的另一個重要本質，「知識」與「能量」要能融合（對話、螺旋、系統重組）才能「創價」，創新師生生命價值，創新教育價值。「知

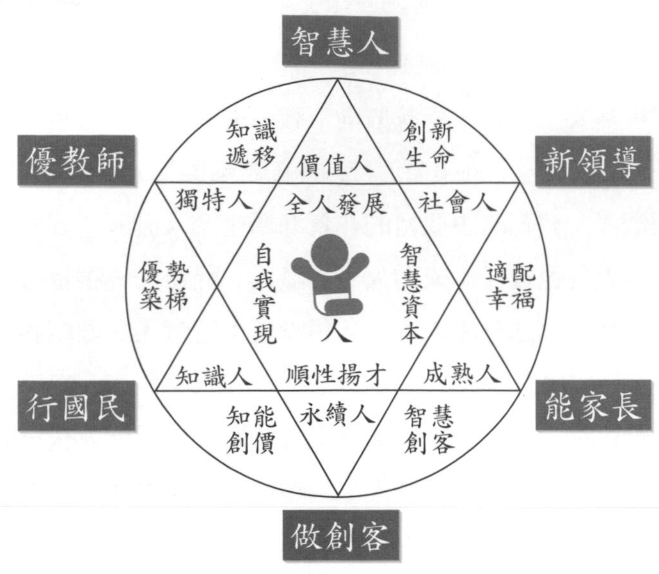

圖 24-2　新教育的全人素養

資料來源：作者依學理繪製

能創價」的外顯價值行為，表達在兩項作品上，一為「助人德行」作品，另一為「立體實物」作品；有「助人德行作品」就是「智慧人」；有「立體實物作品」就是「做創客」。是以「知能創價」接著「智慧創客」是素養教育的第四大群組。「優勢築梯說」和「適配幸福論」是第五組，「優勢築梯說」從「優勢學習」、「適配教育」著力，為學生「任務築梯」，導引學生「創新進升」，完備「適配的教育」→「適配的事業」→「適配的伴侶」→「適配的職位」，擁有「適配幸福」人生。「適配幸福」人生對照著一生「全人發展」的歷程，詮釋了「教育」及「知識」的生命「本質」與「意涵」。

伍、「民主自由」新臺灣進升「智慧創客」新臺灣

教育 3.0 的世代，臺灣是民主自由的新臺灣，教育的文明與人民的文明同步發展，教育 3.0 世代教育的核心價值是：人文、均等、適性、民主、創新、永續、精緻、卓越，就像圖 24-3 的人形隱喻圖像。

2000 至 2020 年是臺灣教育 3.0 的世代，就教育事業而言，是推動「特色品牌學校（能力化）」著力最深的年代，中小學師資水平逐年碩士化、博士化，學校的校本課程特色教育已全面實施，教育部有「教學卓越獎」、「校長領導卓越獎」、「空間美學特色學校」、臺北市的「優質學校（4.0 版）」、「教育111 標竿學校」認證，新北市有「卓越學校」、「新北之星」、「角落美學・才藝達人」特色學校，幾乎所有縣市都在推動自己本土教育的「特色品牌學校」，並且與「國際接軌」，重視「雙語教學」、「實驗創新」，以及「偏鄉教育」的公平正義，營造一個 3.0 世代的「新臺灣」：自由民主的新臺灣。

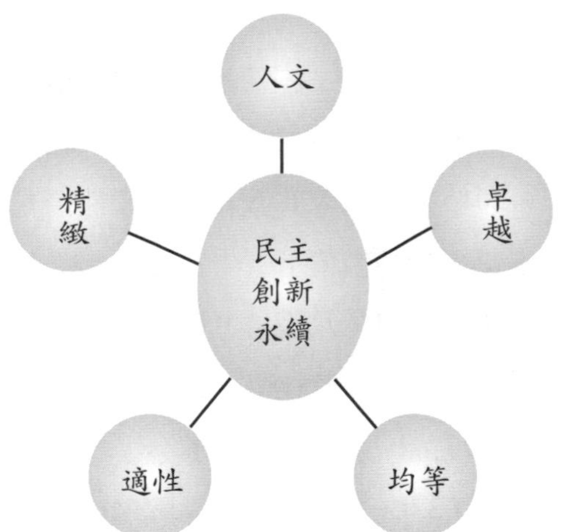

「人文」為頭，居總指揮，兩腳為「均等」、「適性」，身體軀幹為「民主」、「創新」、「永續」是教育的歷程，雙手為「精緻」、「卓越」指教育成果。
二十一世紀的臺灣教育，以「人文」為首，踏著「均等」、「適性」的腳步前進，關注「民主」、「創新」、「永續」的教育歷程，追求「精緻」、「卓越」的成果。

圖 24-3　二十一世紀新臺灣教育的核心價值

資料來源：鄭崇趁（2011，頁 5）

進入教育 4.0 世代，2020 年起開辦校長及種子教師「邁向教育 4.0：進升領導素養」工作坊，筆者詮釋為：「校長領導新境界：三軸・三鑰」（鄭崇趁，2019b），主張「工業 4.0 暨王國維人生三境界共同建構教育 4.0」，「教育 1.0 至教育 4.0 的進升任務指標（版本）」，如表 24-5 所示。

表 24-5　教育 4.0 進升任務指標

教育 1.0〈經驗化〉	私塾、書院時期〈脫文盲、求功名〉
教育 2.0〈知識化〉	學校教育公共化時期〈知識人、社會人〉
教育 3.0〈能力化〉	特色品牌學校時期〈獨特人、永續人〉
教育 4.0〈素養化〉	新五倫・智慧創客學校時期〈智慧人、做創客〉

資料來源：鄭崇趁（2018c，頁 2）

將「經營教育四學」列為「進升教育 3.0」系列叢書。經營教育四學包括：2012 年的《教育經營學：六說・七略・八要》，2013 年的《校長學：成人旺校九論》，2014 年的《教師學：鐸聲五曲》，2015 年的《家長教育學：順性揚才一路發》，筆者期待「系統思考新教育，本位經營創價值」，「六說・七略・八要・九論・五曲」以及家長教育學的「一觀・六說・八論」，都是經營邁向教育 3.0 的著力點；「教育經營學」是教育的經緯，「校長學」是教育的「軸心」，「教師學」是教育的「基點」，「家長教育學」是教育的「養分」、「沃土」。共同著力經營，學校集體智慧可進升教育 3.0，成為「特色品牌學校」。

將「知識教育四學」列為「進升教育 4.0」系列叢書。「知識教育四學」包括：2016 的《教育經營學個論：創新・創客・創意》、2017 年的《知識教育學：智慧人・做創客》、2018 年的《教育 4.0：新五倫・智慧創客學校》，以及

2020 年的《素養教育解碼學：元素構築・知識遞移・知能創價》（本書）。四本書的副標題：創新、創客、創意、智慧人、做創客、新五倫・智慧創客學校、元素構築、知識遞移、知能創價，都是經營教育事業，邁向教育 4.0 的「進升力點」；「教育經營學個論」探究「校長創新領導」、「教師創客教學」「學校創意經營」；「知識教育學」解析知識的生命史：「真知識」→「含技術」→「組能力」→「展價值」→「成智慧」→「達創客」→「行道德」→「通素養」→「能遞移」→「新創價」，教育「智慧人・做創客」。「教育 4.0」建構進升領導任務指標，及教育領導新境界：三軸三鑰。「素養教育解碼學」（本書）解碼素養教育的密碼：內構知能模組，外築任務指標，以及「知識遞移（KTAV）」範例、「知能創價（KCCV）」範例。揭示「新五倫」、「新四維」、「新教育」、「新臺灣」的新價值意涵。「教育領導新境界：三軸・三鑰」，如圖 24-4 所示。

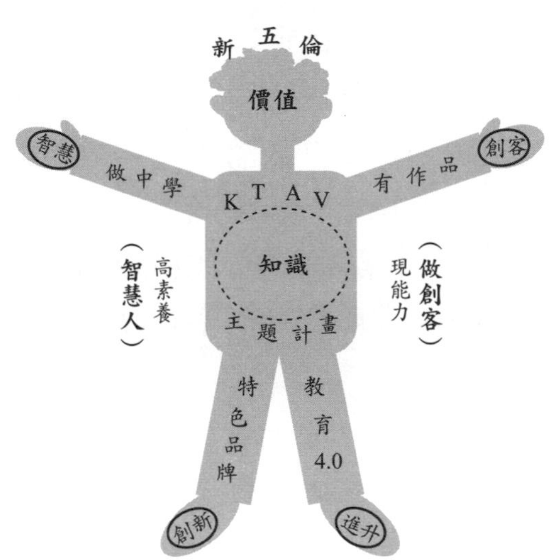

教育領導的三條軸線是：「知識價值領導」、「智慧創客領導」以及「創新進升領導」，教育領導的三把鑰匙是：「新五倫價值教育」、「KTAV 教學模式及 KTAV 單元學習食譜」、「進升型主題教育計畫」。第一把鑰匙開啟智德融合新教育；第二把鑰匙開啟智慧創客新臺灣；第三把鑰匙進升教育 3.0 及教育 4.0。

圖 24-4　教育領導新境界：三軸・三鑰

資料來源：鄭崇趁（2018c，頁 324）

陸、結語：「新育」與「新教育」的使命

本書探討「素養的教育元素」有六個重要發現：(1)「空」是「人、事、時、地、物」五何之後的「知識」存放「實體」。是「真知識」的元素之一；(2)「新育」是「德、智、體、群、美」五育之後應有的第六育，因為教育的對象是人，教育每天都在創新人生命的價值、創新師生教育的價值，師生的生命每天都在「知識遞移」、都在「知能創價」，都在創新進升「德、智、體、群、美、新」；(3)「善技術」來自「認識論」（epistemology）的六大元素：感、知、覺、識、悟、達，用 1.0 至 4.0 進升型的詞彙可以有效詮釋其意涵及價值（功能）；(4)「慧能」的重要性特別凸顯：「慧」是共好價值，是德育、群育、美育、素養教育共同的根，也是人性的「本能」之一，「慧能」的孕育，來自「仁、義、禮、法、品、格」，是價值教育、態度形成、意識文化總樞紐，也是能否「力、行」意願的轉折點；(5)創新的核心歷程（實、用、巧、妙、化、生）可以詮釋「力（行動意願）」的元素：是以百業知識均可創新，創新的知識都是先天存有的（知識先天論）。創新係「賦予存在（to being）」的歷程，人的「力（行動意願）」也可以經由「實→用→巧→妙→化→生」六個力點孕育；(6)素養的核心教育元素有八個，它們是：真（致用知識）、善（經營技術）、美（實踐能力）、慧（共好價值）、力（行動意願）、行（德行作品）、教（創新知能）、育（進升素養）。每一個核心教育元素都可以再用六個次級系統的元素解碼其教育意涵。素養教育是這些教育元素「內構外築」、師生「知識遞移」，共同「知能創價」的歷程。

「新育」與「新教育」的使命是本書最大的發現。「新育」的使命在完備詮釋教育的功能價值。教育在增長「人之德」→「人之智」→「人之體」→「人之群」→「人之美」→「人之新」。「新教育」的使命，則在「新五倫→新四維→新教育→新臺灣」，新教育的狹義意涵在實施「素養取向」的教育，新教育的廣義意涵則在推動「教育 4.0」，教育 4.0 的寬廣意涵主要在「新五倫・智

慧創客學校」。它創發了「進升領導」，主張「教育領導的新境界：三軸三鑰」，三條領導軸線是：「知識價值領導」、「智慧創客領導」以及「創新進升領導」，三把鑰匙是：「新五倫價值教育」、「KTAV 教學模式及學習食譜」暨「進升型主題教育計畫」。本書補強素養教育「元素構築」、「知識遞移」及「知能創價」教育模式，定位「新五倫價值版本」、「新四維 1.0-4.0 版本」、「知識教育認識論」、「價值教育論述、回饋、評量、實踐」、「智慧教育（KTAV 四位一體）」、「創客教育（四創一體）」、「創新教育（賦予存在）」、「進升教育（築梯教材）」的專業實踐作為，期待「新五倫、新四維、新教育」共同彩繪（經營）「新臺灣」，新臺灣由「自由民主的新臺灣（3.0）」，再進升為「智慧創客的新臺灣（4.0）」，教育新世代，包括學校教育由 2.0 進升 3.0「特色品牌學校」，再由 3.0 進升 4.0「新五倫・智慧創客學校」，「新育」與「新教育」成為教育人員的「新素養」。

註：「知能創價」可以永續經營、生生不息。為讓讀者了解本章「知能創價（KCCV）模式」的實務運用，筆者在出版之際，設計了三個能持續「知能創價」的教育版本，包括：KCCV 創新進升食譜（範例）（如表 24-6 所示）、「新育」的本質與實踐事項（如表 24-7 所示），以及「新育」的價值暨其對新六育的啟示（如表 24-8 所示），請讀者參照。

表 24-6 KCCV 創新進升食譜（範例）

教育主題：第 24 章　新五倫・新四維・新教育・新台灣　　　設計者：鄭崇趁 2020.09.28

K(nowledge) 新覺識・知 內構・共本質元素模組	C(an) 新動能・能 外築・達任務事物能量	C(reate) 新創意・創 遞移・創事理技術新意	V(alue) 新價值・價 創價・融智德作品價值
1.「新育」的發現與「新教育」的覺識。 2. 新五倫・新四維版本的覺識帶動智德融合統整「新六育」的覺識。 3.「素養教育」新意涵：元素構築・知識遞移・知能創價，產生系列新教育的覺識。 4. 新教育經營新臺灣，「微觀教育」連結「鉅觀教育」的新覺識（新教育進升新臺灣）。	1.「新育」產出「新・心・欣・馨」教育新動能；師生每天面對的教育都是新的。 2. 新五倫及新四維版本，帶動智德融合新教育動能。 3. 新教育統合「素養教育」、「教育 4.0」、「智慧創客教育」、「價值教育」、「進升領導」等核心事項。畢業生展出十件智慧創客代表作品，產出新教育動能。 4. 新教育產出營造新臺灣的新使命、新動能。	△自由民主新臺灣（3.0）進升智慧創客新臺灣（4.0） 1. 進升教育 3.0 系列教材〈系統思考新教育，本位經營創價值〉 (1) 教育經營學：六說、七略、八要。 (2) 校長學：成人旺校九論。 (3) 教師學：鐸聲五曲。 (4) 家長教育學：「順性揚才」一路發。 2. 進升教育 4.0 系列教材〈知識價值成智慧，師生創客新五倫〉 (5) 教育經營學個論：創新・創客・創意。 (6) 知識教育學：智慧人・做創客。 (7) 教育 4.0：新五倫・智慧創客學校。 (8) 素養教育解碼學：元素構築・知識遞移・知能創價。 3. 臺灣新秘境，教育黑客松〈新五倫・新四維・新教育・新臺灣〉	1. 研究「新育・新六育」的定位與實踐。 2. 成立「新育・新教育」學院，進升新教育師資。 3. 建構「新校長學」暨「新教師學」： 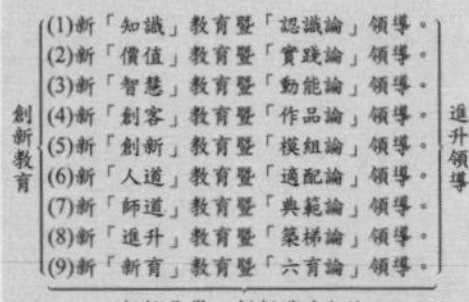 4. 進升教育國際化，行銷智慧創客新臺灣（4.0）的教育。

表 24-7　「新育」的本質與實踐事項

「新育」的本質與實踐事項		設計者：鄭崇趁 2020.10.14
新育	「新」的教育	1. 素養取向的教育：元素構築、知識遞移、知能創價 2. 邁向教育 4.0 的教育：新五倫、智慧創客學校 3. 知識教育學：智慧人、做創客 4. 創新領導、創客教師、創意經營的教育
	「心」的教育	1.「創新生命、全人發展」的教育 2.「順性揚才、優勢築梯」的教育 3.「自我實現、專長亮點」的教育 4.「智慧資本、動能貢獻」的教育 〈從心開始的教育〉 先內構後外築 知識遞移成功 才能知能創價
	「欣」的教育	〈「欣欣向榮、生生不息」的教育〉 1. 認識「知識」之欣的教育 2. 認識「價值」之欣的教育 3. 認識「智慧」之欣的教育 4. 認識「創客」之欣的教育 知識源頭、生生不息 內築外構、生生不息 知識遞移、生生不息 知能創價、生生不息
	「馨」的教育	1. 畢業生每人展出 10 件「智慧創客」作品的教育 2. 學校每年舉辦一次「智慧創客嘉年華會」，每年選出師生「百大作品」的教育 3. 每個領域（學科）運作「KTAV 學習食譜」，規劃產出 3 至 5 件學生智慧創客作品的教育 4. 每個處室配合教育活動，規劃產出 3 至 5 件，學生合作智慧創客作品的教育

表 24-8　「新育」的價值暨其對新六育的啟示

・用「創新教育」、「進升領導」兩大「元素」作為「新六育」的方向
盤整當前「教育措施」揭示「新教育」具體事項　　設計者：鄭崇趁 2020.10.14

新六育	創進力點	新教育〔新教師學：木鐸金聲〕 18 章章名
新德育	・創新道德 ・進升品格 〈育人之德〉	1.「新五倫」教育暨「價值論」領導 2.「新四維」教育暨「情境論」領導 3. 新「價值」教育暨「實踐論」領導
新智育	・創新生命 ・進升智慧 〈育人之智〉	4. 新「知識」教育暨「認識論」領導 5. 新「智慧」教育暨「動能論」領導 6. 新「創客」教育暨「作品論」領導
新體育	・創新身心 ・進升素質 〈育人之體〉	7. 新「人道」教育暨「適配論」領導 8. 新「適能」教育暨「習慣論」領導 9. 新「運動」教育暨「遞移論」領導
新群育	・創新團隊 ・進升動能 〈育人之群〉	10. 新「團隊」教育暨「協作論」領導 11. 新「創新」教育暨「模組論」領導 12. 新「師道」教育暨「典範論」領導
新美育	・創新美藝 ・進升美學 〈育人之美〉	13. 新「藝能」教育暨「美學論」領導 14. 新「知能」教育暨「生命論」領導 15. 新「進升」教育暨「築梯論」領導
新新育	・創新知能 ・進升素養 〈育人之新〉	16. 新「素養」教育暨「創價論」領導 17. 新「4.0」教育暨「進升論」領導 18. 新「新育」教育暨「六育論」領導

✿ 參考文獻 ✿

中文部分

中國教育學會（主編）（2018）。**邁向教育 4.0：智慧學校的想像與建構**。臺北市：學富。

王國維（1982）。**人間詞話**。臺北市：學海。

吳清山（2008）。**臺北市教育 111 推動委員會第一次會議（2008.12.18）紀錄**。

吳清山（2017）。**未來教育發展**。臺北市：高等教育。

林新發、朱子君（主編）（2019）。**教育領導的新議題**。臺北市：高等教育。

林麗惠（2019）。**臺北市國民小學校長智慧領導、教師創客教育與學校效能關係之研究**（未出版之博士論文）。國立臺北教育大學，臺北市。

柯永河（1994）。**習慣心理學：寫在晤談椅上四十年之後（理論篇）**。臺北市：張老師文化。

柯永河（1997）。**習慣心理學：古今中外的習慣探討與研究（歷史篇）**。臺北市：張老師文化。

教育部（2012）。**中華民國師資培育白皮書：發揚師道，百年樹人**。臺北市：作者。

教育部（2014）。**十二年國民基本教育課程綱要總綱**。臺北市：作者。

教育部（2016）。**中華民國教師專業標準指引**。臺北市：作者。

黃增川（2014）。**國民小學校長辦學績效評鑑指標建構：智慧資本理論觀點**（未出版之博士論文）。國立臺北教育大學，臺北市。

楊德遠（2011）。**國民小學智慧資本價值轉換模式之研究**（未出版之博士論文）。國立臺北教育大學，臺北市。

溫明麗（2018）。教育 4.0 下之「教學學」可能面臨的「悲慘」際遇和教師應有的專業。載於中國教育學會（主編），**邁向教育 4.0：智慧學校的想像與建構**（頁 229-266）。臺北市：學富

臺北市政府教育局（2017）。**優質學校 4.0 評選指標系統**。臺北市：作者。

鄭崇趁（1999）。**整合導向評估模式之運用：以「教育部輔導工作六年計畫」為例**

（未出版之博士論文）。國立政治大學，臺北市。

鄭崇趁（2006）。**教育的著力點**。臺北市：心理。

鄭崇趁（2009）。從教育經營學看校長學的主要內涵。載於**兩岸三地校長學研討會論文集**。臺北市：國立臺北教育大學。

鄭崇趁（2011）。**教育經營學導論：理念、策略、實踐**。臺北市：心理。

鄭崇趁（2012）。**教育經營學：六說、七略、八要**。臺北市：心理。

鄭崇趁（2013）。**校長學：成人旺校九論**。臺北市：心理。

鄭崇趁（2014）。**教師學：鐸聲五曲**。臺北市：心理。

鄭崇趁（2015a）。教師學與新師資培育政策：一個「責任良師」造就「責任公民」的新世代。**師資培育與教師專業發展，8**（2），25-40。

鄭崇趁（2015b）。**家長教育學：「順性揚才」一路發**。臺北市：心理。

鄭崇趁（2016）。**教育經營學個論：創新、創客、創意**。新北市：心理。

鄭崇趁（2017）。**知識教育學：智慧人・做創客**。新北市：心理。

鄭崇趁（2018a）。「教育 4.0」的意涵暨「教育經營」的進升。**教育研究雙月刊，288**，53-68。

鄭崇趁（2018b）。論「教育 4.0」的「新師資培育政策」。載於中國教育學會（主編），**邁向教育 4.0：智慧學校的想像與建構**（頁 73-98）。臺北市：學富。

鄭崇趁（2018c）。**教育 4.0：新五倫・智慧創客學校**。新北市：心理。

鄭崇趁（2018d）。**論教育 4.0 的新校長領導**。發表於 2018 東亞地區校長學學術研討會：校長知能素養與專業實踐。臺北市：國立臺北教育大學。

鄭崇趁（2019a）。進升領導。載於林新發、朱子君（主編），**教育領導的新議題**（頁 349-373）。臺北市：高等教育。

鄭崇趁（2019b）。校長領導新境界：三軸・三鑰。**教育政策與管理，4**，143-168。

羅英豪（2013）。**宜蘭縣國民中小學學校智慧資本、創新經營與學校競爭力之研究**（未出版之博士論文）。國立臺北教育大學，臺北市。

英文部分

Glaser, R. (1962). *Training research and education*. Pittsburgh, PA: University of Pittsburgh Press.

Stufflebeam, D. L. (1983). The CIPP models for program evaluation. In G. F. Madus, M. S. Scriven, & D. L. Stufflebeam (Eds.), *Evaluation models: Viewpoints on educational and human services evaluation* (pp. 117-141). Boston, MA: Kluwer Nijhoff.

國家圖書館出版品預行編目（CIP）資料

素養教育解碼學：元素構築．知識遷移．知能創價／鄭崇趁著. --初版.--新北市：心理出版社股份有限公司, 2020.11

面； 公分. --（教育行政系列；41438）

ISBN 978-986-191-934-8（平裝）

1.教育哲學 2.知識管理

520.11 109018243

教育行政系列 41438

素養教育解碼學：元素構築．知識遷移．知能創價

作　　者：鄭崇趁
責任編輯：郭佳玲
總 編 輯：林敬堯
發 行 人：洪有義
出 版 者：心理出版社股份有限公司
地　　址：231 新北市新店區光明街 288 號 7 樓
電　　話：(02) 29150566
傳　　真：(02) 29152928
郵撥帳號：19293172　心理出版社股份有限公司
網　　址：http://www.psy.com.tw
電子信箱：psychoco@ms15.hinet.net
排 版 者：辰皓國際出版製作有限公司
印 刷 者：辰皓國際出版製作有限公司
初版一刷：2020 年 11 月
I S B N：978-986-191-934-8
定　　價：新台幣 480 元